智慧交通车路协同技术及应用

高朝晖 周 斌 杨旭东 王 棚 许斌兵 王立海 编著

·南京·

图书在版编目（CIP）数据

智慧交通车路协同技术及应用 / 高朝晖等编著. --
南京 : 东南大学出版社, 2024. 11. -- (智慧交通建设
与实践系列丛书). -- ISBN 978-7-5766-1658-3

Ⅰ. U495

中国国家版本馆 CIP 数据核字第 2024KN6301 号

责任编辑：丁志星　　　　责任校对：子雪莲
封面设计：王　玥　　　　责任印制：周荣虎

智慧交通车路协同技术及应用
Zhihui Jiaotong Che-Lu Xietong Jishu Ji Yingyong

编　　著：	高朝晖　周　斌　杨旭东　王　棚　许斌兵　王立海
出版发行：	东南大学出版社
出 版 人：	白云飞
社　　址：	南京市四牌楼 2 号　邮编：210096　电话：025-83790585
网　　址：	http://www.seupress.com
电子邮件：	press@seupress.com
经　　销：	全国各地新华书店
印　　刷：	广东虎彩云印刷有限公司
开　　本：	787 mm × 1092 mm　1/16
印　　张：	19
字　　数：	460 千
版　　次：	2024 年 11 月第 1 版
印　　次：	2024 年 11 月第 1 次印刷
书　　号：	978-7-5766-1658-3
定　　价：	78.00

本社图书若有印装质量问题，请直接与营销部调换。电话（传真）：025-83791830

目 录

第1章 概述 1
  1.1 中国车路协同建设背景 1
    1.1.1 国家多部委政策持续助推车路协同发展 1
    1.1.2 新基建和新技术同时赋能车路协同发展 2
    1.1.3 车路协同产业化进程逐步加快 3
  1.2 国内外车路协同发展历程及应用现状 4
    1.2.1 美国 4
    1.2.2 日本 5
    1.2.3 欧盟 6
    1.2.4 中国 7
  1.3 车路协同技术演进 8
    1.3.1 车路协同技术内容 8
    1.3.2 技术演进路线 12
  参考文献 14

第2章 车路协同技术架构 16
  2.1 总体架构 16
  2.2 车载终端 18
    2.2.1 车载终端模块组成及功能 18
    2.2.2 网联汽车协同控制技术 34
  2.3 路侧设备 35
    2.3.1 路侧设备功能及部署 35
    2.3.2 路侧设备协同控制技术 63
  2.4 通信网络 86
  2.5 边缘节点 87

2.5.1 边缘节点与边缘计算单元 ……………………………………… 87
　　2.5.2 边缘节点与中心云控平台 ……………………………………… 88
　　2.5.3 边缘节点核心能力 ……………………………………………… 89
　　2.5.4 边缘节点应用场景 ……………………………………………… 94
2.6 中心云控平台 ………………………………………………………… 96
　　2.6.1 总体架构 ………………………………………………………… 96
　　2.6.2 基础设施能力层 ………………………………………………… 97
　　2.6.3 基础平台能力层 ………………………………………………… 98
　　2.6.4 基础应用能力层 ………………………………………………… 99
参考文献 …………………………………………………………………… 102

第3章 车路协同网络系统设计及技术 …………………………………… 104
3.1 车路协同网络体系架构 …………………………………………… 104
　　3.1.1 车端到弱势交通参与者（V2P）通信网络 …………………… 107
　　3.1.2 车端到车端（V2V）通信网络 ………………………………… 109
　　3.1.3 车端到路侧设备（V2I）通信网络 …………………………… 115
　　3.1.4 车端到边缘节点/中心云控平台（V2N）通信网络 ………… 118
　　3.1.5 路侧设备到边缘节点/中心云控平台（I2N）通信网络 …… 121
　　3.1.6 边缘节点到中心云控平台通信网络 ………………………… 123
　　3.1.7 中心云控平台到其他平台 …………………………………… 124
3.2 车路协同网络技术架构 …………………………………………… 124
　　3.2.1 网络协议分层及组网方式 …………………………………… 124
　　3.2.2 车路协同的融合通信 ………………………………………… 132
参考文献 …………………………………………………………………… 182

第4章 车路协同基础能力 …………………………………………………… 184
4.1 车路协同底层基础能力 …………………………………………… 184
　　4.1.1 最优控制算法 ………………………………………………… 184
　　4.1.2 其他算法 ……………………………………………………… 187
4.2 车路协同平台级基础能力 ………………………………………… 187
　　4.2.1 高精度地图 …………………………………………………… 187
　　4.2.2 高精度定位技术 ……………………………………………… 193
　　4.2.3 数字孪生（Digital Twins） …………………………………… 201
　　4.2.4 车路协同智能运维 …………………………………………… 208
　　4.2.5 路侧设备智能运维 …………………………………………… 212

4.3 车路协同安全保障 ………………………………………… 214
    4.3.1 网联车端 …………………………………………… 215
    4.3.2 路侧设备 …………………………………………… 217
参考文献 …………………………………………………………… 224

第5章 智慧交通车路协同典型应用 …………………………… 226
5.1 城市道路交通协同控制 ………………………………………… 226
    5.1.1 网联车辆自动驾驶车速控制 ……………………… 226
    5.1.2 网联车辆自动驾驶轨迹优化 ……………………… 231
    5.1.3 网联车辆人工驾驶轨迹引导 ……………………… 236
    5.1.4 可变车道设计及交通信号协同优化 ……………… 238
    5.1.5 无信号交叉口混行车辆协同通行方法 …………… 249
5.2 高快速路交通协同控制 ………………………………………… 254
    5.2.1 分合流安全预警及引诱 …………………………… 254
    5.2.2 准全天候辅助通行 ………………………………… 260
    5.2.3 车道级差异化服务 ………………………………… 264
    5.2.4 车路协同信息服务 ………………………………… 268
参考文献 …………………………………………………………… 273

第6章 智慧交通车路协同建设经典案例解析 ………………… 276
6.1 架构 ……………………………………………………………… 276
6.2 能力 ……………………………………………………………… 280
    6.2.1 分合流安全预警及引诱系统 ……………………… 280
    6.2.2 准全天候辅助通行系统 …………………………… 282
    6.2.3 车道级差异化服务系统 …………………………… 283
    6.2.4 车路协同信息服务 ………………………………… 284
    6.2.5 路侧车路协同系统 ………………………………… 285
6.3 应用 ……………………………………………………………… 287
    6.3.1 分合流安全预警及引诱 …………………………… 287
    6.3.2 准全天候辅助通行 ………………………………… 292
    6.3.3 车道级差异化服务 ………………………………… 295
参考文献 …………………………………………………………… 296

附录 缩略语 ……………………………………………………… 297

第 1 章 概 述

随着传感器、现代通信、定位感知等技术的不断发展及云计算、大数据时代的到来，车路协同已经成为当今智能交通领域研究和应用的前沿技术，并且必将成为智能交通系统（ITS）解决交通拥堵、安全事故、能源消耗、环境污染等问题的有效手段。

车路协同是指采用无线通信、新一代互联网等先进技术，实现车—车、车—路多维动态信息的实时互动，并通过采集融合全时空的动态路况信息，实现人—车—路的协调，实现汽车的主动安全控制，以保障交通安全，提升通行效率，最终形成一种安全、高效、绿色的道路交通体系。

1.1 中国车路协同建设背景

1.1.1 国家多部委政策持续助推车路协同发展

国家高度重视车路协同行业发展，交通运输部、工业和信息化部、住房城乡建设部等多部委陆续出台相关政策。一是加强市场监管，对道路测试管理规范、标准体系建设、网络数据安全等方面提出新要求；二是引领行业发展，从试验场和示范区的创建，到"智慧城市"和"智能网联汽车"协调发展试验，强调更广泛的跨领域协同、跨产业融合，不断提升城市基础设施智能化水平。

中共中央、国务院在 2019 年 9 月发布的《交通强国建设纲要》中提出，要加快发展智能网联汽车，构建自主可控的产业链，推进智慧交通的发展。促进大数据、互联网、人工智能和超级计算等新技术与交通产业的深度融合，促进数据资源对交通发展的赋能，建设出一套先进的交通信息基础设施。

2020 年 2 月，《智能汽车创新发展战略》由国家发展改革委、交通运输部、工业和信息化部等 11 个部委联合发布，从技术创新、产业生态、基础设施、法规标准、产品监管、网络安全等多个层面，对智能汽车的发展作出了全面的规划与部署。

中共中央、国务院在 2021 年 2 月发布的《国家综合立体交通网规划纲要》中，明确指出要推进"交通网"与"信息网"的结合，强化交通基础设施与信息基础设施的统筹布局与协同建设，推动车联网的部署与应用，加强与新型基础设施建设的统筹，增强载运工具、通信、智能交通、交通管理相关标准的跨行业协同，推动交通基础设施的数字化和网联化发展，提高交通的智能化水平。在此基础上，开展智能载体与关键专用装备的研究与开发，推动智能网联汽车、智能化通用航空器的应用，构建以城市信息模型为基础，融合城市动、静态数据的智慧出行平台。

2021年7月，工业和信息化部、中央网信办、国家发展改革委等10部委联合印发《5G应用"扬帆"行动计划（2021—2023年）》，加速提升C-V2X通信模组的车载渗透率和加快部署RSU（Road Side Unit，路侧单元），加速探索"5G+车联网"的商业模式与应用场景，支持国家级车联网先导区的创建，推进5G网络与车联网基础设施的协调发展，选取典型城市区域、适宜路段、重要高速公路等，加速"5G+车联网"的建设部署，推进园区、机场、港口、矿山等领域C-V2X技术的创新应用。《智能网联汽车道路测试与示范应用管理规范（试行）》将试验示范道路扩大到公路、城市道路等范围，增加了无人工作车的检测范围，异地测试不要求通用项目进行多次检验。

2021年住房城乡建设部、工业和信息化部发布"智慧城市基础设施与智能网联汽车协同发展试点城市的通知"，分两批次共计确定北京、上海、广州、武汉、长沙等16个城市为智慧城市基础设施与智能网联汽车协同发展试点城市。

1.1.2　新基建和新技术同时赋能车路协同发展

车路协同中所涉及的路端投资规模庞大，细节复杂，且涉及的行业链很长，政策门槛高，回报周期长，因此，基础设施建设成本一直以来都是挡在车路协同规模化落地面前的大山。而中国在2018年提出的新基建，涵盖了5G基站建设、大数据中心、人工智能等与车路协同核心技术高度契合的重点领域。车路协同的核心包括智能车载技术、智能路侧系统、通信技术、云控技术四部分。其中智能路侧系统需要通过路侧、路中、路内的智能传感器等智能设备，收集实时道路信息与车辆共享。2021年10月，交通运输部发布的《数字交通"十四五"发展规划》明确指出，要健全高速公路感知网，实现高速公路全要素、全生命周期的数字化，大力发展车路协同、自动驾驶等技术。至2025年，在交通新基建领域将取得重大进步，加快产业数字化、网络化、智能化的发展。"车路协同"作为"新基建"的重要支撑，其在新基建中的应用也得到了一定程度的推进。

车路协同系统需要多个领域的尖端技术进行深度融合，如人工智能与5G蜂窝网络技术。车路协同系统中的数据主要来自雷达、摄像头、北斗和车载终端等感知设备，而被广泛应用的视觉人工智能技术可以有效地认证身份，将目标进行分类，预警事故和追踪识别等，极大地提高了车路协作系统中的信息收集与处理效率，从更高层面实现对道路交通的实时调控。同时，5G超低时延、超可靠、超高传输率等特点，使得车路协同体系能够在一定的地域、一定的环境下实现与数字万物的互联，其产业发展与5G技术的成熟及普及程度高度吻合。根据《数字中国发展报告（2021年）》，截至2021年末，我国5G基站已建成142.5万个，总量占全球60%以上。在2022年3月，3 GPP

Release 17 完成了系统设计,为 5G 技术带来了包括容量、覆盖、时延、能效和移动性在内的多个基本属性的优化,对 5G 技术的发展起到了明显的促进作用,对车路协同产业进行了有效赋能。综上,我们可以认为,车路协同的技术性准备已经就绪。

1.1.3 车路协同产业化进程逐步加快

我国已初步形成了以云、车、路、网、图五端涉及的电子元器件、芯片、通信模组、终端与设备、整车制造,以及综合解决方案测试验证和运营服务为核心的完整车路协同产业链。在产业链各环节,不同主体扮演着不同的角色,参与者既包括芯片与元器件厂商、整车厂商、内容服务商、方案提供商等主体,还包括科研院所、投资机构等中介机构与研发组织。表 1-1 是产业链中不同端的代表性企业。

表 1-1 产业链中不同端的代表性企业

项目	产品	厂家
路	激光雷达	万集科技、北醒、锐驰智光、速腾聚创(RoboSense)、图达通(Seyond)
	毫米波雷达	慧尔视、黎明瑞达(limradar)、森思泰克、木牛、集萃感知
	道路摄像头	海康威视、大华、宇视、华为
	交通信号机	千方科技、大华、海信网络科技、易华录、杰瑞、海康威视、航天大为、莱斯信息
	边缘计算设备	华为、华三、浪潮、希迪智驾、千方科技、海康智联、东土科技、高新兴
	RSU	中信科智联、希迪智驾、千方科技、海康智联、高新兴、蘑菇车联、万集科技
车	主机厂	广汽集团、吉利汽车、福特、宝马、奔驰
	自动驾驶汽车	百度、蘑菇车联、小马智行、中智行
	车载摄像头	德赛西威、保隆科技、海廉威视
	车载雷达	禾赛(HESAI)、北醒、锐驰智光、速腾聚创、图达通、华为
	车载电子标签	中信科智联、希迪智驾、千方科技、海康智联、高新兴、蘑菇车联、万集科技
图		百度地图、高德地图、四维图新、中海达、易图通
云		百度、阿里云、腾讯云、华为
网		中国移动、中国联通、中国电信
综合解决方案		百度、蘑菇车联、天安车联网、天翼交通
测试验证		中国信息通信研究院、中国汽车工程研究院股份有限公司、中国汽车技术研究中心有限公司、各省车路协同相关研发试验基地
运营服务		北京车网科技发展有限公司、车城网(广州)智能科技有限公司、上海智能网联汽车技术中心、湖南湘江智能科技创新中心有限公司

1.2 国内外车路协同发展历程及应用现状

世界各国实施的车—路协同系统项目主要有美国的 IntelliDrive、日本的 Smartway、欧洲的 DRIVE C2V，以及中国的 863 计划主题项目"智能车路协同关键技术研究"。这些项目经过多年的发展和技术迭代，一直在朝着提高出行人员安全系数、减少交通事故、提高管理和运行效率、减少污染排放的目标不断演进。

1.2.1 美国

美国在车路协同方面的研究可以追溯到 20 世纪 50 年代末，当时，一条新的高速公路在新泽西州拔地而起，涵盖着大量通信设备，这是美国建设"车路协同"产业的开端。通用汽车公司率先提出的 V2X（Vehicle to X，车辆联结万物）技术，是车路协同技术的主要发展方向。到了 20 世纪 70 年代末，美国通用汽车公司的公路自动化实验研究，使得智能交通运输系统这一概念真正地变成了现实。20 世纪 80 年代，加利福尼亚大学伯克利分校与加利福尼亚州运输部及美国交通运输局进行合作，开展了 PATH（Partners for Advanced Transit and Highways，先进技术与高速公路）项目，并由此提出 IVHS（Intelligent Vehicle Highway System，智能车路系统）。美国交通部于 2003 年开展了 VII 车路协同系统项目，2009 年将其改名为智能驾驶，并合并了 CICAS 协同式交叉路口防撞系统及 Safe Trip-21 项目，2011 年，再次将其更名为智能互联汽车研究（CVR）。该项目帮助人们在行驶过程中作出更好的决策，为美国交通的安全与发展奠定了基石。2015 年，美国交通部与美国智能交通系统（ITS）共同发布了《智能交通系统战略规划 2015—2019》，明确了未来 5 年在智能交通领域的发展方向。2016 年 12 月，美国正式发布车路协同研究方向的国际标准。2018 年 9 月，美国联邦通信委员会（FCC）发布了《促进美国在 5G 技术计划中的优势》战略文件，将推动发展可用于 V2V（车联车）、V2X 等数据交换的高速通信技术作为政府的当务之急，并将其作为未来 5G 发展的重点。美国交通部于 2020 年 1 月公布了《确保美国在自动驾驶汽车技术方面的领导地位：自动驾驶汽车 4.0》，该报告将重点放在安全与保障上，制定了 10 项涉及用户、市场和政府的技术准则。自 2020 年起，美国规定小型车必须加装 V2X（当前已暂停推行），丰田汽车公司自 2021 年来生产的汽车均装载 V2X。与此同时，福特汽车公司也决定自 2022 年起，为新生产的车辆全部配置上基于 5G 网络的 V2X 技术。

为了加快车路协同发展的进程，目前美国已经对多条道路进行大范围的路侧设备部署和道路的智能化升级，例如美国弗吉尼亚 Smart Road 试验场目前已经试验了超过 1 800 个基于车路协同系统的自动驾驶项目，极大地推动了自动驾驶的发展。凭借多年的研究和布局，美国的车路协同技术已经得到大面积应用。怀俄明州交通部采用了 V2V 和 V2I（车联基础设施）技术，以加强对车辆的监测，例如，工作区域警报、遇险警报、前方碰撞警报以及实地气象影响警报。实地气象影响警报可缓解严寒冬天道路上的卡车堵塞。坦帕希尔斯堡高速公路管理局把有轨电车、公共汽车和数以百计的私人汽车与 V2V 和 V2I 技术相结合，减少早高峰时段的备用车数量，缓解行车延迟，并警示行驶错误的驾驶人员。俄亥俄州马里斯维尔市实施了一项改善交叉路口交通状况的计划,摄像头和人工智能系统会在行人横穿时向关联车辆仪表板显示并发送警告,同时还可以提醒过往的应急车辆,防止碰撞。盐湖城的"红色道路连接车辆"项目可向延误的巴士传递优先讯号。从 2017 年 11 月运行至今,该项目已成功将可靠性提升了 6%。纽约市运输部门计划在 8 000 辆车辆上采用 V2V 和 V2I 技术,以提醒驾车者不要违反交通规则,如闯红灯、超速等。科罗拉多州部署 C-V2X 技术,向司机传递安全信息,包括前方发生撞车的实时警告。

1.2.2 日本

1996 年 7 月,日本五省厅协作提出了日本智能交通系统的构想,包括车辆导航系统的智能化、不停车收费、安全驾驶支持、支援步行者等交通弱者、支援紧急车辆的运行,相关子系统现在已经得到不同程度的推广与应用。日本于 1999 年 6 月首次提出"建设智慧高速公路"的构想,并首次推出"车路协同智慧公路"理念。在 2004 年 8 月,日本又提出了将 ITS 推进到第二阶段的建议,对智慧高速公路的具体内容和目标进行了详细的阐述,并提出了将目前已经实现的各种 ITS 服务整合为一个综合 ITS 的建议。智慧高速公路开放试验于 2007 年结束,在 2009 年正式运营,于 2011 年开始在全国范围内推广。智慧公路是一种集多种智能交通技术于一体的新型公路,可提供多样化的信息服务。2013 年,日本政府公布了《世界领先 IT 国家创造宣言》,这也是日本的交通振兴计划,将智能网联汽车列为其中的一个重要内容。依据这些文件,日本政府专门制定了《SIP 战略性创新创造项目计划》,将无人驾驶技术的研究和开发提升到了国家战略高度,制定了《ITS 2014—2030 技术发展路线图》,到 2020 年达到全球最安全的道路水平,到 2030 年达到全球最安全、最畅通的道路水平。日本政府于 2014 年通过了《SIP(战略性创新创造项目)自动驾驶系统研究开发计划》,确定了 4 个研究方向共 32 个研究主题,旨在推动智能驾驶系统的发展和实际应用,并对其进行了深入的研究。2015—2020 年期间,日本发力自动驾驶领域,围绕自动驾驶发展车路协同技术和推动相关标准、指南甚至法案的出台,先后成立了自动驾驶研究工作组,制定日本自动驾驶技术路线图,并推动相关国际标准的协调工作。《关于自动驾驶系统的公共道路测试指南》从保证交通安全和顺畅的角度来规定在日本国内的公共道路中实施运用自动驾驶系统来驾驶汽车的实证测试时需要注意的事项,达到为实施合理和安全的公共道路实证测试做出贡献的目的。《远程自动驾驶系统道路测试许可处理基准》明确了远程监测对象为具有道路交通安全职责的远程驾驶员,保证自动驾驶车辆在无人驾驶条件下的道路测试顺利实施。《2017 官民 ITS 构想及路线图》明确了无人驾驶推进计划,提出至 2020 年,实现公路 L3 级自动驾驶,货车 L2 级以上自动驾驶,特定区域内 L4 级自动驾驶(用于配送服务)。《自动驾驶相关制度整备大纲》对自动驾驶车辆的责任进行了细致的划分,确定机动车的主体责任,并规定自动驾驶车辆与一般机动车享受同等待遇;因外界侵入车辆系统而造成的损失,将由政府负责。《自动驾驶汽车安全技术指南》对 L3 和 L4 级自动驾驶车辆的安全性能提出了 10 项要求。2020 年,日本政府继续推进由内阁牵头启动的 SIP(战略性创新创造项目),有计划地稳步推进自动驾驶技术的发展和为自动驾驶汽车商用化和实用化开展各项实证试验。

从 2011 年开始在全国范围推广智慧公路建设和应用以来，日本公路的智慧化水平不断提升，围绕自动驾驶展开的车路协同技术研究和应用不断完善。E1A 新东名高速公路通过部署车辆检测器、异常事故检测摄像头、交通监视摄像头等前端传感设备，实现了交通信息的收集，并部署 ITS 通信设备和简易信息板、交通信息板、事项信息板、图形信息板、路侧公路广播等事件播报展示系统，向车主提供实时交通信息。新名神高速公路近年还利用新型信息强化板提供交通信息，利用图像处理技术检测一般区间和隧道内的异常事故，一旦检测到车辆停止、低速、避走、超速、逆行、路肩行驶、落下物等，就会自动通报公路交通控制中心。新名神高速公路的隧道路段，使用了机器人摄像头来加强对隧道内场景的监控，每隔 50 米，两个摄像头的图像会进行自动合成，可以对左右两端的 180°画面进行监控，一旦有交通事故发生，机器人摄像头就会第一时间锁定指定的地点进行监控，同时还会与火警按钮和隧道内的应急电话开关结合在一起，会自动发出警告。东京湾横断公路通过部署 PML（Programmable Matrix Lighting，可编程智能大灯）实现交通拥堵调控，通过部署的前后对比，发现交通量在 28 300 台 / 日的情况下，部署前川崎浮岛 JCT 附近拥堵时有发生，部署后川崎浮岛 JCT 附近没有发生交通拥挤。

1.2.3　欧盟

欧盟于 2003 年开始启动 eSafety 项目，项目考虑了动态的车路协作式的车辆安全系统开发，通过高效、准确的车路间信息共享，预评估车辆出行的潜在危险，从而提高人们的出行安全。自 2004 年以来，欧盟又先后确立了智能安全车路系统（SAFESPOT）、基于合作的智能安全道路（COOPERS）和车路协同系统（Cooperative Vehicle-Infrastructure Systems，CVIS）三大项目，加强了车路协同的研究，实现了车路协同的通信技术的开发、标准化和普及。SAFESPOT 项目的主要研究内容是安全车速和安全车距维持、交叉口安全辅助、危险区域警示和避免碰撞行人及非机动车辆；COOPERS 项目的研究内容是车路通信功能、车辆作为移动探测器和安全且高速的通信；CVIS 项目的核心是车路协同环境中多种通信方式混合的解决方案。2006—2010 年，欧盟资助欧洲道路交通远程通信信息技术实施协调组织（European Road Transport Telematics Implementation Coordination Organization）牵头开展合作式智能交通系统（Cooperative Intelligent Transport Systems，C-ITS）项目，该项目预算为 4 100 万欧元，在 6 个国家的试验场落地实施，开发、示范和评估 CVIS 在城市环境下的货运、车队和公共运输管理方面的应用，其主要成果是开发和检验了能够实现车和路侧单元一体化的硬件和软件原型。欧盟于 2011 年发表了《欧盟一体化交通白皮书》，其中特别强调要推动汽车在智能化、信息化、交通安全等方面的发展。在 2013 年，欧盟推出了"地平线 2020 计划"，其中指出要促进合作式智能交通、汽车自动化、网联化和产业应用。2014 年 11 月，欧盟委员会创建了 C-ITS 平台，依托该平台，国家机构、C-ITS 利益相关方和欧盟委员会可以共同部署规划 C-ITS 在欧盟的发展，为制定 C-ITS 路线图和战略提供政策建议，并为一些关键的交叉领域问题提供可能的解决方案，研究协作式网联和自动化出行相关问题，接受资助开展试点项目。2016 年 4 月，欧盟成员国签署了《阿姆斯特丹宣言》，其表明了欧盟将如何部署、发展自动驾驶技术并制定相应的实施措施，是推动汽车制造商、各国政府以及欧洲各组织间合作的一个关键基石。2016年，欧盟委员会通过了一项关于 C-ITS 的欧洲战略方案，旨在在全欧洲推动投资与管理体系一体化，至2019年实现 C-ITS 的商业应用，为提高道路安全水平、通行效率和驾驶舒适性提供科学依据。2019年，欧盟委员会发布了《互联和自动化运输 STRIA 路线图》(*STRIA Roadmap on Connected and Automated Transport: Road，Rail and Waterborne*)，按照欧盟自动驾驶的愿景和目标，对照欧盟发展自动驾驶技术面临的挑战，制定公路、铁路、水路三种运输方式的自动驾驶研发路线图。

近年来，随着车路协同技术研究的日趋成熟，欧洲已开展了车路协同的大型道路运营试验，覆盖欧洲7个国家（德国、法国、荷兰、意大利、西班牙、芬兰、瑞典），研究内容包括5.9 GHz 频段车路协同试验体系的标准化适配与性能测试、车路协同试验体系与已有路面的适配性、车路协同试验体系在多个领域的性能评价、建立泛欧洲车路协同试验体系的统一试验体系和评估平台。

1.2.4　中国

2011年，我国正式启动了国家863计划主题项目"智能车路协同关键技术研究"，项目针对"智能车路协同"这一重大课题，以智能车路协同为核心，以智能车路协同的交通信息采集、车—路/车—路信息交互、智能车和路侧设备与系统集成为主要内容，搭建车路协同实验平台，并开展仿真实验与验证。我国车路协同技术目前处于世界领先水平，为我国智能交通行业的发展和应用奠定了基础。在此基础上，我国又搭建了国内首个基于车路协同的智能汽车集成试验与验证平台，开展示范与验证工作，研究成果将在国内率先得到应用。2015年以来，由国务院协调，国家发展改革委、交通运输部、工业和信息化部密集出台了一系列推动车路协同和智慧交通发展的政策文件，在技术创新、标准规范、示范应用、产业培育、应用推广等各个环节，开展有目的、有计划的产学研用联动，为车路协同技术发展和服务创新提供必要的环境条件。

在国家政策指导下，各省（区、市）"十四五"相关规划均涉及车路协同内容，目前已建设的北京、上海、江苏、天津、湖南、重庆等国家智能网联示范区/先导区所在省（市），进一步丰富了车路协同应用的环境，扩大开放测试道路示范规模，探索商业模式，弥补了地方车路协同产业链存在的缺陷以及生态体系的不足等。2022年5月发布的《北京市"十四五"时期交通发展建设规划》中，提出要开展"智慧高速公路"示范项目，在此基础上，开展基础设施数字化、车路协同等示范应用，推进交通信号灯的智能化改造升级，提升路网管理和服务水平，到2025年，实现智慧公路总里程300 km 以上。《上海市车路协同创新应用工作实施方案（2023—2025年）》于2022年11月面世，提出了18项鲜明的创新应用，预期到2025年，全市建成800多公里智慧高速公路、智慧城市道路（包括快速路），500多个智慧路口，100多个示范性智慧公共停车场（库）。重庆出台《打造全国一流新能源和智能网联汽车应用场景三年行动计划（2021—2023年）》，将在全市范围内实现大规模的车联网应用，加快高速公路的建设，推进永川区百度自动驾驶开放试验基地二期项目、仙桃数据谷无人驾驶体验公园等项目实施，预计到 2023 年，全市将形成车路协调的路网 1 000 余 km、交叉路口 1 200 余个、智能高速公路 500 余 km。《江苏省"十四五"新能源汽车产业发展规划》中提出，将加快智慧交通体系的建设，积极推动国家级江苏（无锡）车联网先导区的建设，在南京、无锡、徐州、常州、苏州、南通、盐城等城市开展自主驾驶技术研发与商业模式探索。在此基础上，构建我国智能网联汽车政策先行区，为我国高端无人驾驶车辆的商业化奠定基础，促进我国智能网联汽车产业化进程。江苏在 2022 年 6 月公布了《关于加快推进车联网和智能网联汽车高质量发展的指导意见》，其中提出了对南京、无锡、常州、苏州、南通、盐城进行政策创新，并在此基础上加强了对基础设施的统筹与协调，扩大公共领域车联网应用规模，明确建设运营主体，提高汽车数据安全防护水平等。2021 年 6 月印发的《天津市制造业高质量发展"十四五"规划》的项目研究可望在车辆智能计算、V2X 通信等方面取得突破，为我国自主知识产权的发展奠定基础。依托天津（西青）国家级车联网先导区，在全国范围内进行"车路协同"示范工程的建设，打造具有代表性的汽车交通网络建设工程。2022 年 3 月印发的《湖南省智能网联汽车产业"十四五"发展规划（2021—2025）》，明确提出到 2025 年，我国将实现 LTE-V2X 等车用无线通信网络的区域覆盖，并在部分城市道路、高速公路上实现 5G-V2X 等的应用，初步建立起较为完善的智能网联技术标准。

自 2016 年国家智能网联汽车（上海）试点示范区建设以来，北京持续打造场—路—区三级测试环境，海淀基地 97 条道路共计 337.2 km 建设 5G 通信网络、V2X 车路协同、高精度地图等智慧化基础设施，在智能交通出行、物流配送、清洁作业等方面，进行多个智慧生活场景的应用示范。石景山首钢的无人驾驶服务示范区面积为 8.63 km^2，将进行各种无人驾驶机器人、无人巡检机器人等的无人驾驶示范，以及冬奥会的科技展示。房山区 5G 自动驾驶示范区内 11 条道路共计 18 km，面向 5G 无人驾驶汽车的研究与制造，可实现 1 000 多种不同的道路试验和 5G 无人驾驶示范。顺义智能网联汽车创新生态示范区 / 自动驾驶车辆封闭测试场（顺义基地）77 条道路共计 406.78 km，北小营镇无人驾驶封闭测试场建设完成，大规模推广 5G 开放智慧交通、车路协同等。通州自动驾驶车辆测试道路 / 自动驾驶封闭场地测试基地 26 条道路合计 52.84 km，与蘑菇车联签署了价值 16 亿元的战略合作协议，涵盖了通州政务区、文旅区、张家湾创意城、运河商务中心等 40 km^2 的重要区域，并对其进行了智能化改造，实现了无人驾驶，打造了城市级的"智慧交通系统"。江苏坚持网联赋能和单车智能协同发展。南京作为"双智"试点城市，秦淮区在 10.67 km 城市公共道路上完成了 30 个路口路侧设施建设和 40 个应用场景构建。

1.3　车路协同技术演进

1.3.1　车路协同技术内容

车路协同技术一直伴随着智慧交通建设及通用科学技术的发展不断更新，由最初的信息交互、协同安全、主动控制进一步更新细化为环境感知、融合预测、智能决策、控制执行、I2X（基础设施联结一切）和 V2X 通信、网络安全、协同优化、交通系统集成优化。中国式车路协同技术架构已经逐步形成，本书以该架构为脉络，将车路协同关键技术及基础能力按照架构组成划分介绍，包括智能出行系统关键技术、智能车载系统关键技术、智能路侧系统关键技术、中心云控平台技术以及车路协同网络技术，分别对应车路协同"人、车、路、云、网"五大要素。

1.3.1.1 智能出行系统

智能出行系统应用对象是五大要素中的"人"，即出行者，具体为出行者所带的信息终端和信息处理设备，设备搭载具体的车路协同智慧化应用，通过车路协同网络与车、路、云交互（见图 1-1）。智慧化应用向出行者提供实时路况信息、信控信息、紧急事件预警、优先通行应急车辆、车速引导、人机交互等服务。智慧出行系统的信息终端或信息处理设备应搭载的基础模块包括地图模块、数据处理模块、语音模块。相关接口和技术架构应遵循车路协同相关标准、协议。具体内容在本书第 2 章第 2 节进行详细介绍。

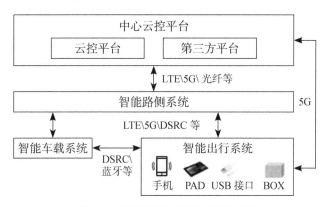

图 1-1 智能出行系统组成及交互

1.3.1.2 智能车载系统

智能车载系统具体包含了 OBU、车载智能终端、车载计算控制模块、车载感知设备、车辆线控系统、车载网关、路由器等内容。汽车系统能够感知、采集道路环境、交通状况等信息，为车辆的决策和控制提供依据，还能够将所获取的信息与道路子系统或者周围有通信能力的车辆共享。同时，车载系统也能从各分系统中接收信息，用于对车载感知信息进行补充；车载系统可接收来自道路子系统的决策规划类消息及控制类消息，并依据此类信息对车辆进行实时决策、控制（见图 1-2）。智能车载系统的应用更多体现在自动驾驶场景中。车载系统各模块及相关技术在本书第 2 章第 2 节进行详细介绍。

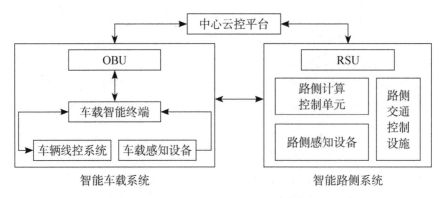

图 1-2 智能车载系统组成及交互

1.3.1.3 智能路侧系统

智能路侧系统以 RSU 和路侧通信、感知、计算设施为中心，以交通安全与管理或其他附属设施为基础（见图 1-3）。路侧计算设施可以是路侧独立部署的计算处理设备，也可以是路侧机房或者边缘云；路侧感知设备有摄像机、毫米波雷达、激光雷达、气象传感器等感知设备；通信设施用于车路 V2X 通信，通信方式可以是 LTE-V2X/5G-V2X 或 DSRC（Dedicated Short Range Communication，专用短程通信）；其他附属设施可以是北斗基站、电源、机柜等设施，为系统提供支撑服务。智能路侧系统所具有的一般功能有交通探测、辨识和定位，为各种道路上的车辆和车辆之间的协作进行辅助或为无人驾驶的应用场景提供支持服务，路侧监控设施、感知定位设施、气象监测设施、交通信号控制机等设备设施与业务数据汇聚接入，以及路侧接入设备设施的状态监测与运维管理。智能路侧系统各模块及相关技术将在本书第 2 章第 3 节进行详细介绍。

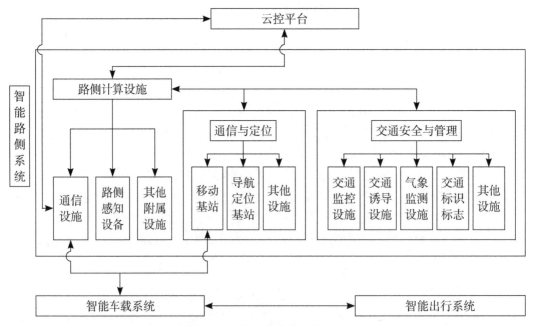

图 1-3 智能路侧系统组成及交互

1.3.1.4 中心云控平台

中心云控平台为车路协同系统提供各种设备、设施的访问与数据交换，同时还覆盖了第三方平台，如交通管理平台、OEM 平台、地图服务平台、出行服务平台、车辆监控平台等。中心云控平台具备车路协同设备接入与管理能力、数据接入与处理分析能力、车路协同辅助驾驶或自动驾驶应用服务以及向各类第三方平台提供数据或开放接口服务（见图 1-4）。中心云控平台各模块及相关技术将在本书第 2 章第 6 节进行详细介绍。

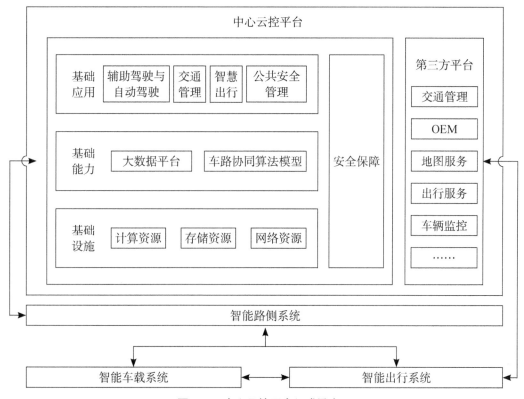

图 1-4　中心云控平台组成及交互

1.3.1.5　车路协同网络

车路协同网络是基于车内网、车际网和车载移动互联网等技术手段，实现"车、路、人、云"之间无/有线通信与信息交互的网络结构。车路协同网络的通信方式主要有两种，一种是蜂窝（Uu）方式，另一种是直连（PC5）方式。这两种通信方式为车路协同的多样化应用提供了有力支撑，提出了一种基于 4G/5G 的无线网络接入方式。借助蜂窝（Uu）与直连（PC5）两种网络接入方式的优势，通过对网络负载的合理配置，实现了车载网络高可靠性的数据传输。此外，蜂窝方式和直连方式采用不同的安全架构保障车路协同通信安全。具体的车路协同网络体系架构、技术将在本书第 3 章进行详细介绍。

1.3.2 技术演进路线

1.3.2.1 DSRC 和 C-V2X

DSRC（专用短程通信）是一种适用于中短程、双向、半双工的无线通信技术，其通信距离通常为几十米（10~30 m），具有 3~27 Mb/s 的高速率。可以设定授权带宽，保证通信的安全性和可靠性；能够迅速地进行网络访问，使与主动安全有关的应用程序能够快速地升级；该技术的通信延时可达毫秒级，符合车载信息交流的时延要求；该技术还具有高可靠度，能够满足汽车在高速运行时不受恶劣气候影响方向的要求，同时还能够支持 V2V、V2I 等多种通信方式，对车路协同的广泛应用具有重要意义。

蜂窝技术是为高速移动环境而设计的，所以与 DSRC 相比，C-V2X 技术在技术性能、商业部署、持续演进等方面具有更多的优势。

（1）在技术性能方面，C-V2X 在容量、时延、可管理、抗干扰等方面都有显著的优点。就通信覆盖能力而言，C-V2X 由于其较佳的链路预算，传输距离可达 DSRC 的两倍，或者在相同传输距离下可达较高的可靠度（失误情况比较少）。在高速（时速 140~250 km）条件下，与 DSRC 相比，C-V2X 的传输距离可提高 100% 左右。在城区（15~60 km/h）条件下，与 DSRC 相比，C-V2X 传输距离可提高 30% 左右。在资源库中，C-V2X 以最小能耗为目标，以保证系统的时延，提高系统的可靠性。在多个障碍物盲区中，C-V2X 可以提供较高的行车速度，并达到较大的提示距离。另外，C-V2X 还能提供一种集中式与分布式的拥塞控制方法，使得在密集网络环境下，能够有效地增加网络的接入量，提高网络的使用效率。

（2）在商业部署方面，C-V2X 可以在 4G 及 5G 的基础上，实现对 4G 及 5G 的复用，降低了建设成本。对于网络部署而言，C-V2X 和蜂窝网之间的协同作用可以大大减少部署费用。以 802.11p 为基础的 DSRC 技术建设的网络中，需要新建大量的路侧装置，这些装置的新建费用很高，同时其硬件产品的价格也很高。而 C-V2X 则能够将 RSU 和 RSU 与 4G/5G 基站的回传链路有机地融合在一起，无须再分别建立基站，节省了部署费用，产生了巨大的经济效益。

（3）在持续演进方面，C-V2X 与 5G 的正向兼容具有更大的发展空间。在 5G 的演进过程中，C-V2X 是目前仅有的一种 V2X 技术。C-V2X 包括了 LTE-V2X（R14）、eLTE-V2X（R15）以及向后演进的 5GNR-V2X（R16）。按照 3GPP 关于 LTE 演进的路线规划，将来 LTE-V2X（R14/15）将平稳地过渡到 5G-V2X（R16+）。随着 5G 网络的普及，未来的 C-V2X 系统将与 5G 无线连接，充分发挥 5G 无线连接的高吞吐率、宽频载波支持、低时延、高可靠性的特点，为无人驾驶以及高吞吐率的传感器分享、地图分享、三维高清晰地图更新等提供了可能。C-V2X 从 Rel-14 到 5GNR-based，更符合未来汽车互联和无人驾驶的发展趋势，具有广阔的应用前景。

1.3.2.2 不同国家的选择

美国采用 DSRC 标准，2019 年后才通过了 C-V2X 技术行政许可的请求。日本以 DSRC 技术体系为主。2019 年，日本完成蜂窝 V2X 联合试验，以 DSRC 标准为主的车路协同体系开始向 C-V2X 体系转变。欧盟以 DSRC 体系为主。2019 年 4 月，欧盟发布了一项授权法案，该法案定义了一种混合模式，认可 ITS-G5 标准作为车与车、车与路侧基础设施通信的技术基础，同时允许使用 LTE 和 5G 蜂窝技术与远程基础设施及云服务进行额外通信。

就在国际上对 V2X 技术的发展方向还存在着争议的时候，中国已经发布了一系列关于发展 C-V2X 技术的政策文件。《智能汽车创新发展战略》中明确指出，到 2025 年，智能交通和智慧城市的基础设施建设将会有很大的进步。同时，车载无线通信网络（LTE-V2X 等）将会实现更多区域的覆盖，5G-V2X 等新型的车载无线通信网络将会在一些城市和高速公路上逐步普及。《关于组织实施 2020 年新型基础设施建设工程（宽带网络和 5G 领域）的通知》中，将 5G 技术在新的基础设施中的大规模示范和应用作为 5G 技术的七项重大工程中的一项，将 C-V2X 技术作为车路协同技术的具体实现方式。C-V2X 是现在国内发展的重点，依托于电信技术的快速进步，基于 LTE 和 5G 技术的 C-V2X 也得到了迅猛发展，尤其是在 5G-V2X 技术上，各级政府部门联合相关科研单位和企业在全国范围内建立了多个技术示范区。C-V2X 跟 5G 的核心技术有强关联的地方，包括 5G 核心的边缘计算，以及网络技术、无线技术。

1.3.2.3 DSRC 和 C-V2X 共存阶段

从技术对比到各个国家所作出的选择和布局来看，C-V2X 是车路协同技术发展的大方向。技术升级不可避免地要考虑成本，ETC（电子不停车收费）作为 DSRC 技术的核心应用，将使得 DSRC 和 C-V2X 共存，在后者没有成熟的低成本应用前，DSRC 仍然是智能交通的主流技术。从技术上来说，DSRC 本身的通信能力比较弱，但也是一个完整的通信系统，所以其整体的架构是能够跟 C-V2X 进行很好的融合的。当前可以利用 DSRC 比较弱的通信能力，结合 C-V2X、5G 的发展升级现有的 DSRC 体系来支撑一些基础的应用，建立一些未来的数字基础设施和新的应用，让用户开始适应一些新的 C-V2X 的应用，将来升级到更高阶的 C-V2X 应用，形成 DSRC 和 C-V2X 的融合共生，实现 V2X 的高级形态，以建设智慧网联基础设施为核心，基于动态路况信息的收集与融合，实现汽车主动安全预警与路网协同管理。

1.3.2.4 多级云控、云边协同的未来技术趋势

目前示范区建设项目中，通常单个项目建设一个车路协同云控平台，项目区域内所有数据接入、业务处理都由这个车路协同云控平台负责实现。未来面向规模化商用，车路协同云控平台的建设必然会向着城市化发展，"车、路、云一体化"的方案将朝着"分层解耦"和"跨域共享"发展。业务分层解耦、数据和能力的跨域共用是未来云控平台的发展趋势。

未来的车路协同云控平台将由边缘云、区域云与中心云三级组成，由边到云，三级平台提供的服务实时性要求逐级降低，服务范围逐级扩大。边缘云可能被部署于运营商区县级的机房，通过统一接入网关就近接入路侧设备与车端设备数据，并负责面向车路协同自动驾驶提供感知辅助、安全告警等强实时性应用基础服务；区域云主要提供智慧交通管理、公共交通出行服务等弱实时性服务；中心云则会面向更大范围的业务，例如运营注册管理、宏观数据分析等。

另一大趋势是云端对路侧边缘端的管理协同，路侧计算单元输出的路侧数据是云控

功能和应用场景的原材料,未来云端需要能够对其输出数据进行灵活的调整以适应不同路口不同的应用场景需求,同时能够实现路侧计算单元数据分析算法的更新,增强系统可拓展性。

参考文献

[1] 朱小燕,邹亚强,何寿柏.浅析智能网联汽车技术[J].汽车实用技术,2020(13):20-22.

[2] 赵文博.自动驾驶汽车政策进入深耕细作期[J].智能网联汽车,2021(1):17-20.

[3] 吴冬升.2022年上半年车联网"十四五"规划大盘点[J].智能网联汽车,2022(4):15-19.

[4] 蔡刚强,吴冬升.车联网政策进展综述[J].智能网联汽车,2022(6):80-85.

[5] 黄飞.基于车路协同的车辆换道辅助系统设计与实现[D].西安:长安大学,2018.

[6] 张毅,姚丹亚,李力,等.智能车路协同系统关键技术与应用[J].交通运输系统工程与信息,2021,21(5):40-51.

[7] 曲向芳.北斗辐射带动力增强,市场规模不断提升:《2022卫星导航与位置服务产业发展白皮书》发布[J].卫星应用,2022(6):67-72.

[8] 涂彦平.缺芯、涨价怎么破？高层定调钓鱼台[J].中国外资,2022(4):76-79.

[9] 史春磊,蔡超,邱佳慧,等.车路协同网络实现方案[J].邮电设计技术,2023(6):41-46.

[10] 司胜营,刘子薇,孙恩泽.智慧城市基础设施与智能网联汽车协同发展研究与实施[J].现代交通与冶金材料,2023,3(3):10-23,42.

[11] 卢春房,马成贤,江媛,等.中国车路协同产业研究与发展对策建议[J].中国公路学报,2023,36(3):225-233.

[12] 俞立严.下一站"车路协同"汽车智能化迎新机遇[N].上海证券报,2022-08-29(5).

[13] 陈山枝,葛雨明,时岩.蜂窝车联网(C-V2X)技术发展、应用及展望[J].电信科学,2022,38(1):1-12.

[14] 岳悬.车路一体正成为中国"十四五"智能交通发展的业界共识[N].人民邮电,2022-01-28(4).

[15] 张国锋,李宁,秦通.智慧高速公路车路协同系统构建方案研究[J].北方交通,2023(6):91-94.

[16] 丁飞,张楠,李升波,等.智能网联车路云协同系统架构与关键技术研究综

述［J］.自动化学报，2022，48（12）：2863-2885.

［17］廖镭鸣.5G城市公共交通车路协同系统研究与实践［C］//中国智能交通协会.第十七届中国智能交通年会科技论文集.北京：机械工业出版社，2022：87-89.

［18］马舒雨.车路协同系统可用技术分析［J］.电子技术与软件工程，2022（19）：159-162.

第 2 章 车路协同技术架构

车路协同是指利用无线通信、新一代互联网等先进技术,实现车车、车路之间的动态信息交流,通过对全时间、全空间的动态交通信息的收集和融合,进行车辆的主动安全控制,以及人车路之间的协作,以确保交通安全,提升通行效率,形成一种安全、高效、环保的公路交通体系。

车路协同实现了一切交通要素的网联化,使车辆能够与交通系统中的一切联网要素进行通信,例如,车辆间的通信(V2V)、车辆与人之间的通信(V2P)、车辆与道路基础设施间的通信(V2I)、车辆与网络间的通信(V2N)等。当前,V2X 的主流技术为专用短程通信(DSRC)和蜂窝 V2X(C-V2X),DSRC 由美国电气电子工程师学会(IEEE)和欧洲电信标准组织(ETSI)共同倡导,已有 20 余年的历史。但随着智能交通的不断发展与普及,DSRC 在信道拥塞、干扰管理、通信覆盖等方面存在的不足也日益凸显。美国联邦通信委员会(FCC)于 2019 年 12 月批准了 C-V2X 的专有频谱,预示着 C-V2X 将是未来车联网的主流技术标准。因此,本章将以采用 C-V2X 技术的中国式车路协同技术架构为基础,对架构中涉及的各类交通要素、智能化模块和系统的关键技术进行详细的介绍。

2.1 总体架构

基于 C-V2X 的车路协同总体架构如图 2-1 所示,包括车载终端、路侧设备、通信网络、边缘节点和中心云控平台。

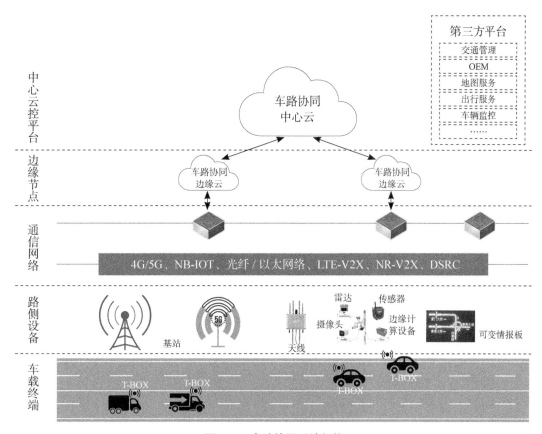

图 2-1　车路协同系统架构

车载终端是指网联车辆搭载的用于实现 V2V、V2I、V2P、V2N 等多种车路协同通信功能的设备，包括 OBU、T-BOX、辅助驾驶终端、自动驾驶终端、营运车辆智能终端、导航终端等终端单元或设备。终端具备车辆信息采集以及与路侧设备、边缘节点、中心云控平台、其他车辆终端、第三方平台进行通信的能力。

路侧设备包括路侧计算设备、通信设备、传感设备、电子标志标牌等。计算设备是指用于对所采集的车载终端和路侧设备数据进行实时计算和处理的边缘计算设备；通信设备是指实现 V2X 通信的基站、天线等设备；传感设备是指摄像头、雷达、传感器等数据采集设备；电子标志标牌是用于发送限速信息、桥隧信息、弯道信息、实时交通情况等的数字化路侧标志牌、可变情报板等，以及可以穿越冰雪、雨水、尘土的车道标志设备等。

通信网络主要由光纤/以太网络和基于 LTE-V2X、NR-V2X、4G/5G、DSRC 等通信技术组网的无线通信网组成。由我国牵头推进的 C-V2X 技术，具体包括了 LTE-V2X 和 NR-V2X 两种。LTE-V2X 是一种以 4G 为基础的车联网无线通信技术，它满足了基础安全预警和效率提升类应用的需求。NR-V2X 作为 5G 时代的车载无线通信技术，为未来无人驾驶提供了重要的技术支撑。二者皆具有良好的服务功能，将会在很长一段时间内共同发展。此外，DSRC 在国内智能交通领域应用多年，因此在通信传输上，国内的车路协同架构依然纳入了 DSRC 技术。

边缘节点是以管理路段为单元，汇聚所辖路段上的车载终端设备、路侧设备采集和处理的数据，在边缘管理侧就近提供所辖路段的交通管理信息、多维感知信息，支持设备接入、数据分析、事件转发，为车路协同业务提供低时延、高带宽和高可靠性的运行环境，实现本地车路协同调度和时延敏感的业务处理。

中心云控平台以管理区域为单元，接入所管理区域的车载终端和路侧设备采集的数据，并与边缘节点进行数据同步、协同计算，提供全局的交通管理信息、多维状态感知的道路设施信息、车路数据开放信息等，支持全局数据存储以及与外部第三方业务系统的对接，具备V2X基础服务、数据分析、路侧设备管理、交通监控与管控等边云协同服务能力。

2.2 车载终端

2.2.1 车载终端模块组成及功能

2.2.1.1 T-BOX

T-BOX 是 Telematics Box 的缩写，最初译作"远程通信模块"。T-BOX 的设计初衷是作为无线网关赋予车辆联网能力。一方面，T-BOX 通过通信基站或路侧设备实现车辆与外部网络的互联；另一方面，T-BOX 通过接口与车辆 CAN（Controller Area Network，控制器局域网）总线相连，采集和传输车辆数据，实现整车 CAN 的远程诊断控制功能。T-BOX 作为通信模块，在车路协同中的连接作用如图 2-2 所示。

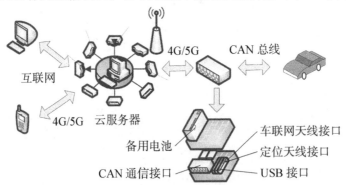

图 2-2 T-BOX 在车路协同中的连接作用

T-BOX 的功能由集成在 T-BOX 主板上的多个模块完成，如图 2-3 所示。
- Wi-Fi 模块可以提供热点，在车上时手机可以直接连接它进行上网。
- 4G/5G 模块负责与云端通信，进行数据的收发。
- GNSS（Global Navigation Satellite System，全球导航卫星系统）模块可以对车辆进行定位。
- MCU 模块负责电源控制，管理 T-BOX 的休眠和唤醒。
- EMMC 模块负责存储，当周围环境没有信号时，负责对接收到的车辆信息进行暂存。
- 应用于非 CAN 部分，与网关互连。主要解决高速数据传输、协议兼容和成本受限的问题。
- BLE 模块负责数字钥匙，对车辆进行控制。
- 电源模组负责供电，支持 T-BOX 的运行。
- CAN 通信接口接入 CAN 总线，通过 CAN 进行数据采集，通过 CAN 总线发送控制报文并实现对车辆的控制。
- USB 接插件可以连接车机，使车机可以通过 T-BOX 上网。
- 4G/5G 天线负责给 4G/5G 模块接收信号。
- GPS 天线负责给 GNSS 模块接收信号。

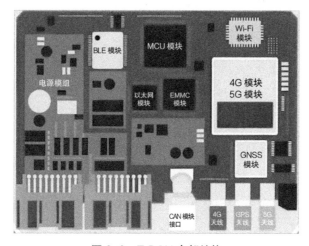

图 2-3　T-BOX 内部结构

与数据采集和网络传输相关的智慧化应用基本都是在 T-BOX 上实现，比如数据采集和存储、远程查询和控制、道路救援、远程诊断等（见图 2-4）。

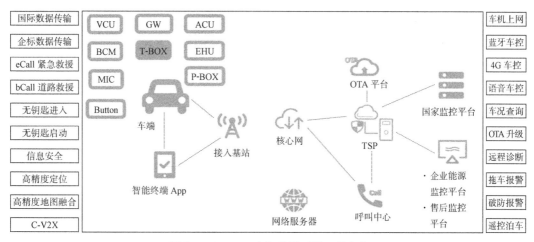

图 2-4　T-BOX 在智能网系统里的角色

（1）数据采集和存储：T-BOX 利用 CAN 总线的接口与 CAN 总线相连，实现了数据的采集与存储,主要采集和分析车辆信息、整车控制器信息、电机控制器信息、电池管理系统(BMS)信息、车载充电机信息等。在收集完这些信息后,最长不超过 30 s 的时间间隔 T-BOX 就可以将收集到的实时数据存入内部存储介质。如果发生三级警报,则最长不超过 1 s 的时间间隔 T-BOX 就可将其存入内部存储介质。

(2)远程查询和控制:用户可以通过手机 App 来实现对车辆的远程查询,例如,查询车辆油箱剩余油量、车窗和车门关闭情况、电池电量剩余情况等。除了查询功能外,还能用手机控制车门的开关、鸣笛、信号灯闪烁,以及用手机遥控空调开关、启动汽车、定位车辆位置等。

以远程闭锁车门为例,控制流程如图 2-5 所示。

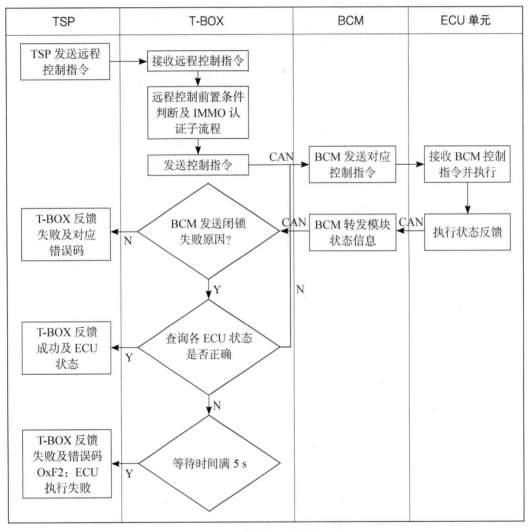

图 2-5 远程闭锁车门控制流程图

用户可以在手机 App 上发出远程锁门的操作命令,命令会通过客户端的 4G/5G 网络被传送到具有控制功能的云数据平台(TSP)上。TSP 在接收到这一命令信号后,判断车载网络的状况,并进一步向车载 T-BOX 发送对应的遥控命令。在接收到这一命令后,车端 T-BOX 完成了对车辆远程控制前置条件的判断,唤醒了整车通信网络,并与车身控制器进行了防盗鉴权验证,最后将 CAN 报文发送到 CAN 总线以闭锁车门;车端 CAN 节点网关(Gateway,GW)收到报文后,将其转发至车身域的车身控制模块(Body Control Module,BCM);BCM 在收到该报文后,将执行车门闭锁的指令下发给执行器;执行器完成对应的动作后,将门锁状态反馈给 BCM,BCM 将动作执行结果反馈给 T-BOX,T-BOX 将该状态反馈给 TSP,TSP 将远程控制执行结果反馈给智能终端 App。

(3)道路救援:车路协同环境下的道路救援可实现路边救援、紧急救援、车辆异常报警、车辆异常信息自动上传等功能。这些功能能够保证驾驶者的生命安全。比如,当车辆碰撞触发安全气囊后,T-BOX 的碰撞自动求救功能会自动拨打乘车人员救援热线号码,并自动将车辆位置等诸多信息上传至后台存储。与此同时,后台将事故位置以及行车记录仪的监控等信息发送给所有紧急联系人,使事故车辆和人员能够得到及时的救援。

(4)远程诊断:通过智能终端提供胎压检测系统、发动机控制系统、变速箱管理系统、辅助防护系统等的自助诊断服务,及时反馈车门开关状态、后备箱开关状态、车门玻璃状态、发动机机舱盖状态等车辆状态以及远程控制面板信息(燃油剩余量、剩余电量、可续航里程、总里程、百公里油耗、车辆实时位置等)。

(5)异常提示:具有车辆异常警报、拖车警报、防盗警报、汽车失窃追查、安全证件核查等功能。

(6)碳排放监测:根据国六标准,在国六 a 阶段,车辆应装备 T-BOX,并需要通过车企平台向国家平台上传数据,具体数据见表 2-1。

表 2-1 OBD(车载诊断系统)信息和发动机数据

分类	信息内容	分类	信息内容
OBD 信息	OBD 诊断协议	发动机数据	摩擦扭矩
	MIL 状态		发动机转速
	诊断支持状态		发动机燃料流量
	诊断就绪状态		上游 NO_x 传感器输出
	车辆识别码		下游 NO_x 传感器输出
	软件标定识别号		邮箱液位
	标定验证码(CVN)		DPF 压差
	IUPR 值		进气量
	故障码总数		经度
发动机数据	车速		纬度
	大气压力		反应剂余量
	发动机最大基准扭矩		发动机冷却液温度
	发动机净输出扭矩		SCR 入口温度

国六标准中规定必须安装 T-BOX 并将数据上传,其目的在于方便车辆管理部门与环境保护部门对汽车行驶过程中的尾气排放状况进行实时监测。防止在汽车尾气排放超

标时，车主对尾气排放系统进行不正当的篡改、作弊，造成环境污染。之前实施国四、国五标准的时候，按照法律规定在尾气超标的情况下，只会用"限速""限扭"的方法来限制车主，并且在防止作弊的时候，系统功能也会相对简单一些，于是就有了一些车主在市场上篡改排放状态的现象。为了便于机动车管理和环境保护部门对机动车排放状态的实时监控，在实施国六标准期间，利用远距离通信技术，实现对汽车尾气状况的实时监测，从而大大降低了尾气监测系统受到干扰的概率。

随着集成技术的不断发展，T-BOX集成了OBD、RFID、摄像头、MCU/CPU、闪存、传感器、GPS、3G/4G/5G、Wi-Fi/蓝牙等模块。功能上，T-BOX在最初的车辆监控数据传输、网络供给等功能的基础上增加了如远程控制等舒适性功能，安防、紧急救援等安全功能，远程诊断、OTA（Over-the-Air，空中下载）等便利性功能。随着无线通信网络的不断升级，智能驾驶的时代召唤，T-BOX也在朝着5G、V2X、高精度定位的功能演进。形态上，随着电子架构的升级，域控制器、SOA（面向服务的架构）的不断发展，未来的T-BOX形态可能是归为信息娱乐域控，不再以独立的硬件形态存在。但从信息安全的角度考虑，部分车厂将T-BOX作为易受攻击端，从硬件上将云端数据与车端数据隔离，再结合5G+V2X、高精度定位等功能迭代对硬件有变更需求，因此T-BOX也可能继续作为独立硬件形态存在。

2.2.1.2 OBU

车载终端OBU（On-Board Unit）是一种用于车辆通信的设备（见图2-6），它可以接收和发送来自路侧设施和其他车辆的信息，从而实现车辆之间、车辆与基础设施之间的通信。

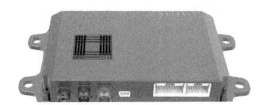

图2-6　车载终端设备

OBU的内部结构如图2-7所示：

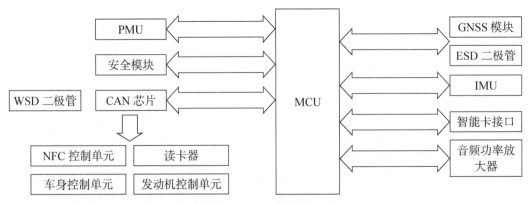

图2-7　OBU内部结构

- MCU 为 OBU 中的微控制器单元，是 OBU 的核心部分，它能够控制 OBU 各个模块有序工作，完成编解码，接收和发送数据，处理信号，控制和管理 OBU 的电源以保证可靠工作的同时实现最低的功耗，控制和保证车辆在进入车路协同通信区域时 OBU 能被及时唤醒开始正常工作，控制 OBU 的软件运行，等等。
- GNSS 模块用于实现对车辆的位置定位。
- IMU（Inertial Measurement Unit，惯性测量单元）的主要作用是检测车辆加速度、倾斜、冲击、振动、旋转和多自由度（DoF）运动，是解决导航、定向和运动载体控制的重要部件。
- 智能卡接口主要是用于支持 4G/5G 模块的插入和读取，以及数据传输。
- PMU（Power Management Unit，电源管理单元）主要是用于检测和管理 OBU 的电源，以及控制 OBU 的电源开关，保证 OBU 的正常运行。
- 安全模块主要是用于保护 OBU 的数据安全，包括数据加密、数据认证和数据完整性等，以确保 OBU 的数据安全。
- CAN 芯片主要是用于支持 OBU 与车辆 CAN 总线的通信。

在 V2X 通信中，OBU 用于实现车辆之间、车辆与弱势交通参与者、车辆与路侧设施、车辆与云控平台之间的交互（见图 2-8）。

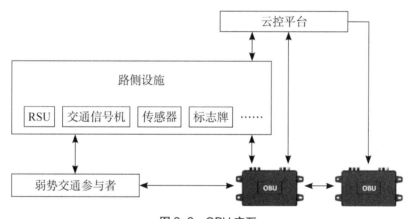

图 2-8　OBU 交互

（1）车辆之间的通信：OBU 采用 DSRC、LTE-V、5G 等专用中短距离通信技术，实现车辆之间的短距离通信，进而完成车车协同。OBU 可以接收来自其他车辆的信息，例如位置、速度、方向和行驶状态等，并将这些信息发送给其他车辆或基础设施。这种车辆之间的通信可以实现车辆之间的位置共享、碰撞预警、交通流量控制等。车辆之间的通信流程见图 2-9。

（2）车辆与弱势交通参与者通信：常见的弱势交通参与者包括行人、自行车骑手、儿童、老年人、残疾人以及其他非机动车使用者等。一旦 OBU 接收到传感器等设备发来的弱势交通参与者识别信息，OBU 会通过无线通信技术与他们进行信息交换。对于行人或自行车骑手等个体交通参与者，如果他们也配备了相应的通信设备（如智能手机），则可以通过这些设备与车辆通信。

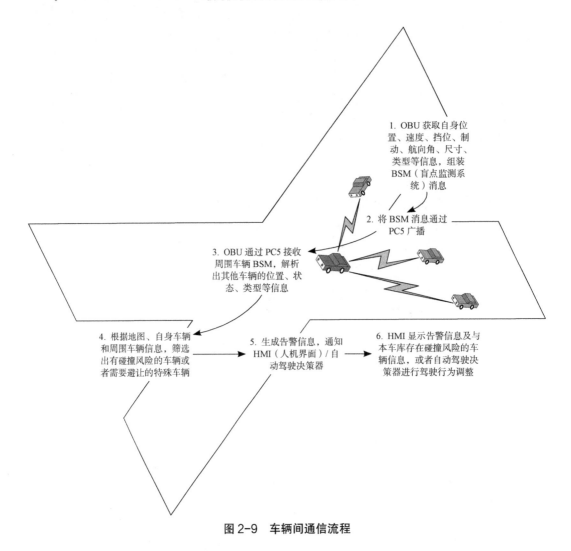

图 2-9 车辆间通信流程

（3）车辆与路侧设施之间的通信：OBU 采用 DSRC、LTE-V、5G 等专用中短距离通信技术，实现车辆与路侧设施之间的通信和协同（见图 2-10）。能够与 OBU 实现通信的车路协同路侧设施包括：

- 路侧单元（RSU）：路侧单元向车辆发送信息，例如路况信息、交通灯状态、紧急事件信息等。车辆可以通过 OBU 接收这些信息，并根据这些信息做出相应的反应，例如调整行车速度、选择不同的路线等。
- 交通信号机：OBU 可以与交通信号灯进行通信，获取交通信号灯的状态信息，例如红灯、绿灯或黄灯的时间剩余等信息。车辆可以根据这些信息做出相应的反应，例如减速或停车等。
- 标志牌：OBU 可以与智能标志牌（如可变情报板等）进行交互，获取其状态信息，例如限速、封闭等信息。车辆可以根据这些信息做出相应的反应，例如调整行车速度或选择其他路线等。

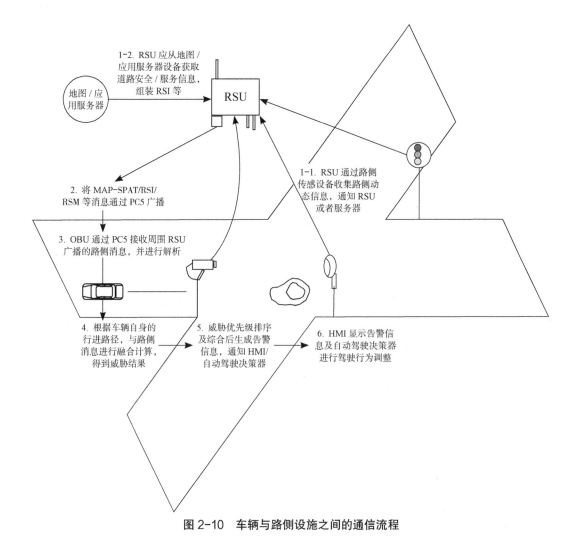

图 2-10　车辆与路侧设施之间的通信流程

（4）车辆与云控平台之间的通信：OBU 还可以通过移动通信网络将车辆信息发送到云控平台，以实现更高级别的服务和应用，从而为 ITS 提供更加丰富的数据源，辅助交通管理者实现更好的交通管控，例如：

- 实时路况信息更新：通过与云控平台的通信，OBU 可以获取更加精准的路况信息，包括拥堵状况、交通事故、施工等信息。车辆可以根据这些信息做出相应的调整，以提高行驶效率和安全性。
- 自主驾驶更新：与云控平台的通信可以让自主驾驶的功能更加先进。云控平台可以为车辆提供高精度的地图、路线规划等信息，以实现更加精确和可靠的自主驾驶服务。OBU 通过从云控平台获取高精度地图数据，包括道路的宽度、弯曲程度、障碍物位置等信息，为自动驾驶提供更加准确的位置和环境信息。通过获取更加精准的路况信息，包括拥堵、施工等信息，以及天气和路面状况等预测数据，帮助自动驾驶系统更好地规划和预测行驶路径和方式。
- 车辆维护和故障诊断：通过与云控平台的通信，车辆可以定期上传运行数据和维护记录。云控平台可以分析这些数据并进行故障诊断，提醒车主维修保养。

- **智能交通管理**：与云控平台的通信可以使交通管理更加智能化。云控平台可以根据车辆实时位置和行驶路线，调整交通信号灯、车道限速标志牌等控制设施，以提高交通效率和安全性。

从 T-BOX 和 OBU 的内部结构、功能以及应用场景看，二者有很多的相似之处。有的车载终端厂家认为 T-BOX 是 OBU 的一种，但是在现阶段，国六标准要求车辆应装备 T-BOX，对 OBU 并未作前装要求。因此，本书还是将 OBU 和 T-BOX 作为两种不同的车联网终端设备，在应用场景和功能方面对比了它们的相同点和不同点。

OBU 和 T-BOX 是两种不同的车联网终端设备，它们的主要区别在于应用场景和功能。

OBU 是利用车与车之间或者车与设备之间的通信来完成车辆之间的互联互通。OBU 可用于车与车、车与基础设施、车与云等多个领域。OBU 可以支持多种 V2X 应用，包括车辆位置共享、车辆碰撞预警、交通流量控制、自动驾驶等。其主要作用是提供车与车、车与基础设施间的通信与信息沟通，以提升道路通行的安全性与效率。

T-BOX 主要应用于车辆远程监控和车辆数据采集。T-BOX 可以支持多种车辆远程监控和管理应用，例如车辆远程定位、车辆远程诊断、车辆远程控制等。T-BOX 系统主要用于远程监测，并进行车辆数据采集，以提高车辆的管理效率和安全性。

虽然 OBU 和 T-BOX 在应用场景和功能上存在差异，但它们在车辆远程监控和管理、车辆定位和导航、车辆数据采集和分析、车辆保险和金融服务等方面存在共同的功能和应用场景：

（1）车辆远程监控和管理：无论是 OBU 还是 T-BOX，都可以通过连接云端平台实现车辆的远程监控和管理。例如，可以通过云端平台实时获取车辆的位置、车速、油量等状态信息，并进行分析和处理，从而提高车辆管理的效率和安全性。

（2）车载定位和导航：OBU 与 T-BOX 均可使用 GPS 模块来完成车载定位与导航。比如，可以通过云端平台得到汽车的位置信息，并根据路况和车速等因素进行路径规划和导航，从而帮助驾驶员更加便捷地到达目的地。

（3）车辆数据采集和分析：无论是 OBU 还是 T-BOX，都可以通过车载传感器等模块采集车辆状态信息，例如车速、油量、行驶里程等，并将这些数据上传至云端平台进行存储和分析，从而帮助车主或车队管理人员更好地管理车辆。

（4）车辆保险和金融服务：OBU 和 T-BOX 也可以用于车辆保险和金融服务。例如，通过车辆行驶数据的分析和评估，可以为车主提供个性化的保险方案和金融服务，从而满足不同车主的需求。

2.2.1.3　辅助驾驶终端

辅助驾驶终端是一种专门用于车辆辅助驾驶系统的设备，它可以显示车辆的速度、位置、行驶方向及周围道路、交通环境等信息，让驾驶员可以更加清晰地了解车辆和周围环境的状况。辅助驾驶终端包括了许多不同的辅助驾驶技术，比如自适应巡航控制（Adaptive Cruise Control，ACC）、自动紧急制动（AEB）、交通标志识别（TSR/TSI）、盲点检测（BSD/BLIS）、换道辅助（LCA/LCMA）、车道偏离预警（LDW）等，帮助驾驶员提高驾驶安全性和舒适性。辅助驾驶终端通过集成多个传感器，并结合地图、路径规划和控制算法，实现自动驾驶功能，让车辆可以在某些场景中实现无人驾驶。辅助驾驶终端通过连接车辆的 CAN 总线，获取车辆的诊断信息和状态信息，实现车主或管理人员对车辆的远距离管控。辅助驾驶终端可以连接云控平台和其他车辆，实现车联网服务，如提供实时交通信息、远程升级、远程预约等服务。

在车路协同场景中，辅助驾驶终端需要与多方进行协同工作，包括人、车辆、路侧设施、云端和网络等，以实现更加智能化、高效化的交通管理和驾驶体验。

一方面，辅助驾驶终端可以通过车辆传感器、摄像头等设备获取车辆状态和周围环境信息，并将这些信息发送至云端进行处理和分析。云端可以通过大数据和人工智能等技术对这些数据进行深度学习和模式识别，从而提供更加准确的交通信息和路况预测，为驾驶员提供更加智能的辅助驾驶服务。

另一方面，辅助驾驶终端还可以与路侧设施进行协同工作。路侧设施可以通过无线网络向车辆发送交通信号灯信息、限速标志牌信息、路况信息等，辅助驾驶终端可以实时获取这些信息，并根据这些信息进行辅助驾驶。例如，在路口设置交通信号灯时，辅助驾驶终端可以通过交通监控摄像头监测车辆的行驶情况和车流量，结合路侧设施的交通信号灯信息，实现更加精准的交通控制和安全驾驶。

此外，辅助驾驶终端还可以通过车联网技术与其他车辆进行通信和协同工作。车辆可以通过车联网共享交通信息和路况信息，实现车辆之间的协同驾驶。例如，在高速公路上，辅助驾驶终端可以通过车联网获取其他车辆的位置、速度等信息，从而实现更加智能化的自动驾驶和车辆间距的自适应控制。

辅助驾驶终端的基础模块包括感知模块、控制模块、人机交互模块（见图 2-11）。

感知模块：利用摄像头、毫米波雷达、激光雷达、超声波雷达等多种传感器获取信息，实现对外界光、热、压力等参数的检测，并对驾驶员进行图像、灯光、声音、触觉提示/报警或控制，从而实现对驾驶员的有效保护。

控制模块：当出现意外情况时，能够对意外情况进行有效的控制，以防止意外再次发生。

人机交互模块：包括显示器、语音交互设备等，用于向驾驶员提供交互界面和反馈信息。

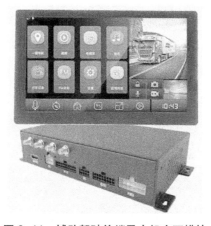

图 2-11　辅助驾驶终端及人机交互模块

在辅助驾驶系统中，车辆识别是一个先决条件，通常使用后视摄像头、前视摄像头、雷达等传感器来实现。

（1）后视摄像头。后视摄像头系统可以帮助驾驶员发现在车辆后面的人或物，进而可以保证汽车的进退及停车动作的安全。该系统采用无屏蔽双绞线技术，可实现高速网络接入，并且可以实时对视频内容进行局部分析、压缩，来确定目标及进行行人位置检测。同时支持对目标进行全面的本地图像处理和图形覆盖创建，通过实现目标位置的精确定位来确保制动干预的顺利实现。

（2）前视摄像头。车载摄像系统能够通过分析行车过程中的视频信息，实现车道偏离预警、车道保持辅助、远/近光控制、交通信号灯识别等多项功能。前视摄像头可以监测前方目标的尺寸和形状等影像信息。该系统的主要功能是对道路交通参与者、交通信号和标志进行监测。

（3）其他传感器。在辅助驾驶系统中使用了大量的传感器，这些传感器主要包括短程、中程、远程监测传感器等。工作频率为40 kHz的短程超声波雷达传感器主要用于停车辅助功能。77 GHz毫米波雷达传感器支持自适应巡航控制、碰撞保护和碰撞警告系统，可以检测和跟踪目标，根据前方交通状况自动调整车速，控制与前车的距离，在即将发生碰撞的情况下提醒驾驶员，并启动紧急制动干预。不同传感器所感知到的环境数据可以相互融合，以增强预警系统的探测与识别功能，例如，将摄像头和电子地图的信息结合起来，可以提高交通识别系统的识别率。

辅助驾驶系统能够提供的智能驾驶功能包括信息辅助类驾驶系统功能和控制类辅助驾驶系统功能。

信息辅助类驾驶系统的主要功能见表2-2。

表2-2 信息辅助类驾驶系统主要功能

主要功能	功能介绍
驾驶员疲劳监测	实时监测驾驶员状态并在确认其疲劳时发出提示信息
驾驶员注意力监测	实时监测驾驶员状态并在确认其注意力分散时发出提示信息
交通标志识别	自动识别车辆行驶路段的交通标志并发出提示信息
智能限速提示	自动获取车辆当前行驶路段的限速信息并实时监测车辆行驶速度，当车辆行驶速度已超出或即将超出限速范围的情况下适时发出提示信息
弯道速度预警	对车辆状态和前方弯道进行监测，当行驶速度超过弯道的安全通行车速时发出警告信息
抬头显示	将信息显示在驾驶员正常驾驶时的视野范围内，使驾驶员不必低头就可以看到相应的信息
全景影像监测	向驾驶员提供车辆周围360°范围内环境的实时影像信息
夜视	在夜间或其他弱光行驶环境中为驾驶员提供视觉辅助或警告信息
前向车距监测	实时监测本车与前方车辆车距，并以空间或时间距离等方式显示车距信息
前向碰撞预警	实时监测车辆前方行驶环境，并在可能发生前向碰撞时发出警告信息
后向碰撞预警	实时监测车辆后方行驶环境，并在可能发生后向碰撞时发出警告信息

续表

主要功能	功能介绍
车道偏离预警	实时监测车辆在本车道的行驶状态,并在出现或即将出现非驾驶意愿的车道偏离时发出警告信息
变道碰撞预警	在车辆变道过程中,实时监测相邻车道,并在车辆侧方和/或侧后方出现可能与本车发生碰撞的其他道路使用者时发出警告信息
前后盲区监测	实时监测驾驶员视野前后盲区,并在其盲区内出现其他道路使用者时发出提示或警告信息
侧面盲区监测	实时监测驾驶员视野的侧方及侧后方盲区,并在其盲区内出现其他道路使用者时发出提示或警告信息
转向盲区监测	在车辆转向过程中,实时监测驾驶员转向盲区,并在其盲区内出现其他道路使用者时发出警告信息
后方交通穿行提示	在车辆倒车时,实时监测车辆后部横向接近的其他道路使用者,并在可能发生碰撞时发出警告信息
前方交通穿行提示	在车辆低速前进时,实时监测车辆前部横向接近的其他道路使用者,并在可能发生碰撞时发出警告信息
车门开启预警	在停车即将开启车门时,监测车辆侧方及侧后方的其他道路使用者,并在可能因车门开启而发生碰撞时发出警告信息
倒车辅助	在车辆倒车时,实时监测车辆后方环境,并为驾驶员提供影像或警告信息
低速行车辅助	在车辆低速行驶时,探测其周围障碍物,并当车辆靠近障碍物时为驾驶员提供影像或警告信息

控制类辅助驾驶系统主要功能见表 2-3。

表 2-3 控制类辅助驾驶系统主要功能

主要功能	功能介绍
自动紧急制动	实时监测车辆前方行驶环境,并在可能发生碰撞时自动启动车辆制动系统使车辆减速,以避免碰撞或减轻碰撞后果
紧急制动辅助	实时监测车辆前方行驶环境,在可能发生碰撞时提前采取措施以减少制动响应时间,并在驾驶员采取制动操作时辅助增加制动压力,以避免碰撞或减轻碰撞后果
自动紧急转向	实时监测车辆前方、侧方及侧后方行驶环境,在可能发生碰撞时自动控制车辆转向,以避免碰撞或减轻碰撞后果
紧急转向辅助	实时监测车辆前方、侧方及侧后方行驶环境,在可能发生碰撞且驾驶员有明确的转向意图时辅助驾驶员进行转向操作
智能限速控制	自动获取车辆当前行驶路段的限速信息,实时监测并辅助控制车辆行驶速度,以使其保持在限速范围之内
车道保持辅助	实时监测车辆与车道边线的相对位置,持续或在必要情况下控制车辆横向运动,使车辆保持在原车道内行驶
车道居中控制	实时监测车辆与车道边线的相对位置,持续自动控制车辆横向运动,使车辆始终在车道中央区域行驶

续表

主要功能	功能介绍
车道偏离抑制	实时监测车辆与车道边线的相对位置，在车辆即将发生车道偏离时控制车辆横向运动，辅助驾驶员将车辆保持在原车道内行驶
智能泊车辅助	在车辆泊车时，自动检测泊车空间并为驾驶员提供泊车指示和/或方向控制等辅助功能
自适应巡航控制	实时监测车辆前方行驶环境，在设定的速度范围内自动调整行驶速度，以适应前方车辆和/或道路条件等引起的驾驶环境变化
全速自适应巡航控制	实时监测车辆前方行驶环境，在设定的速度范围内自动调整行驶速度并具有减速至停止及从停止状态自动起步的功能，以适应前方车辆和/或道路条件等引起的驾驶环境变化
交通拥堵辅助	在车辆低速通过交通拥堵路段时，实时监测车辆前方及相邻车道行驶环境，并自动对车辆进行横向和纵向控制，其中部分功能的使用需经过驾驶员的确认
加速踏板防误踩	在车辆起步或低速行驶时，因驾驶员误踩加速踏板产生紧急加速而可能与周边障碍物发生碰撞时，自动抑制车辆加速
自适应远光灯	能够自动调整投射范围以减少对前方或对其他车辆驾驶员炫目干扰
自适应前照灯	能够自动进行近光/远光切换或投射范围控制，从而根据车辆不同使用环境提供不同类型光束

当前，L1、L2、L3级别的辅助驾驶技术已经比较成熟。L1级别汽车的主要技术有自适应巡航、车道保持、紧急制动等功能，可以分担驾驶员的部分工作，能够主动介入制动或转向的某项控制。L2级别汽车与L1的区别在于纵向和横向系统需要融合，在方向上接管多个控制装置。L3级别主动安全智能控制系统包括高级驾驶辅助系统、驾驶员监测系统，以及智慧交通云端控制平台。该系统除了具备车道偏离预警、前方碰撞预警、自动应急处理等功能外，还能完成对车辆的主要安全情况的分析，如对终端报告数据的查询、对车辆的存储监测等。

2.2.1.4 自动驾驶终端

自动驾驶终端是一种集成了感知、决策和控制功能的设备，用于实现车辆自主行驶。它可以通过感知周围环境、分析道路情况作出行驶决策并控制车辆进行自主行驶。自动驾驶终端的核心是其计算机处理器，它可以通过算法和人工智能技术处理传感器获取的数据，并生成控制指令实现车辆自主行驶。自动驾驶终端的基础模块包括高精度定位模块、感知模块、控制模块、通信模块以及人机交互模块。

高精度定位模块：包括全球导航卫星系统（GNSS）、惯性导航系统（INS）等，用于获取车辆当前位置和姿态信息。

感知模块：包括摄像头、毫米波雷达、激光雷达等，用于获取车辆周围的环境信息。

控制模块：包括计算机处理器、存储器等，用于处理感知模块采集的数据，并根据算法生成控制信号。

通信模块：包括无线通信模块、车载网络模块等，用于和云端、其他车辆等进行数据交互和协同。

人机交互模块：包括显示器、语音交互设备等，用于向驾驶员提供交互界面和反馈信息。

自动驾驶终端与辅助驾驶终端在功能上有较大的区别。辅助驾驶终端主要是通过技术手段提供驾驶辅助服务，例如车道偏离警告、自动巡航控制、自动泊车、交通标志识别等，从而提高驾驶安全性和舒适性。而自动驾驶终端则更加强调自主驾驶，其主要功能是使车辆能够在特定的环境下实现自主驾驶，无须驾驶员干预。具体来说，自动驾驶终端需要包含更加复杂的传感器和算法系统，以实现车辆的环境感知、路径规划和控制等功能。自动驾驶终端还需要对车辆的硬件和软件系统进行深度集成，确保各个系统之间的协调工作，以实现自动驾驶的稳定和可靠。另外，自动驾驶终端还需要高精度地图、车辆通信、云端计算等技术支持，以实现车路协同、车车协同等自动驾驶应用场景。

与辅助驾驶相比，自动驾驶在车路协同场景中对人、车辆、路侧设施、云端、网络提出了更高的技术要求。

① 传感器和数据融合：自动驾驶需要更加精准、丰富的感知和数据融合，以获取更多的环境信息和道路状态，包括高精度地图、路标、交通标志、行人、车辆、障碍物等信息。这就需要更加先进的传感器技术和数据融合算法，例如高精度定位、毫米波雷达、激光雷达、摄像头等，并能够实时处理大量的传感器数据。

② 控制算法和计算能力：自动驾驶需要更加先进的控制算法和计算能力，以实现高精度的车辆控制和路径规划。这就需要更加高效、智能的计算平台和算法，例如深度学习、强化学习等，能够在复杂的场景下做出更加准确的决策和规划。

③ 通信和云端技术：自动驾驶需要更加可靠的通信技术，以实现车辆和云端之间的实时数据传输和信息交换。这就需要更加先进的通信技术和协议，例如 5G、V2X 等，并能够保障信息的安全性和隐私性。

④ 安全性和可靠性：自动驾驶需要更高的安全性和可靠性，以应对复杂多变的交通环境和各种意外情况。这就需要更加严格的安全标准和测试流程，例如 ASIL D 等，并能够进行实时的故障检测和容错处理。

2.2.1.5 营运车辆智能终端

营运车辆智能终端是一种应用于出租车、公交车、货车、物流车等营运车辆的智能化设备，旨在提高车辆的运营效率和安全性，降低车辆运营成本，并为车主和乘客提供更好的服务体验。营运车辆智能终端通常包括硬件设备和软件系统两个部分，硬件设备包括车载终端、传感器、通信模块等，软件系统包括数据分析系统、调度管理系统、车辆监控系统等。营运车辆智能终端的基础模块包括车辆状态监测模块、行车记录模块、人机交互模块、无线通信模块、安全防护模块。

① 车辆状态监测模块：包括车载诊断系统、故障诊断系统等，用于监测车辆的各种状态信息。

② 行车记录模块：包括摄像头、GPS 等，用于记录车辆的行驶轨迹、车速、时间等信息。

③ 人机交互模块：包括显示器、语音交互设备等，用于向驾驶员提供交互界面和反馈信息。

④ 无线通信模块：包括 4G、5G、Wi-Fi 等，用于和云端、调度中心等进行数据交互和协同。

⑤ 安全防护模块：包括数据加密、防火墙等，用于保障车辆和乘客的信息安全。

营运车辆智能终端的主要功能包括：

① 车辆调度与管理：通过智能终端和软件系统，车队管理人员可以对车辆进行实时监控，包括车辆位置、状态、运行轨迹等信息。同时还可以对车辆进行调度和管理，提高车辆的利用率和效率。

② 安全监测与预警：营运车辆智能终端可以通过安装传感器，监测车辆的行驶速度、车辆姿态、车辆重心等数据，实时预警车辆的安全状态，提高车辆的行驶安全性。

③ 实时导航与路线规划：营运车辆智能终端可以实时获取交通信息、路况信息和天气信息等数据，帮助驾驶员进行路线规划和导航，减少路途中的时间浪费和车辆油耗。

④ 运营数据分析：通过对车辆运营数据的分析，营运车辆智能终端可以提供实时的数据分析报告，帮助车队管理人员了解车辆的运营状况，分析车辆的运营成本，提高车队的管理效率和经济效益。

⑤ 服务质量提升：营运车辆智能终端可以提供车辆服务质量评估，对驾驶员的驾驶技能及服务态度、车内卫生等方面进行评估，帮助车队管理人员提高车辆服务质量和改善乘客体验。

此外，营运车辆智能终端还可以提供多种服务，如在线支付、导航服务、语音播报等，这些服务也可以提升车辆的服务质量和改善乘客的体验。例如，乘客可以通过智能终端进行在线支付，避免了找零、找钱等烦琐的过程，提高了支付的效率和准确性；导航服务可以帮助驾驶员更快地找到乘客所在地，减少乘客等待时间，提高了服务效率。

在车路协同场景中，营运车辆智能终端需要与多个方面进行协同工作，以实现高效、安全、智能的运营服务。具体来说，它需要与以下方面进行协同：

① 与车辆协同：营运车辆智能终端可以通过车载传感器获取车辆的实时状态，包括车速、油量、电量、温度等信息，同时还可以与车载终端进行通信，实现远程控制和管理。例如，车队管理人员可以通过云端控制车辆的启动、停止和获取路线等信息，以提高车辆的运营效率和安全性。

② 与路侧设施协同：营运车辆智能终端可以通过车路协同技术与路侧设施进行交互，例如通过 RSU 收集路况信息，包括道路拥堵情况、施工信息等，以及获取红绿灯信号等交通管理信息，以提高车辆的行驶效率和安全性。

③ 与乘客协同：营运车辆智能终端可以通过连接乘客手机或终端，提供实时的车辆位置、到站时间、乘客数量等信息，方便乘客获取车辆信息和出行服务信息。同时，营运车辆智能终端还可以提供多种服务，例如车载广告、娱乐节目、支付等，以提高乘客的满意度和服务质量。

④ 与云端协同：营运车辆智能终端需要与云端进行数据交互和管理，例如上传车辆状态、位置、乘客信息等数据，以及获取路况信息、天气信息等数据，实现车辆和运营数据的实时监控和管理。

⑤ 与网络协同：营运车辆智能终端需要通过无线网络进行数据通信，例如 4G、

5G、Wi-Fi 等，以实现车辆和云端、乘客等之间的数据传输和交互。同时，营运车辆智能终端还需要具备一定的网络安全能力，以保障车辆和乘客的信息安全。

2.2.1.6　导航终端

导航终端是一种便携式电子设备，它能够利用卫星定位技术和地图数据为用户提供导航服务。导航终端通常由定位模块、触摸屏显示屏幕、电池和操作系统等组成。用户可以通过导航终端输入目的地，终端将显示行车路线和相关信息，包括预计到达时间、行驶距离、当前位置、速度等。导航终端可以帮助驾驶员更容易地找到目的地，减少迷路和浪费时间的情况发生。导航终端的核心模块是定位模块，定位模块是用来确定车辆当前位置的模块。一般使用的定位技术包括全球导航卫星系统（GNSS）和地基增强系统（GBAS）。GNSS 主要包括 GPS、GLONASS、北斗等导航卫星系统，通过接收卫星信号来确定车辆位置；而 GBAS 则是一种地面基础设施，通过在地面上设置基站，向车辆发送信号来辅助车辆的定位，可以提高定位的精度和可靠性。定位模块一般包括天线、接收机、信号处理器等部分，天线用于接收卫星信号或地基增强信号，接收机将信号转化为数字信号，信号处理器对数字信号进行处理和解析，以获得车辆的精确位置信息。

在车路协同场景中，导航终端的作用主要有以下几个方面：

① 提供路径规划和导航：导航终端可以根据乘客的目的地和当前交通状况，为驾驶员提供最优路径规划和导航指引，使驾驶员更加快速、准确地到达目的地。例如，当遇到道路拥堵时，导航终端可以自动规划绕路方案，以避免堵车，减少乘客的等待时间和降低车辆的运营成本。

② 提供实时交通信息：导航终端可以通过与云端的连接获取实时交通信息，例如拥堵路段、事故路段、施工路段等，同时也可以将车辆的位置、速度等信息上传至云端，以便其他车辆和交通管理部门获取实时的交通状况。通过实时交通信息，驾驶员可以更好地规避拥堵和危险，提高驾驶安全性和运营效率。

③ 提供周边服务信息：导航终端可以提供周边服务信息，例如加油站、停车场、餐厅、酒店等，以便乘客停车、休息和就餐等。同时，导航终端也可以提供电子地图、卫星图像等信息，帮助驾驶员更加清晰地了解周围环境和道路情况。

④ 提供安全驾驶提示：导航终端可以提供多种安全驾驶提示，例如超速提示、道路限速提示、交通信号灯提示等，帮助驾驶员遵守交通规则和安全驾驶。此外，导航终端还可以提供车道偏离预警、碰撞预警等功能，以帮助驾驶员避免危险情况的发生。

随着车联网技术的发展和车辆智能化水平的提高，T-BOX（车联网终端）的集成度越来越高，包括导航、娱乐、通信等功能都可以通过 T-BOX 实现。但是，独立的导航终端仍然有其存在的必要，主要体现在以下几个方面：

① 精度更高：导航终端主要用于车辆导航，因此可以专注于导航功能的开发和优化，从而在导航精度方面有更高的要求和更好的表现。而 T-BOX 集成了众多功能，可能导航精度不够高。

② 独立性更强：导航终端独立存在，不依赖于车辆的其他设备和系统，因此在某些情况下可以更加独立和稳定地工作。例如，在某些偏远地区或者信号不好的地方，T-BOX 可能无法连接到云端或者卫星信号不稳定，而独立的导航终端则可以继续工作。

③ 升级更灵活：导航终端作为独立设备，其软件和地图更新更加灵活，不受车辆厂商和 T-BOX 供应商的限制。因此，导航终端可以更及时地更新地图和软件，以提供更好的导航体验。

2.2.2 网联汽车协同控制技术

网联汽车搭载了 2.2.1 节中介绍的各种智能车载终端后，可基于车辆间通信和传感数据融合等技术实现协同自适应巡航控制（Cooperative Adaptive Cruise Control，CACC）。车辆间通过无线通信实现信息的传递和交换。传感数据融合技术利用车载传感器（如雷达、摄像头等），对车辆周围的环境进行感知和识别，为 CACC 提供实时的环境信息。CACC 不仅可以自动控制车辆的速度和跟车距离，还实现了车辆之间的自动协同调节，减少了驾驶员的反应时间和跟车误差，从而实现更高效、更安全和更稳定的车队行驶。网联汽车协同控制的代表性技术和应用是车辆编队。在车联网中，车辆可利用 V2V 通信获得一定距离内的车辆信息（如速度、位置等），从而推动车辆间进行有效的协同工作，促进车辆编队控制的实现。车联网条件下车辆协调控制中车辆编队控制的驾驶功能，是基于车辆间协作与配合的车路协同系统的重要研究方向之一。

美国加利福尼亚大学伯克利分校的 PATH 项目组早在 20 世纪 80 年代就开始了对车辆编队技术问题的研究，并在此基础上对车辆队列控制模型问题进行了深入探讨。美国智能高速公路系统协会于 1997 年 8 月在加利福尼亚州圣地亚哥 15 号州际高速公路上成功地完成了车辆队列编队控制和智能车辆无人驾驶的演示实验。车辆队列控制实验项目拟采用 8 台别克品牌轿车组成一个编队，每个轿车前保险杠安装的磁性传感器，通过探头接收地下埋有磁道钉的磁力信号，来实现对 8 台轿车在高速公路上的横向定位，进而实现对 8 台轿车的横向控制，避免发生侧向漂移偏离车道。在此基础上，通过车辆间的通信和雷达测距等，获得了车辆的纵向位置，从而使车辆电子控制系统实现了车辆的制动、加速和转向等功能。最后，在高速公路上完成了平均速度 105 km/h、平均行车间距 6.5 m 的车辆队列自动驾驶。目前除美国外，日本和德国也已开展了汽车在高速公路上的编队控制实验。德国慕尼黑联邦国防军大学研究的自动驾驶汽车，最高速度达到 160 km/h，可以安全地在高速公路完成自动车辆跟驰和自动超车等驾驶行为。

在经过对编队控制领域不断的探索和总结后，逐渐形成了以领航跟随法、基于行为法、虚拟结构法为代表的多种编队控制方法。

1. 领航跟随法

领航跟随法是指在多无人车编队中，设定一个或多个无人车作为编队的领航者，其他无人车作为跟随者。领航车可以获取整个编队系统的任务信息并进行相应动作，而跟随车通过获取领航者的位置信息且确定期望相对距离与角度，实现编队控制。因此，通过控制领航者的轨迹，就可以控制整个无人车系统整体行为。领航跟随法的主要优点是有较强的扩展性，节约成本，简单易行。同时领航跟随法也存在一些不足，主要体现在编队的稳健性十分依赖领航者的稳健性，很难达到预期效果。

2. 基于行为法

基于行为法是基于多无人车系统的底层运动控制，上层决策系统对多无人车的行为进行设计，并通过这些基本行为进行组合来实现编队控制。

基于行为法简单来说是无人车收到外界环境刺激，分析该信息后输出反应向量。引入行为选择模块的概念，给出相应的处理结果。确定行为选择机制是该方法的重中之重，目前的行为选择机制主要有行为抑制法、加权平均法、模糊逻辑法等。其优点是不管环境多么复杂，都能够快速得出控制结论。该方法的另一个优点是可以实现分布式控制。其缺点是在多种行为中难以选择较为容易进行建模的行为。另外在融合各个行为时不确定是否存在不相融的情况，行为越多，环境越复杂，融合后的方法就越难满足各个条件。

3. 虚拟结构法

刘易斯（Lewis）首先提出了虚拟结构法，其基本思想是将无人车团体的队形看作一个刚体的虚拟结构，每个无人车是虚拟结构上相对固定的一点。通过双向控制了解每一个无人车的位置，通过各个层面的轨迹对其方向和位置进行细微的调整。之后与每一个固定的点匹配，并循环得到结果。这类方法的优点是跟踪轨迹的精度高，易于观察，每一个无人车在虚拟结构中不用进行明确交互界限的划分，不用设计高难度的通信。其缺点是队形单一，难以运用到更多的领域。

网联汽车协同控制技术主要用于实现以下协同场景应用：

① 实时共享车辆信息：车队中的车辆可以通过车辆间通信技术实时共享车辆的位置、速度、方向等信息。通过共享车辆信息，车队中的车辆可以更加准确地了解其他车辆的状态，在此基础上，对车辆进行优化调度，以保证车辆的安全运行，提高车辆的行驶效率。

② 车队协同控制：通过车辆间通信技术，车队中的车辆可以进行协同控制，以实现车队的协同行驶。例如，当车队中的某辆车速度变慢时，其他车辆可以自动调整自己的速度，以保持车队的整体速度。通过车队协同控制，车队的行驶效率可以得到极大的提升。

③ 碰撞预警：通过车辆间通信技术，车辆可以实时共享自己的位置和速度等信息，从而实现碰撞预警。当车队中的某辆车检测到潜在的碰撞风险时，它可以向其他车辆发送警报，让其他车辆合理规划，以免发生相撞事故。

④ 自动驾驶：实现自动驾驶的关键技术之一便是车辆间通信技术，它使得车辆可以通过无线通信进行信息交互和协调行驶。自动驾驶技术是未来汽车发展的趋势，车辆间通信技术的引入可以推动车辆的智能化、互联化和自动化发展，从而提高车辆驾驶的安全性、效率和舒适性。

2.3 路侧设备

2.3.1 路侧设备功能及部署

车路协同路侧设备分为两类，一类是用于网络连接的通信基础设施，另一类是用于数据采集、处理、输出的路侧智能设施。图2-12中罗列了部分路侧设备。

（1）通信基础设施：包括4G/5G蜂窝基站、C-V2X专用通信基础设施（多形态的路侧单元）；

（2）路侧智能设施：包括交通控制设施（交通信号灯、标志、标线、护栏等）、交通感知设施（在路侧部署的摄像头、毫米波雷达、激光雷达、各类环境感知设备）、交通定位设备（差分基站）、边缘计算设备（多接入边缘计算设备、移动边缘计算设备）。

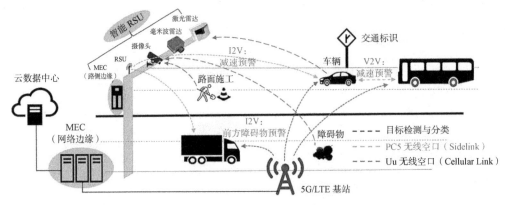

图2-12　车路协同路侧设备

2.3.1.1　通信基础设施：4G/5G蜂窝基站

4G/5G基站是车路协同中的关键节点，其作用是为车—车、车—路之间的信息传递提供通道，并以低延迟、高可靠、快速接入的网络环境，保证车端与路侧端之间的实时信息交互。中国4G基站总数为558万个，5G基站按照"先城区后郊区，先热点后连片，先低频后高频，先室外后室内，先宏站后微型基站"的思路有序布局。截至2022年6月底，已建成5G基站总数已突破180万个，到2030年有望突破1 500万个。中国拥有世界上60%的5G基站。5G网络规模的不断扩大，促进了V2X通信技术的迅速发展。

4G和5G基站的组成结构是存在差异的。基站站点由基站设备（基带单元、无线射频单元和天线）和配套设备（传输设备、电源、备用电池、空调、监控系统和铁塔抱杆等）构成。基站的主要任务是利用无线电波与移动电话相连，再经由传输装置与核心网络及因特网相连，而电源、备用电池、空调及监控系统则主要负责维持基站的稳定运转。一般情况下，4G、5G基站为共站，也就是将5G设备重叠在原来的4G基站上。5G装置叠加后基站装置的功率消耗增大，传输能力增大，因此站点辅助装置也需要更新、扩充。4G和5G的基站除了设备之外还有一些区别。4G基站设备包括BBU（基带单元）和RRU（射频拉远单元），其中RRU一般将距离拉长到天线附近，BBU与RRU两者之间采用光纤相连，而RRU与天线之间通过馈线连接。5G基站设备将BBU分为CU（中央单元）和DU（分布式单元）两部分，并通过光纤与AAU（有源天线单元）相连接。5G与4G基带最大的区别，就是多了一种名为AAU的装置，它相当于RRU+天线，也就是有源射频和无源天线的结合体，5G的基站就是由BBU+AAU组成的。

4G和5G基站的部分部署要求也存在区别。现在的通信基本上以电磁波为基础，必须增加电磁波的频率才能提高电磁波的传输速度。然而在现实应用过程中，随着频率的增加，传输过程中的损耗也会随之增加。这也就意味着，基站对信号和技术的要求更高。4G 时代建造的都是大型基站,造价昂贵,占地面积也很大。如果采用这种基建方式,在同样的范围内,5G 的基站数量要远远超过 4G,并且建设起来也是一笔不小的开销。所以预计 5G 时代将会使用微型基站来开源节流,这是一种具有较小的覆盖范围和较低成本的基站。在 4G 时代,已经不需要太多的基站了,自然也就不需要什么微型基站了。然而,随着 5G 时代的到来,随着高频电磁波在传输过程中的大量损耗,微型基站技术也逐步得到了发展。微型基站可以极大地降低 5G 覆盖的费用,相对于建设大型基站而言,微型基站的造价要低很多,而且还可以搭建成可移动的基站,必要的时候还可以将其迁移到其他地方,更加符合未来的信息时代要求。在 4G 网络系统中,每个基站基本上最多采用八根电线。而由于 5G 采用的是高频率电波,所需要的电线规格也就小得多。另外,为了提高信号强度,5G 的基站利用小天线的特点,选择使用 MIMO 技术,即在一个天线阵上排列上百根天线。与此同时,采用一定的技术处理,合理排列这些天线,就能获得极高的信号强度。4G 和 5G 的部署特点见图 2-13。

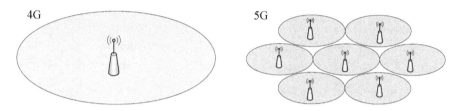

图 2-13　4G 和 5G 部署特点

对于车路协同场景,需要在交通繁忙的地方部署基站,以提供高容量和低延迟的通信服务。此外,基站应该采用分布式架构,以保证更好的网络可靠性和容错性。初期大多数情况下强调对 4G 的依赖,通过降低组网成本来确保用户感受。目前,车路协同通信环境中共存了包括基于 IEEE 802.11p 标准协议的 DSRC、4G/5G 蜂窝通信、LTE 以及卫星通信等网络,车路协同通信的标准与协议不尽相同,因此,各系统之间的数据处理与信息交互还不够完善。通过不断向 NR-V2X 发展,5G 的车路协同通信网络将融合各种不同的网络,以达到信息的无缝交换。

2.3.1.2　专用通信基础设施:路侧单元

路侧单元(RSU)是具有蜂窝网 Uu、直连 PC5 和有线等多种通信模式的部署在路侧的通信网关,其对车路协同路侧设施和道路交通参与者的信息进行汇聚,并用直接转发或上传至 C-V2X 平台转发等方式,将 V2X 消息广播给道路交通参与者(见图 2-14)。

图 2-14　专用通信基础设施单元 RSU

1. 应用场景

除了信息的收发,RSU 在车路协同场景中更加具体的应用体现在:

(1) 实现实时路况的智能检测

传统的流量采集和路况检测方案是采用地磁场检测手段获取车流量相对密度,或者利用司机的移动 App 给予的时速和定位信息开展数据统计,分析测算交通流量情况。而车路协同场景中,RSU 可以通过采集车载终端 OBU 的 BSM(Basic Safety Message,基本安全消息),直接获得车辆报送的时速信息;根据连接的视频检测设备,RSU 能对交通量开展数据统计分析和相对密度估计。此外,针对异常安全事故等相关信息,RSU 能通过 OBU 汇报等方式捕获和上传到大数据中心,这些数据又可作为交通指示灯调节的实时数据,达到信号控制优化的效果。

(2) 补充无人驾驶特殊场景

传统式无人驾驶方案更多的是偏向单车智能,主要是通过雷达和 AI 监控摄像头来认知道路状况,从而通过对比管理决策来调节汽车行驶。可是道路情况通常是复杂的,在移动和一些非视距情景(街口、急转弯和驼峰桥等)下,单车智能驾驶方案将不能充分发挥功能。RSU 对单车智能方案无法应对的自动驾驶特殊场景起到了非常好的补充作用。根据接收和分析来源于 RSU 的 RSI(Road Side Information,路侧信息)和 RSM(Road Safety Message,路侧安全消息),自动驾驶车辆可以"看到"街口遮蔽物后的车辆及路人,并且不会受到气温条件的限制。RSU 还能够提供正前方道路的即时天气信息及道路积水状况,防止安全事故的发生。

(3) 协助车辆定位导航

传统汽车的 GNSS 在城市遮挡物较高、峡谷或隧道等道路情况下,信号变差,从而影响导航定位。RSU 能够在各种地域利用广播分享差分定位数据,进而提升车辆的定位水平。而且,RSU 能通过 MAP(地图)信息推送当地路网的实时动态,从而帮助车辆合理行驶。

2. 设备技术要求

目前,对 C-V2X RSU 设备提出了如下的基础技术要求,以实现以上功能:

(1) 基本能力要求

① 通信制式支持 LTE-V2X(PC5 直连通信)、4G,可选支持 5G、WLAN 802.11b/g/n 等。

② 支持基于北斗的定位与时钟同步功能。

③ 支持基于 NTP 的时钟同步功能。

④ 支持无 GNSS 通信功能,若部署于隧道等无 GNSS 信号场景,则此功能为必选。

⑤ 支持通过应用层多跳转发的方式,实现 RSU 的级联通信,并且能够跨模组通信,支持 RSU 通过多跳转发实现级联通信。

⑥ 支持安全芯片硬件加密和数据安全存储。

⑦ 支持远程运维管理功能。

⑧ 支持与国内主流信号机的对接,接口协议可参考标准《道路交通信号控制机信息发布接口规范》(GA/T 1743—2020)。

⑨ 支持 C-V2X 证书申请、下载、更新，协议可参考标准《基于 LTE 的车联网无线通信技术　安全证书管理系统技术要求》(YD/T 3957—2021)。

⑩ 支持 SSL/TLS 或 IPSec 等安全通信协议。

⑪ C-V2X RSU 应与主流厂家的 OBU 及 RSU 设备实现互操作，完成协议一致性测试并取得相应证明。

（2）接口要求

① 支持 RJ 45 以太网接口，支持即插即用。

② 支持直流/交流/POE 至少一种供电模式，其中直流供电时应采用 DC 9~36V，交流供电时应采用 AC 220V 并外加适配器，POE 供电时应满足 IEEE 802.3at 协议要求。

③ 支持防盗 SM 卡插槽。

（3）通信技术要求

C-V2X RSU 的工作频段应满足《车联网（智能网联汽车）直连通信使用 5905-5925MHz 频段管理规定（暂行）》的要求。

C-V2XRSU 所采用的无线通信技术可参考以下标准。

- 《基于 LTE 的车联网无线通信技术　总体技术要求》(YD/T 3400—2018)。
- 《基于 LTE 的车联网无线通信技术　支持直连通信的路侧设备技术要求（报批稿）》(YD/T 3755—2020)。
- 《基于 LTE 的车联网无线通信技术　空中接口技术要求》(YD/T 3340—2018)。
- 《基于 LTE 的车联网无线通信技术　网络层技术要求》(YD/T 3707—2020)。
- 《基于 LTE 的车联网无线通信技术　消息层技术要求》(YD/T 3709—2020)。
- 《基于 LTE 的车联网无线通信技术　应用标识分配及映射》(YD/T 4008—2022)。

C-V2X RSU 支持与车路协同应用服务平台之间采用标准通信接口连接，参考以下标准：

- 《合作式智能运输系统　RSU 与中心子系统间数据接口规范》(T/ITS 0117—2020)。
- 《车联网平台与路侧设备数据接口通信协议技术要求（送审稿）》(2022-CCSA-07)。
- 《面向车路协同的路侧设备（RSU）运维管理平台（送审稿）》(2021-CCSA-29)。

3. 部署要求

（1）RSU 设置地点一般应具有良好的有线网络、4G/5G 蜂窝网络信号，与道路运行车辆之间视距无遮挡。

（2）城市道路中，RSU 宜设置于路口以及车辆和行人密集的路段、事故多发路段等，固定于横臂上，位置靠近车道中间。

（3）公路中，RSU 优先设置于匝道、桥梁、边坡、服务区、隧道、收费站等，固定于龙门架或立杆横臂上，位置靠近车道中间，设置垂直高度不低于 5 m。

（4）环岛路口处，RSU 宜设置于环岛中间，高处架设，确保视距覆盖所有进出环岛道路。

（5）隧道处，RSU 一般设置于隧道出入口处，距离隧道出入口约 10~15 m，高度不应高于洞口，横向靠近隧道口中间。要求位置处能够无遮挡接收卫星定位授时信号；

对于长度在 700 m 以下且视距直通的隧道，RSU 仅在隧道入口处设置，否则需在出入口处同时设置，确保隧道内无盲区覆盖。

（6）RSU 设置间距不低于 400 m，复杂路况可加密设置。

（7）RSU 在交叉路口设置时应尽量与交通信号控制设施共杆。

（8）RSU 宜支持 POE 供电方式。在不具备 POE 供电条件时，支持通过交流电源适配器供电。

（9）RSU 应具有良好的防雷接地措施。

2.3.1.3 视频检测设备

视频检测设备是部署在道路沿线，具备视频流采集、交通流检测、交通事件检测、交通视频录像功能的交通设施。在智能交通系统中，视频摄像机是一种使用最广泛的感知设备，它通过一系列的计算机视觉算法来对道路进行感知。视频采集具有像素点多、分辨率高、颜色丰富、动态范围大等特点，最能真实地反映出道路的实景，因此它的应用十分广泛。随着无人驾驶技术的快速发展，视频摄像机在无人驾驶汽车上得到了越来越多的应用。随着图像处理技术的不断发展，图像中的有用信息可以被放大，从而能够更好地识别出道路上的标志和行人。

视频感知第一个缺点就是由于现实中有白天、黑夜，视频中的画面会随着光线的改变而改变，尤其是在夜晚，当灯光变得昏暗时，辨识度就会大打折扣。

视频感知第二个缺点是，相机的位置固定，它只能用俯视的角度来观察，因为视差，对远方物体的位置的感知会有一定的偏差，而且偏差会随着距离的增加而增大。

现有的传感方法如超声波等，由于受距离、空间、分辨率等限制，只能用于短程传感；而微波等，由于空间分辨率较低，也不能用于感知远程及小目标。除此之外，通过单车感知，利用 V2X 实现车—车间的多车多传感器融合也是目前难以攻克的一个难题，即借助单车的雷达、视频、激光等传感器进行道路感知，然后通过车—车、车—云通信共享多辆车的感知数据，以达到道路准全域感知的目的。如今只有在极个别的受限环境下，道路上所有车辆都装了各种传感器才可以实现，如智慧矿山、智慧码头、智慧园区等，但在广域的道路上显然是不现实的。

因此，基于车路协同场景对视频感知识别效果的需求，很多厂家研发了雷视一体机，将视频数据和雷达数据进行融合，用雷达数据来弥补视频感知的两个缺陷（见图 2-15），具体的技术方案在 2.3.1.4 节和 2.3.1.5 节中进行介绍。

图 2-15 雷视一体机

车路协同要求视频检测设备具有基础智能功能和交通信息检测识别功能。

1. 基础智能功能

基础智能功能是指能够根据道路视频检测的业务需求实现对目标对象的智能分析，并满足相应性能指标的设备通用功能要求，包括接口协议支持、身份鉴别与访问控制、安全加密、安全防护、图像质量检测、图像增强处理、图像场景自适应增强、智能扩展管理，具体见表2-4。

表 2-4 视频检测设备基础智能功能

主要功能	功能介绍
接口协议支持	① 支持按《公共安全视频监控联网系统信息传输、交换、控制技术要求》（GB/T 28181—2022）进行音视频传输及控制指令交互； ② 支持通过 HTTP/HTTPs Restful 接口方式或 SDK 接口方式上传智能感知识别数据； ③ 支持 4G/5G 无线传输协议
身份鉴别与访问控制	① 具备可用于身份验证的唯一标识，包括 MAC 地址、设备序列号等； ② 具有登录失败处理功能，连续多次登录失败可对账户进行锁定； ③ 根据业务需要限制具有远程访问权限的用户数量； ④ 授予用户所需的最小权限，并实现用户的权限分离，划分管理员用户与普通用户权限，不同用户权限不能交叉使用； ⑤ 及时删除或停用多余的、过期的账户，避免共享账户的存在； ⑥ 配置访问控制策略，访问控制策略规定用户对前端设备的访问限制，防止对摄像机、麦克风等传感器的恶意访问和非法使用
安全加密	① 支持视频码流加密，实现媒体安全； ② 支持符合《公共安全视频监控联网信息安全技术要求》（GB 35114—2017）的软件密码模块，遵守其规定的 A 级加密管理要求
安全防护	① 具备安全启动功能，在启动的过程中，校验引导程序、操作系统、应用软件的完整性，阻止非法程序在设备上运行； ② 支持检测病毒/木马的防护功能； ③ 具备对恶意攻击和异常行为的检测和报警功能
图像质量检测	① 能对道路环境光线变化原因引起的画面过亮或过暗的亮度异常现象进行检测并告警； ② 能对图像在某一范围颜色值分布过多而导致图像整体偏色的现象进行正确检测并告警； ③ 能对摄像机镜头被物体遮挡的情况进行正确检测并告警； ④ 对摄像机被移动或转动等更换场景的情况进行正确检测并告警
图像增强处理	① 能对道路环境光线亮度过暗的情况采用低照度增强的方式自动调节图像亮度； ② 能对道路环境光线亮度过亮的情况采用强光抑制的方式自动调节图像亮度； ③ 能对视频图像整体色调有偏差的情况进行偏色校正处理； ④ 能对视频图像暗区过暗、亮区过曝等细节不易分辨的视频图像进行宽动态增强处理； ⑤ 能对目标运动或镜头失焦导致的视频图像模糊情况进行去模糊处理； ⑥ 能对雾天清晰度较低、能见度受到影响的视频图像进行去雾处理
图像场景自适应增强	① 具备自动识别雾天场景并自适应去雾的功能； ② 具备自动识别背光场景并自适应背光增强的功能； ③ 具备自动检测视频图像模糊并自适应去模糊的功能

续表

主要功能	功能介绍
智能扩展管理	①具备智能功能的在线升级、扩展和多算法的运行管理维护能力； ②支持智能感知识别算法在线更新和升级； ③支持在线下载和部署新的智能分析算法，实现扩展的检测业务需求； ④支持多种算法应用并行运行，算法应用之间资源和故障隔离，单一算法的管理操作应不影响其他算法应用； ⑤支持接入其他视频摄像机的视频流进行智能分析，实现对不具备智能分析功能的摄像机前端智能化改造

2. 交通信息检测识别功能

交通信息检测识别功能是指能够对道路交通的交通目标、交通设施、交通流、交通事件进行视频感知识别，实现检测、分类、特征识别等功能，并形成交通信息，结构化数据，具体见表2-5。

表2-5 视频检测设备交通信息检测识别功能

主要功能	功能介绍
车辆检测	具备对监控区域内大于120×120像素的机动车目标进行检测并抓拍的功能，并满足检测率大于或等于95%，误检率小于或等于5%
通用车牌识别	具备对监控区域内的车牌宽度大于100像素的车辆号牌的种类、号码、颜色以及车辆未悬挂号牌进行识别的功能。支持识别符合《中华人民共和国机动车号牌》（GA 36—2018）规定的大型汽车号牌、挂车号牌、大型新能源汽车号牌、小型汽车号牌、小型新能源汽车号牌、港澳入出境车号牌、教练汽车号牌和警用汽车号牌，并满足如下识别准确率要求： ①号牌种类识别准确率大于或等于95%； ②白天号牌号码识别准确率大于或等于95%，夜晚号牌号码识别准确率大于或等于90%； ③白天号牌颜色识别准确率大于或等于90%，夜晚号牌颜色识别准确率大于或等于85%； ④未悬挂号牌识别准确率大于或等于80%
特种车牌识别	具备对监控区域内的车牌宽度大于100像素的特种车辆号牌的种类、号码、颜色进行识别的功能，包括符合《中华人民共和国机动车号牌》（GA 36—2018）规定的领馆号牌、使馆号牌、武警号牌、军队号牌、应急救援专用号牌等两种及以上特种车牌的识别，并满足如下识别准确率要求： ①号牌种类识别准确率大于或等于95%； ②白天号牌号码识别准确率大于或等于95%，夜晚号牌号码识别准确率大于或等于90%； ③白天号牌颜色识别准确率大于或等于90%，夜晚号牌颜色识别准确率大于或等于85%
车辆基本属性识别	具备对监控区域内不小于256×256像素的机动车目标的基本属性进行识别的功能，包括车辆颜色和车辆类型，满足识别准确率大于或等于90%
车辆扩展属性识别	具备对监控区域内不小于256×256像素的机动车目标的扩展属性进行识别的功能，包括车辆品牌和车辆款型，满足识别准确率大于或等于90%
车辆个体特征识别	具备对监控区域内不小于400×400像素的机动车目标的个体特征进行识别的功能，如车辆是否有遮阳板、摆件、挂件等个体特征，满足识别准确率大于或等于80%

续表

主要功能	功能介绍
车内人员特征识别	具备对监控区域内不小于 400×400 像素的机动车内人员特征进行识别的功能,包括前排人员未系安全带、驾驶员使用手机等,满足识别准确率大于或等于 80%。具备车内人脸抓拍功能,输出人脸尺寸应不小于 50×50 像素
非机动车检测	具备对监控区域内不小于 100×100 像素的非机动车进行检测的功能,支持对多个非机动车目标检测,满足检测率大于或等于 90%,误检率小于或等于 10%
非机动车属性识别	具备对监控区域内不小于 200×200 像素的非机动车属性进行检测的功能,支持对非机动车分类(二轮车、三轮车)。支持识别非机动车属性(颜色等),识别准确率大于或等于 80%
交通参与者检测	具备对监控区域内不小于 120×120 像素的机动车、不小于 100×100 像素的非机动车和行人等交通参与者进行检测的功能,检测率大于或等于 95%,误检率小于或等于 5%。 具备对不小于 80×80 像素的锥筒、砖块、落石等固定障碍物进行检测的功能,检测率大于或等于 90%,误检率小于或等于 10%。宜支持检测僵尸车、静止车辆等
交通参与者状态识别	能对监控区域内不小于 120×120 像素的机动车、不小于 100×100 像素的非机动车和行人等交通参与者以及不小于 80×80 像素的锥筒、砖块、落石等固定障碍物的大小、位置进行识别,定位误差不超过 1.5 m。 支持检测机动车、非机动车、行人的运动速度和方向,运动速度误差小于或等于 1.5 m/s,运动方向角度感知误差:机动车小于或等于 8°,非机动车小于或等于 20°
交通场景标线识别	具备对监控区域内的道路标线要素〔包括但不限于斑马线、停止线、导向线、白实(虚)线、黄实(虚)线〕进行识别的功能
车流统计	具备对道路机动车流量进行统计、输出结果的功能,支持按车道和周期对车辆数量、车辆类型、平均速度进行统计,误差不超过 5%
交通流属性统计	能对道路交通流的车头时距、时间占有率、空间占有率进行统计,误差不超过 5%
拥堵检测	能对道路拥堵情况进行检测,输出拥堵告警事件,宜支持按照《道路交通拥堵度评价方法》(GA/T 115—2020)规定的道路拥堵级别的检测,包括通畅、轻度拥堵、中度拥堵、严重拥堵
车辆异常行驶事件检测	具备对监控区域内的车辆异常行驶事件进行检测的功能,支持对按《视频交通事件检测器》(GB/T 28789—2012)描述的车辆停止事件、逆行事件、机动车驶离事件以及其他事件(如超速、急刹、急转弯、穿越实线等)等两种及以上车辆异常行驶行为的检测,满足检测率大于或等于 90%,误检率小于或等于 5%
道路异常事件检测	具备对监控区域内的道路异常事件进行检测的功能,支持对按《视频交通事件检测器》(GB/T 28789—2012)描述的抛洒物事件、行人闯入事件以及道路施工、交通事故等两种及以上道路异常事件的检测,满足检测率大于或等于 90%,误检率小于或等于 5%
交通违法事件检测	具备对监控区域内的车辆交通违法行为事件进行检测的功能,支持闯红灯、违法掉头、压线、不按指定车道行驶等至少一种车辆交通违法行为的检测,满足检测率大于或等于 95%,误检率小于或等于 5%

视频检测设备根据对道路信息检测识别功能的强弱,对智能分析技术进行分级,分为基础级、通用级、增强级三级。

（1）基础级：Ⅰ级，满足道路视频监控场景的基本智能分析需求。

（2）通用级：Ⅱ级，满足道路视频监控场景的通用智能分析需求，或满足车路协同视频检测场景的通用智能分析需求。

（3）增强级：Ⅲ级，满足道路视频监控场景的增强智能分析需求，或满足车路协同视频检测场景的增强智能分析需求。

视频检测设备智能分级要求如下：

（1）各智能等级的视频检测设备均应满足基础智能功能中各功能项要求。

（2）各智能等级的视频检测设备均应满足对应等级交通信息检测识别功能中各功能项要求。

视频检测设备具体智能分级的功能要求如表2-6所示。

表2-6 视频检测设备智能分级

功能		Ⅰ级	Ⅱ级	Ⅲ级	
基础智能功能		●	●	●	
交通目标信息	车辆监测	●	●	●	
	通用车牌识别	●	●	●	
	特种车牌识别			●	○
	车辆基本属性识别	●	●	●	
	车辆扩展属性识别			●	
	车辆个体特征识别		●	●	
	车辆人员特征识别			●	
	非机动车检测		●	●	
	非机动车属性识别			●	
	交通参与者检测		●	●	●
	交通参与者状态识别			●	●
交通设施信息	交通场景标线识别				
交通流信息	车流统计		●	●	
	交通流属性统计			●	
	拥堵检测			●	
交通事件信息	车辆异常行驶事件检测		●	●	
	道路异常事件检测			●	
	交通违法事件检测			○	

注：●表示该等级必备，○表示该等级可选。

3. 部署要求

（1）视频检测设备应设置在不低于5.5 m的横臂上。

（2）视频检测设备设置环境周围无视线遮挡。

（3）单个视频检测设备宜覆盖 2~4 车道。

（4）单个视频检测设备的覆盖距离为 150~250 m。

（5）视频检测设备在交叉路口设置时应尽量与交通信号控制设施共杆。

视频检测设备设置示意图如图 2-16、图 2-17 所示：

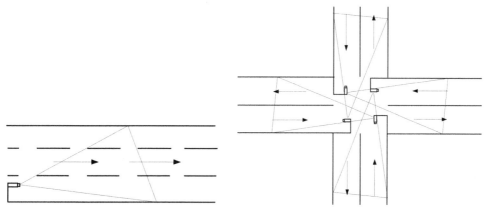

图 2-16　视频检测设备路段设置示意图　　图 2-17　视频检测设备十字路口设置示意图

2.3.1.4　毫米波雷达

毫米波雷达波长介于微波和厘米波之间，具有微波雷达和光电雷达的优势，一般来说，毫米波的波段是指 30~300 GHz（波长为 1~10 mm）。毫米波导引头相比厘米波导引头更具体积小、质量轻和空间分辨率高的优点（见图 2-18）。与红外、激光和视频等光学导引头相比，毫米波导引头穿透探测能力强，具有全天候（大雨天除外）、全天时的特点。除此之外，毫米波导引头的抗干扰、反隐身能力也比其他微波导引头更具优势。毫米波雷达以其探测距离远、速度测量精度高、集成度高、不受气象条件的影响等优点，被广泛用于智能车路协作管理。车路协同技术的快速发展，使得毫米波雷达在多场景环境下的应用日益广泛，包括交通场景雷达、车辆雷达、智能检测雷达等。该类毫米波雷达为道路管理和车辆端决策提供了实时的路况信息，是车路通信的重要组成部分，具有重要的应用价值。

图 2-18　毫米波雷达产品示意图

毫米波雷达用于车路协同时存在的一个问题是，它的分辨率太低，不能精确地检测出距离较远的人、车、兽，它还不能对道路上的标线、裂缝、坑洞、路基、树木、建筑物、抛掷物、路面坍塌、围栏、立杆等进行有效的检测。另外它还不能对道路的气象状况如雨水、雪花、雾气等进行有效的检测。目前毫米波雷达存在两个主要问题：一是不能对前后靠近的目标进行精确判别；二是部分厂商为了过滤背景干扰，仅针对运动目标进行处理，从而造成对静止车辆与目标难以精确探测与识别。

车路协同交通管理技术的发展，对交通信息感知装置提出了更高的要求，如远距离、高精度、高集成度、可适应气象条件、高可靠性、高性价比、可大规模部署等。毫米波雷达为道路管理和车辆端决策提供了实时的场景信息，在车路协同中起到了无可替代的作用。适合于多种场景感知的毫米波雷达产品正在不断地涌现，比如交通场景雷达、汽车雷达、智能检测雷达等，在黑夜、雾霾、雨天等复杂场景下，它们可以正常检测目标位置、目标速度及目标微动特征等信息。毫米波雷达技术正在向高分辨率、多维度、高智能化、多融合发展，多通道集成技术、三维成像技术、雷达级联成像技术、毫米波雷达的障碍识别和分类等技术将会应用于更多的车路协作场景，起到更好的感知效果。

1. 应用场景

毫米波雷达主要的车路协同应用场景包括智能交叉路口、智慧高速公路/城市快速路、智能停车场等。

（1）智能交叉路口

多路口交通流量汇入和对信号灯调控的干扰，使得城市交叉路口交通环境变得复杂，车流量大，行人密集，容易引发拥堵和交通事故。道路上安装的交通雷达具有目标探测、目标类型识别、车流量统计、速度探测、目标状态跟踪、车队长度探测等功能。车载毫米波雷达能够实时地探测到汽车周围目标的速度和位置等信息，并将这些信息传输到路口的边缘运算单元中，给自己的车辆规划和决策提供一个有效的输入，成为交叉路口交通信息的有效补充。毫米波雷达和视频检测设备联动，辅助管理部门对交叉路口内的车辆进行交通执法。

（2）智慧高速公路/城市快速路

智慧高速公路/城市快速路明确规定了驶入车辆的类型及车速，其中行人、非机动车、超标车辆等禁止进入。与普通道路相比，高速公路可以被划分为进出匝道的入口、通行路段、服务区三部分，其行驶环境较为复杂。匝道出入口担负着交通分流和通行收费的重任，交通拥堵和交通事故多发生在这些地方。将通行路段规划成超车道、快车道、慢车道、应急车道，并对各车道的速度进行了严格的限定，其运行效率受到气象条件、违章车辆、事故车辆等因素的影响。服务区入口车辆行驶缓慢，出口处车辆与干线车辆汇合，容易对干线交通的畅通产生影响。

在匝道上设置的交通雷达可以对匝道上的车辆进行检测，并对其进行分类。通过速度检测、逆向行驶检测等功能进一步向管理中心反馈匝道上的交通状况。在车辆行驶的道路上，交通雷达的设置能够实现车辆计数和分类、事故检测、应急车道占用检测以及与摄像头的联合执法。远程雷达的设置可以实现对远程障碍的探测，而角度雷达则可以帮助车辆实现对周边环境的感知，从而为超车、自动巡航、避碰、排队等提供感知信息。车上装有智能检测雷达的，可以对乘客人数、驾驶员和乘客的身体状况进行检测，进一步避免疲劳驾驶和人员超载。

（3）智能停车场

在汽车越来越普及的今天，停车场的合理设计越来越重要。它的合理设计和布置能缩短汽车在高速公路上的行驶时间，不仅能提高交通效率，而且还能为市民提供停车的便利。在实际应用中，停车场的入口和出口往往难以找到，停车位的数量也难以预测，而且有些地下停车场的内部结构非常复杂，这也给车主造成了很大的困扰。为解决"停车难"的问题，将车路协调技术应用于停车场的智能设计中。

设置在停车场入口和出口的道闸雷达能够对车辆和行人进行识别，并对闸杆的升降进行控制，从而有效地避免了闸杆的意外伤害。车位探测雷达能探测到停车场是否有车位，并进行报告显示。车载宽带成像雷达可以获取停车场三维信息，引导车辆前行，辅助车辆自主泊车。车内智能探测雷达可探测到车上的重要生命信号，避免孩子落在车上，并具有入侵报警功能。毫米波雷达和其他传感器一起组成了智能化的停车场感知系统，提高了停车场的工作效率，为用户提供了更多的便利。

2. 设备技术要求

（1）功能与性能要求

  ① 应满足国家有关主管部门关于路侧毫米波雷达的工作频段要求；

  ② 支持对 8 个车道（含正向车道和反向车道）范围内的交通目标进行检测，并支持对交通目标进行轨迹跟踪；

  ③ 支持基于 GNSS 或 NTP 的时钟同步功能，可输出精度不小于 1 s 的时间戳；

  ④ 最远探测距离不小于 250 m（纵向）；

  ⑤ 交通流量检测精度不小于 95%；

  ⑥ 平均车速的检测精度不小于 95%；

  ⑦ 测速范围：0 ~ 220 km/h；

  ⑧ 速度检测分辨率不小于 0.6 km/h；

  ⑨ 速度检测精度不小于 0.2 km/h；

  ⑩ 距离检测分辨率不小于 0.5 m（近程）、2 m（远程）；

  ⑪ 距离检测精度不小于 0.1 m（近程）、0.5 m（远程）；

  ⑫ 角度分辨率不小于 2°；

  ⑬ 测角精度不小于 0.25°；

  ⑭ 帧率不小于 10 fps。

（2）接口要求

  ① 具备至少 1 个 RS 485/232 接口或 1 个 RJ 45-100M/1 000M 自适应以太网接口；

  ② 支持 TCP/UDP 传输协议，支持对多个服务端传输数据。

（3）可靠性要求

  ① MTBF（平均无故障时间）不小于 50 000 h；

  ② 支持在全气候环境下稳定工作，包括雨、雾、雪、大风、冰、灰尘等。

3. 部署要求

通过对毫米波雷达设备的合理布置，可以实现对所有路口、路段的雷达监控，有效地感知到所有路口的交通信息，并对整个路口、路段的交通状况进行掌控。

（1）交叉路口设置要求

  ① 毫米波雷达可选择正装或侧装两种方式；

  ② 毫米波雷达设置垂直高度不低于 6 m；

  ③ 单台毫米波雷达覆盖检测目标有效范围不低于 250 m；

  ④ 毫米波雷达能够对交叉路口路段和交叉路口内部进行检测；

  ⑤ 正装方式，单台毫米波雷达能够覆盖 8 个车道；

  ⑥ 侧装方式，单台毫米波雷达能够覆盖 4 个车道；

⑦ 交叉路口每个方向皆应设置毫米波雷达；

⑧ 毫米波雷达在交叉路口设置时宜与交通信号控制设施共杆。

毫米波雷达设置示意图见图 2-19。

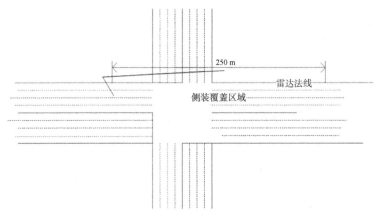

图 2-19　毫米波雷达交叉路口侧装方式设置示意图

（2）路段设置要求

① 毫米波雷达可选择正装或侧装两种方式；

② 单台毫米波雷达覆盖检测范围不低于 250 m；

③ 正装方式，单台毫米波雷达能够覆盖 8 个车道；

④ 侧装方式，单台毫米波雷达能够覆盖 4 个车道；

⑤ 毫米波雷达在交通流量大、事故发生率高的路段设置间距宜不大于 0.5 km，在交通流量小、事故发生率低的路段设置间距宜不大于 1 km。

毫米波雷达设置示意图见图 2-20。

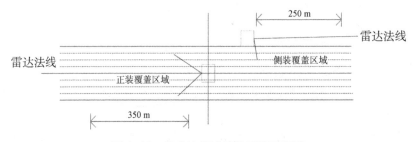

图 2-20　毫米波雷达路段设置示意图

2.3.1.5　激光雷达

目前，基于毫米波雷达与摄像头构成的传感系统存在着测距精度不高等问题，难以满足车辆终端对传感与定位的需求。此外，当车辆、行人、骑行者等处于较暗或较强光照条件下时，车辆、行人、骑行者等交通主体的检测与统计效果也不能得到完全保障。激光雷达能够自主发射激光探测，实时采集三维空间数据信息，具有不受光照干扰、可日夜正常工作、测距精度高等优点。融合激光雷达的车路协同路边感知技术无疑是突破"毫米波＋摄像头"联合感知极限的重要途径。

激光雷达是一种基于红外激光的测距传感器，其探测距离远，探测精度高，对光环境的适应性强。与其他传感器相比，激光雷达可以更快、更精确地获得目标的位置、速度、相对位置等信息。激光雷达以激光束为信息载体，利用相位、振幅、频率等来搭载信息，并将辐射源频率提高到光频段，可以准确获取目标的位置、尺寸、外形、材料等信息（见图2-21）。

图2-21 激光雷达产品示意图

目前，V2X技术在路口、高速公路上得到了广泛的应用。在此基础上，增加激光雷达等路面感知设备，实现对该区域的路口状况的全维还原，实现对道路上的行人、车辆的感知与识别，对道路上的交通违法行为进行实时监控与预警，从而有效降低交通事故的发生概率，防止出现逃费、套牌等违法违规行为。

然而，由于激光雷达测量数据的不连续性，其对于较远的人类或动物等小目标的探测能力较差，且扫描速度较慢，其在高速移动时，会造成扫描物体的变形和扭曲。此外，激光雷达还不能对公路上的标志、裂缝、小坑洼、路基、抛掷物、路面坍塌、小立柱等进行识别。而且，在雨、雪、雾的天气里，普通的汽车很难被发现。另一个缺点就是其暴露在空气中，很可能会沾染上一些污垢，从而阻碍了激光的传输，使得它的探测范围缩小、准确度降低。同时由于它的内置旋转马达的设备需要24小时暴露在空气中不间断地工作，它的寿命极大地降低了。

1. 应用场景

激光雷达可以对场景中各个交通参与者进行精确可靠的远距离感知（见图2-22），获得丰富的实时信息。激光雷达已经实现了多种智能交通应用功能，比如多基站/多雷达融合、电子围栏、交通参与者流量统计等。

图2-22 激光雷达感知

（1）多基站/多雷达融合

在车路协同的工程中，为了实现全覆盖，往往要部署多个路域感知基站。将每一个基地的激光雷达点云数据都与目标数据相结合，实现时间和空间的精确同步，从而达到时间和空间的统一（见图2-23）。

图2-23 激光雷达多个路域感知基站部署

（2）电子围栏

依照当地的交通环境和车路协同要求，可根据激光雷达建立任意形状区域的动态电子围栏，并对每个围栏定义如过滤目标、定制通信等独立功能（见图2-24）。比如说，在路口设置行人电子围栏和车流电子围栏来实现对人流量和车流量进行统计、行人闯红灯检测、车辆闯红灯检测等功能。

图2-24 激光雷达建立动态电子围栏

（3）交通场景应用功能

激光雷达可以准确地感知目标，为用户提供了10多种交通场景应用功能，其中包含了车流统计、逆行检测、闯红灯检测、非法占道检测等，可以满足客户越来越多的功能需求，并且基于高精度的激光雷达三维感知能力，为使用者提供高精度、高准确度、高稳健性的交通功能。

（4）激光雷达和摄像头的融合传感

通过将激光雷达和摄像头进行深度融合，实现传感器之间的优势互补。在此基础上，通过雷达三维点云识别，结合相机影像识别，实现对目标的精确定位和对运动特征的精确判定，并对目标的纹理特征（如牌照识别等）进行细致分析（见图2-25）。

图 2-25 激光雷达和摄像头融合传感

2. 设备技术要求

激光雷达在车路协同场景中需要达到以下基础要求：

(1) 功能与性能要求

① 支持雷达数据获取、可视化、保存和回放功能；

② 可选支持多雷达数据融合功能；

③ 支持配置多种回波检测方式；

④ 支持点云输出、跟踪目标输出、点云和跟踪目标同时输出；

⑤ 支持基于 GNSS 或 NTP 的时钟同步功能，可输出精度不小于 1 s 的时间戳；

⑥ 测距距离不小于 100 m；

⑦ 测距精度不小于 3 cm（1 sigma）；

⑧ 垂直视场角不小于 30°；

⑨ 水平视场角不小于 80°；

⑩ 平均垂直角度分辨率不大于 0.3°；

⑪ 平均水平角度分辨率不大于 0.3°；

⑫ 帧率不小于 10 Hz；

⑬ 防护等级不低于 1 级人眼安全。

(2) 接口要求

① 具备至少 1 个 RS 485/232 接口或 1 个 RJ 45-100M/1 000 M 自适应以太网接口；

② 支持 TCP/UDP 传输协议，支持 MQTT 或 protobuf 应用层传输协议，支持 IEEE 1588—2008（PTPv2）时钟同步协议，支持 PPS。

(3) 可靠性要求

① 工作环境温度：-40℃~55℃；

② 工作环境湿度：0~95%，无凝结；

③ 防护等级不低于 IP 66；

④ MTBF 不小于 50 000 h；

⑤ 支持抗震、电压过载保护、浪涌保护、设备防雷屏蔽；

⑥ 支持在全气候环境下稳定工作，包括雨、雾、雪、大风、冰、灰尘等。

3. 部署要求

激光雷达的部署场景分为交叉路口和公路，设置要求如下：

（1）交叉路口设置要求

① 激光雷达可选择正装或侧装两种方式；
② 激光雷达设置垂直高度不低于 4 m；
③ 单台激光雷达覆盖检测目标有效范围不低于 200 m；
④ 激光雷达应能够对交叉路口路段和交叉路口内部进行检测；
⑤ 单台激光雷达应能够覆盖 8 个车道；
⑥ 城市快速路的立交枢纽、主干道十字路口等宜每个方向设置激光雷达；
⑦ 激光雷达在交叉路口设置时应尽量与交通信号控制设施共杆。

激光雷达交叉路口正装设置见图 2-26，侧装设置见图 2-27。

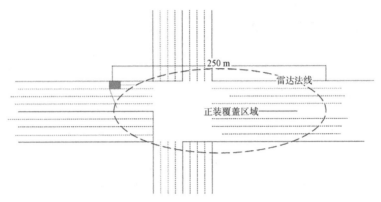

图 2-26　激光雷达交叉路口正装设置示意图

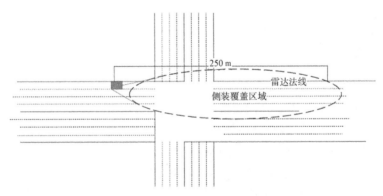

图 2-27　激光雷达交叉路口侧装设置示意图

（2）公路设置要求

① 激光雷达可选择正装或侧装两种方式，安装垂直高度不低于 4 m；
② 单台激光雷达覆盖检测有效范围不低于 250 m；
③ 单台激光雷达应能够覆盖 4~8 个车道；
④ 激光雷达在交通流量大、事故发生率高的路段设置间距不低于 0.5 km，在交通流量小、事故发生率低的路段设置间距不低于 1 km。

激光雷达路段设置示意图见图 2-28。

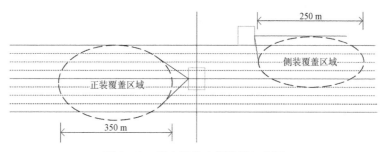

图 2-28　激光雷达路段设置示意图

毫米波雷达和激光雷达的对比见表 2-7。

表 2-7　毫米波雷达和激光雷达对比

项目	毫米波雷达	激光雷达（1 550 nm）
测距/测速精度	纵向精度高，横向精度低	高精度
感知距离	最高可达 200 m	最高 600 m
行人、物体识别	无法识别	可识别 3D 信息
道路标线识别	无法识别	可识别
恶劣天气影响	不受影响	受影响小
光照影响	不受影响	不受影响
电磁干扰/电磁屏蔽影响	易受影响	不受影响
算法/技术成熟度	较高	高，发展较快
成本	较高	高

两者比较重要的区别如下：

① 探测精度方面：毫米波雷达的探测范围直接受限于频率损耗程度（需要高频雷达才能探测很长一段时间），而且不能检测到行人，也不能准确地对周围的一切障碍建立模型。

② 在抗干扰性方面：激光雷达是通过发射光束来进行检测的，它会受到周围环境的影响，当光束被挡住之后，它就会失去作用，所以在雨、雪、雾霾、沙尘暴等恶劣的天气下，它是很难进行探测的。

③ 在成本方面：激光雷达的数据采集容量比毫米波雷达要大得多，对处理器的要求也更高，因此它的造价也就更加昂贵。

2.3.1.6　信号机

信号机是城市交通信号控制系统的核心组成设备，可以改变道路交通信号顺序、调节配时并能控制道路交通信号灯运行，同时还具有交通信息采集、通信、交叉口监控等功能。信号机控制效果的好坏，直接影响到路口通行安全和路网通行效率。在车路协同场景中，信号机可以将灯时投射在路面上、仪表盘上，让车辆随时调整车速进入绿波带，从而不等红灯、不停车，提前感知信号机灯时区间，与信号机产生交互。此外、行人如有过街需求，也可以主动与信号机交互，三者之间的交互便由此而生，建立路口、车辆和行人的关系,从而解决路口和路网的交通拥堵问题。

道路交通信号机通过与路侧单元交互道路交通信息,实现在道路安全、通行高效、车路协同等方面的不同应用。

1. 应用场景

车路协同中信号机的典型应用方向包括公交/紧急车辆优先、精细化交通配时和绿波带通行等。

(1) 公交/紧急车辆优先

当出现紧急情况如紧急救护、消防、应急安保等时,RSU 接收数据,给予绿灯优先信号(见图 2-29)。

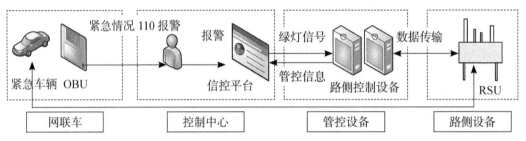

图 2-29　公交/紧急车辆优先流程图

信号机应获取信号灯状态信息,主动上报给 RSU;RSU 可探测道路交通事件信息、车辆状态信息或者紧急优先的请求信息,提供给信号机。当车辆如救护车、公交车或其他特种车辆等进入设定的进口检测区域时,RSU 应主动上报车辆进入数据给信号机。当车辆如救护车、公交车或其他特种车辆等离开设定的出口检测区域时,RSU 宜上报车辆离开的消息给信号机。

(2) 精细化交通配时

信号巡检作为交通信号工作中最为耗时耗力的一环,一直以来都是以人工视频巡检和现场巡检为主,难以及时、准确地发现路口信号控制问题。在车路协同场景中,结合 RSU 上传的车流量信息、车辆行驶信息、车载终端上传的轨迹数据等,通过交通检测数据融合算法,可实现路口交通信号问题的快速发现和精准判定,保障巡检人员高效地发现问题。

配时中心从底层数据挖掘开展深入研究,结合道路特点采用数据叠加、特征抽取、相互验证的方法进行数据融合,从而进行时段划分、单点绿信比优化等信号配时优化工作。比如:

① 疫情管控期间小交通流方案动态优化

面对突然暴发的疫情,整体的交通受到较大冲击,交通流量缩减。配时中心根据交通流量情况进行全新时段划分,同时通过缩减周期等方式,减少空放,降低车辆延误,对中心城区路口信号配时进行了动态监管优化。比如,在疫情管控期将主要路口的运行周期调整到 70~100 s 之间。在此基础上,每日结合数据分析与视频巡检,对配时方案进行微调。

② 校园周边路口信号优化

根据交通流特性,对学校周边路口时段进一步优化。开学前通勤日的早高峰出现在

7:00—9:00，开学后的早高峰时间明显提前，从 6:00 开始拥堵指数持续上升，直至 8:00 达到顶峰并逐渐下降，10:00 后趋于平稳，车辆主要集中在各快速道路以及部分学校周边道路上。开学期间拥堵缓行严重的道路主要集中在主城区。配时中心可以对重点学校周边路口信号配时及车辆运行情况进行逐一分析，根据数据情况进行时段精细化划分及调整。针对中小学、幼儿园上学时间的差异，对学校周边路口划分了专门的上学时段，如部分区域上学高峰时段划分为 6:30—7:00，而部分区域上学高峰时段划分为 7:30—8:00。

③ 节假日专属时段划分

根据节假日交通特性，对景区、商业综合体周边，根据不同道路的不同时段特点进行周末及节假日的专属时段划分。

（3）绿波带通行

所谓"绿波带"，就是在规定好的交通道路中，信号控制设备会按照道路的距离来自动调节绿灯开始的时间，保证按照规定车速行驶的车辆到达红绿灯路口时都会遇到"绿灯"。

配时中心在信号绿波带的建设与运维中，充分利用轨迹数据进行优化，依托数据资源因地制宜地自主摸索出了一系列方法。将之前的绿波人工现场巡检改进为数据巡检加人工验证的模式，实现了绿波效果的持续监测，保证了绿波效果的稳定。

① 小周期短路段双向绿波，减少空放，降低延误，改善出行体验。配时中心通过匹配路段速度与路段长度，计算得到了适合双向绿波的较小周期，在保证行人过街时间的情况下尽量减小周期，不断根据平均速度设计相位差，达到双向绿波的效果。

② 夜间安全绿波，降速度，保安全，低速协调不等待。夜间低峰交通流量小，车速快，极易引发交通事故。为确保夜间车辆及行人的安全，配时中心对夜间的安全绿波进行了改进。首先对夜间平均速度较高的路段进行筛查，通过数据分析和人工校验，找到可以进行夜间安全绿波设置的路段，之后设计双向安全绿波速度。

在筛选出的主干道和次干道进行安全绿波设置，规定了 50 km/h 和 40 km/h 两挡夜间安全绿波速度，来确保车辆的畅通无阻和行人的出行安全。

③ 节假日绿波，出城快速疏导，进城协调慢入，合理分配时段。针对节假日绿波，主要以"出城方向为主，进城方向为辅"的基本原则进行优化和设置。如国庆假期 10 月 1 日、2 日的早高峰，主要以郊游出城方向和高速出城方向为主，这类路段实行出城方向单向绿波快速通行的方式，通过数据计算车辆平均通过速度，计算相位差，协调出城方向；而 10 月 6 日、7 日、8 日的晚高峰主要以高速回城和郊游回城方向为主，这类路段在保证进城方向拥堵协调的情况下进行出城方向的绿波协调，实行大区域级别的缓进快出控制策略。

2. 设备技术要求

信号机在车路协同场景中需要达到以下基础要求：

（1）功能要求

信号机应具有以下功能：

① 支持与车联网应用服务平台、C-V2X RSU、其他路侧交通管控设备等对接；

② 支持远程运维管理。

（2）接口要求

信号机与车联网应用服务平台、C-V2X RSU、其他路侧交通管控设备等之间的数据交互内容和信息格式应符合标准《合作式智能运输系统　车用通信系统应用层及应用数据交互标准（第一阶段）》（T/CSAE 53—2020）、《道路交通信号控制机信息发布接口规范》（GA/T 1743—2020）。

3. 部署要求

信号机按以下标准部署：

- 《道路交通信号控制机》（GB 25280—2016）。
- 《道路交通信号控制机安装规范》（GA/T 489—2016）。
- 《道路交通信号控制机信息发布接口规范》（GA/T 1743—2020）。
- 《道路交通信号灯》（GB 14887—2011）。
- 《道路交通信号灯设置与安装规范》（GB 14886—2016）。

2.3.1.7　可变情报板

可变情报板是智能交通管理系统的一个重要组成部分，在车路协同场景中，可变情报板与边缘计算设备直连，接收边缘计算设备推送的信息，实时显示路线/改道信息、警告（事故、拥堵）、收费率和特殊信息、诱导信息、通知、警告和引导城市公路、高速公路和主干道上的驾驶员。

可变情报板作为交通状况及交通诱导信息发布的重要设备，是一种以LED发光器件作为基本显示单元的交通信息显示设备，同时还具备了图形及文字显示功能。以交通、天气情况以及指挥调度部门的指示信息为基础，运营商可以用可变情报板发布各种公告和信息，以实现对交通流量的有效诱导，提升路网的交通运输能力，为驾驶员安全、快速行车提供优质服务。可变情报板包括显示屏体、控制器（内含软件）、数据采集器、配电箱、远程传输设备等。

- 显示屏体由若干个显示模组箱体采用积木化结构组合而成。
- 控制器由CPU、存储器、通信接口、日历时钟、扫描显示和检测电路等组成，具有通信、故障检测和屏体显示检测等功能。
- 数据采集器采集电源及防雷器的电压、温度、亮度等数据提供给控制器。
- 配电箱由信号及交流电防雷器、过流和过压保护断路器、照明灯、工作插座等部件组成。
- 远程传输设备可以是RS 485转换器，或是调制解调器，或是光端机。

可变情报板根据位置和用途的不同，有多种形式。以高速上的可变情报板为例，一种是将其设置在主线上，利用门架式可变情报板（见图2-30），对主线及出口进行引导，并将前面路段的交通状况（畅通、拥堵、延误等）以文字的方式展示出来，可变情报板应该设置在互通式立交或出口匝道前面300～500 m范围内，比如用"前面2 km有拥堵""前面3 km有车祸"等文字的方式传达信息，这样驾驶员就可以转向别的道路，避开拥堵区域了。或是在靠近入口匝道的地方，采用F型可变情报板（见图2-31），向驾驶员汇报入口匝道的排队长度和拥堵预测，还可以向驾驶员展示临近主线的车流状况，为驾驶员进行新的路径选择提供合理的引导。

图 2-30　门架式可变情报板

图 2-31　F 型可变情报板

1. 应用场景

（1）高速道路入口诱导：包括预测型可变情报板及反应型可变情报板。

- 预测型可变情报板：在与高架主线入口匝道相距 500 m 左右的地面道路上安装 F 型可变情报板，提示欲通过高架出行的驾驶员，入口匝道显示"开放""关闭"情况。
- 反应型可变情报板：安装在入口匝道停车线上游附近，给入口匝道上的驾驶员显示匝道的开闭信息，从而为驾驶员进行新的路线选择提供合理的诱导。

（2）高速公路主线引导：在高架桥与内环高架桥之间设置一块门架式可变信息板，为驾驶员指明一条可供选择的高架桥路线：绿色代表"畅通"；"黄色"代表拥堵；"红色"代表堵塞，存在交通瓶颈。

（3）高速公路出口引导：设在互通式立交或出口匝道前面大约 500～1 000 m 的地方，可以用文字的方式传达一些信息，比如前面两三个出口的情况，或者预计拥堵时间及交通事故的情况，这样就可以让驾驶员提前改道，避开拥堵区域。

2. 设备技术要求

- 可显示汉字、英文字母、数字、符号和简单的交通标志图形或限速值。字体、笔画的粗细、字间距、距屏两侧的距离均可调整。
- 显示方式：静态显示、滚动显示和翻页显示。
- 显示屏亮度大于或等于 6 000 cd/m², LED 寿命大于或等于 60 000 h，MTBF ≥ 20 000 h。
- 显示屏可在环境温度 -20～80℃、湿度小于或等于 95% 的环境下工作。
- 显示效果及视觉效果：250 m 以外能清晰可见显示内容，近看显示美观，无明显毛刺，可视角度大于或等于 30°。
- 通信接口：RS 232 或以太网可选。
- 工作电压：AC 220 V（1±15%）。
- 最大功率：2 kW。
- 电源端子和机箱绝缘电阻大于 100 MΩ。
- 抗电强度：交流 1 500 V，10 mA，1 min 无飞弧。
- 防雷措施：所有的电路板或单元箱体均安装有雷电和浪涌保护器件，在控制器的机箱内安装有避雷器，凡接入控制箱的电源线和通信线均通过后接入式避雷器接入。
- 防护等级：IP 65。

3. 部署要求

确定可变情报板的候选地点时，应遵循从宏观到微观、从路网到路段、近远期相结合等原则,结合交通流环境、道路环境、气候环境,进行候选地点的初步布设。分别从道路线形、路面、安全设施等方面进行事故多发点鉴别,选定事故多发点作为可变情报板布置的关键地点。道路线形不利点(如长直线、小半径平曲线、大转角曲线、陡坡、长下坡等)、路面不良点(如路面破损、路面平整度低、路面抗滑系数低等)、交通安全设施设置不当点(如交通标志、标线、护栏、防眩设施与视线诱导设施等配置不合理)也可视作事故多发点,作为可变情报板布置的关键地点。

可变情报板的部署和信息发布按以下标准执行:
- 《高速公路 LED 可变信息标志》(GB/T 23828—2023)。
- 《高速公路 LED 可变限速标志》(GB 23826—2009)。
- 《道路交通信息服务 通过可变情报板发布的交通信息》(GB/T 29103—2012)。

2.3.1.8 气象监测设施

气象监测设施是利用传感器收集降雨量、温度等野外环境数据的野外防护箱,相当于一个微型气象站(见图 2-32)。

图 2-32 微型气象站示意图

1. 应用场景

道路的精准感知是实现车路协同和构建智慧公路的前提和基础,气象监测设施也逐渐成为全路段感知的重要一环。气象监测设施使用先进的无线通信和新一代互联网技术实现无盲区的气象实时监控,提供"百米级"预报、"分钟级"预警气象服务,可以有效提升公共安全和全天候通行的保障能力。

结合气象信息与交通数据,分析整理出冰雪天气路面融雪剂作用与浓度变化规律,为道路养护、冬季融雪除冰以及布站选址等工作提供科学依据。

2. 设备技术要求

气象监测设施能够集成多类气象传感器,可实时监测风速、风向、温度、湿度、气压、降水量、能见度等各类气象数据。

数据输出的接口和数据格式符合《公路交通气象监测设施技术要求》(GB/T 33697—2017),能够与路侧通信设备进行信息交互。

3. 部署要求

气象监测设施的安装地点应基于应用要求选择具有代表性的位置,特别是事故多发危险路段;在选择布设位置时,应对多种因素进行综合考虑,按照精细化原则,获取更高精度的数据。

(1) 城市场景

城市场景部署优先选取事故多发危险路段、风口、桥梁附近、低洼道路、弯曲道路、易起雾区域等，选择安装部署在空旷无遮挡区域，并考虑美观、防盗、防破坏等因素；道路视线很好的城市场景，为确保 ±5% 的监测准确度，宜每隔 3~5km 安装一套。

(2) 乡村场景

乡村场景部署优先考虑事故多发危险道路，选取低能见度出现频率较高区域（比如工厂、物流园区等），其他部署原则同城市场景。乡村场景车道窄，车流量相对少，为确保 ±10% 的监测准确度，宜每隔 5~10km 安装一套。

(3) 山区场景

山区场景部署选取事故多发路段、易起雾和急弯区域、盲区等，并考虑供电、通信等易施工、维护方便与维护人员的安全等因素，在山顶、半山腰、山脚等不同海拔区域安装。

(4) 高速场景

高速场景部署选取有桥梁、易起大雾区域。若高速公路两侧有河流，易产生大雾，宜在河流区域附近安装，宜每隔 3~5km 安装一套。

2.3.1.9 道路环境监测设施

道路环境监测设施（见图 2-33）是专门用于监测路面温度、路面湿度、路面积水及结冰、能见度等路面状况和环境要素的传感器平台。

图 2-33 道路环境监测站

1. 应用场景

在智慧交通构造体系中，路面状态观测是必不可少的一环，快速、精准地检测道路状态并做出合理预报，有利于实现准全天候通行的目标。

2. 设备技术要求

(1) 能够实现路面状况的监测，重点监测项目包括能见度、路面温度、路面状态（干燥、潮湿、积水、结冰、积雪）、风速、风向等。

(2) 各监控要素采集输出频率不低于 1 次 /min。

(3) 数据应能本地存储，包括所有监测要素、工作状态和安全报警等数据。

(4) 应支持数据补传。

(5) 应支持时钟校验。

(6) 以大雾为主要恶劣气象条件的路段，应能够采集能见度参数。

(7）以结冰为主要恶劣气象条件的路段，应能够采集路面潮湿、结冰等路面状态参数。

（8）以大风为主要恶劣气象条件的路段，应能够采集风速和风向参数。

（9）存在多种恶劣气象条件的路段，应能够同时监测相应环境参数。

（10）应支持与C-V2X平台通信，支持与边缘计算单元通信，支持与路侧单元通信。

具体参数要求：
- 积水厚度：0~10 mm。
- 分辨率：0.01 mm。
- 精度：0.1 mm。
- 覆冰厚度：0~10 mm。
- 积雪厚度：0~10 mm。
- 湿滑程度：0~1。
- 路面温度：-40℃~80℃。
- 路面湿度：0~100%。

3. 部署要求

道路环境监测站应优先选择在事故易发危险路段、易打滑以及影响行车安全的区域安装部署，如低洼、背阴、桥梁附近等冬季容易结霜、结冰、积雪的路段，以及山区连续急弯盲区、十字路口等视野不佳、车流量大路段。

（1）城市场景

城市场景部署优先考虑事故多发危险路段、桥梁附近、多车道路段、车流量大路段、背阴道路、十字路口等，宜复用一部分气象监测设施杆件，其余部分新建，宜每隔3~5 km安装一套。

（2）乡村场景

乡村场景部署原则基本同城市场景，但乡村场景环境及路况相比城市场景较差，坑洼容易积水，温度相对城市环境也较低，道路容易结冰，部署时重点应考虑以上两点。乡村场景比较窄，车流量相对比较少，宜复用一部分气象监测设施杆件，其余部分新建，宜每隔5~10 km安装一套。

（3）山区场景

山区场景部署优先考虑事故多发危险路段、易打滑及影响行车安全的区域、急弯盲区、道路低洼易积水路段等。考虑自动驾驶车辆测试路线，宜复用一部分气象监测设施杆件，其余部分新建，宜针对山区连续急弯等特殊路况只选用车辆经过的第一个环境监测设施安装点位安装一套。

（4）高速场景

高速场景部署优先考虑事故多发路段、弯道、桥梁、下坡等湿滑易结冰区域，宜与气象监测设施共杆建设，宜每隔3~5 km安装一套。

2.3.1.10 差分基站

准确的车辆定位是车路协同中的一项关键技术。已有的美国GPS、俄罗斯GLONASS、中国北斗卫星导航系统等，虽可实现厘米级别的定位，但无法应用于民用领域。民用定位系统的定位精度仅为几十米,与车载辅助、无人驾驶等对定位精度的要求相去甚远。为进一步提高定位精度,差分定位技术应运而生。

差分定位技术又称差分 GPS 技术,是将 GPS 接收器置于基站上观测的一种方法(见图 2-34)。利用已知的基站坐标,求出基站与卫星之间的距离修正数,实现基站对卫星信息的实时传输。在全球定位系统观测过程中,用户接收机接收基站发送的校正数据,进一步对其定位结果进行校正,将卫星时间差、接收机时间差及大气折射等因素引入差分定位中,使定位精度进一步提升,甚至可以达到亚米级。

目前,在差分定位技术中,需要将基站作为修正的基础信息提供方,而基站与终端间的通信数据一般是经由因特网或移动通信网络传送给终端的。

图 2-34 差分定位技术实施关键设备

1. 设备技术要求

车路协同场景中的差分基站应具备以下功能:
(1)能实现卫星定位数据的跟踪、采集、记录等。
(2)能接收参考站上的实时观测数据,进行相应的建模,同时生成网络差分改正数等。
(3)能向不同类型的用户提供多种登录方式。
(4)能向已登录用户提供相应数据服务。

2. 部署要求

车路协同场景中的差分基站设置应满足如下要求:
(1)应设置于视野开阔地带,无高大建筑物或高山阻挡,远离水体、海滩、易积水地带。
(2)相邻基站布置间距在 5~10 km 范围内。
(3)应具有不小于 10° 的地平高度角卫星信号。
(4)应远离电磁干扰区域,如微波站、变电站、高压线、电视台所在区域等。
(5)应避开容易产生震动的地点。
(6)应避开地质构造不稳定的区域。
(7)应接入公共网络或者专用网络。

2.3.1.11 边缘计算单元

车路协同边缘计算单元(ECU)是实现端云一体化车路协同的路侧计算设备,用于就近提供边缘计算服务。它是位于边缘网络中的计算设备,可以执行数据处理和计算任务，以实现多源信息融合、目标识别、事件检测、数据存储、高精定位解算、高精地图下发、智能协同、资源调度、信息安全等功能（见图2-35）。

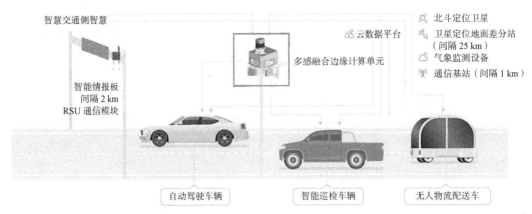

图2-35　车辆协同中的边缘计算单元交互

与本书2.5节中介绍的边缘节点相比，边缘计算单元将计算能力下沉到最底端，与RSU等路侧设备处于同一网段中，数据的采集、消息的响应及分发更加及时。

1. 设备技术要求

在车路协同场景中，边缘计算单元应达到以下要求：

（1）实时性：边缘计算单元可以在本地处理数据，响应时间短，减少数据在传输过程中的延迟。

（2）数据隐私性：边缘计算单元可以在本地处理敏感数据，保证数据的隐私性。

（3）带宽利用率：边缘计算单元可以在本地处理数据，减少数据传输的数量，降低主干传输网的使用率。

（4）可靠性：边缘计算单元可以在本地处理数据，减少网络故障对数据处理和传输的影响。

（5）通信方式：边缘计算单元宜具备千兆光/电网络接口。

（6）RSU接入：边缘计算单元宜支持多台C-V2X RSU设备通过交换机接入，支持与RSU进行数据交互。

（7）感知设备接入：边缘计算单元应支持路侧感知设备通过交换机接入，包括视频检测设备、毫米波雷达、激光雷达、交通标志、环境监测设备等；OBU可通过RSU间接接入MEC。

（8）控制设备接入：边缘计算单元应支持路侧控制设备通过交换机及RSU接入，包括交通情报板、信号机等。

（9）数据处理：边缘计算单元应支持对多源传感数据融合处理，如：支持从摄像头获取视频流并进行视频解码、目标检测、目标跟踪、目标定位等；从毫米波雷达获取结构化数据，从激光雷达获取点云数据，并进行目标融合定位、跟踪等；对高精地图和高精定位信息进行分析计算、对V2X场景和交通事件进行智能识别与处理等。

（10）与C-V2X平台对接：边缘计算单元应支持与C-V2X平台对接，包括与边缘节点的对接以及与中心云控平台的对接，采用统一数据接口；可扩展协议接口，边缘计算单元宜具有较强的可扩展性，按需求支持各类车路协同应用，支持远程运维管理。

（11）存储和计算能力：边缘计算单元应能够对接入的智能检测设备、毫米波雷达、激光雷达等采集的原始数据按需存储及进行计算。

（12）网络安全：边缘计算单元应具备与 C-V2X 平台一体化的高信息安全能力，包括身份认证与鉴权、信息加密、防病毒和木马攻击、防 DDoS 攻击、异常流量自动检测和清洗、中心至边缘通道安全管控等。

（13）可扩展功能接口：除需具备以太网口接外，边缘计算单元宜具备 2 种以上外部接口，如 USB、串口、Wi-Fi、4G、5G 等，应可根据现场需要方便地进行功能和性能扩展，实现定制化开发。

（14）时钟同步：边缘计算单元应支持局域网内通过精确时钟同步协议等实现亚毫秒级的时钟同步。

（15）防护等级：防护等级应不低于 IP 65。

（16）稳定性：边缘计算单元宜支持 7×24 h 不间断服务，宜具备冗余备份设计和故障快速恢复能力。支持在与车联网应用服务平台断开连接的状态下，仍可提供不间断业务服务。

2. 部署要求

车路协同场景中的边缘计算单元部署要求如下：

（1）边缘计算单元分为基于嵌入式架构的轻量型和基于 x86 架构的重量型两种形态。

- 轻量型一般体积较小、重量较轻、功耗较低，适合于路侧设置，市区服务范围宜在单个路口范围内，公路服务范围一般在 2 km 半径内。应尽可能靠近 RSU 和感知设备等设置，可设置于抱杆机箱内，宜具备安全防盗措施。
- 重量型一般体积较大、重量较重、功耗较高，适合于室内设置，市区服务范围宜在 1~5 km 半径内，公路服务范围宜在 2~10 km 半径内。如不具备室内设置条件，也可设置于室外路侧固定机箱内。重量型边缘计算单元可设置于蜂窝基站机房、高速监控中心、收费站、服务区等室内环境，可与运营商提供的边缘计算平台进行多层次融合。

（2）边缘计算单元采用电源适配器接入工频交流电源供电，条件允许时宜配备 UPS 不间断电源。

（3）边缘计算单元部署于路侧时，应具有良好的防雷接地措施。

2.3.2 路侧设备协同控制技术

路侧设备可通过中心云控平台、边缘节点和边缘计算单元实现车路协同场景中的协同控制（见图 2-36）。

中心云控平台和边缘节点根据各边缘计算节点及车辆控制器上报的交通运行状态信息，针对不同的应用场景，宏观制定交通管控决策和智能车辆辅助决策。

边缘节点和边缘计算单元通过获取激光雷达、摄像机、毫米波雷达等的感知数据，运行相关程序算法进行计算并输出，包括动态制定具体的交通管控决策和智能车辆辅助决策，具体为：研判安全风险、决策规避指令；提示路况信息，给定限速信息，给定建议车速、车道信息以及更新信号方案；动态车辆引导，给定建议车道、换道位置、建议轨迹点等。

路侧设备协同控制技术分为三个决策等级，依次为道路管控智能决策、车路协同目标决策和车路协同过程决策。三个决策等级的精细化程度和覆盖范围逐步提升。

（1）道路管控智能决策：通过获取流量、车速、密度等交通流运行参数，判断总体交通需求及道路运行状态，进而动态制定决策方案以主动响应交通需求。决策指令通过信号灯、可变情报板、播音喇叭等路侧传统声光设施发布。

（2）车路协同目标决策：具有个体级感知能力，可以获取车辆轨迹信息，可以综合考虑轨迹信息和参数动态制定决策方案以主动响应交通需求。决策指令一方面可以通过信号灯、可变情报板、播音喇叭等路侧传统声光设施发布，另一方面可以通过车路协同等手段为个体智能车辆提供建议路径、车速引导等辅助决策服务，提供的决策指令主要通过建议车道、建议车速等控制目标呈现，个体智能车辆可在上述建议指令的基础上独立或辅助驾驶员进行单车独立/多车协同决策。

（3）车路协同过程决策：具有个体级感知能力，可以获取车辆轨迹信息，可以综合考虑轨迹信息和参数，同时综合考虑个体车辆控制与交通流控制，动态制定决策方案以主动响应交通需求。决策指令一方面可以通过信号灯、可变情报板、播音喇叭等路侧传统声光设施发布，另一方面可以通过车路协同等手段为个体智能车辆提供建议路径、车速引导、自动驾驶轨迹参考点等决策服务，提供的决策指令主要通过轨迹参考点等呈现，智能路侧决策系统参与辅助车辆控制，个体智能车辆可在上述建议指令的基础上独立或辅助驾驶员进行单车独立/多车协同决策。

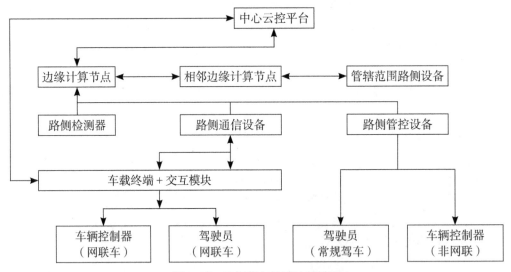

图 2-36 路侧设备协同控制流程

路侧设备协同控制技术的应用场景包括碰撞预警、可变限速、车道控制、信控优化、智能诱导、协作式行驶等。

2.3.2.1 路基碰撞预警

1. 应用描述

路基碰撞预警是指边缘计算设备判断主车与周边车辆及其他弱势交通参与者是否存

在碰撞风险。若存在风险，应对主车进行预警，提供冲突对象位置、建议车速、制动措施等信息（见图 2-37）。

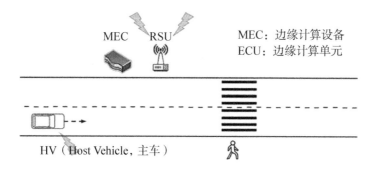

图 2-37 路基碰撞预警示意图

2. 场景原理

（1）雷达、摄像头等路侧设备采集当前主车及周边车辆、弱势交通参与者、周边环境等信息，将信息上传至边缘计算设备。车载通信与交互设备（如 OBU、T-BOX）采集车辆终端的出行需求，将信息通过路侧通信设备上传至边缘计算设备。

（2）边缘计算设备通过融合算法、碰撞预警算法等技术，判断是否存在碰撞风险。

（3）边缘计算设备将碰撞预警、冲突对象位置、建议车速、制动措施等传至路侧通信设备（如 RSU）。

（4）路侧通信设备将信息通过车载通信与交互设备（如 OBU、T-BOX）转发至车辆控制器及驾驶员，完成碰撞预警。信息交互流程见图 2-38。

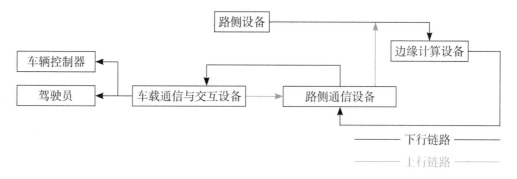

图 2-38 路基碰撞预警信息交互流程

3. 环节分工

此应用为边端协同，涉及边缘计算设备、车辆控制器两项决策主体，二者分工如下：

（1）边缘计算设备：输入感知信息，研判碰撞风险，决策规避指令，输出：
- 冲突对象位置（车路协同目标决策）；
- 建议车速、制动措施（车路协同目标决策）；
- 轨迹参考点等协同决策信息（车路协同过程决策）。

（2）车辆控制器：输入边缘计算设备给定的输出信息，输出冲突对象及协同决策信息，结合自身感知能力进行终端决策并执行动作。

4. 技术指标要求
- 车速范围：0～70 km/h；
- 交通流数据周期：30 s；
- 交通流感知精度：大于或等于95%；
- 目标感知精度（可选）：小于或等于1.5 m；
- 通信距离（可选）：大于或等于150 m；
- 数据更新频率：10 Hz；
- 系统延迟：小于或等于100 ms；
- 定位精度（可选）：小于或等于1.5 m（车路协同目标决策）/0.5 m（车路协同过程决策）。

2.3.2.2 主线可变限速

1. 应用描述

主线可变限速是指系统判断道路主线的综合交通运行状况（包括交通流量、车速等）是否存在运行安全风险或者运行效率优化可能。若存在，应对主线的相关车辆进行诱导，提供建议的通行速度等信息辅助车辆通行（见图2-39）。

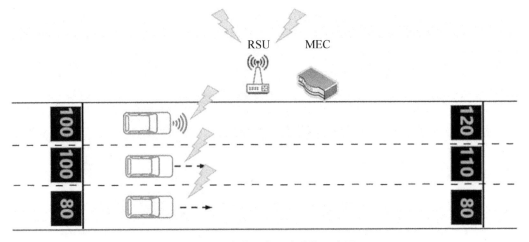

图2-39 主线可变限速功能示意图

2. 场景原理

（1）雷达、摄像头等路侧设备采集主线当前车流量、车速等信息，将信息上传至边缘计算设备。车载通信与交互设备（如OBU、T-BOX）采集车辆终端的出行需求，将信息通过路侧通信设备上传至边缘计算设备。

（2）多个边缘计算设备将数据转发至云平台/边缘节点，云平台/边缘节点通过融合算法、流量预测、交通优化模型等技术，判断道路主线的综合交通运行状况是否存在运行安全风险或者运行效率优化可能。

（3）云平台/边缘节点将各路段相关的交通诱导信息下发至相应的边缘计算设备。

（4）边缘计算设备将诱导信息转发至可变情报板及路侧通信设备，完成可变限速诱导。

（5）路侧通信设备将信息通过车载通信与交互设备（如OBU、T-BOX）转发至车辆控制器及驾驶员，完成对单车的主线可变限速诱导。信息交互流程见图2-40。

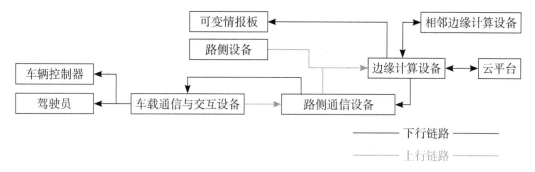

图2-40 主线可变限速信息交互流程

3. 环节分工

本应用涉及云边、边边、边端协同，涉及云平台/边缘节点、边缘计算设备、车辆控制器三项决策主体，三者分工如下：

（1）云平台/边缘节点：根据各边缘计算设备上报的交通运行状态信息以及各节点主动限速现状，动态制定各节点的主动限速范围。

（2）边缘计算设备：通过感知信息研判交通流状态，综合考虑平台给定主动限速范围与相邻节点限速值，给出：

- 一般性限速信息（道路管控智能决策及以上），发送至可变情报板；
- 建议车速（车路协同目标决策）、轨迹参考点（车路协同过程决策）等个性化协同决策信息，送至自动驾驶车辆或网联车驾驶员智能设备（如手机等）。

（3）车辆控制器：输入边缘计算设备给定的协同决策信息，结合自身感知能力进行终端决策并执行动作。

4. 技术指标要求

- 车速范围：0～130 km/h；
- 交通流数据周期：30 s；
- 交通流感知精度：大于或等于95%；
- 目标感知精度（可选）：小于或等于1.5 m；
- 通信距离（可选）：大于或等于300 m；
- 数据更新频率：1 Hz（一般性限速信息）/10 Hz（个性化协同决策信息）；
- 系统延迟：小于或等于200 ms（道路管控智能决策）/100 ms（车路协同目标决策及以上）；
- 定位精度（可选）：小于或等于1.5m（车路协同目标决策）/0.5 m（车路协同过程决策）。

2.3.2.3 匝道控制

1. 应用描述

匝道控制是指系统根据高速主线、匝道车辆运行信息，利用信号灯、信息情报板等告知车辆通行，实现平衡车道流量、主线车辆协调行驶、汇入间距管理、匝道车辆运行控制等，以显著减小汇入区事故率，提高车辆汇入效率和速度，提高车辆汇出的安全性（见图 2-41）。

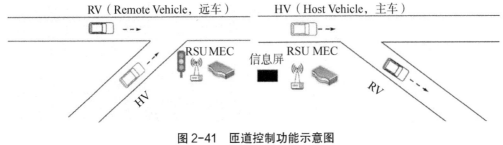

图 2-41　匝道控制功能示意图

2. 场景原理

（1）雷达、摄像头等路侧设备采集匝道当前车流量、车速等信息，将信息上传至边缘计算设备。车载通信与交互设备（如 OBU、T-BOX）采集车辆终端的出行需求，将信息通过路侧通信设备上传至边缘计算设备。

（2）边缘计算设备将数据转发至云平台，云平台通过融合算法、流量预测、交通优化模型等技术，判断匝道的综合交通运行状况是否存在运行安全风险或者运行效率优化可能。

（3）云平台将各路段相关的交通诱导信息下发至相应的边缘计算设备。

（4）边缘计算设备将诱导信息转发至路侧通信设备（如 RSU）、可变情报板、匝道信号灯、智慧路桩，完成匝道可变限速诱导。

（5）路侧通信设备将信息通过车载通信与交互设备（如 OBU、T-BOX）转发至车辆控制器及驾驶员，完成对单车的匝道可变限速诱导。信息交互流程见图 2-42。

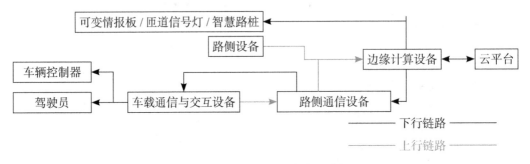

图 2-42　匝道控制信息交互流程

3. 环节分工

本应用涉及云边端协同，涉及云平台、边缘计算设备、车辆控制器三项决策主体，三者分工如下：

（1）云平台：根据各边缘计算设备上报的交通运行状态信息统筹考虑各匝道汇入调节率，将调节率下发至边缘计算设备。

（2）边缘计算设备：通过感知信息获取汇入、汇出车辆及周边车辆微观轨迹，结合平台给定的调节率要求，给出：

- 一般性引导信息（道路管控智能决策及以上），发送至可变情报板等交通设施，为所有类型车辆服务；
- 建议车速（车路协同目标决策）、轨迹参考点（车路协同过程决策）等个性化协同决策信息，发送至自动驾驶车辆或网联车驾驶员智能设备（如手机等）。

（3）车辆控制器：输入边缘计算设备给定的协同决策信息，结合自身感知能力进行终端决策并执行动作。

4. 技术指标要求

- 车速范围：0～120 km/h；
- 交通流数据周期：30 s；
- 交通流感知精度：大于或等于95%；
- 目标感知精度（可选）：小于或等于1.5 m；
- 通信距离（可选）：大于或等于300 m；
- 数据更新频率 1 Hz（一般性引导信息）/10 Hz（个性化协同决策信息）；
- 系统延迟：小于或等于 200 ms（道路管控智能决策）/100 ms（车路协同目标决策及以上）；
- 定位精度（可选）：小于或等于 1.5 m（车路协同目标决策）/0.5 m（车路协同过程决策）。

2.3.2.4 动态专用道管控

1. 应用描述

动态专用道管控是指系统根据主线交通状况，考虑主线车辆流量、不同车型及不同车道的运行差异，采用车型管控、时间管控及速度管控等方式将某条车道动态划分给车辆通行，以显著提升车道的总体利用效率，适用于货运编队、公交、自动驾驶专用道（见图 2-43）。

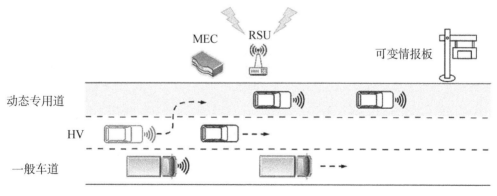

图 2-43 动态专用道管控功能示意图

2. 场景原理

（1）雷达、摄像头等路侧设备采集专用道当前车流量、车速等信息，将信息上传至边缘计算设备。车载通信与交互设备（如 OBU、T-BOX）采集车辆终端的出行需求，将信息通过路侧通信设备上传至边缘计算设备。

（2）边缘计算设备将数据转发至云平台，云平台通过融合算法、流量预测、交通优化模型等技术，判断专用道的综合交通运行状况是否存在运行安全风险或者运行效率优化可能。

（3）云平台将各路段相关的交通诱导信息下发至相应的边缘计算设备。

（4）边缘计算设备将诱导信息转发至路侧通信设备（如RSU）、可变情报板，控制道钉，完成动态专用道管控。

（5）路侧通信设备将信息通过车载通信与交互设备（如OBU、T-BOX）转发至车辆控制器及驾驶员，完成对单车的动态专用道管控。

具体流程见图2-44。

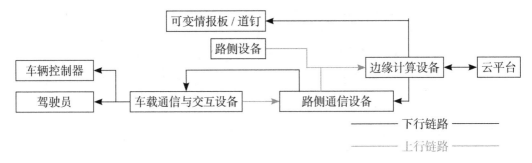

图2-44 动态专用道管控信息交互流程

3. 环节分工

本应用涉及云边端协同，涉及云平台、边缘计算设备、车辆控制器三项决策主体，三者分工如下：

（1）云平台：根据各边缘计算设备上报的交通运行状态信息以及各节点管理路段专用道分配情况，动态制定各节点的专用道设置限制条件，避免出现专用道不连续等情况。

（2）边缘计算设备：通过感知信息研判交通流状态，分析动态渗透率，综合考虑平台给定专用道设置限制给出专用道信息，发送至可变情报板或道钉以及路侧通信设备，告知专用道开放状态信息。

（3）车辆控制器：输入边缘计算设备给定的协同决策信息，结合自身感知能力进行终端决策并执行动作。

4. 技术指标要求

- 车速范围：0~120 km/h；
- 交通流数据周期：30 s；
- 交通流感知精度：大于或等于95%；
- 通信距离：大于或等于150 m；
- 定位精度：小于或等于1.5 m；
- 目标感知精度（可选）：小于或等于1.5 m。

2.3.2.5 施工区预警

1. 应用描述

施工检修或者维护时，施工区使道路连续流受到人工阻隔，容易产生交通瓶颈。在施工过程中,施工人员和通过的车辆有更高的碰撞风险。施工区预警服务可有效地改善施工区周边道路的通行状况,并可降低施工区内车辆和施工人员发生意外的风险,从而改善施工现场的交通安全状况(见图2-45)。

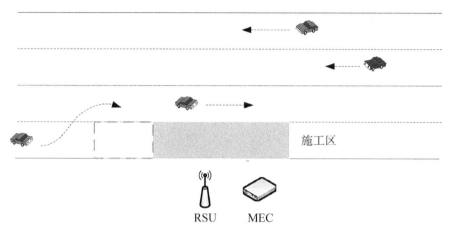

图2-45 施工区预警功能示意图

2. 场景原理

(1)雷达、摄像头等路侧设备采集道路施工信息、当前车流量等数据,将信息上传至边缘计算设备。车载通信与交互设备(如OBU、T-BOX)采集车辆终端的出行需求,将信息通过路侧通信设备上传至边缘计算设备。

(2)边缘计算设备通过融合算法、流量预测、交通优化模型等技术,判断施工相关车道的综合交通运行状况是否存在运行安全风险或者运行效率优化可能。

(3)边缘计算设备将诱导信息转发至路侧通信设备(如RSU)、可变情报板,控制道钉、播音喇叭,完成施工区预警。

(4)路侧通信设备将信息通过车载通信与交互设备(如OBU、T-BOX)转发至车辆控制器及驾驶员,完成对单车的个性化施工区预警。具体流程见图2-46。

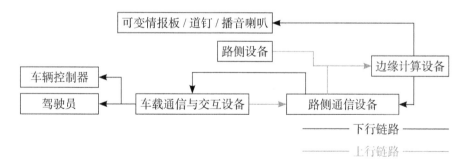

图2-46 施工区预警信息交互流程

3. 环节分工

本应用涉及边端协同,涉及边缘计算设备、车辆控制器两项决策主体,二者分工如下:

(1)边缘计算设备:通过感知信息研判施工区上游路段与施工区所在路段交通流状

态，以安全和效率为导向给出：

- 施工提示信息及建议车速（道路管控智能决策及以上），发送至可变情报板提醒常规车辆；
- 建议车速（车路协同目标决策）、轨迹参考点（车路协同过程决策）等个性化协同决策信息，发送至自动驾驶车辆或网联车驾驶员智能设备（如手机等）引导交通流平稳过渡，车辆安全通过。

（2）车辆控制器：输入边缘计算设备给定的协同决策信息，结合自身感知能力进行终端决策并执行动作。

4. 技术指标要求

- 车速范围：0~120 km/h；
- 交通流数据周期：30 s；
- 交通流感知精度：大于或等于95%；
- 建议提示距离：1 km 或 500 m 或 200 m；
- 系统延迟：小于或等于200 ms；
- 定位精度：小于或等于1.5 m（车路协同目标决策）/0.5 m（车路协同过程决策）。

2.3.2.6 单点信号控制

1. 应用描述

单点信号控制也称点控制，是指各交叉口的交通信号控制只根据其实际情况而独立进行，与相邻的交叉口无关。系统根据交通运行状态优化调整信号控制参数，达到较好的信号控制水平，提高交叉口通行效率（见图2-47）。

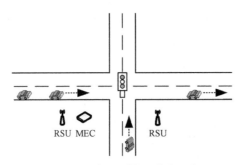

图 2-47 单点信号控制功能示意图

2. 场景原理

（1）雷达、摄像头等路侧设备采集路口当前车流量等数据，将信息上传至边缘计算设备。车载通信与交互设备（如 OBU、T-BOX）采集车辆终端的出行需求，将信息通过路侧通信设备上传至边缘计算设备。

（2）边缘计算设备将数据上传至云平台/相邻边缘计算设备（如需），云平台/相邻边缘计算设备通过融合算法、流量预测、交通优化模型等技术，判断信号控制点的综合交通运行状况是否存在运行安全风险或者运行效率优化可能。并将控制信息发送至边缘计算设备。

（3）边缘计算设备将控制信息转发至路侧通信设备（如 RSU）、信号机，完成单点信控优化。

（4）路侧通信设备将信息通过车载通信与交互设备（如 OBU、T-BOX）转发至车辆控制器及驾驶员，完成对单车的个性化信控优化信息提示。信息交互流程见图 2-48。

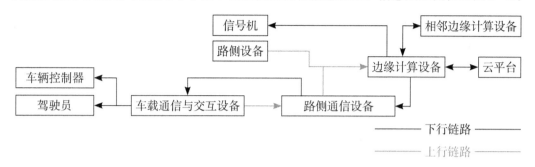

图 2-48　单点信号控制信息交互流程

3. 环节分工

本应用涉及云边（如有，非必需）、边边、边端协同，涉及云平台/相邻边缘计算设备（如有，非必需）、边缘计算设备、车辆控制器三项决策主体，三者分工如下：

（1）云平台/相邻边缘计算设备（如有，非必需）：综合考虑各边缘计算设备上报信息，制定子区划分方案与背景信控方案。

（2）边缘计算设备：通过感知信息研判交通状态与控制情况，综合考虑周边节点交通需求水平与控制水平，给出：

- 信号控制信息（道路管控智能决策及以上），发送至信号机提高信控水平；
- 建议车速（车路协同目标决策）、轨迹参考点（车路协同过程决策）等个性化协同决策信息，发送至自动驾驶车辆或网联车驾驶员智能设备（如手机等），与信控方案配合优化交叉口通行效率与排放。

（3）车辆控制器：输入边缘计算设备给定的协同决策信息，结合自身感知能力进行终端决策并执行动作。

4. 技术指标要求

- 车速范围：0～70 km/h；
- 交通流数据周期：30 s；
- 交通流感知精度：大于或等于 95%；
- 目标感知精度（可选）：小于或等于 1.5 m；
- 定位精度（可选）：小于或等于 1.5 m（车路协同目标决策）/0.5 m（车路协同过程决策）。

2.3.2.7　干线信号协调

1. 应用描述

干线信号协调控制策略就是通过对主干道信号灯的协同控制，使各路口之间互相协作的时间分配策略达到车辆在各路口停留时间最短的目的。通常采用特定的相位差设计实现带宽最大化，车辆在特定车速范围内行驶可实现连续不停车通过交叉口（见图 2-49）。

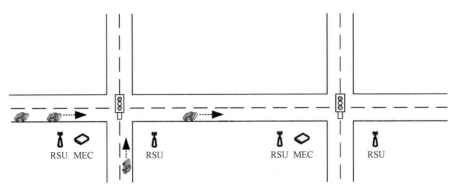

图 2-49　干线信号协调功能示意图

2. 场景原理

（1）雷达、摄像头等路侧设备采集路口当前车流量等数据，将信息上传至边缘计算设备。车载通信与交互设备（如 OBU、T-BOX）采集车辆终端的出行需求，将信息通过路侧通信设备上传至边缘计算设备。

（2）边缘计算设备将数据上传至云平台/边缘节点，云平台/边缘节点通过融合算法、流量预测、交通优化模型等技术，判断信号控制点的综合交通运行状况是否存在运行安全风险或者运行效率优化可能。

（3）云平台/边缘节点将控制策略信息下发至边缘计算设备，边缘计算设备将控制信息转发至相关路侧通信设备（如 RSU）、信号机，完成干线多个路口的信控优化。

（4）路侧通信设备将信息通过车载通信与交互设备（如 OBU、T-BOX）转发至车辆控制器及驾驶员，完成对单车的个性化信控优化信息提示。信息交互流程见图 2-50。

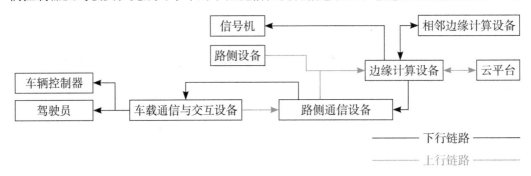

图 2-50　干线信号协调信息交互流程

3. 环节分工

本应用涉及云边、边边协同，涉及云平台/边缘节点、边缘计算设备两项决策主体，二者分工如下：

（1）云平台/边缘节点：根据各边缘计算设备上报的交通运行状态与需求情况动态制定干线范围，确定控制周期，下发至边缘计算设备。

（2）边缘计算设备：通过感知信息研判交通状态与控制情况，根据云平台/边缘节点下发的周期、分组情况以及相邻边缘计算设备的控制方案，动态更新信号方案，确定建议车速，而后进入单点信号优化决策流程。

4. 技术指标要求
- 车速范围：0 ~ 70 km/h；
- 交通流数据周期：30 s；
- 交通流感知精度：大于或等于 95%；
- 目标感知精度（可选）：小于或等于 1.5 m；
- 定位精度（可选）：小于或等于 1.5 m（车路协同目标决策）/0.5 m（车路协同过程决策）。

2.3.2.8 特殊车辆优先通行

1. 应用描述

特殊车辆优先通行是指系统根据特殊车辆的到达情况，计算出合适的信号相位，为其提供优先通行便利，并提供交叉口距离信息、交叉口信号信息和建议车速等（见图 2-51）。

图 2-51 特殊车辆优先通行功能示意图

2. 场景原理

（1）雷达、摄像头、RSU 等路侧设备采集路口当前车辆信息、车流量等数据，将信息上传至边缘计算设备。车载通信与交互设备（如 OBU、T-BOX）采集车辆终端的出行需求，将信息通过路侧通信设备上传至边缘计算设备。

（2）边缘计算设备将数据上传至云平台/边缘节点（如需），边缘计算设备通过感知信息研判交通状态，通过路侧通信设备获取优先请求，结合云平台给定的优先权限，动态更新信号方案，给出优先结果，确定建议车速（车路协同目标决策）或轨迹参考点（车路协同过程决策）等决策参考信息。

（3）边缘计算设备将控制策略信息下发至相关路侧通信设备（如 RSU）、信号机，完成特殊车辆优先通行信控优化。

（4）路侧通信设备将信息通过车载通信与交互设备（如 OBU、T-BOX）转发至车辆控制器及驾驶员，完成对单车的个性化信控优化信息提示。信息交互流程见图 2-52。

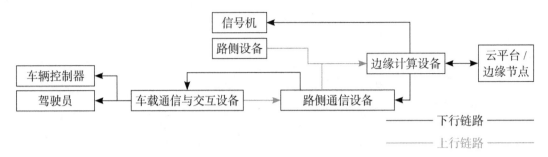

图 2-52 特殊车辆优先通行信息交互流程

3. 环节分工

本应用涉及云边（如有，非必需）、边端协同，涉及云平台（如有，非必需）、边缘计算设备、车辆控制器三项决策主体，三者分工如下：

（1）云平台（如有，非必需）：根据第三方平台提供的信息确定车辆类型对应的优先级，综合考虑各边缘计算设备上报的交通状态信息，为各边缘计算设备制定不同优先级对应的信号优先权限。

（2）边缘计算设备：通过感知信息研判交通状态，通过路侧通信设备获取优先请求，结合云平台给定的优先权限，动态更新信号方案，给出优先结果，确定建议车速（车路协同目标决策）或轨迹参考点（车路协同过程决策）等决策参考信息。

（3）车辆控制器：输入边缘计算设备给定的协同决策信息，结合自身感知能力进行终端决策并执行动作。

4. 技术指标要求

- 主车车速范围：0~120 km/h；
- 通信距离：大于或等于 200 m；
- 数据更新频率：1 Hz（信号控制信息）/10 Hz（个性化协同决策信息）；
- 系统延迟：小于或等于 200 ms（道路管控智能决策）/100 ms（车路协同目标决策及以上）；
- 交通流感知精度：大于或等于 95%；
- 定位精度：小于或等于 1.5 m（车路协同目标决策）/0.5 m（车路协同过程决策）。

2.3.2.9 动态车道功能管控

1. 应用描述

动态车道功能管控基于实时交通状况实现了对路段车道行驶方向的动态管理、对交叉口进口道的动态管理以及对于车道方向的综合管控（见图 2-53）。

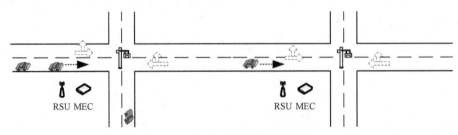

图 2-53 动态车道功能管控示意图

2. 场景原理

（1）雷达、摄像头、RSU 等路侧设备采集路段当前车流量数据，将信息上传至边缘计算设备。车载通信与交互设备（如 OBU、T-BOX）采集车辆终端的出行需求，将信息通过路侧通信设备上传至边缘计算设备。

（2）边缘计算设备结合云平台给定的管控权限，动态更新车道功能方案，通过道钉、可变情报板指明车道功能，通过路侧通信设备广播相关信息。

（3）路侧通信设备将信息通过车载通信与交互设备（如 OBU、T-BOX）转发至车辆控制器及驾驶员，完成对单车的个性化动态车道管控信息提示。信息交互流程见图 2-54。

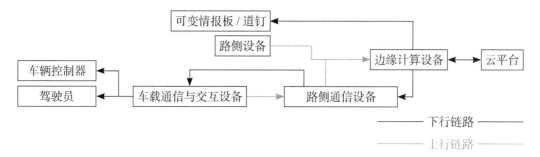

图 2-54 动态车道功能管控信息交互流程

3. 环节分工

本应用涉及云边协同，涉及云平台（如有，非必需）、边缘计算设备两项决策主体，二者分工如下：

（1）云平台（如有，非必需）：根据各边缘计算设备上报的交通状态以及现实道路物理情况与交通管理要求，为各边缘计算设备制定动态车道管控权限。

（2）边缘计算设备：通过感知信息研判交通状态，结合云平台给定的管控权限，动态更新车道功能方案，通过道钉、可变情报板指明车道功能，通过路侧通信设备广播相关信息。

4. 技术指标要求

- 主车车速范围：0 ~ 70 km/h；
- 交通流数据周期：30 s；
- 交通流感知精度：大于或等于 95%；
- 目标感知精度（可选）：小于或等于 1.5 m；
- 通信距离（可选）：大于或等于 200 m；
- 数据更新频率：大于或等于 2 Hz；
- 系统延迟：小于或等于 100 ms；
- 定位精度（可选）：小于或等于 1.5 m。

2.3.2.10 路径诱导

1. 应用描述

路径诱导是指通过分析交通路网情况、流量状态及诱导需求，为网联车辆提供路径引导，促使车辆在最佳线路上行驶，节约出行时间（见图 2-55）。

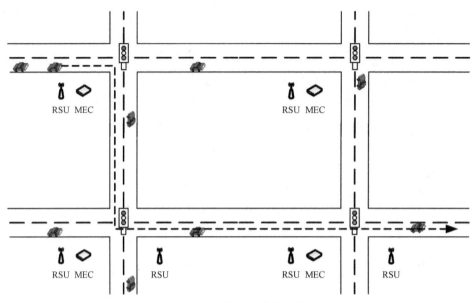

图 2-55　路径诱导功能示意图

2. 场景原理

（1）雷达、摄像头、RSU 等路侧设备采集路段当前车流量数据上传至边缘计算设备，车载通信与交互设备（如 OBU、T-BOX）采集车辆终端的出行需求，将信息通过路侧通信设备上传至边缘计算设备。

（2）云平台根据各边缘计算设备上报的交通状态动态梳理及预测网络交通状态，根据车辆终端上报的出行需求，统筹考虑系统需求与个体需求，动态寻求最优路径，将其下发至车载通信与交互设备（如 OBU、T-BOX）。信息交互流程见图 2-56。

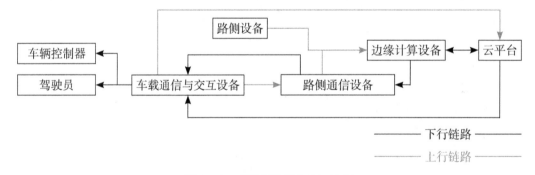

图 2-56　路径诱导信息交互流程

3. 环节分工

本应用涉及云端协同，涉及云平台、车辆控制器两项决策主体，二者分工如下：

（1）云平台：根据各边缘计算设备上报的交通状态动态梳理及预测网络交通状态，根据车辆终端上报的出行需求，统筹考虑系统需求与个体需求，动态寻求最优路径，将其下发至车载通信设备与交互设备。

（2）车辆控制器：输入平台给定的路径方案，进行动作规划。

4. 技术指标要求
- 主车车速范围：0～70 km/h；
- 交通流数据周期：30 s；
- 交通流感知精度：大于或等于95%；
- 目标感知精度（可选）：小于或等于1.5 m；
- 通信距离（可选）：大于或等于150 m；
- 数据更新频率：1 Hz；
- 系统延迟：小于或等于200 ms；
- 定位精度：小于或等于1.5 m。

2.3.2.11 绿波车速引导

1. 应用描述

绿波车速引导是指通过采集特定路段的信号、实时交通状况、网联车辆实时位置等信息，结合干线信号协调（绿波）方案给出该路段中车辆的建议行驶速度或行驶方案，使得按照引导车速行驶的车辆可以不停车地通过交叉口（见图2-57）。

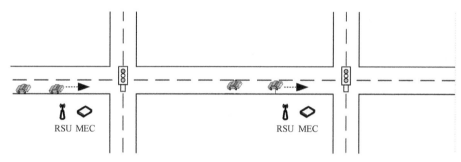

图2-57 绿波车速引导功能示意图

2. 场景原理

（1）雷达、摄像头、RSU等路侧设备采集路段当前车流量数据上传至边缘计算设备，车载通信与交互设备（如OBU、T-BOX）采集车辆终端的出行需求，将信息通过路侧通信设备上传至边缘计算设备。

（2）边缘计算设备通过感知信息研判交通状态，在安全前提下给出兼顾总体交通流影响且可引导车辆不停车通过交叉口的建议车速、轨迹参考点等个性化协同决策信息，将决策信息通过路侧通信设备下发至车载通信与交互设备（如OBU、T-BOX）。信息交互流程见图2-58。

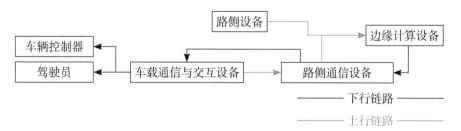

图2-58 绿波车速引导信息交互流程

3. 环节分工

本应用涉及边端协同，涉及边缘计算设备、车辆控制器两项决策主体，二者分工如下：

（1）边缘计算设备：通过感知信息研判交通状态，在安全前提下给出兼顾总体交通流影响且可引导车辆不停车通过交叉口的建议车速（车路协同目标决策）、轨迹参考点（车路协同过程决策）等个性化协同决策信息。

（2）车辆控制器：输入边缘计算设备给定的协同决策信息，结合自身感知能力进行终端决策并执行动作。

4. 技术指标要求

- 主车车速范围：0～70 km/h；
- 交通流数据周期：30 s；
- 交通流感知精度：大于或等于95%；
- 目标感知精度（可选）：小于或等于1.5 m；
- 通信距离：大于或等于150 m；
- 数据更新频率：1 Hz；
- 系统延迟：小于或等于200 ms；
- 定位精度：小于或等于1.5 m（车路协同目标决策）/0.5 m（车路协同过程决策）。

2.3.2.12　快速车道选择

1. 应用描述

快速车道选择是指在交叉口根据实时车道功能以及交通状态，结合网联车意图和请求，为每一辆网联车提供车道选择建议（见图2-59）。

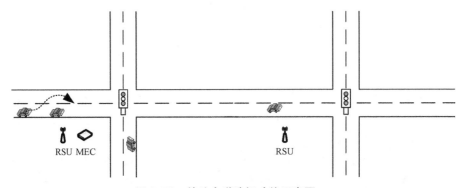

图2-59　快速车道选择功能示意图

2. 场景原理

（1）雷达、摄像头、RSU等路侧设备采集路段当前车流量数据上传至边缘计算设备，车载通信与交互设备（如OBU、T-BOX）采集车辆终端的出行需求，将信息通过路侧通信设备上传至边缘计算设备。

（2）边缘计算设备通过感知信息研判各进口道交通状态，在安全前提下制定兼顾总体交通流影响与个体车辆行驶方向的目标，给出优化后的建议选择车道、建议换道位置、轨迹参考点等不同等级的个性化协同决策信息，将决策信息通过路侧通信设备下发至车载通信与交互设备（如OBU、T-BOX）。信息交互流程见图2-60。

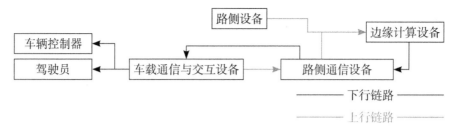

图 2-60　快速车道选择信息交互流程

3. 环节分工

本应用涉及边端协同，涉及边缘计算设备、车辆控制器两项决策主体，二者分工如下：

（1）边缘计算设备：通过感知信息研判各进口道交通状态，在安全前提下制定兼顾总体交通流影响与个体车辆行驶方向的目标，给出优化后的建议选择车道、建议换道位置（车路协同目标决策）、轨迹参考点（车路协同过程决策）等不同等级的个性化协同决策信息。

（2）车辆控制器：输入边缘计算设备给定的协同决策信息，结合自身感知能力进行终端决策并执行动作。

4. 技术指标要求

- 主车车速范围：0～70 km/h；
- 交通流数据周期：30 s；
- 交通流感知精度：大于或等于 95%；
- 目标感知精度（可选）：小于或等于 1.5 m；
- 通信距离：大于或等于 150 m；
- 数据更新频率：1 Hz；
- 系统延迟：小于或等于 200 ms；
- 定位精度：小于或等于 1.5 m（车路协同目标决策）/0.5 m（车路协同过程决策）。

2.3.2.13　路基协作式行驶

1. 应用描述

路基协作式行驶是指通过采集车辆位置数据、车辆速度数据等信息，根据实时道路环境，以轨迹点的方式，为具备自动驾驶功能的网联车辆提供前方 100 m 范围内的局域路径规划建议（见图 2-61）。

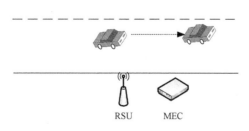

图 2-61　路基协作式行驶功能示意图

2. 场景原理

路基协作式行驶场景原理同快速车道选择场景原理。

3. 环节分工

本应用涉及边端协同，涉及边缘计算设备、车辆控制器两项决策主体，二者分工如下：

（1）边缘计算设备：通过感知信息获取各交通参与者实时动态信息并进行预判，在安全前提下制定兼顾总体交通流影响与个体车辆行驶的目标，给出优化后的轨迹参考点引导车辆行驶。

（2）车辆控制器：输入边缘计算设备给定的轨迹参考点信息，结合自身感知能力进行终端决策并执行动作。

4. 技术指标要求

- 主车车速范围：0~130 km/h；
- 通信距离：大于或等于 150 m；
- 数据更新频率：10 Hz；
- 系统延迟：小于或等于 100 ms；
- 定位精度：小于或等于 0.5 m。

2.3.2.14　路基协作式换道

1. 应用描述

路基协作式换道是指设备通过路侧感知设备采集车辆的轨迹信息，系统根据网联车意图，结合其他车辆轨迹预测结果，为网联车辆提供换道建议，实现混合交通流下的车辆换道协同（见图 2-62）。

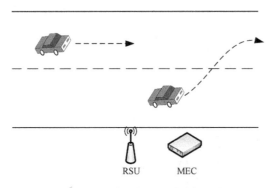

图 2-62　路基协作式换道功能示意图

2. 场景原理

（1）雷达、摄像头、RSU 等路侧设备采集路段当前车流量数据及车辆轨迹信息上传至边缘计算设备，车载通信与交互设备（如 OBU、T-BOX）采集车辆终端的出行需求，将信息通过路侧通信设备上传至边缘计算设备。

（2）边缘计算设备通过感知信息获取各交通参与者实时动态信息并进行预判，在安全前提下制定兼顾总体交通流影响与个体车辆行驶的目标，对不同智能车辆给出优化后的建议车速、建议选择车道、建议换道位置、轨迹参考点等不同等级的协同决策信息，将决策信息通过路侧通信设备下发至车载通信与交互设备（如 OBU、T-BOX）。信息交互流程同图 2-60。

3. 环节分工

本应用涉及边端协同，涉及边缘计算设备、车辆控制器两项决策主体，二者分工如下：

（1）边缘计算设备：通过感知信息获取各交通参与者实时动态信息并进行预判，在安全前提下制定兼顾总体交通流影响与个体车辆行驶的目标，对不同智能车辆给出优化后的建议车速、建议选择车道、建议换道位置（车路协同目标决策）、轨迹参考点（车路协同过程决策）等不同等级的协同决策信息。

（2）车辆控制器：输入边缘计算设备给定的协同决策信息，结合自身感知能力进行终端决策并执行动作。

4. 技术指标要求

- 车速范围：0 ~ 120 km/h；
- 交通流数据周期：30 s；
- 交通流感知精度：大于或等于 95%；
- 目标感知精度（可选）：小于或等于 0.5 m；
- 通信距离（可选）：大于或等于 200 m；
- 数据更新频率：大于或等于 10 Hz；
- 系统延迟：小于或等于 50 ms；
- 定位精度（可选）：小于或等于 1.5 m（车路协同目标决策）/0.5 m（车路协同过程决策）。

2.3.2.15　路基协作式汇入

1. 应用描述

路基协作式汇入是指通过路侧感知设备采集匝道与主路车辆信息，系统根据网联车意图，结合其他车辆轨迹预测结果，为网联车辆提供换道建议和车速建议，实现车路协同车辆汇入（见图 2-63）。

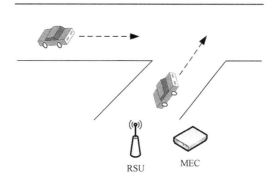

图 2-63　路基协作式汇入功能示意图

2. 场景原理

（1）雷达、摄像头、RSU 等路侧设备采集主路、匝道当前车流量数据及车辆轨迹信息上传至边缘计算设备，车载通信与交互设备（如 OBU、T-BOX）采集车辆终端的出行需求，将信息通过路侧通信设备上传至边缘计算设备。

（2）边缘计算设备通过感知信息获取主路、匝道各交通参与者实时动态信息并进行预判，在安全前提下制定兼顾总体交通流影响与个体车辆行驶的目标，对不同智能车辆给出优化后的建议车速、建议选择车道、建议换道位置、轨迹参考点等不同等级的协同决策信息，将决策信息通过路侧通信设备下发至车载通信与交互设备（如OBU、T-BOX）。信息交互流程同图2-60。

3. 环节分工

本应用涉及边端协同，涉及边缘计算设备、车辆控制器两项决策主体，二者分工如下：

（1）边缘计算设备：通过感知信息获取主路、匝道各交通参与者实时动态信息并进行预判，在安全前提下制定兼顾总体交通流影响与个体车辆行驶的目标，对不同智能车辆给出优化后的建议车速、建议选择车道、建议换道位置（车路协同目标决策）、轨迹参考点（车路协同过程决策）等不同等级的协同决策信息。

（2）车辆控制器：输入边缘计算设备给定的协同决策信息，结合自身感知能力进行终端决策并执行动作。

4. 技术指标要求

- 主车车速范围：0~120 km/h；
- 交通流数据周期：30 s；
- 交通流感知精度：大于或等于95%；
- 目标感知精度（可选）：小于或等于0.5 m；
- 通信距离：大于或等于300 m；
- 数据更新频率：10 Hz；
- 系统延迟：小于或等于50 ms；
- 定位精度：小于或等于1.5 m（车路协同目标决策）/0.5 m（车路协同过程决策）。

2.3.2.16 路基协作式交叉口通行

1. 应用描述

路基协作式交叉口通行是指通过路侧感知设备采集交叉口车辆实时信息，系统根据自动驾驶车意图，结合其他车辆轨迹预测结果，为自动驾驶车辆提供建议轨迹点，实现无信号控制交叉口处车辆安全、高效通行（见图2-64）。

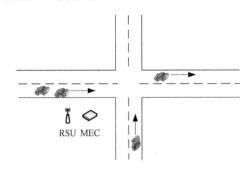

图2-64 路基协作式交叉口通行功能示意图

2. 场景原理

（1）雷达、摄像头、RSU等路侧设备采集交叉口范围内当前车流量数据及车辆轨迹信息上传至边缘计算设备，车载通信与交互设备（如 OBU、T-BOX）采集车辆终端的出行需求，将信息通过路侧通信设备上传至边缘计算设备。

（2）边缘计算设备通过感知信息获取交叉口范围内各交通参与者实时动态信息并进行预判，在安全前提下制定兼顾总体交通流影响与个体车辆行驶的目标，对智能车辆给出优化后的建议通过时间、建议车速、建议选择车道、建议换道位置、轨迹参考点等不同等级的协同决策信息，将决策信息通过路侧通信设备下发至车载通信与交互设备（如 OBU、T-BOX）。信息交互流程同图 2-60。

3. 环节分工

本应用涉及边端协同，涉及边缘计算设备、车辆控制器两项决策主体，二者分工如下：

（1）边缘计算设备：通过感知信息获取交叉口范围内各交通参与者实时动态信息并进行预判，在安全前提下制定兼顾总体交通流影响与个体车辆行驶的目标，对智能车辆给出优化后的建议通过时间、建议车速、建议选择车道、建议换道位置（车路协同目标决策）、轨迹参考点（车路协同过程决策）等不同等级的协同决策信息。

（2）车辆控制器：输入边缘计算设备给定的协同决策信息，结合自身感知能力进行终端决策并执行动作。

4. 技术指标要求

- 主车车速范围：0 ~ 120 km/h；
- 交通流数据周期：30 s；
- 交通流感知精度：大于或等于 95%；
- 目标感知精度：小于或等于 0.5 m；
- 通信距离：大于或等于 200 m；
- 数据更新频率：10 Hz；
- 系统延迟：小于或等于 20 ms；
- 定位精度：小于或等于 1.5 m（车路协同目标决策）/0.5 m（车路协同过程决策）。

2.3.2.17 车辆编队控制诱导

1. 应用描述

车辆编队控制诱导是指根据前方交通状况，向正在运行的车辆编队发布换道、解散等编队控制诱导信息（图 2-65）。

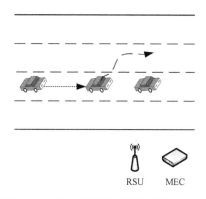

图 2-65 车辆编队控制诱导功能示意图

2. 场景原理

（1）雷达、摄像头、RSU 等路侧设备采集车队当前行驶情况、车队所处行车环境和车流量数据等信息上传至边缘计算设备，车载通信与交互设备（如 OBU、T-BOX）采集车队车辆终端的出行需求，将信息通过路侧通信设备上传至边缘计算设备。

（2）边缘计算设备通过感知信息获取微观交通状态以及事件信息，在安全前提下制定兼顾总体交通流影响与编队行驶的目标，对车辆编队给出建议选择车道、建议换道位置、建议车速、建议解散编队、建议重组编队等协同决策信息，将决策信息通过路侧通信设备下发至车载通信与交互设备（如 OBU、T-BOX）。信息交互流程同图 2-60。

3. 环节分工

本应用涉及边端协同，涉及边缘计算设备、车辆控制器两项决策主体，二者分工如下：

（1）边缘计算设备：通过感知信息获取微观交通状态以及事件信息，在安全前提下制定兼顾总体交通流影响与编队行驶目标，对车辆编队给出建议选择车道、建议换道位置、建议车速、建议解散编队、建议重组编队等协同决策信息。

（2）车辆控制器：输入边缘计算设备给定的协同决策信息，由编队头车或编队成员协同决策编队动作。

4. 技术指标要求

- 主车车速范围：0～120 km/h；
- 交通流数据周期：30 s；
- 交通流感知精度：大于或等于 95%；
- 目标感知精度（可选）：小于或等于 1 m；
- 通信距离：大于或等于 400 m；
- 数据更新频率：10 Hz；
- 系统延迟：小于或等于 50 ms；
- 定位精度：小于或等于 1 m。

2.4 通信网络

车路协同技术包括车辆智能、道路智能和网络智能三个方面。这三种元素必须在一个具有高可用性的泛在连接的情景网络中得到实现。所谓的"泛在"，就是在大范围的应用场景中，我们需要时刻满足真实与物理的交互，从而实现全场景的车路协同。所谓的"高可用性"，关键是要确保这个连接足够可靠，符合实际需求。场景化意味着在车路协同的全过程中，将会面对真实世界与物理世界对不同应用的访问，以及对不同目标的时延与抖动需求有不同要求的网络保障。因此，车路协同网络应当是一个由各种通信方式组成的、全天候的、能够满足车辆与外界环境间实时交互要求的、具有较高可靠性的车路协同网络。从目前国际上的研究趋势来看，未来的车路协同网络将会是一个基于 5G 蜂窝网络，以 V2X 网络为有效手段，并与其他通信手段相融合的智能化网络。

路—路通信是指路侧设备与站端设备间的通信，其通信方式包括光纤、NB-IOT、

ZigBee 等通信技术。

车—车通信、车—路通信主要用于车载设备和路侧设备之间的通信，使用了 RFID、DSRC、C-V2X 等通信技术。

路—中心通信使用了光纤、OTN、SD-WAN 等通信技术。其中，OTN 的作用是在联网收费过程中，实现从联网收费中心到各个路段中心之间的通信。SD-WAN 是在云管边端通信过程中，被用在一些对安全性有很高要求的业务上，比如移动支付、ETC 门架数据传输等。

车—中心通信采用 4G/5G 和 C-V2X 等通信技术。

因此，车路协同网络是一张融合了多种网络通信技术的传输网，本书将在第 3 章对车路协同网络的体系架构、技术架构和具体通信技术进行介绍，并对车路协同网络融合通信的跨接入网互联互通进行介绍。

2.5 边缘节点

2.5.1 边缘节点与边缘计算单元

本书在上文中介绍的边缘计算单元用于就近提供边缘计算服务，执行实时的数据处理和计算任务，通常作为单台物理设备被部署于路侧边缘网络中。而边缘节点同样是指位于边缘网络中的计算节点，从逻辑架构上看处于多个边缘计算单元和中心云控平台之间，更核心的作用是充当数据传输和处理的中转站。边缘节点和边缘计算单元在车路协同网络中所处的位置见图 2-66。

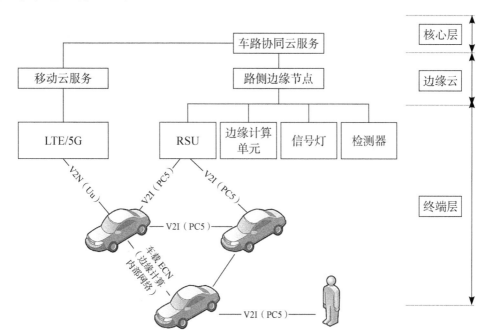

图 2-66　边缘节点和边缘计算单元位置示意

虽然路侧设备中已经存在边缘计算单元用于数据处理和策略下发，但是在车路协同场景中，边缘节点仍然具有其存在的必要性。

（1）数据收集：边缘节点可以收集来自各种传感器和边缘计算单元的数据，并将其传输到云端或其他边缘计算单元进行处理。

（2）数据聚合：边缘节点可以将收集到的数据聚合起来，并将其传输到云端或其他边缘计算设备进行进一步的处理。

（3）网络拓扑：边缘节点可以作为车路协同网络的节点，通过构建网络拓扑结构，实现车辆之间的通信和协同。

（4）路由优化：边缘节点可以通过优化路由路径来提高数据传输的效率，降低数据传输的延迟和丢失率。

2.5.2　边缘节点与中心云控平台

与边缘计算单元不同，边缘节点具备云计算虚拟化、动态可扩展、按需部署、灵活性高、可靠性高的特点。但是边缘节点又区别于中心云，主要体现在以下几个方面：

（1）定位不同：边缘节点的数据采集、计算和存储对象具有一定的区域性，而车路协同中心云则是位于云端的计算资源中心，可以提供更强大的计算和存储能力，用于处理和分析大规模的数据。

（2）功能不同：边缘节点既有边缘计算的能力，比如负责采集、处理和传输区域现场数据，例如车辆传感器数据、视频数据等，又具备区域数据的处理、分析能力，并将数据发送给车路协同中心云进行进一步处理。而车路协同中心云则负责处理和分析车辆和道路的数据，例如交通拥堵状况、交通事故等数据，并通过车辆和驾驶员的实时反馈来提高道路安全性和交通效率。

（3）网络拓扑不同：边缘节点通常分布在区域数据中心内，可以与多个区域数据中心形成分布式的边缘计算网络。而车路协同中心云则是基于云计算技术的中心化计算资源，通常被部署在数据中心或云服务器上。

（4）能力不同：边缘节点通常具有较弱的计算和存储能力，但能够快速响应和处理实时数据。而车路协同中心云则具有更强的计算和存储能力，能够进行更复杂的数据处理和分析任务。

边缘节点与云控平台在架构、接口、管理等关键能力上实现统一，并整合路侧设备，将云计算的能力延伸到边缘。

边缘节点与中心云控平台的关系包括：

- 边缘节点主要负责本区域路段内的、实时性强的数据处理任务；
- 中心云控平台主要负责全量交通数据、非实时的数据处理。

中心云控平台可通过统一管控模块与多个边缘节点实现协同工作，具体包括：

（1）统一调度：边缘节点可以被部署在分布式 IDC、多接入 MEC 节点、一体机、边缘网关等边缘基础设施之上，并对不同架构、不同能力的资源进行统一管理。中心云控平台可根据需求，对边缘节点的存储、计算、网络等基础设施资源进行统一的调度，依据边缘业务的要求选择最适当的资源为其服务。边缘节点可根据业务需要，向中心云控平台提出资源限制变更的申请。

（2）统一编排管理：实现统一的资源编排和业务编排。能够对各个边缘节点应用的生命周期进行统一管理，包括服务启停、健康状态监测、网络状况监测等，并能够在故障或者其他需要的情况下实现边缘节点内部以及边缘节点之间的应用实例迁移。

（3）统一部署：中心云和边缘节点协调部署各类服务并进行统一的管理。支持远程部署各类边缘节点的服务。

（4）统一运维：边缘节点能够进行远程的运维管理，相关操作可以在中心云进行。

（5）保障边缘节点安全：可将中心云的安全能力下沉到边缘节点，保障边缘节点基础设施安全、边缘节点安全以及运行在边缘节点上的应用安全、数据安全等。

边缘节点基础设施与传统的云数据中心或者自建机房不同，边缘节点架构下存在大量能力不同的异构节点，支持的种类包括但不限于：

（1）分布式 IDC 节点：边缘节点数量多、规模小、位置分散，通常用于接入一定路段区域内的边缘计算单元上传的数据，拥有数台或者更多边缘服务器，能远程对物理资源进行运维和管理。

（2）MEC 节点：由运营商提供的处于网络边缘的 MEC 节点，在提供自身电信网元各项服务以外，还能够提供计算、存储、网络等服务。

（3）超融合／一体机节点：该类节点的单点计算能力有限，且网络状况、存储形式随部署位置变化而变化。

（4）边缘网关等设备节点：该节点物理架构和算力与通用服务器有较大差距，能力相对较弱。

（5）多种计算加速设备，如 GPU、FPGA、AI 专用芯片等专有硬件节点，该类节点能够为部分特定类型的边缘云服务提供更加合适的服务。

（6）多种网络接入方式。

2.5.3　边缘节点核心能力

从边缘节点的核心能力和逻辑架构位置来看，边缘节点实际上承担着车路协同架构中边缘云的角色，它具备边缘云所具备的特性，并应该遵从边缘云技术标准。

车路协同的边缘节点是以云技术为核心，以边缘计算能力为支撑，在边缘架构上的微型云计算平台。集计算、网络、存储、安全于一体的弹性车路协同云平台与中心云控平台及路侧设备形成"云—边—端三体协同"的端到端的技术体系，将网络传输、存储、计算、智能数据分析等业务转移到边缘，以降低响应延迟，减轻中心云控平台的负担，降低带宽成本，实现全网调度、算力分发等云计算服务。

边缘节点在车路协同应用中的诸多优势具体体现在：

（1）降低时延：因边缘节点就近提供计算和网络覆盖服务，用户可以更快地获取所需的车流量统计分析结果等。

（2）自行恢复：当网络出现异常问题甚至网络中断时，边缘节点可以实现本区域自治和自恢复。

（3）节约带宽：车端／路侧设备端从边缘节点调取所需的计算结果或存储文件，仅需少数网络跳转,节省了从遥远的中心云控平台获取资源的带宽。

(4)自由调度:业务逻辑可以由中心云控平台动态分发,具体在哪个边缘节点执行是可以调度的。

(5)安全可靠:通过部署特定的数据访问策略,路段运营管理者可以为用户端提供更加安全或合规的数据存储方案,以及与传统云计算一体化的安全防护。

边缘节点的能力以及与终端和中心云控平台的关系架构见图2-67。

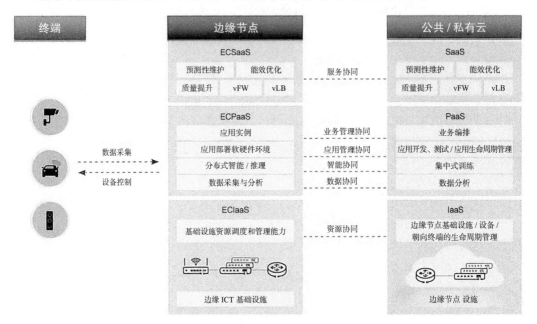

图2-67　边缘节点与终端及中心云控平台关系架构

车路协同边缘节点基于异构的边缘云基础设施提供丰富的基础设施服务(IaaS),包括但不限于:

(1)提供统一抽象的资源库存管理以及基础设施服务(IaaS),包括计算、存储、网络等服务,各类资源可以统一调度。

(2)支持进行统一的远程自动化部署,比如可以通过省交通运输厅统一下发应用,在多个边缘节点上完成远程自动化部署。

(3)支持远程运维管理,同时应支持一定的自主运维,包括但不限于监控、告警、日志记录等。

(4)具备高可用能力,在故障时具备自动恢复能力。

(5)提供轻量化、虚拟化的技术,如虚拟化、容器等,可采用简化管理模块部署、裁剪操作系统等方式降低边缘节点的资源损耗。

(6)支持容器化部署及构建容器资源池。

(7)支持构建裸金属资源池。

基于边缘云的基础设施服务,边缘节点能够提供平台服务,其不仅是传统云计算中平台服务在边缘侧的下沉,更需要对各类平台服务根据边缘云的特点进行精简和优化。同时,各种平台服务需要与中心云的各项平台服务进行统一部署,协同工作,能够支持边缘云节点的资源和业务的集中编排，并且可以与中心云的资源和业务进行混合编排。当前，智能交通系统的开发架构越来越强调容器化、微服务化、云边协同化，因此边缘节点应该提供以下平台服务：

（1）支持容器服务，支持边缘容器服务和编排等。

（2）支持协同服务，包括边缘云与中心云的协同部署以及业务和资源的混合编排等。

（3）支持微服务，支持微服务架构应用。

（4）支持服务网格，支持各类云应用的规模化。

（5）支持人工智能，支持基于云端训练、边缘推理的协同模式，支持视频分析、文字识别、图像识别、语音识别等多种边缘 AI。

（6）支持敏捷交付，支持各类云应用及各类平台服务的工程化交付，包括持续集成、自动发布、编排流水线等开发运维一体化。

（7）支持函数计算，支持边缘侧函数的生命周期管理。

（8）支持大数据服务。

（9）支持数据库服务。

（10）支持视频解码。

（11）支持视频渲染。

（12）支持分布式消息服务。

对于交通场景，边缘节点提供针对边缘场景的应用服务，包括：

（1）支持应用程序管理：

① 支持应用服务统一管理和部署。

② 支持应用服务的远程升级。

③ 支持远程全生命周期管理。

（2）支持边缘侧函数、容器等应用的生命周期管理，并支持云侧对应用进行管理和升级。

（3）支持应用在不同的边缘云之间进行切换/迁移以保持业务连续性。

（4）支持按需提供交通相关的各类通用型应用，比如车牌识别应用、内容分发应用、AR/VR 应用、人脸识别应用等。

（5）支持按需提供特定行业应用，比如智慧城市应用、车联网应用、智能制造应用等。

边缘云统一管控模块对各个边缘云实现统一的管控，包括：

（1）统一资源调度：为边缘服务分配适当的边缘云计算资源。

（2）边缘云统一部署及管理：

① 镜像管理和分发：为边缘云应用提供适当的镜像管理服务。

② 应用实例管理：根据业务需要提供可定义、可调度的计算分发及实例管理服务，包括应用实例的升级、迁移、关停、重启和释放等，并通过 API 对外提供上述服务。

（3）统一资源编排：边缘云节点的资源和业务统一编排，可以与中心云的资源和业务进行混合编排。

（4）统一运维管理：对各边缘云进行远程运维管理。

（5）边缘云节点自治：如当边缘云节点被网络隔离或与中心云的连接中断时，边缘云上进行中的实例和应用能够继续工作,节点重启也可恢复服务,从中心云同步到边缘节点具有统一的计算和运行框架。

(6)通过中心云进行自动化远程管理,支持通过中心云对边缘云远程自动化操作,支持从网络故障中恢复。

资源调度模块负责依据服务需求信息,调度各边缘云节点资源,包括:

(1)具备边缘云的资源调度能力:根据服务需求信息(如算力、网络、存储需求等)和各边缘云节点资源情况(如节点地理位置、网络状况、资源情况、计算能力等)等确定适合的边缘云节点,并将调度信息传至被调度的目标边缘云节点。

(2)根据资源调度信息,分配或预留相应的资源,包括但不限于存储资源、计算资源、网络资源等。

(3)根据业务情况,向中心云汇报与申请预留资源的变更,包括但不限于存储资源、计算资源、网络资源等。

(4)具备边缘云节点的资源释放能力,包括:

① 在边缘云计算服务结束后,或者根据资源释放申请,将资源释放通知发送给边缘云节点。

② 边缘云节点接收资源释放通知,对边缘云节点中相应资源设备进行资源释放。

③ 边缘云的库存/容量管理,如根据异构节点资源的库存量和能力对资源库存进行管理。

资源编排模块帮助业务用户简化边缘云计算资源管理和自动化运维。资源编排是指利用资源栈这一逻辑集合,对一套边缘云资源进行创建、删除、克隆等操作,对其进行统一管理(一个资源栈就是一套边缘云资源)。同时,资源编排还能实现克隆开发、测试、联机等,并且还能使整个应用程序的迁移、扩展更加方便。资源编排功能需要:

(1)具备模板管理能力:创建描述业务所需的所有边缘云资源(如虚拟化实例、数据库实例等)的模板,模板中需定义所需的边缘云计算资源、资源间的依赖关系、资源配置等。

(2)具备创建和配置模板的能力:根据模板创建和配置边缘云资源,通过编排引擎自动完成所有资源的创建和配置,以达到自动化部署和运维的目的。

(3)感知各个边缘节点的计算、存储、硬件加速设备、网络、平台服务等情况。

(4)提供遵循资源编排定义的模板规范,以编写资源栈模板。

(5)具备扩展能力以实现对边缘云各类场景和业务的额外支持。

(6)具备拓扑管理能力:提供统一的网络拓扑结构和状态信息,能够在拓扑图上直观地表现整个网络的拓扑结构、网元生命周期状态及相应的虚拟资源状态、各类服务调用状态等。

边缘节点具备构建边缘云使用的镜像管理能力,并将应用镜像分发到匹配的边缘节点,各类镜像能够实现统一部署和分发。上述镜像包括虚拟机和容器服务的实例所对应的镜像,以及边缘云各类应用程序对应所需的库文件等。具体能力要求包括:

(1)具备镜像库管理能力。

① 支持由中心云提供基础/公共镜像管理服务。

② 支持自定义镜像管理，支持存储边缘云计算服务需求方上传的镜像，中心云能够对边缘云计算服务需求方提交的镜像进行合法性校验。

③ 支持镜像的生命周期管理，包括新建、升级、删除等。

④ 支持镜像的查询、搜索。

⑤ 支持镜像的使用权限控制。

⑥ 支持边缘云节点之间的镜像共享。

（2）具备镜像分发管理能力。

① 支持中心云从镜像库中获取边缘云计算服务所需的镜像，并将镜像提供给对应的边缘云节点。

② 支持边缘云接收中心云提供的镜像，并按照要求存储、安装镜像。

③ 支持镜像分发异常管理，对镜像分发可能面临的安全威胁、传输速度突降、网络错误等各类异常具备容错能力。

④ 支持对镜像分发过程中的各种中间状态进行处置，并对镜像生命周期进行完整管理。

（3）支持构建和部署边缘节点系统和业务的模板。

（4）具备上传镜像文件的能力。

边缘节点能够根据业务需要进行可定义、可调度的实例管控，实现实例生命周期管理，包括实例的升级、迁移、关停、重启和释放等。

（1）具备实例升级的能力，对实例进行升级可以分别由中心云和服务需求方发起。

① 由中心云发起：中心云监控各实例对应镜像的版本信息，可根据需要对与该新版本的镜像对应的实例进行升级。

② 由服务需求方发起：根据业务需求需要对实例进行升级时，边缘云服务需求方可以向中心云发送升级要求。

（2）具备实例迁移能力，即实例在边缘云节点内部迁移、边缘云节点之间迁移。

① 支持在满足特定条件下（如整个边缘云故障或不可用、业务需要等情况下）触发事件，将该边缘云节点中的实例迁移到其他边缘云节点中。

② 支持在满足特定条件下（如在承载某个实例的物理设备出现故障或宕机等情况下）触发事件，将该物理设备上的实例迁移到当前边缘云节点中其他物理设备上。

（3）具备实例关停能力：支持对边缘云中的相关实例进行关停操作，但相关数据予以保留。

（4）具备实例重启能力：支持对关停的实例进行重启操作。

（5）具备实例释放能力：支持对边缘云相关实例进行释放，同时相关数据也会予以删除。

边缘节点能够实现的远程运维和管理，包括对边缘节点的基础设施（交换机、物理机等）的管控和运维、虚拟化监控、应用实例（或算力）的生命周期管理、监控报警、日志收集和上报等，以及实现中心到边缘节点的集中管控通道的安全性、高可用性等。

（1）运维能力

① 边缘运维单元：用于对当前边缘节点中的实例的状态、资源用量、基础设施状

态等进行监控,并将监控信息上报给所述统一管控设备。其中,实例的状态包括实例的运行状态、CPU、内存等资源使用情况,存储 IO、网络 IO 等指标情况;基础设施的状态包括边缘节点内部的基础网络、网络设备、物理机等的状态和使用情况。

② 统一运维单元:部署于中心云控平台,用于接收各个边缘节点运维单元上报的监控信息,根据监控信息对各个边缘节点进行远程运维及日志管理。

(2) 网络质量监控

边缘节点的管控基于运营商基础网络和互联网,需要对全网链路的质量进行监控,包括集中管控通道的中心到边缘间的网络链路的质量监控以及边缘节点之间的链路质量监控。

(3) 支持边缘节点故障上报

2.5.4 边缘节点应用场景

边缘节点在车联网中发挥着重要作用,目前我们看到各地关于 C-V2X 的新基建建设项目,重点内容就是 C-V2X 应用和 MEC 服务的建设和部署。部分研究者将边缘节点分为融合型边缘节点和管控型边缘节点,就其功能描述来看,融合型边缘节点的核心能力是对感知设备采集的实时数据进行融合应用,也就是本书所描述的路侧设备中的边缘计算单元;管控型边缘节点根据感知设备和 V2X 通信设备上传的实时交通状况制定交通管控策略,通过路侧管控设备和 V2X 通信实现交通流管控和智能车辆个体级管控,可见管控型边缘节点的核心能力是数据汇聚、转发及策略制定、下发等,也就是本书所描述的具备边缘云计算特性的边缘节点。管控型边缘节点技术架构见图 2-68。

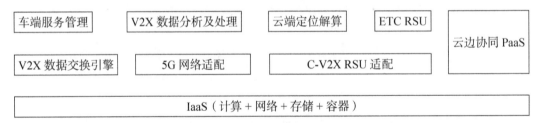

图 2-68 管控型边缘节点技术架构

因此,边缘节点的应用场景更偏向于管控端,在 C-V2X 的不同应用环境下,边缘节点在延迟、带宽、计算容量等多个维度上应采取不同的控制策略。比如,在 3GPP 对 eV2X(增强型 V2X)的环境下(TR38.913),在对时延要求最为苛刻的无人驾驶、传感器共享等情景中,至少需要 3 ms 的时间;在对网络带宽要求最高的情况下,网络带宽需要达到 1Gbps。因此全球交通状况分析场景对服务平台(如视频、雷达等)的快速精确分析与处理能力也提出了新的需求。该技术不仅可以提高 C-V2X 的端对端通信能力,还可以为 C-V2X 的实际应用提供辅助计算和数据存储等技术支撑。边缘节点具备网络信息开放性、低时延高性能、本地业务等特点。诸多的 C-V2X 场景可能需要其中某一个或数个方面的能力,同样的 C-V2X 场景也可以用不同的通信技术与边缘节点结合在一起实现。

（1）网络信息开放性：当网络管理许可的时候，边缘节点可以携带网络信息开放性的功能，并通过标准的接口对边缘网络中的无线网络信息、位置信息、用户信息、实时信息等进行开放。比如，在 C-V2X 中，需要高精度的定位，而边界节点的开放位置信息，可以帮助车载终端进行快速定位，从而有效地提升定位的效率与精度。此外，还可以通过边缘节点开放的无线网络信息来优化 TCP 传输的控制方法，从而有效避免在高清视频等多媒体数据传输时出现的网络拥塞。

（2）低时延高性能：在距离用户终端较近的网络边缘，可以极大地减少 C-V2X 通信的传输时延，提供强大的计算和存储服务，并改善用户的体验。比如，面向交通安全的 C-V2X 服务具有较高的传输延迟，与中心云相比，将其部署于边缘节点能够大大缩短服务响应时间。此外，边缘节点还可为汽车、路边、行人等多个终端提供在线辅助运算，从而达到快速进行任务处理和反馈的目的。

（3）本地业务：由于边缘节点具有区域本地特性，因此在减轻回流网负荷的同时，能够实现区域化和个性化的本地业务；通过对本地资源与网络其他部分隔离，实现了对隐私数据的保护和对敏感信息的控制。比如，在智能十字路口，边缘节点能够对来自路边和车内多个传感器的数据进行融合和处理，能够对海量数据进行实时、准确、可靠的本地计算和分析。

边缘节点在 C-V2X 中最常见的应用包括本地信息分发、动态高精度地图、车载信息增强、车辆在线诊断等（见图 2-69）。

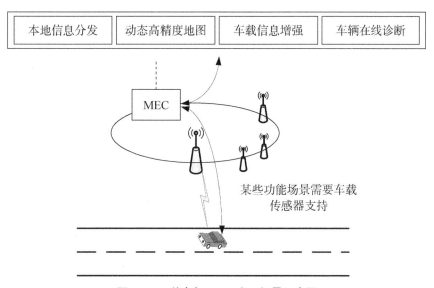

图 2-69　单车与 MEC 交互场景示意图

1. 本地信息分发

作为内容分发的边缘节点，可以完成网络中的信息发布和流量卸载。它可以为汽车提供包括音像在内的多种娱乐信息服务，也可以为当地的商旅和餐饮提供信息服务，并进行软件 / 固件的升级。

在这类场景下，可以根据用户数量、业务流量等因素，灵活地选择部署地点与资源,并将其置于 RSU 或基站的汇聚节点之后,以覆盖更大范围的业务。车辆不需要安装智能传感器之类的设备,网络部署了边缘节点和相关的功能服务之后,拥有相应的通信模块的车辆就可以直接使用这些服务。

2. 动态高精度地图

边缘节点能够存储高精度地图数据,降低网络延迟,减轻网络传输带宽压力。在实际应用中,汽车将自己的确切位置和目标的地理区域信息发送到边缘节点,而在边缘节点上的地图服务则会抽取出对应区域的高精度地图信息,并将其发送到汽车上。车载传感器在发现真实路况与高精度地图有差异时,可以将感知到的数据上传到边缘节点,并通过边缘节点的地图服务将其返回中心云控平台。

在这样的场景下,边缘节点不仅可以存储高精度地图,还可以进行动态地图更新,与中心云进行交互。网络中部署了边缘节点和相关的功能服务后,车载设备就可以使用这些应用服务,车载设备具有智能传感器后,就可以上传自己的感知信息来更新地图。

3. 车载信息增强

边缘节点提供车载信息增强功能,汽车可以将车内感知到的视频/雷达等数据上传到边缘节点,然后利用这些数据,通过视频分析、感知融合、AR 合成等技术,对汽车内的信息进行整合,最后发送到汽车内进行直观感受。

在这样的场景下,边缘节点不仅可以为视频分析、感知融合、AR 合成等多种应用提供高效的计算资源,还可以为用户提供低延迟、大带宽的数据传输。在网络中部署好边缘节点及其相关的功能服务之后,车辆还需要安装智能传感器和显示装置,并使用相应的通信模块来完成数据的上传和下载。

4. 车辆在线诊断

边缘节点可以实现无人驾驶车辆的在线诊断。在无人驾驶状态下,将状态、决策等信息上传到 MEC,通过在线监测和分析,实现对实际状况的监测、评估和应急处置。同时,在此基础上,可以对采集到的样本和诊断数据定时进行汇总、压缩,之后将其返回中心云控平台。

在该方案中,边缘节点可以实现海量数据的计算、存储、传输等,以及其与中心云的交互。在部署好边缘节点和相关的功能服务之后,车辆需要通过通信模块将自身的感知、决策和控制信息传输到边缘节点。

2.6 中心云控平台

2.6.1 总体架构

根据《车路协同云控基础平台 第 1 部分:通用要求》(征求意见稿)对车路协同中心云控平台的定义可知,云控平台是为车路协同业务服务的一种基础平台系统,它具备实时信息融合与共享、实时计算编排、智能应用编排、大数据分析、信息安全等基础服务功能,为智能汽车、管理服务机构、最终用户提供辅助驾驶与自动驾驶、交通管理、智慧出行、公共安全管理等协同应用和数据服务基础支撑。可以看出，车路协同云控平台是系统中实现数据端到端流转的数据核心，是驱动各项具体功能业务的核心。云控平台架构分为基础设施能力层、基础平台能力层和基础应用能力层（见图 2-70）。

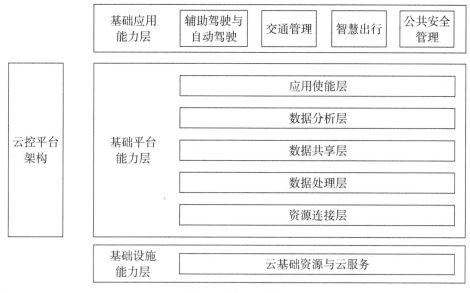

图 2-70　云控平台架构

基础设施能力层提供云基础资源及云资源管理、运行和云服务调用相关的框架支撑，包括云控平台及边缘节点的计算/存储/网络资源的监控管理、平台运维管理、云服务管理。

基础平台能力层为数据采集、处理和服务提供了通用的基本功能，具体包含了资源连接层、数据处理层、数据共享层、数据分析层、应用使能层。在基础平台能力层中，通过功能模块化设计，实现了对服务的封装，使各个功能模块能够互相调用。

基础应用能力层围绕产业链上下游协作，为用户提供可重复使用的微服务或行业服务，包括为辅助驾驶与自动驾驶提供必要的辅助支撑功能，为交通管理提供智能优化服务，为智慧出行提供路径规划、交通诱导、效能评估等服务，为公共安全管理提供预警、限速、事故事后控制等服务。

2.6.2　基础设施能力层

1. 虚拟化能力

在基础架构层面，提供云计算平台的虚拟化功能，实现计算、存储和网络等资源的可扩展性，并可依据业务负荷变化，实现资源的弹性扩展。要使物理机和虚拟机具有高可用性，就要求在单个物理和虚拟节点发生故障时能够保持服务的连续性。

通过对数据进行灾难恢复，并利用分布式存储技术，为整个平台上的数据提供周期性的、全容量的、增量的备份。

2. 资源管理能力

通过基础设施能力层实现对异构计算和存储资源的兼容性，通过资源池的方式对计算、存储和网络资源的状态进行实时监测，保证平台可以满足更高层次的车路协同业务对资源的需求，并对异常情况进行预警。

3. 服务管理能力

将基础设施能力层的数据库、负载平衡和对象存储等业务整合、集中化，实现服务的全生命周期的管理。在此基础架构中，可以整合各种不同的业务，使资源在横向上得到扩充，并能迅速提供所需的资源。

2.6.3 基础平台能力层

基础平台能力层采用功能模块化设计，并能够对服务进行封装，不同功能模块之间可相互调用，具有较强的弹性可扩展能力。包括资源连接层、数据处理层、数据共享层、数据分析层和应用使能层。

1. 资源连接层

本层负责与车辆、智能产品、边缘网关以及外部数据源进行对接，主要包括接入管理功能和数据采集功能。

资源连接层连接功能要求如下：

（1）用于接入检测器、边缘节点器件、第三方平台等数据源、离线数据。

（2）连接对象在接入平台时，符合平台接入的认证、鉴权要求，对非法接入进行拦截，连接对象功能限定，只能交互预定义的信息和内容，防止访问和篡改系统内部信息，应支持均衡连接，防止接入过载。

（3）实时监控网络链路状态（如链路通断状态、传输时延状态、路由状态等），监控设备应用状态。

（4）保障连接对象接入平台时的带宽、速率、时延、优先级等，保障接入数据的稳定性和系统可用性。

（5）具备连接对象状态监测、连接链路状态监测等信息，判断故障所属范围和故障具体节点等。

2. 数据处理层

该层主要提供对各类数据的初步清洗、存储服务，并将数据与主题相关联，使数据进入相应的主题数据库。数据处理层制定规则引擎，将采集到的各种不同格式的数据转换成统一的格式。对数据进行清洗，去除无用数据。进行初步数据处理后，应能将处理后的数据传送至数据共享层供进一步处理。

数据处理层的数据存储功能要求如下：

（1）支持关系型数据库、离线大数据处理、分析型数据库、对象存储（非结构化数据存储）、NoSQL 数据库、缓存数据库等。

（2）支持批量计算、流计算、实时计算、查询计算等。

（3）支持结构化和 / 或非结构化存储。

（4）支持集中式存储和 / 或分布式存储。

（5）支持有向无环图（Directed Acyclic Graph，DAG）模式的并行作业模式。

（6）支持标准 SQL 和 / 或 MapReduce 分布式计算框架。

（7）支持基于图计算编程框架。

（8）支持流计算产品无缝集成。

（9）支持高并发、低延时的数据处理。

（10）支持高速写入、读取。

（11）支持数据存储空间动态扩展。

（12）支持数据过滤，根据不同数据类型存入不同的数据库或数据表，同时对于一些干扰数据、错误数据进行过滤。

（13）支持数据字典，对于非规则数据的存储，例如用户二次打包的数据等，数据存储功能可以利用数据字典进行比对分析，获取真实数据进行存储。

（14）支持数据分级存储。

3. 数据共享层

该层主要提供物理数据、能力数据、用户数据等相关的主题数据库，供数据分析层调用。

通过数据共享层进行共享的数据分为以下两类：

（1）静态数据：包括基础地理信息、交通安全设施信息、服务设施信息和运营管理设施信息等。

（2）动态数据：包括交通运行状态信息、道路环境监测信息、车辆通行费信息、运营服务信息和其他共享信息等。

数据共享层提供了以业务共享主题数据为对象的数据仓库管理服务，以元数据、主数据、数据字典、编码数据为对象的基础数据管理、共享、调用服务，以工程协同数据为对象的工程协同数据管理、共享、调用服务。将不同的主题数据进行合并，构成一个集成的主题数据库。

4. 数据分析层

数据分析层主要提供数据报表、知识库、数据分析工具及可视化、数据开放功能，为各类决策提供数据支持。

数据分析层主要提供如下功能：

（1）数据检索功能。

（2）联机分析处理（Online Analytical Processing，OLAP）功能。

（3）建模分析功能。

（4）机器学习功能。

（5）数据可视化功能。

5. 应用使能层

应用使能层应该向应用开发者提供开发支撑环境接口、运行支撑环境接口、服务调用与编排接口、业务运行管理接口和多租户管理接口等支撑功能接口，用户可以通过接口调用相应的功能，比如软件开发工具包服务等。

2.6.4 基础应用能力层

基础应用能力层是在基础平台能力层上开发的面向交通管理者、运营者、出行者、企业、政府等用户提供多种应用服务及开放接口的平台。通过基础应用能力层，能够实现以下功能：

1. 辅助驾驶与自动驾驶

基础平台应向不同等级的自动驾驶车辆提供分级应用并保证服务向下兼容，同时应根据路侧设施的完备程度进行服务等级与功能体系的切换。具体要求包括：

（1）易于维护升级，满足自动驾驶车辆功能升级产生的新增需求。

（2）满足安全冗余要求，车端可以独立实现所要求的安全功能，基础平台提供必要的辅助支撑功能。考虑到极端情况云平台对车辆的干预，要求以安全导向为首要原则。

（3）具备向下兼容的特性，即适配于高等级自动驾驶车辆的系统仍可以为低等级车辆提供服务。

2. 交通管理

交通管理主要面向城市交通诱导显示屏、联网交通信号灯、智慧停车场等交通管理与控制设施，根据需求为相应的控制层提供清晰的接口，根据动态的交通信息实现交通管理与控制策略的动态优化。主要功能包括：

（1）多源交通信息批量处理。

（2）交通诱导信息实时更新。

（3）关键节点联网信号灯协同控制。

（4）路内外停车动态管理。

（5）潮汐车道启用时段决策。

交通管理应形成基础平台与交通管理和控制设施间的双向互通、效果评估、反馈学习的闭环模式。

3. 智慧出行

智慧出行应依托基础平台能力层，向驾乘人员提供出行前路径规划、出行中交通诱导、出行后效能评估功能，实现面向出行者和交通管理者的优化决策；应具备数据报表和报告生成功能，以向交通电台、数字布告板等媒介提供动态路况及出行诱导信息，向更多的交通参与者进行广播。

4. 公共安全管理

公共安全管理应具备预警、限速、事故事后控制、二次事故管理等功能，并留有与交通应急与管理部门信息化互通的接口。

为实现以上应用，基础应用能力层的基础能力包括：

1. 监控管理

完成对交通事件、交通状况、环境状态、车辆、路侧设备等的监控管理。包括以下能力：

（1）监控概览：展示车路协同覆盖的路网、道路及点位等静态统计数据和路侧设备及车辆实时统计分析数据。

（2）交通监控：展示道路分析及事件统计等概览数据和信号灯、交通事件、交通指标等实时数据，并支持以路侧点微观视角展示点位详情。

（3）车辆监控：展示车辆分布信息、车辆统计数据和单车实时监控数据。

（4）设备监控：展示设备分布信息、设备实时监控数据和设备告警信息。

2. 数据管理

完成对车辆数据、路侧监控设备数据、边缘计算单元/边缘节点数据、RSU 报文数据等的管理。包括以下能力：

（1）车辆数据管理：实现对油门、刹车和方向盘状态等车辆状态数据和卫星定位数据、交通运行状态数据等的管理。

（2）路侧监控设备数据管理：路侧摄像头视频数据的管理应能实现对实时视频和历史视频的管理。路侧实时视频数据通过视频流的方式实时上传到视频服务器进行存储，系统前端支持按需查看实时和历史视频。

（3）边缘计算单元/边缘节点数据管理：通过边缘计算单元/边缘节点对路侧感知设备的数据计算后得到结果，上传平台后，可在前端查看。数据类型包括对象感知数据、事件感知数据和交通运行状态数据。

（4）RSU 报文数据的管理：RSU 报文数据的管理应能支持对 RSM、RSI、SPAT 和 MAP 四类报文信息的查看，并可预览和下载报文详情数据。

3. 运维管理

完成对设备、基础信息以及系统的管理。包括以下能力：

（1）设备管理：对路侧设备的管理，包括边缘计算单元管理、RSU 管理、摄像头管理、雷达管理和通信控制器（Channel Code Unit，CCU）管理。支持新增、编辑、删除和查看设备信息，支持对外场感知和计算设备的软件及算法在线升级。

（2）基础信息管理：支持设备厂商、设备型号、车辆类型等基础信息的新增、删除、修改和查看。

（3）系统管理：管理用户和角色。

4. 信息发布

完成各类事件信息的发布，并对已发布的事件进行管理。包括以下能力：

（1）数据概览：数据概览指基于地图展示当前事件的分布情况及统计信息，实现事件位置展现，以及事件详细信息展现。

（2）交通事件管理：支持针对不同类型交通事件信息进行增（仅针对手动发布的事件）、删、改（仅针对手动发布的事件）、查的操作；支持按时间、类型进行信息查询和组合查询，系统展示事件相关信息和事件对应的视频。

（3）场景测试和调试：在平台录入事件后，事件被下发至路侧设备，路侧设备将事件等信息通知到周边的车辆。

5. 车路协同

实现表 2-8 中罗列的车路协同应用场景，并满足各场景的技术需求。

表 2-8　车路协同应用场景

序号	场景	序号	场景
1	交叉路口碰撞预警	6	弱势交通参与者碰撞预警
2	左转辅助	7	绿波车速指引

续表

序号	场景	序号	场景
3	道路危险状况提示	8	车内标牌
4	限速预警	9	前方拥堵提醒
5	闯红灯预警	10	汽车近场支付

6. 业务支撑引擎和开放接口

具备大数据、车路协同、感知融合和高精度地图等基础业务支撑引擎，应能为各系统间数据汇聚、交换提供服务，统一数据交换的标准，并为各业务系统功能提供感知融合算法训练和高精度地图支持服务。

参考文献

[1] 马坤，李森，于海平. 基于5G的智慧交通信息安全体系研究[J]. 电脑知识与技术，2022，18（1）：37-41.

[2] 李大成. 车路协同在智慧高速领域的应用探索[J]. 互联网经济，2020（11）：64-70.

[3] 任广乐，李立安，赵帼娟. 智能网联汽车联网全链路分析[J]. 汽车文摘，2021（9）：55-62.

[4] 袁政，米承继，刘洲，等. 自动驾驶矿卡底盘线控改装设计研究[J]. 汽车实用技术，2021，46（12）：14-18.

[5] 柳晨光，贺治卜，初秀民，等. 船舶编队控制综述[J]. 交通运输工程学报，2022，22（4）：10-27.

[6] 毛丽娜，周桂良，刘群喆. 智能车路协同环境下实时动态可变车道控制信息系统方案设计[J]. 物流科技，2021，44（9）：64-68.

[7] 李原. 毫米波雷达在车路协同系统中的应用研究[J]. 工业控制计算机，2020，33（1）：44-46，50.

[8] 高艺嘉，孙雨，郭沛. 灾害天气下高速公路车路协同应用场景研究[J]. 中国交通信息化，2019（10）：102-105.

[9] 吴义保. 高性能毫米波雷达探测性能测试系统研制[J]. 雷达科学与技术，2021，19（2）：163-167.

[10] 徐昶，荣建，伍毅平，等. 基于驾驶人视认特性的可变情报板文字信息优化[J]. 公路交通科技，2020，37（9）：113-119.

[11] 朱承前，杜镔，曾庆展. 贵州省交通气象观测站网的建设及养护[J]. 黑龙江交通科技，2018，41（10）：217-218.

[12] 胡爱秀，钟婉婷，杨艳群. 视错觉减速标线有效性综合评估[J]. 哈尔滨商

业大学学报（自然科学版），2019，35（4）：462-467.

［13］金绍晨.车路协同技术在城市交通中的应用研究［J］.城市道桥与防洪，2022（7）：160-163.

［14］曹俊.车路协同技术在智慧高速公路建设中的应用分析［J］.运输经理世界，2022（12）：55-57.

［15］陆琼山，林臣琪.基于车路协同技术畅想未来智慧交通［J］.信息化建设，2021（12）：24-26.

［16］王想芝，王翔.浅谈V2X车路协同技术的应用实践［J］.信息与电脑，2021，33（20）：182-185.

［17］李东旻.第二代车路协同技术赋能全场景自动驾驶［J］.机器人产业，2021（5）：21-25.

［18］张毅，姚丹亚，李力，等.智能车路协同系统关键技术与应用［J］.交通运输系统工程与信息，2021，21（5）：40-51.

［19］丁飞，张楠，李升波，等.智能网联车路云协同系统架构与关键技术研究综述［J］.自动化学报，2022，48（12）：2863-2885.

［20］严炎.基于C-V2X的车路云协同系统架构及场景化部署方法研究［J］.广东通信技术，2022，42（12）：35-39，43.

［21］宋军.智慧城市车路协同系统的边缘计算网络架构和方案［J］.自动化博览，2022，39（2）：38-41.

［22］熊小敏，沈云，丁鹏，等.5G下边云协同的V2X技术方案与研究［J］.电子技术应用，2020，46（12）：19-25，31.

第 3 章 车路协同网络系统设计及技术

3.1 车路协同网络体系架构

车路协同网络体系架构见图 3-1，包括车端到弱势交通参与者（V2P）、车端到车端（V2V）、车端到路侧设备（V2I）、车端到边缘节点/中心云控平台（V2N）的无线通信网络，路侧设备到边缘节点/中心云控平台（I2N）的无线通信网络和有线通信网络，边缘节点到中心云控平台、边缘节点到其他平台或中心云控平台到其他平台的有线通信网络。

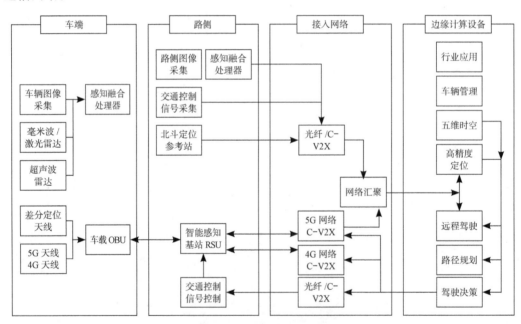

图 3-1 车路协同网络架构图

在 3GPP R16 中，5G 智能交通网络架构特点可归纳为：
- 3GPP R16 定义了 5G-V2X 中的 5G Uu 和 PC5 协调；
- 5G Uu 接口提供到云、MEC 的连接，如远程驾驶和娱乐；

- 5G Uu 作为 PC5 的补充，提供本地直接广播、多播通信，如车辆协调、停车和精细路径引导地图下载；
- 5G AAU 和高密度部署（包括微型站点）提供高容量和覆盖；

对于智能交通业务，网络需要满足以下需求，见表 3-1。

表 3-1 智能交通业务网络需求

用例	延迟	包大小	车辆速度	下行吞吐量	上行吞吐量
驾驶安全	<20 ms	<1 600 bytes	—	—	—
车队	内部车队小于 100 ms，内部车队端到端 20 ms	—	<120 km/h	—	—
停车/精细路径引导	<100 ms	—	—	<100 Mbps	<20 Mbps
交通管理	<100 ms	<1 200 bytes	—	—	—
远程驾驶	UL<100 ms，DL<20 ms	—	<70 km/h	400 kbps	>60 Mbps
信息服务	与中心平台交互小于 100 ms，与 MEC 交互小于 20 ms	—	<120 km/h	500 Mbps ~ 1 Gbps	>200 Mbps

用例	数据包频度	覆盖范围	可靠性	位置精度	其他需求
驾驶安全	>10 Hz	>300 m	99% ~ 99.999%	<1 m	广播单播及多播
车队	>35 Hz	>300 m	99% ~ 99.99%	<1 m	业务连续性高，车队管理对平台计算需求高
停车/精细路径引导	>10 Hz	>300 m	99% ~ 99.9%	<0.5 m	平台存储及计算要求高
交通管理	—	本地覆盖	99% ~ 99.9%	—	平台存储要求高
远程驾驶	—	本地及广域覆盖	UL99%，DL99.999%	<1 m	平台存储及计算要求高
信息服务	—	广域覆盖	>99%	仪表水平	平台存储要求高

各车路协同自动驾驶应用场景涉及的 V2X 数据集如表 3-2 所示。

表 3-2 车路协同自动驾驶应用场景及涉及的 V2X 数据集

场景来源	应用场景	V2X 通信方式	V2X 数据集
《合作式智能运输系统 车用通信系统应用层及应用数据交互标准》（T/ITS 0058—2017）	前向碰撞预警	V2V	BSM、MAP、SPAT、RSI、RSM
	交叉路口碰撞预警	V2V/V2I	
	左转辅助	V2V/V2I	
	盲区预警/变道辅助	V2V	
	逆向超车预警	V2V	
	紧急制动预警	V2V	
	异常车辆提醒	V2V	

续表

场景来源	应用场景	V2X 通信方式	V2X 数据集
《合作式智能运输系统 车用通信系统应用层及应用数据交互标准》(T/ITS 0058—2017)	车辆失控预警	V2V	BSM、MAP、SPAT、RSI、RSM
	道路危险状况提示	V2I	
	限速预警	V2I	
	闯红灯预警	V2I	
	弱势交通参与者碰撞预警	V2V/V2I	
	绿波车速引导	V2I	
	车内标牌	V2I	
	前方拥堵提醒	V2I	
	紧急车辆提醒	V2V	
	汽车近场支付	V2I	
《合作式智能运输系统 车用通信系统应用层及应用数据交互标准 第二阶段》(T/ITS 0118—2020)	交通参与者感知共享	V2V/V2I	MAP、PAM、PMM、TPM、VPM、PSM、RSC、RTCM、SSM、VIR、TEST、PAM、PMM、TPM
	协作式变道	V2V/V2I	
	协作式匝道汇入	V2I	
	协作式交叉口通行	V2I	
	差分数据服务	V2I	
	动态车道管理	V2I	
	特殊车辆优先	V2I	
	场站路径引导服务	V2I	
	道路异常状况提醒	V2I/V2V	
	浮动车数据采集	V2I	
	慢行交通预警	V2P	
	车辆编队管理	V2V	
	道路收费服务	V2I	
《基于车路协同的高等级自动驾驶数据交互内容》(T/ITS 0135—2020)	协同式感知	V2I/I2V	BSM、CIM、RAM、RSC、RSCV、SSM
	路侧协同无信号灯交叉口通行	V2I/I2V	
	路侧协同自动驾驶车辆脱困	V2I/I2V	
	高精度地图版本对齐和动态更新	V2I/I2V	
	自动泊车	V2I/I2Y	
	路侧感知"僵尸车"识别	V2I/I2V	
	路侧感知的交通状况识别	V2I/I2V	
	协同式感知的异常驾驶行为识别	V2I/I2V	

3.1.1 车端到弱势交通参与者（V2P）通信网络

部分人群因交通事故而发生死亡的危险性比平均水平高，这些人群通常被称作"弱势交通参与者"，包括儿童、老人、残疾人、行人、自行车和摩托车骑行者等。《2021—2030 全球道路安全十年行动计划》中提到，要在 2030 年前，将世界上道路交通死亡和受伤人数减少一半。

车路协同在车端、路侧端、云端等基础设施建设及解决方案方面的技术研究越来越成熟，但是将弱势交通群体纳入车路协同安全机制的研究并不多。很多智慧交通技术公司已经在有意识地加速设计 V2P（Vehicle-to-Pedestrian，车辆对行人）系统，以扩大 V2X 基础设施的应用范围。这是实现道路零死亡目标迈出的重要一步。V2P 通过车辆和行人之间的通信，提高行人的安全性和交通效率，避免行人与车辆之间的碰撞和事故发生。同时，V2P 技术也可以向行人提供路况信息和导航服务，以提高行人的交通效率和出行体验。

1. Savari 公司的 V2P 试点

哈曼汽车旗下的 Savari 公司已经在纽约市部署了一个 V2P 试点。纽约市部署的 V2P 试点将车辆与行人之间的交通信息进行共享，以保障行人安全。在这个试点中，装有 V2P 技术的车辆可以向周围的行人发送警告信息，提醒行人注意车辆的存在，从而减少交通事故的发生。具体来说，这项试点在纽约市的布鲁克林区和曼哈顿区部署 V2P 技术，共涉及 100 辆出租车和 10 个交叉口。这些出租车配备了 V2P 设备，可以向周围行人发送警告信息。同时，交叉口的信号灯和行人信号器也配备了 V2P 设备，可以接收车辆发送的信息，以此来优化信号灯的控制，提高行人通过的效率和安全性。纽约市部署 V2P 试点的目的是探索新的交通安全技术，并提高城市交通的安全性和效率。

2. Cohda Wireless、NXP 和 Spectrum FiftyNine 的 V2P 解决方案

Cohda Wireless、NXP 以及 Spectrum FiftyNine 共同研发的 V2P 系统，可以让汽车按照物体与汽车之间的距离，分别发出 3 个级别的警报，包括"安全""接近"和"紧急"。该方案的研究目标是利用各种报警信息，实现对人—车信息的感知和处理。这个解决方案主要包括以下几个部分：

（1）V2P 设备：这个设备是装在车辆上的，可以向周围的行人发送警告信息。这个设备集成了 Cohda Wireless 的 V2X 芯片、NXP 的车载通信单元和 Spectrum FiftyNine 的天线。

（2）V2P 软件：这个软件是运行在车辆上的，可以实现 V2P 设备和行人设备之间的通信。这个软件基于 WAVE（Wireless Access in Vehicular Environment，车载环境无线接入）协议，可以实现毫秒级的实时通信，并且支持多种安全机制。在目前的 V2P、V2V、V2I 等专用短程通信试点项目中，信息的收发基本上使用 WAVE 通信协议。WAVE 是为车辆到车辆（V2V）和车辆到基础设施（V2I）之间的通信提供技术支持的一组标准，不管是 C-V2X 还是 DSRC-V2X，都是实现 WAVE 技术的方法。DSRC 基于 IEEE 802.11p 标准满足 WAVE 标准，C-V2X 使用 3GPP LTE 技术来支持 WAVE 的技术。

（3）行人设备：这个设备是配备在行人身上的，可以接收 V2P 设备发送的警告信息。这个设备集成了 Cohda Wireless 的 V2X 芯片和 Spectrum FiftyNine 的天线。这种信息设备可以被放置在骑手的头盔上，也可以被放在背包里，这样就可以和车载单元或者路侧单元取得联系，并且会发出蜂鸣的声音或者闪烁的灯光来提醒携带者注意危险。像建筑行业的工人，就可以把它装在头盔上面。

这个 V2P 解决方案的优势在于它采用了多家公司的技术和产品，可以实现更加全面和完善的 V2P 功能。Cohda Wireless 是一家专门从事 V2X 通信技术的公司，其 V2X 芯片具有高精度定位、高速通信和多层安全等特点；NXP 是一家专门从事汽车电子技术的公司，其车载通信单元可以实现车辆对基础设施的通信和车辆对互联网的通信；Spectrum FiftyNine 是一家专门从事无线通信天线的公司，其天线可以实现高效的无线通信。该方案已经在澳大利亚、美国和新加坡等国家和地区得到了应用和验证，并且取得了良好的效果。

（1）澳大利亚：在澳大利亚，这个 V2P 解决方案被用于墨尔本的一个试点项目中。在这个项目中，30 辆出租车和 200 个行人设备配备了 V2P 技术，通过 WAVE 协议实现车辆和行人之间的实时通信。在试验期间，V2P 技术成功减少了行人与车辆之间的事故数量，提高了行人的交通安全性。

（2）美国：在美国，这个 V2P 解决方案被用于芝加哥的一个试点项目中。在这个项目中，100 辆出租车和 1 000 个行人设备配备了 V2P 技术，通过 WAVE 协议实现车辆和行人之间的实时通信。在试验期间，V2P 技术成功减少了行人与车辆之间的事故数量，提高了行人的交通安全性。

（3）新加坡：在新加坡，这个 V2P 解决方案被用于圣淘沙岛的一个试点项目中。在这个项目中，30 辆出租车和 200 个行人设备配备了 V2P 技术，通过 WAVE 协议实现车辆和行人之间的实时通信。在试验期间，V2P 技术成功减少了行人与车辆之间的事故数量，提高了行人的交通安全性。此外，V2P 技术还帮助优化了岛上的交通流量，提高了交通的效率。

3. Autotalks 的 V2P 方案

该方案使用 Autotalks 基于 WAVE 协议的通信芯片和软件来实现车辆与行人之间的直接通信。行人可以携带一个装有通信芯片的设备，当行人与车辆距离过近时，车辆可以通过该设备向行人发出警告。此外，车辆还可以通过该设备向行人发送相关信息，例如车辆的速度和方向。

Autotalks 的 V2P 方案具有以下优点：

（1）提高行人的安全性：车辆可以通过直接通信向行人发出警告，避免意外发生。

（2）提高自动驾驶车辆的安全性：自动驾驶车辆可以通过直接通信获取行人的位置和行动信息，从而更好地规划行驶路线。

（3）降低事故风险：使用 V2P 技术可以降低车辆与行人之间发生事故的风险，提高道路交通的安全性。

4. Verizon 和日产汽车公司对车路协同的通信系统测试

Verizon、日产汽车公司和加利福尼亚州康特拉科斯塔交通局（Contra Costa Transportation

Authority）合作完成了对车路协同的通信系统测试，该测试基于 5G 和 C-V2X（车辆到一切）通信技术进行。在测试中，日产汽车公司提供了一辆配备了 5G 和 C-V2X 通信技术的电动汽车，该车辆可以通过与基础设施和其他车辆的通信，获得路况信息和交通信号等相关数据，从而更好地规划行驶路线和避免事故的发生。同时，Verizon 提供了 5G 和 C-V2X 通信技术支持，以确保车辆和基础设施之间的通信可靠和高效。测试结果显示，使用 5G 和 C-V2X 技术的车路协同通信系统可以显著提高道路安全性和交通效率，为未来的智能交通系统提供了重要支持。Verizon 和日产汽车公司在加利福尼亚州康特拉科斯塔交通局的试点项目，测试了基于 5G 和 C-V2X 技术的车辆到一切（V2X）通信系统，包括 V2V、V2I 和 V2P 等内容。V2P 通信是加利福尼亚州康特拉科斯塔交通局试点项目中的一个重要测试内容，具体包括以下几点：

（1）行人警告：车辆可以通过 V2P 通信向行人发出警告，提醒行人注意车辆的存在，避免交通事故的发生。

（2）行人定位：车辆可以通过 V2P 通信获取行人的位置信息，从而更好地规划行驶路线和避免事故的发生。

（3）行人信息共享：车辆可以通过 V2P 通信向行人发送相关信息，例如车辆的速度和方向，从而帮助行人更好地了解交通状况，提高行人的安全性。

（4）行人识别：车辆可以通过 V2P 通信识别行人的身份信息，例如行人的身份证号码、姓名等，从而更好地管理交通流量和保障交通安全。

5. Commsignia 的 V2P 方案

Commsignia 的 V2P 方案使用了其自主开发的通信芯片和软件，结合车载设备和行人设备，实现了车辆和行人之间的直接通信。行人设备可以携带在身上，例如手持设备或穿戴设备。当行人与车辆距离过近时，车辆可以通过该设备向行人发出警告。此外，车辆还可以通过该设备向行人发送相关信息，例如车辆的速度和方向。

该方案在匈牙利布达佩斯进行了试点，取得了一定的效果。在试点中，Commsignia 的 V2P 方案被应用在一辆自动驾驶电动汽车上，该车可以通过与行人设备的通信，获取行人的位置和行动信息，从而更好地规划行驶路线和避免事故的发生。同时，行人设备也可以接收车辆发出的警告信息，以提高行人的安全性。试点结果显示，使用 Commsignia 的 V2P 方案可以显著提高行人的安全性，减少交通事故的发生。此外，该方案还可以提高自动驾驶车辆的安全性和交通效率，为未来的智能交通系统提供了重要支持。

3.1.2 车端到车端（V2V）通信网络

车对车（V2V）通信是指通过无线网络实现车辆的速度、位置、航向等信息的交换。V2V 通信可以将交通工具拟人化，它可以利用车辆广播向周围的车辆发送、接收信息，使车辆能够 360°地感知周围环境的变化，并利用相应的软件对可能发生的碰撞进行识别。在两辆车之间建立通信后，若有发生碰撞的危险，则可利用视觉、触觉及声音报警，让司机及时采取行动，避免发生碰撞。此外，V2V 技术还可以使车辆之间分享路况、天气状况、道路工程等信息，以提高驾驶体验和减少交通事故（见图 3-2）。

图 3-2　V2V 通信

V2V 是车联网的核心研究内容,在 20 世纪 60 年代,日本就开始研究车间通信。2000 年左右,欧洲和美国也相继启动多个车联网项目,旨在推动车间网联系统的发展。可以说,车路协同是以 V2V 的研究为起点的,国内外都开展了有代表性的试点项目和技术研究。

1. 美国密歇根州试点项目

该项目由美国交通部和通用汽车公司共同开展,旨在测试 V2V 技术在现实驾驶环境中的效果。该项目在密歇根州的安阿伯市进行,共有 3 000 辆车参与,包括私家车、商用车和公共交通工具。在该项目中,车辆之间通过车载设备采用 DSRC 技术进行通信,共享实时交通信息和车辆状态,如位置、速度、加速度等,以避免碰撞、减少拥堵、提高燃油效率等。通信流程主要包括以下几个步骤:

(1) 车辆检测:车辆通过车载设备检测周围的车辆和道路设施,获取实时的交通信息。

(2) 信息广播:车辆通过 DSRC 向周围的车辆和道路设施广播自身的位置、速度、加速度等信息,以便其他车辆和道路设施能够及时获取这些信息。

(3) 信息接收:车辆接收周围车辆和道路设施广播的信息,并进行处理,以便进行协同操作,如避免碰撞、减少拥堵等。

(4) 决策执行:车辆根据接收到的信息进行决策,并执行相应的操作,如变道、减速、停车等,以保证道路安全和交通效率。

相关数据显示,该项目的实施使得车辆发生碰撞的风险大幅度降低,同时还能够减少交通拥堵、提高燃油效率等。具体来说,该项目的应用效果主要包括以下几个方面:

(1) 降低碰撞风险:通过车辆之间的信息交换和协同操作,可以避免车辆之间的碰撞,从而降低了碰撞风险。据统计,该项目的实施使得车辆发生碰撞的风险降低了 80% 以上。

（2）减少交通拥堵：通过车辆之间的信息交换和协同操作，可以避免车辆之间的冲突和拥堵，从而减少了交通拥堵。据统计，该项目的实施使得交通拥堵减少了 40% 以上。

（3）提高燃油效率：通过车辆之间的信息交换和协同操作，可以避免车辆之间的急加速和急减速，从而提高了燃油效率。据统计，该项目的实施使得燃油效率提高了 10% 以上。

2. 欧洲试点项目

欧洲委员会资助了一个名为 CVIS 的试点项目，旨在测试车辆间通信技术，以提高道路安全和交通效率。在这个项目中，车辆之间的通信采用的是 IEEE 802.11p 协议，也称为 WAVE，这是一种专门为车辆间通信设计的无线通信协议，具有高速率、低延迟、高可靠性等特点，可以实现车辆之间的实时通信。该项目车辆之间的通信过程与美国的密歇根州试点项目不同的是信息广播采用了 IEEE 802.11p 协议。

该项目在欧洲的一些城市和高速公路上进行，共有 20 个合作伙伴参与，包括汽车制造商、道路管理机构和研究机构等，在降低碰撞风险、减少交通拥堵和提高燃油效率方面效果非常显著。

3. 中国的试点项目

交通运输部资助了一个名为 C-ITS 的试点项目，旨在测试基于车辆之间通信的 V2V 技术。该项目在中国的一些城市道路和高速公路上进行，共有 10 个合作伙伴参与，包括汽车制造商、道路管理机构和研究机构等。C-ITS 试点项目与欧美国家的 V2V 试点项目存在如下不同之处：

（1）通信协议不同：从 2019 年 3 月 1 日实施的《合作式智能运输系统通信架构》（T/ITS 0097—2018）来看，考虑过渡阶段的兼容性，中国 C-ITS 试点项目中 V2V 通信同时支持蜂窝无线通信和专用短程通信，包括 LTE/LTE-V（采用 PC5 接口）、5G、DSRC 等，对应的通信架构及协议由 3GPP 等进行标准化。

（2）实施时间不同：中国 C-ITS 试点项目的实施时间相对较晚，主要是在 2016—2018 年期间进行的。而欧美国家的 V2V 试点项目早在 2014 年就开始了。

（3）试点范围不同：中国 C-ITS 试点项目主要是在一些城市的高速公路和城市道路进行的。而欧美国家的 V2V 试点项目覆盖范围更广，包括高速公路、城市道路、农村道路等。

（4）技术应用不同：中国 C-ITS 试点项目主要应用于交通管理和交通安全方面，如交通信号优化、车辆碰撞避免等。而欧美国家的 V2V 试点项目应用范围更广，包括车辆自动驾驶、交通管理、物流等方面。

本书是针对中国基于 C-V2X 的车路协同架构进行相关技术应用介绍的，因此，我们将基于 LTE-V2X 技术对 V2V 的通信技术进行介绍。纵观 3GPP 的发展史，所有的通信都是在网络的帮助下展开的，从用户 A 到用户 B 的任何一条信令，信息的发送都需要通过基站，之后进行后续节点的处理转发等，用户 A 和用户 B 不能进行直接的对话。车联网则是根据不同的场景、不同的要求而变化。比如，在无人驾驶环境（如编队行驶、并道行驶等）下，当车辆之间的距离较近时，采用车—车直接连接将成为一种较为理想的通信方式。因此，3GPP 标准中，一种新的载波通信方式——LTE-D2D（LTE

Direct）被美国高通公司于 2011 年 9 月在 3GPP SA1 中提出并开展了相关的研究,此后 SA2、RAN 等也相继开展了一系列的标准化工作。

在 V2V 场景中,LTE-V2X 采用 PC5 通信模式,即直接通信空口 D2D 短距离直传。LTE-D2D 技术为车载网络中的 V2V 通信带来了一种新的模式,它是一种基于 PC5 接口的直接通信模式（见图 3-3）。

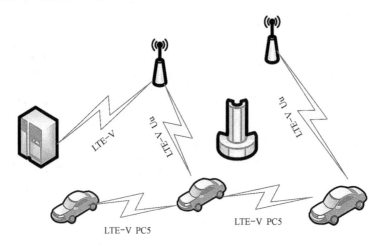

图 3-3　LTE-V 技术网络架构

DSRC 的出现比 LTE-V2X 还要早 10 年,但一直未能取得成功,其中一个重要的原因就是车与车之间的直接通信会带来拥塞、干扰、覆盖等问题。这就好比两个同等级的使用者发生了冲突,而又没有更高层次的第三方出面调解,这两个同等级的使用者就会互相僵持。LTE-V2X 系统不仅可以实现车辆间的直接通信,而且可以通过蜂窝网络来进行仲裁,从而有效地解决车辆之间的拥堵、干扰等问题。以下将描述以 PC5 为基础的 LTE-V2V 中直连的关键技术：

（1）在 V2V 子帧上添加 4 个 DMRS 符号。DMRS 符号与车速小于 500 km/h、以 5.9 GHz 为主的智能交通系统频段相关联,实现高速信道跟踪,可有效解决多普勒效应、高速运动引起的频谱漂移等问题。

（2）引入了一种分散型的调度技术,它是一种基于半持久性的调度方法。对单个无线资源分配采用多个子帧,降低了频间辐射,并能最大限度地优化信道利用率,提升了系统的传输效率。

（3）引入新调度分配功能,通过这种方式可以让车辆在更高的多通信节点密度的情况下,对数据资源进行科学的处理。同时,还可以提高车联网的时延。

（4）当没有被网络覆盖时,没有同步信号源时,时钟同步无法进行,V2X 实现了基站与 GNSS 之间的时间同步。

（5）QoS（Quality of Service,服务质量）技术：V2X 信息可采用 non-GBR 与 GBR 两种方式进行载体的传输,QCI 3（GBR）与 QCI 79（non- GBR）可作为 V2X 消息的单播传输,而 QCI 75（GBR）仅可作为 MBMS 传输 V2X 消息的载体,通过特定的 QCI,可极大地提高传输的可靠性。

LET-V 利用 PC5 接口新增加的 DMRS 符号、新的信道结构和调度分配功能，使得网络可以参与到 V2V 的通信过程中，有效避免了干扰、拥塞等问题，是一种有实用价值的可产业化技术。

尽管与 DSRC 相比，LTE-V 的发展相对滞后，但是由于其优秀的基因、优秀的系统设计以及在技术、经营等方面的传承，再加上中国及欧洲国家的大力扶持，LTE-V 的市场前景十分广阔。

当 LTE-V2X 中的车辆进行 V2V 通信时，通信过程如图 3-4 所示，可以大致分为以下几个步骤：

（1）车辆扫描：车辆首先需要扫描周围的其他车辆，以确定哪些车辆可以进行通信。这通常是通过接收来自其他车辆的广播消息来实现的。

（2）邻居发现：一旦车辆找到了其他车辆，它就会向邻居发送请求以获取更多信息，例如其他车辆的位置和速度。

（3）路径选择：车辆需要决定与哪些车辆建立通信，并选择最佳的通信路径。这通常是通过选择与目标车辆之间没有障碍物的最短路径来实现的。

（4）数据传输：一旦通信路径确定，车辆可以开始传输数据。这通常是通过使用 LTE-V2X 技术中的协议和信令来实现的。

（5）数据处理：车辆需要对接收到的数据进行处理，以便进行后续的决策和操作。这可能涉及对数据进行解码、解密、验证和转换等操作。

需要注意的是，LTE-V2X 中的 V2V 通信是一种分布式的通信方式，没有中心控制节点。因此，车辆需要相互协作，共同完成通信过程。同时，由于车辆的移动性和环境的不确定性，通信过程可能会受到多种因素的影响，例如信号干扰、多路径效应和车辆之间的相对位置等。因此，对于 LTE-V2X 中的 V2V 通信，需要采用一些技术手段来提高通信的可靠性和效率。

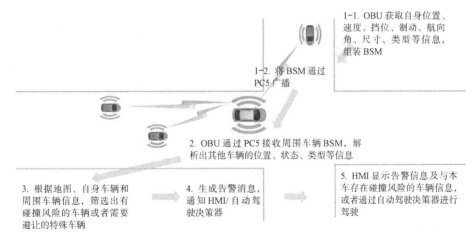

图 3-4　V2V 通信流程（以碰撞预警为例）

在我国，车辆向外发送的消息叫 BSM，即基本安全消息。BSM 是 V2X 通信中使用最广泛的消息，目前所有的 V2V 应用都是基于 BSM 来实现的。BSM 的内容见图 3-5。

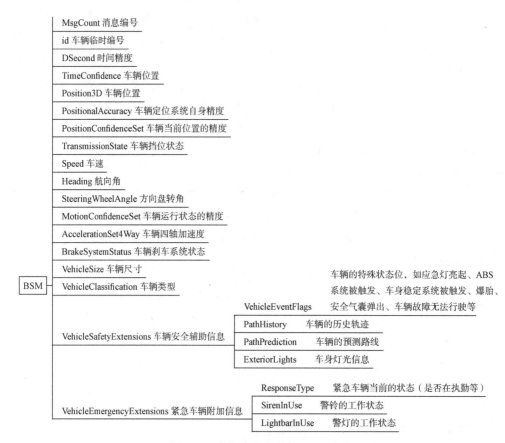

图 3-5　车辆向外发送的 BSM 内容

BSM 是层层嵌套的结构，除了车辆的基本信息外还有一些附加信息，比如车辆安全辅助信息（VehicleSafetyExtensions）里就包括车辆特殊状态位（VehicleEventFlags）、历史轨迹、预测路线、灯光信息等内容，其中最重要的就是车辆特殊状态位，里面包含了很多与安全相关的重要标志位，也是一些 V2V 应用所使用的重要信息来源。

另一个特殊的数据帧是紧急车辆附加信息（VehicleEmergencyExtensions）。这是专门给救护车、消防车等特种车辆使用的数据帧，通过紧急车辆附加信息即可判断是否提醒驾驶员进行避让，进行紧急车辆提醒（见图 3-6）。

图 3-6　紧急车辆提醒示例

3.1.3 车端到路侧设备（V2I）通信网络

V2I 通信技术是指车路协同中车辆和路侧基础设施之间的通信技术。它通过车辆和路侧基础设施之间的信息交换，实现车辆与路侧基础设施之间的协同，从而提高道路交通的效率和安全性。除了 LTE-V2X、5G NR、DSRC 等车路协同专用通信技术，Wi-Fi 技术也可以用于车路协同中的 V2I 通信，例如车辆与路侧基础设施之间的通信。不过，与其他 V2I 通信技术相比，Wi-Fi 技术的通信距离和可靠性可能会受到一定的限制。总的来说，V2I 的通信环境是一个融合通信环境，比起 V2V、V2N 等要更加复杂一些，不同的 V2I 通信技术具有不同的特点和适用场景。

当下，全球范围内车路协同技术的发展都非常迅速，V2I 作为其中的重要组成部分，也获得了广泛的应用。

在国外，V2I 技术已经得到了广泛的应用。美国、欧洲和日本等地都已经建立了大规模的车路协同系统，并在实际道路上进行了测试和应用。例如，美国的 V2I 技术已经在多个城市的交通系统中得到了应用，包括纽约市、芝加哥市和洛杉矶市等。欧洲的 V2I 技术也已经在多个国家的道路上进行了测试和应用，例如德国、法国和荷兰等。为了实现采用 V2I 提高交通安全和效率、促进智能交通发展的目标，不管是美国还是欧洲，都使用了许多先进的技术和设备，还建立了交通管理中心、开发了应用程序，包括：

（1）车辆通信设备：这些设备安装在车辆上，可以与城市基础设施进行通信。它们使用无线通信技术，如 Wi-Fi、蓝牙和 5G 等，以便实时传输交通数据和信息。

（2）基础设施传感器和通信设备：这些设备安装在城市基础设施中，如路灯、交通信号灯和路标等。它们可以实时监测交通流量、道路状况和交通事故等情况，并将数据传输到交通管理中心。

（3）交通管理中心：这是一个控制中心，由交通管理人员监测和管理城市的交通流量。他们可以使用实时数据和信息更好地规划和管理交通流量。

（4）应用程序：交通管理局开发了应用程序，以便车辆和交通管理人员可以访问实时交通信息。这些应用程序提供了路况信息、建议的路线、道路封锁信息等。

（5）人工智能和大数据分析技术：交通管理局使用人工智能和大数据分析技术更好地预测和管理城市的交通流量。

欧洲的 V2I 和美国的 V2I 主要在通信标准上存在不同之处：欧洲的 V2I 采用的通信协议是基于 ETSI 制定的 ITS-G5 标准，而美国的 V2I 采用的通信协议是基于 SAE（美国汽车工程师协会）制定的 DSRC 标准。具体来说：

（1）频段不同：ITS-G5 使用 5.9 GHz 频段，而 DSRC 使用 5.8 GHz 频段。

（2）技术标准不同：ITS-G5 使用 ETSI 标准，而 DSRC 使用 IEEE 标准。

（3）目标不同：ITS-G5 旨在支持车辆之间的通信和车辆与基础设施之间的通信，而 DSRC 主要用于车辆与基础设施之间的通信。

（4）应用不同：ITS-G5 的应用范围更广，包括车辆之间的碰撞预警、道路拥堵预测和导航服务等，而 DSRC 主要应用于交通流量监测和收费系统等领域。

（5）法规不同：欧洲已经制定了 ITS-G5 的法规，但美国尚未制定 DSRC 的法规。

在国内，V2I 技术的发展也非常迅速。目前，中国已经建立了多个车路协同试点项目，例如在上海、北京和广州等城市都已经建立了车路协同试点项目。在实际应用中，V2I 技术已经在城市交通管理、高速公路管理和智能交通系统等领域得到了应用。北京市在 2016 年启动智慧交通试点，通过部署 V2I 技术，实现了信号灯优化控制、路况信息实时共享等功能。上海市在 2018 年启动智慧交通试点，通过部署 V2I 技术，实现了智能信号灯控制、智能停车、智能导航等功能。广州市在 2018 年启动智慧交通试点，通过部署 V2I 技术，实现了智能信号灯控制、智能路况分析、智能停车等功能。深圳市在 2019 年启动智慧交通试点，通过部署 V2I 技术，实现了智能信号灯控制、智能路况监测、智能停车等功能。长沙市在 2019 年启动智慧交通试点，通过部署 V2I 技术，实现了智能信号灯控制、智能路况分析、智能导航等功能。

V2I 通信过程如下：

（1）车辆发送请求：车辆向基础设施发送请求，例如请求获取当前路况信息或者导航指令。

（2）基础设施接收请求：基础设施收到车辆的请求，并对其进行处理。

（3）基础设施发送响应：基础设施根据请求内容，向车辆发送响应信息，例如当前路况信息或者导航指令。

（4）车辆接收响应：车辆接收到基础设施发送的响应信息，并根据响应内容进行相应的操作，例如调整行驶路线或者车速。

在 V2I 应用中需要的主要消息为地图（MAP）消息、信号灯相位与配时（SPAT）消息、路侧信息（RSI）、路侧安全消息（RSM）。MAP 信息包含了局部地区的路口信息、路段信息、车道信息，以及道路间的连接关系等，是路侧单元（RSU）所发送的局部地图信息。这与我们车载导航中的地图是完全不一样的。MAP 消息和 BSM 一样也是层层嵌套的，它的主要内容见图 3-7。

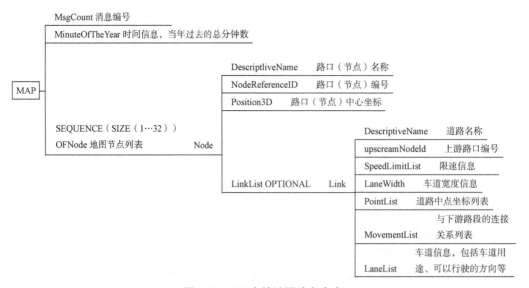

图 3-7　V2I 中的地图消息内容

MAP 消息通常和 SPAT 消息搭配使用，SPAT 是红绿灯相位和配时信息，它的主要内容见图 3-8：

图 3-8 SPAT 消息内容

得到 MAP 和 SPAT 消息后，车辆可以根据当前的位置及红绿灯信息来判断是否要激活闯红灯预警或者绿波车速引导等（见图 3-9）。

若想感知路段上更多的动态交通信息，则需要用到 RSI，RSI 是 Roadside Information 的缩写，它的内容如下：

```
MsgCount 消息编号
MinuteOfTheYear 时间信息，当年过去的总分钟数
id RSU 的编号
Position3D 本消息相关的坐标
RSI ─┬─ RTElist 道路交通事件集合
     │    ├─ rteId        道路交通事件信息编号
     │    ├─ EventType    交通事件类型，遵循《道路交通信息服务  交通事件分类与编码》(GB/T 29100—2012)
     │    ├─ EventSource  信息来源（市政、网络、警方等）
     │    ├─ PositionOffsetLLV  事件的位置信息
     │    ├─ RaDius       事件影响的半径
     │    ├─ Description  事件补充描述
     │    ├─ RSITimeDetails  事件的起止时间
     │    ├─ Priority     事件的优先级
     │    ├─ ReferencePathList  事件所影响的路径坐标点集合
     │    ├─ ReferenceLinkLit   事件所影响的道路集合
     │    └─ Confidence   事件内容可信度
     └─ RTSList 交通标志信息
          ├─ rteId        道路交通事件信息编号
          ├─ SignType     交通标志内容，遵循《道路交通标志和标线  第 2 部分：道路交通标志》(GB 5768.2—2022)
          ├─ PositionOffsetLLV  交通标志的坐标
          ├─ Description  交通标志的补充描述
          ├─ RSITimeDetails  交通标志的起止时间
          ├─ Priority     交通标志信息的优先级
          ├─ ReferencePathList  交通标志所影响的路径坐标点集合
          └─ ReferenLinkList    交通标志所影响的道路集合
```

图 3-9 RSI 内容

可以看到 RSI 主要由交通事件和交通标志组成，交通事件分类依据《道路交通信息服务　交通事件分类与编码》（GB/T 29100—2012），可以枚举出交通事故、交通灾害、交通气象、路面状况等事件。交通标志采用《道路交通标志和标线　第 2 部分：道路交通标志》（GB 5768.2—2022）中的定义。使用 RSI 可以实现车内标牌、前方拥堵提醒等功能。

最后一个重要的消息则是 RSM，它是 Roadside Safety Message 的缩写，它的主要内容见图 3-10：

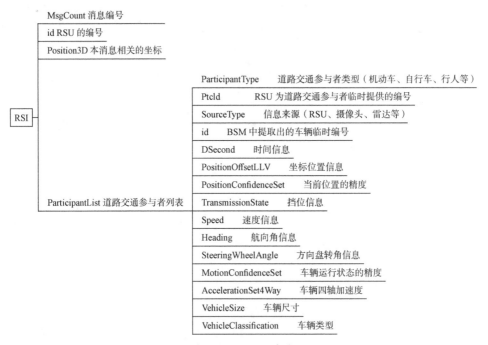

图 3-10　RSM 内容

RSM 当前主要由 RSU 通过自己的传感器进行感知并将感知到的交通参与者信息编成 RSM 发送出来，基于 V2I 的弱势交通参与者碰撞预警功能就是使用了这个消息。

3.1.4　车端到边缘节点／中心云控平台（V2N）通信网络

受车端到边缘节点／中心云控平台交互时传输效率的影响，V2N 的主要目的和应用场景包括：

（1）中心云控平台实时监控车辆位置和状态：通过车载定位设备和传感器，车辆可以将位置信息和车辆状态数据上传至中心云控平台，实现对车辆的实时监控。

（2）中心云控平台对车辆进行远程诊断和管理：中心云控平台可以通过远程诊断系统，识别车辆故障并提供远程维修服务。

（3）数据采集和分析：中心云控平台可以采集车辆上传的行驶数据、车辆状态数据等信息，通过对这些数据的分析，提供更加精准的车辆管理和服务策略。

（4）智能派单和调度：通过对车辆运营数据的分析和车辆位置的实时监控，中心云控平台可以为车辆的运营和调度提供更加智能和高效的策略。

（5）客户服务：中心云控平台可以通过车辆上传的数据和客户反馈信息，提供个性化的客户服务，提高客户满意度。

基于上述场景，V2N 的网络传输流程和采用的通信方式见图 3-11：

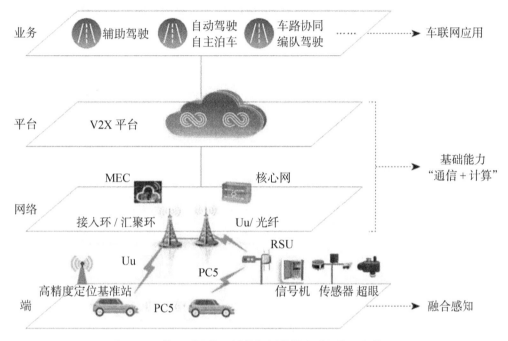

图 3-11　基于"通信+计算"网络的车联网体系架构

车端采用 Uu 方式通过基站接入网络，最终实现与云控平台的交互。或者车端通过 PC5 与 RSU 进行交互，RSU 通过 Uu 或光纤将数据进行转发。

智能网联车辆应向 V2X 云控基础平台（根据智能网联车辆具体接入的区域子系统或中心子系统）上报车辆状态数据，如车辆基本信息、OBU 状态数据和 V2X 预警数据等，应能直接上报或通过第三方车企平台上报车辆位置状态信息、自动驾驶数据等信息（见表 3-3）。

表 3-3　车辆向云控平台上报的信息类型

信息流向	信息交互对象		交互信息类型
上行	智能网联车辆	区域子系统/中心子系统	① 车辆基础数据（如车辆注册）； ② 车辆运行状态信息（如车辆位置、异常事件信息等）； ③ 网联辅助驾驶数据（如 OBU 基础数据、心跳、OTA 以及 V2X 预警等）； ④ 自动驾驶信息（如自动驾驶状态信息、车辆决策信息等）； ⑤ 其他车辆相关信息（如车辆调度等）

智能网联车辆与 V2X 云控基础平台之间的通信要求如下：

（1）通信协议：宜采用 MQTT 协议或 TCP/UDP 协议。

（2）传输格式：应支持 JSON 格式，也可根据需要采用二进制等格式。

（3）编码格式：UTF-8。

通过在 T-BOX 上安装的 2G、3G、4G 网卡，车辆与车联网平台可以将车载 T-BOX 与互联网相连接，并将车辆实时的状态数据以报文的方式上报到车联网平台，车联网平台还可以向 T-BOX 发出命令，从而对车辆进行控制。

（1）车辆向车载网络平台报告的上行数据包括了以下内容：车辆状态、位置数据、BCM 状态、EAS 状态等。

上报数据的方式主要有：

- 周期性上报：每隔一段时间 T-BOX 主动上报车辆的状态数据。
- 触发式上报：当车辆某些状态数据发生变化时，T-BOX 上报车辆数据，例如车辆启动时。
- 即时召读：车联网平台主动查询数据，下发获取数据指令，T-BOX 即时反馈车辆状态数据。
- 反馈上报：通过车联网平台下发控制指令后，反馈指令执行结果。

（2）由车联网平台向车辆发出的下行式命令，主要包括车辆控制和空调控制等，具体分三步进行：

- 车联网平台下发指令至 T-BOX。
- T-BOX 下发指令至车辆系统。
- 将指令执行结果反馈给车联网平台。

本书中所说的车辆端到云计算的网络连接是指通过运营商的 4G 或者 5G 网络，在云控制的底层平台上建立起来的网络连接（见图 3-12）。

图 3-12　车辆端到云计算的网络连接

本书所述车端与云端之间的数据传输时序是指车端到云端建立网络连接、数据上报的顺序，以及车端到云端再到车端的建立网络连接、车端功能请求、云端指令下发的顺序（见图 3-13）。

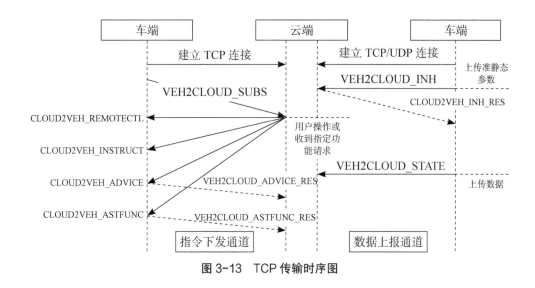

图 3-13 TCP 传输时序图

3.1.5 路侧设备到边缘节点／中心云控平台（I2N）通信网络

本书中，边缘节点和中心云控平台都是以云架构的方式进行部署和应用的，二者的区别主要在于管理范围及计算能力不同，但是与路侧设施的通信传输方式是相同的。因此在本节中，边缘节点和中心云控平台统称为云控平台进行描述。

路侧设备可独立接入云控平台，与云控平台进行数据交互，并由云控平台对路侧设备进行配置和运维管理。路侧子系统中有边缘计算单元时，路侧设备可接入边缘计算单元并进行数据交互，根据需要可同时接入云控平台。

3.1.5.1 通过边缘计算单元接入云控平台

路侧设备通过边缘计算单元接入云控平台，与云控平台进行业务数据或运维管理数据交互。边缘计算单元通过以太网接入云控平台，支持的通信协议包括但不限于 MQTT、TCP/IP、UDP/IP 或 HTTPS。边缘计算单元与云控平台之间主要的交互信息类型包括边缘计算单元基础信息、边缘计算单元及所接入设备运行状态信息、弱势交通参与者信息、交通事件信息、交通运行状态信息、信号灯信息、V2X 业务信息、边缘计算单元运维管理信息等。接下来对边缘计算单元与云控平台在交互这些信息时涉及的操作类型、交互要求、具体交互内容进行介绍。

1. 边缘计算单元基础信息

边缘计算单元初次配置或者配置发生变更时，需要主动向云控平台发起信息广播，告知云控平台其相关基础信息，或者云控平台向边缘计算单元发起查询请求的时候，边缘计算单元进行查询应答，发起或应答的核心信息包括道路编号、道路类型、设备信息、支持的通信方式（如 2G/3G/4G/5G、PC5 ONLY、PC5+2G/3G/4G/5G 等）、设备运营状态、联网状态、接口协议（如 HTTP/HTTPS/FTP/SFTP 等）等。

2. 边缘计算单元及所接入设备运行状态信息

云控平台可通过查询请求获取边缘计算单元及其接入的路侧设备（如 RSU、摄像头、毫米波雷达、激光雷达等）运行状态信息，或者由边缘计算单元按照设置的频率，主动向云控平台上报设备运行状态信息。在边缘计算单元访问设备时，或在设备状态发生改变时，通过信息广播的方式，主动向云控平台上报设备状态信息。设备运行状态信息的核心内容包括运行状态（如正常、故障、维修中、已报废等）、与边缘计算设备连接的路侧设备数量、路侧设备状态等。

3. 弱势交通参与者信息

边缘计算单元通过融合感知得到交通参与者信息，向云控平台主动上报，辅助开展各类车路协同应用。上报的主要信息包括交通参与者类型（如机动车、非机动车、行人等）、车辆类型、数据来源（如：边缘计算单元、RSU、激光雷达、毫米波雷达、微波雷达、地磁、摄像头等）、道路名称、交通参与者状态（如静止、运动）、参与者速度、目标跟踪时长、目标历史轨迹、目标轨迹预测等。

4. 交通事件信息

边缘计算单元通过融合感知得到交通事件相关信息，并将结果信息上报到云控平台，交通事件信息的发送频率根据具体应用场景确定。云控平台基于多源渠道获取事件信息，并下发给边缘计算单元。交互核心信息包括事件 ID、事件感知来源（如边缘计算单元、RSU、激光雷达、毫米波雷达、微波雷达、地磁、摄像头等）、道路名称、事件发生时间、事件结束时间、事件发生位置、事件置信度等。

5. 交通运行状态信息

边缘计算单元通过融合感知得到交通运行状况相关信息，并将结果信息上报到云控平台，交通运行状况信息的发送频率包括周期性上报和云控平台反向查询两种。云控平台可通过多源渠道获取交通运行状况信息，并下发给边缘计算单元，可用于开展各类车路协同应用。交通运行状态信息的发送频率应根据具体应用场景确定。交通运行状态核心信息包括道路及路口信息、路口每个进口道路方向的交通运行状况、路口排队车辆数、路口排队长度、行人过街数量、平均车速、车辆密度、拥堵程度、拥堵信息（如拥堵开始时间、拥堵结束时间、拥堵持续时间、拥堵起点和终点的经纬度等）等。

6. 信号灯信息

边缘计算单元将来自信号灯的采集数据进行融合处理后上传给云控平台。信号灯上传的核心信息包括信号机运行状态、信号控制方式、信号灯控制路口的进口数量等。

7. V2X 业务信息

边缘计算单元与云控平台之间涉及的 V2X 业务消息交互内容包括 RSU 接收的 BSM 报文等。边缘计算单元基于路侧感知制作生成的 V2X 报文，在发送给 RSU 的同时也会发送到云控平台，比如 RSI、SSM（Sensor Sharing Message，感知共享消息）等报文；云控平台根据需要，通过边缘计算单元向 RSU 等路侧设备下发 V2X 报文数据，如 SPAT 等。

8. 边缘计算单元运维管理信息

云控平台可以查询边缘计算单元的相关消息，边缘计算单元向云控平台反馈查询结果。此外，云控平台可以远程对边缘计算单元进行关机或重启操作。云控平台可以对边缘计算单元进行远程 OTA 升级。

3.1.5.2 通过网络设备直连云控平台

路侧设备也可以通过网络设备与云控平台直连，直接通过以太网将数据传输至云控平台，与云控平台进行业务数据或运维管理数据的交互。直连场景中采用的通信协议包括 MQTT、TCP/IP、UDP/IP 或 HTTPS 等。路侧设备与云控平台之间交互的消息主要包括设备基础信息、设备配置信息、运行状态信息、V2X 业务信息、运维管理信息。

（1）设备基础信息：云控平台可以向路侧设备发出设备基础信息查询请求，路侧设备收到查询请求后立即应答。路侧设备信息发生变化时，主动向云控平台上报变化信息。

（2）设备配置信息：云控平台可以向路侧设备批量下发设备配置管理信息、业务配置管理信息等，路侧设备收到配置管理信息后，进行配置确认和应答。

（3）运行状态信息：云控平台可以向路侧设备发送运行状态信息查询请求，路侧设备收到查询请求后立即应答，向云控平台发送运行状态信息。路侧设备也可定期向云控平台主动上报设备运行状态信息。路侧设备在运行状态发生变化时，通过信息广播的方式主动向云控平台上报信息。

（4）V2X 业务信息：路侧设备将车辆接收到的 V2X 信息实时上报到云控平台，云控平台根据需要向路侧设备下发 V2X 报文信息。

（5）运维管理信息：云控平台根据需要向路侧设备发起远程关机/重启指令，路侧设备收到远程关机或重启命令后，立即应答，并执行关机/重启操作。云控平台根据需要向路侧设备发起远程 OTA 升级命令，路侧设备收到远程 OTA 升级命令后，立即应答，并执行升级操作。

3.1.6 边缘节点到中心云控平台通信网络

区域子系统与中心子系统之间的通信要求如下：

（1）通信协议：应支持 HTTP/HTTPS 协议进行信息交互，区域子系统应向中心子系统进行注册，采用用户名加口令方式进行认证、授权，高频类信息交互时也可根据需要采用 MQTT 或 WebSocket 等协议。

（2）传输格式：应支持 JSON 格式，也可采用 Protocol Buffer。

（3）编码格式：UTF-8。

交互信息类型见表 3-4。

表 3-4 区域子系统与中心子系统间的交互信息类型

信息流向	信息交互对象		交互信息类型
上行	区域子系统	中心子系统	① 车载子系统数据； ② 路侧协同设施数据； ③ 区域基本数据； ④ 区域统计数据（如道路交通统计数据、车辆统计数据等）； ⑤ 设备状态信息
下发	中心子系统	区域子系统	① 配置管理信息； ② 实时视频数据； ③ 历史视频数据

V2X 云控基础平台中心子系统与区域子系统之间的信息交互要求如下：

（1）区域子系统首次注册或信息变更时应向中心子系统上报区域基本信息与路侧协同设施站点信息，如区域子系统所属机构、路侧协同设施站点信息列表等。

（2）区域子系统应周期性向中心子系统上报各类统计数据，如区域道路交通状态统计、车辆统计、路侧协同设施统计等数据。

（3）区域子系统应向中心子系统转发车载子系统和路侧协同设施上报的相关数据，对于道路交通感知信息、V2X 信息等高频率数据可采用抽样转发。

（4）中心子系统应能查询区域子系统相关车辆、路侧协同设施状态以及道路交通感知实时视频或历史视频等信息。

（5）中心子系统应能对区域子系统数据上报策略进行配置。

3.1.7 中心云控平台到其他平台

中心子系统与对外平台之间的通信协议规则如下所示：

（1）通信协议：中心子系统从第三方平台获取数据时遵循第三方平台接口规范，宜采用 HTTP/HTTPS 协议；中心子系统向第三方外平台共享数据时宜采用 MQTT 或 WebSocket 等协议。

（2）传输格式：应支持 JSON 格式，也可采用 Protocol Buffer。

（3）编码格式：UTF-8。

交互信息类型见表 3-5。

表 3-5 中心云控平台与其他平台的交互信息类型

项目	信息交互对象		交互信息类型
请求	中心子系统 / 区域子系统	第三方平台	① 地图数据； ② 气象环境数据； ③ 自动驾驶数据； ④ 其他第三方平台数据
共享	中心子系统 / 区域子系统	第三方平台	① 道路交通感知信息； ② V2X 业务信息； ③ 其他信息

3.2 车路协同网络技术架构

3.2.1 网络协议分层及组网方式

车路协同系统的网络协议分层见图 3-14，包括接入层、网络和传输层、设施层、应用层，它遵循 OSI 模型层间通信协议。管理实体负责管理车路协同系统之间的通信，如建立管理信息库，进行应用管理、网络管理、跨层管理及规则管理；安全实体为通信协议栈及管理实体提供安全服务，如建立安全管理信息库、防火墙入侵管理、认证授权配置管理等。

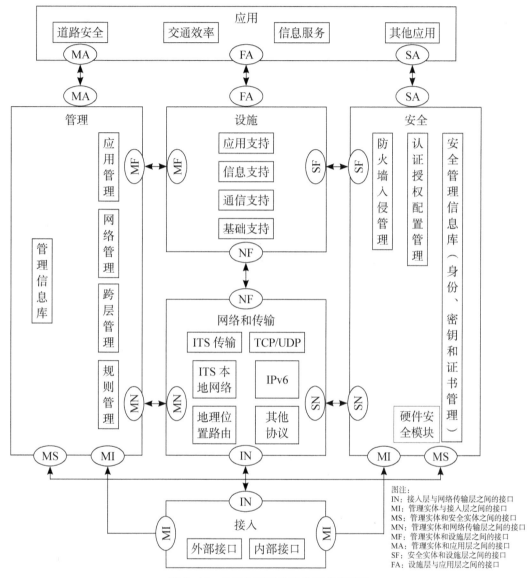

图 3-14 C-ITS 系统协议分层参考架构

3.2.1.1 网络协议分层

1. 接入层

车路协同系统的接入层对应 OSI 第 1 层物理层和第 2 层数据链路层，是针对不同物理网络的链接形式的协议，例如蓝牙、Wi-Fi、GNSS、DSRC、LTE、LTE-V、5G、以太网等。这些标准具体由对应的标准组织定义，如 Wi-Fi 信号通信标准主要由两个组织制定，即 IEEE 和 Wi-Fi 联盟，IEEE 制定了 Wi-Fi 的物理层和数据链路层标准，Wi-Fi 联盟则负责制定 Wi-Fi 设备之间的互操作性标准。GNSS 是由国际民航组织（ICAO）成立的全球导航卫星专家组制定的标准和措施。LTE、LTE-V 和 5G 由 3GPP 定义。

2. 网络和传输层

网络和传输层对应 OSI 的第 3 层网络层、第 4 层传输层。网络层负责数据的传输、路径及地址选择，常用协议是 IP、ITS 本地网络、ARP、地理位置路由等。传输层确认数据传输及进行纠错的处理，常用的协议是 TCP、UDP、专用 ITS 传输协议。对于 V2N 通信，当地理位置路由在告警、事件的影响范围超出边缘计算单元的管理区域时，边缘计算单元应根据告警、事件发生的位置、类型及影响的道路范围，查找到所影响道路范围对应负责管理的边缘计算单元，把告警、事件消息路由到该边缘计算单元，由该边缘计算单元发送给管理区域内的 OBU。如果告警、事件的影响范围超出本边缘计算单元的管理区域时，应依次路由到下一个边缘计算单元。

3. 设施层

设施层对应于 OSI 的第 5 层会话层、第 6 层表示层和第 7 层应用层。OSI 中，各种服务及应用程序通过第 5、6、7 层来实现利用网络传输数据的功能，常用的协议包括 HTTP、FTP、SMTP 等应用层协议。而在车路协同网络中，设施层是由多个设施组成的中间件，这些设施为 ITS 应用提供功能、信息或服务，调用下层接口传输与其他 ITS 设备交互的数据。

根据设施所提供的服务和功能，可将其分为通用设施和特定设施。通用设施提供基本的核心服务和功能，以支持 ITS 系统可靠运营和应用的互操作。通用设施应对于所有的 ITS 系统和应用都是通用的。通用设施可包含时间服务、定位服务等。特定设施应为一个或几个特定的应用提供服务和功能，特定设施可对于一个或多个应用是通用的，对其他应用可选或者不能使用。

车路协同系统的设施层中，由应用支持设施、信息支持设施、通信支持设施和基础支持设施等组成。

（1）应用支持设施：能为应用提供服务或功能，如服务发布、应用管理和感知融合。服务发布实现用户服务及可用通信接入技术的发布；应用管理包括交通应用的生命周期管理，如交通应用的发布和优先级管理；感知融合实现不同路侧传感器数据的融合。以上是通用设施功能，除此之外，应用支持设施还具有一些特定设施功能，比如风险分析实现周期性分析车辆当前位置附近其他车辆、行人、障碍物的实时状态数据，获得对车辆驾驶行为有影响的风险数据，或者以告警/事件发生的实时位置为中心分析，获得受其影响的车辆集合；交互覆盖确定交通应用的控制和数据信息交互需要覆盖的范围，以及其中实际涉及的交通参与者，可支持负载交互和减少资源浪费；能源管理实现对电动车辆能源使用情况的远程监控、对充电基础设施位置及状态的管理。

（2）信息支持设施：信息支持设施能为应用提供所需的信息，如高精度地图和高精度定位。信息支持设施的通用设施功能包括高精地图和高精定位。其中，高精地图实现基于大量车辆上报的高精度位置信息，由网络实时生成高精度车辆行驶路线，进而生成高精度的车道地图信息并叠加本地交通实时状况，车辆行驶时可获取由网络动态下发的可行驶区域的高精度地图数据。信息支持设施的特定设施功能包括路权管理、车辆动静态信息管理、环境信息管理、路径规划、资源调度、道路基础设施信息管理等。

（3）通信支持设施：通信支持设施为应用提供通信和会话管理服务，如会话管理和寻址路由。通信支持设施的通用设施功能中，寻址路由实现点到点或点到多点的通信路径选择，业务优先级实现为高层下发的消息分配处理优先级。通信支持设施的特定设施功能中，会话管理实现上下文关系的消息跟踪、管理，如对于交叉路口通行需要进行行驶意图协商，这个协商过程需要多次信息交互，会话管理即对这些上下文消息进行管理；业务连续实现由于车辆移动性造成其他地理管理归属发生改变时业务不中断。

（4）基础支持设施：基础支持设施能提供基本服务支持并与安全和管理实体进行互联，如数据管理和标识管理。基础支持设施的通用设施功能包括标识管理、安全管理、时间管理、数据管理和管控关联。标识管理实现对于应用层及设施层所使用标识的管理，包括车辆、路侧设施等；安全管理实现应用层与设施层之间安全的数据交互；时间管理为消息和应用提供时间及时间同步服务；数据管理提供数据的表示、存储及发现，数据包括车辆数据、时间、位置、交通规则数据和道路拓扑等；管控关联实现车辆与中心之间的控制关联，通过车辆在中心注册的信息，建立控制审批。

各个车路协同节点之间可存在多种通信需求，如位置广播、感知共享、意图协商和协同控制等。这些通信需求由设施层采用不同的通信模式来完成。设施层的通信模式包括广播方式和点到点方式。广播方式能支持多个节点之间的广播通信，实现位置、感知、信号、地图等信息的共享，具体包括 BSM、MAP、RSI、RSM、SPAT 等消息类型。点到点方式能够支持两个节点之间的单播、事务或者会话通信，实现信息通告、意图协商、协同控制等功能，消息格式和内容由具体的应用定义。

4. 应用层

应用层通过设施层提供的功能实现，包含道路安全、交通效率、信息服务及其他个性化的定制应用。

3.2.1.2 组网方式

1. 简化组网

针对简化管理决策，在部署边缘服务单元 ESU 和中心服务单元 CSU 两个层级的基础上，ESU 部署或变动时，应将自己的标识和服务区域通知 CSU。因此每个 ESU 只了解本 ESU 服务区域，CSU 了解所有 ESU 服务区域。简化组网见图 3-15。

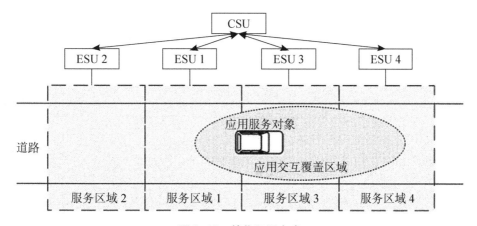

图 3-15 简化组网方式

基于简化组网，采用CSU集中决策的机制确定交通应用交互相关的交通参与者。基于简化组网方式的应用交互场景见图3-16。

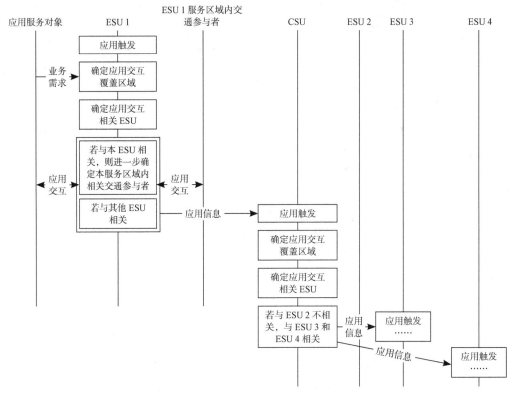

图3-16　基于简化组网的应用交互

首先，当交通应用在ESU 1上被触发时，ESU 1应先确定交通应用交互覆盖区域，再结合本ESU服务区域确定与交通应用交互相关的ESU。

若交通应用交互覆盖区域与本ESU服务区域存在交叠，则确定与ESU 1相关，应确定预设时间内该交叠区域中相关的交通参与者，并与这些交通参与者进行交互，传递交通信息。

若交通应用交互覆盖区域超出了本ESU服务区域，则确定与其他ESU相关，应将交通应用信息发送给CSU处理。

然后，当相应的交通应用在CSU上被触发时，CSU与ESU 1同样应先确定交通应用交互覆盖区域，再结合其所了解的所有ESU服务区域确定与交通应用交互相关的ESU。若确定与ESU 3、ESU 4相关，而与ESU 2不相关，则应传递交通应用信息给相关ESU时，不再发送给ESU 2，而只发送给ESU 3和ESU 4处理。

最终，当相应的交通应用在ESU 3或ESU 4上被触发时，ESU 3或ESU 4与ESU 1同样在本ESU服务区域中确定与交通应用交互相关的交通参与者，并与这些交通参与者进行交互，传递交通信息。

2. 快捷组网

针对快速部署网络，在仅部署ESU而未部署CSU的前提下，ESU部署或变动时，应将自己的标识通知相邻 ESU。因此每个 ESU 只了解本 ESU 服务区域以及相邻 ESU 的存在。快捷组网方式见图 3-17。

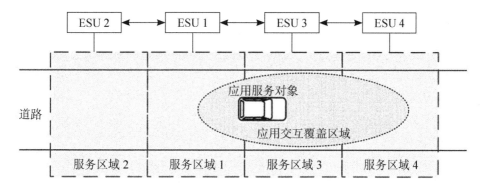

图 3-17　快捷组网方式

基于快捷组网，采用 ESU 分布决策的机制确定交通应用交互相关的交通参与者。基于快捷组网方式的应用交互场景见图 3-18。

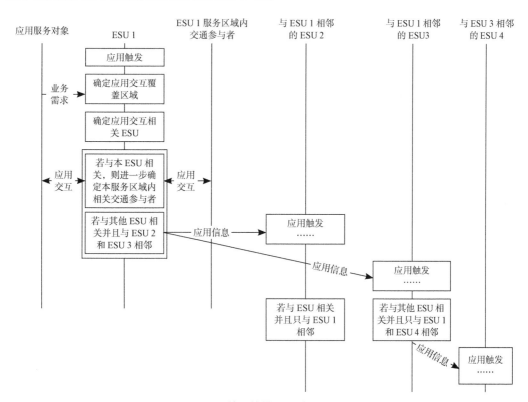

图 3-18　基于快捷组网的应用交互

首先，当交通应用在 ESU 1 上被触发时，ESU 1 先确定交通应用交互覆盖区域，再结合本 ESU 服务区域确定与交通应用交互相关的 ESU。

若交通应用交互覆盖区域与本 ESU 服务区域存在交叠，则确定与 ESU 1 相关，应确定预设时间内该交叠区域中相关的交通参与者，并与这些交通参与者进行交互，传递交通信息。

若交通应用交互覆盖区域超出了本 ESU 服务区域，则确定与其他 ESU 相关，应将交通应用信息发送给相邻 ESU 2 和 ESU 3 处理。

然后，当相应的交通应用在 ESU 2 或 ESU 3 上被触发时，ESU 2 或 ESU 3 与 ESU 1 同样处理，其中若传递交通应用信息给相邻 ESU，则 ESU 2 或 ESU 3 不应再发送给 ESU 1，而 ESU 3 只发送给相邻 ESU 4 处理。

最终，当相应的交通应用在 ESU 4 上被触发时，ESU 4 与 ESU 3 同样处理，而不应再发送给 ESU 3。

3. 典型组网

ITS 的典型组网架构包括 ESU 和 CSU 两个层级。ESU 应负责 ITS 服务范围局部区域的微观协调，CSU 应负责 ITS 服务范围整体区域的宏观协调。

ESU 部署或变动时，可将自己的标识和服务区域通知相邻 ESU 和 CSU。因此每个 ESU 了解本 ESU 和相邻 ESU 服务区域，CSU 了解所有 ESU 服务区域。典型组网方式见图 3-19。

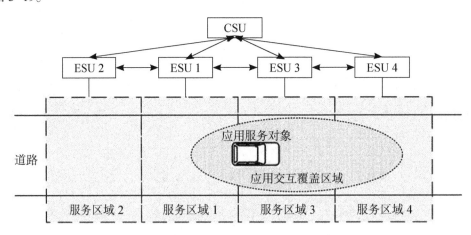

图 3-19　典型组网方式

基于典型组网，结合 ESU 局部分布决策的高效性与 CSU 全局集中决策的统一性可确定交通应用交互相关的交通参与者。基于典型组网方式的应用交互场景见图 3-20。

首先，在 ESU 1 服务区域中的某个交通场景下，当有业务需求时，可将应用服务对象的交通信息传递给其他相关交通参与者（例如交通信号通知应用以信号机为服务对象，将信号机相位信息通知附近车辆和行人），或者将其他相关交通参与者的交通信息传递给应用服务对象（例如盲区物体告警应用以车辆为服务对象，向车辆通知其盲区中其他物体的分布情况），相应的交通应用在 ESU 1 上被触发。

ESU 1 首先根据交通应用类型和应用服务对象的交通信息确定交通应用交互覆盖区域，通常是从应用服务对象的当前位置开始，根据交通应用类型所对应的预设距离，将相应范围的地理区域作为交互覆盖区域。

ESU 1 再结合其所了解的本 ESU 和相邻 ESU 服务区域确定与交通应用交互相关的 ESU。

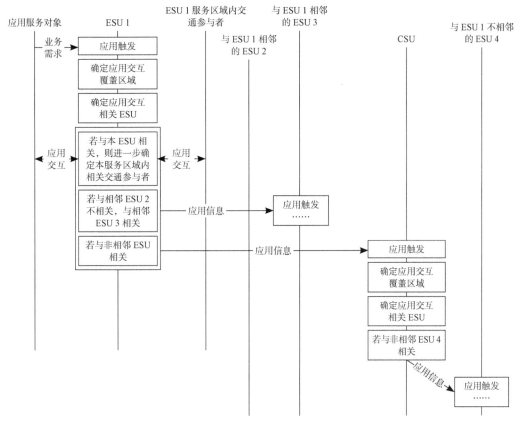

图 3-20 基于典型组网的应用交互

若交通应用交互覆盖区域与本 ESU 服务区域存在交叠,则确定与 ESU 1 相关,确定预设时间内该交叠区域中相关的交通参与者,并与这些交通参与者进行交互,可将应用服务对象的交通信息发送给这些交通参与者,或将这些交通参与者的交通信息发送给应用服务对象。

若交通应用交互覆盖区域与相邻 ESU 2 服务区域不存在交叠,而与相邻 ESU 3 服务区域存在交叠,则确定与 ESU 2 不相关,而与 ESU 3 相关,应将诸如交通应用类型和应用服务对象等交通应用信息发送给 ESU 3 处理。

若交通应用交互覆盖区域超出了本 ESU 和相邻 ESU 服务区域,应确定与非相邻 ESU 相关,应将诸如交通应用类型和应用服务对象等交通应用信息发送给 CSU 处理。

然后,当 CSU 收到 ESU 1 发送的交通应用信息时,相应的交通应用应在 CSU 上被触发。CSU 与 ESU 1 同样应先确定交通应用交互覆盖区域,再结合其所了解的所有 ESU 服务区域确定与交通应用交互相关的 ESU。若确定与非相邻 ESU 4 相关,则传递交通应用信息给相关 ESU 时,发送给其非相邻的 ESU 4 处理。

最终,当 ESU 3 收到 ESU 1 发送的或 ESU 4 收到 CSU 发送的交通应用信息时,相应的交通应用应在 ESU 3 或 ESU 4 上被触发。ESU 3 或 ESU 4 与 ESU 1 同样应在本 ESU 服务区域中确定与交通应用交互相关的交通参与者,并与这些交通参与者进行交互,传递交通信息。以上组网的交互过程支持的场景见表 3-6。

表 3-6 交互场景及通信需求

场景	子场景	通信需求			车速 / km/h
		端到端时延 /ms	通信可靠性	通信速率 /Mbps	
车队	支持车辆编队	10	90%	—	100
	短距编队协作驾驶	<5（编队车之间通信）	99.99%（完全自动驾驶）	—	80
	部分/条件自动驾驶车队的信息共享	20	高	2.5 ~ 2.75	100（城区）200（郊区）250（高速公路）
	高度/完全自动驾驶车队的信息共享	20	高	50 ~ 60	
扩展传感器	共享传感器信息和状态地图	10	90%	25	—
	共享环境信息（200 m 通信范围）	3	99.999%	1 000	—
	共享高清视频（500 m 通信范围）	<10	99.99%	700	—
高级驾驶	部分/条件自动驾驶中的信息共享	100	高	0.5 ~ 0.55	100（城区）200（郊区）250（高速公路）
	高度/全部自动驾驶中的信息共享	100	高	50 ~ 53	100（城区）200（郊区）250（高速公路）
	紧急路线协同（500 m 通信范围）	3	99.999%	30	—
	协同变道（车辆全自动驾驶）	10	99.99%	—	—
远程驾驶	远程驾驶	5	99.999%	1（上行）20（下行）	250

3.2.2 车路协同的融合通信

3.2.2.1 C-V2X 技术

1. C-V2X 技术演进

C-V2X 技术是由第三代合作伙伴计划（3GPP）制定，最初被称作 LTE（长期演进）-V2X 技术，以蜂窝技术为基础优化演变成为 NR（新空口）-V2X 技术，采用 5G 通信的 V2X 标准。LTE-V2X 与 NR-V2X 统称为 C-V2X。

C-V2X 提供了两种通信接口，它们分别被称作 Uu（基站与终端间的通信）接口和 PC5（直连通信）接口，这两种接口相互结合，彼此支撑，共同用于 V2X 业务传输。两个界面在有无基站的情况下，均能提供对应的通信业务。

（1）R14：LTE-V2X

在 R14 的标准中，PC5 接口的设计以 LTE-D2D（设备到设备）技术为基础。

从物理层角度上来设计，C-V2X 通过提高导频密度来提高系统的信道估计能力，从而有效地解决由车载系统的高速运动所引起的多普勒频移以及由 5.9 GHz 所引起的频偏问题。在半双工模式下，通过控制信息与数据信息的交换，提高了系统的处理能力。

在媒体接入控制（MAC）层设计上，C-V2X 提供了 2 种选择：基于基站调度的模式 3（Mode3）和终端自主感知分配资源的模式 4（Mode4）。

利用 V2X 消息的周期传递特性，通过半静止调度（SPS）方法降低了调度成本，同时，周围的车辆也能基于该方法对未来的资源利用进行预测，实现对传输资源的精准选择。另外，对于事件触发信息，基站也能进行动态的资源调度，实现快速的资源配置。汽车在移动过程中往往会经过无基站的区域，因此，基于无基站的无线网络环境下的无线网络资源优化配置成为一种必要的技术。

这种方法是利用测量来估计通道的利用情况；根据 SPS 特点读取资源调度信息，预测未来的资源消耗并作出规避；将不同的数据分级进行处理，确保高优先级的数据被优先传送。

在 LTE 技术的基础上，改进 Uu 接口，拟将单播技术引入 C-V2X 网络中，通过反馈机制增强 C-V2X 网络的传输可靠性，并通过高阶调制、MIMO、极化码等技术增强 C-V2X 网络的物理层性能。针对数据流特征，提出了一种基于数据流特征的多路 SPS 协议，该协议能够有效降低数据流上传时延，同时保证数据流的可靠传输。下行链路传输是一种面向 V2X 的广播方式，它可以实现单蜂窝、多蜂窝、多播单频段、低延迟的点到多点的数据传输。同时，为减少端对端的延迟，C-V2X 提出了核心网元本地化部署和"多重接入"的边缘计算技术。

（2）R15：LTE-eV2X

C-V2X 中的 R15 是一个较小的版本，它采用了两大核心技术：64 正交幅度调制（QAM）和载波聚合（CA），两者的设计目的都是提高通信速率。

64QAM 要求比较理想的空口传输环境，在实际中应用较少。此外，64QAM 特性的引入对速率匹配进行了修改，无法保持对 R14 的后向兼容。

在中国，目前工业和信息化部为 LTE-V2X 分配了 20 MHz 频段，因此无法支持 CA 的实施。

综上所述，LTE-eV2X 在中国没有应用场景，目前该版本并未商业化落地。

（3）R16、R17：NR-V2X（5G-V2X）

C-V2X 演进至 NR-V2X，以支持更先进的 V2X 应用，提供更严格的服务质量（QoS）保障。

LTE-V2X 能够为车辆提供主动安全的短消息广播，而 NR-V2X 能够通过单播、组播以及新型无线通信技术，为车路协同提供更加丰富的应用场景。在此基础上，进一步提高 NR-V2X 系统的传输带宽,实现高吞吐率下的数据传输。

R16 主要包括以下关键技术:

- 物理侧链路(Sidelink)增强。NR-V2X 具有较高的延迟和可靠度,在某些应用场合,延迟小于 3 ms,可靠度达 99.999%。针对上述问题,NR-V2X 提出一套全新的物理层方案,主要研究内容包括增加子载波间隔、缩短传输间隔、扩展循环前缀(CP)正交频分复用(OFDM)、新的物理侧链路控制信道(PSCCH)及新的物理侧链路共享信道(PSSCH)引入新的反馈通道等。另外,要实现更高的传送率,NR-V2X 还采用了毫米波、LDPC 编码、64 QAM 等技术。
- 支持单播、多播两种模式。车路协同技术将进一步应用于多个场景,如车辆意图协同、传感器共享、车辆编队行驶、路边驾驶决策等,为提高单播、多播的数据传输效率,设计相应的单播、多播通信机制。

而 R17 打算进行如下研究:

- 确定新的资源配置方法,以减少终端功率消耗。
- 在多播模式中,定义一种终端之间的合作机制,以减少延迟,提高可靠性。
- 为广播、组播和单播定义非连续接收(DRX)模式,进一步减少终端的能量消耗。
- 支持新的频谱。

2. C-V2X 技术架构

(1)技术要求

① 对 3GPP 系统的基本要求

在 E-UTRAN 支持 V2X 功能的情况下,信息的传递通过 3GPP 网络来进行;在 E-UTRAN 不支持 V2X 功能的情况下,通过 3GPP 网络对信息的收发进行提前设置,来实现车辆的 V2X 功能。3GPP 系统在 500 km/h 的相对速度下,不管车载终端是否支持 E-UTRAN 都应当可以进行高效的车载网络通信。不管车载终端、路边设施、行人是否使用了支持 V2X 通信的 E-UTRAN 提供的车联网通信服务,3GPP 系统都应该可以支持车辆与车辆、车辆与路边单元、车辆与行人之间的信息传输。

鉴于车路协同场景对网络需求的特殊性,3GPP 系统应该可以按照信息的种类(安全类别等),对车辆终端间的信息传递进行优先权调整,并可以按照不同的业务环境(如终端速度、终端密度等),调整信息传递的速度和距离,在多个车辆终端不属于相同的 PLMN 的情况下,还可以支持车辆终端间的信息传递。3GPP 能够支持云控平台、边缘节点、路侧设备来控制消息发送区域和改变消息发送区域的大小。

② 对 E-UTRAN 的基本要求

车载终端是 C-V2X 中的核心通信设备,车路协同网络中各通信网元均以车载终端为核心实现信息的交互,因此,E-UTRAN 应该支持高密度的车载终端通信。在车路协同系统中,不管 E-UTRAN 是否支持 V2X,都必须具备与其他网元进行数据传输等功能。E-UTRAN 应能为驾驶员提供充足的通信范围,以确保其有充足的反应时间。对具有车—车、人—车通信功能的终端,无论是通过路侧设备传送,还是通过车载设备传送,E-UTRAN 都要确保通信延迟不大于 100 ms。在碰撞感知等特定应用场景下,车辆间信息传输的最大延迟不能超过 20 ms。在车到路侧单元的过程中,该系统的通信延迟最大为 100 ms。通过 3GPP 实现的车联网终端与具有 V2N 服务功能的云控平台/边缘节点间的通信，其最大时延不大于 1 000 ms。在不依靠应用层重传的情况下，E-UTRAN 能够为用户提供高可靠性的数据传输。

E-UTRAN 对路边单元及车载终端的信息传输频率最高可达 10 Hz，可以进行周期性传输，也可通过特定的事件来触发。这些信息中不包含与安全性有关的消息单元。在周期性消息中，E-UTRAN 可以帮助两个支持 V2X 系统的车载终端之间进行信息传输，信息长度在 50～300 byte；在事件触发信息方面，两个车载终端所能支持的两个 V2X 系统中，所能传递的信息长度是 1 200 byte。

③ 对信息安全的要求

3GPP 标准中的网络保护了 V2X 系统中的应用数据的传输。3GPP 网络根据监管机构的要求，负责保护采用 V2X 通信终端的匿名性和隐私，确保在 V2X 应用所要求的某一个短期内，其不能被其他终端追踪或识别，确保采用 V2V/V2I 通信的车载终端在特定区域内不能被没有监管机构或用户授权的一方追踪。对于车路协同系统的整体安全解决方案，本书将在第 4 章进行详细介绍。

（2）通信接口

C-V2X 包含两种通信接口：人、车、路之间的短距离直接通信接口（PC5），终端和基站之间的通信接口（Uu）。蜂窝网络覆盖终端时，可在蜂窝网络下使用 Uu 接口，LTE-Uu 的工作模式可以是单播或 MBMS（多媒体广播多播业务）方式。而不管有没有网络覆盖，均可采用 PC5 接口进行 V2X 通信。这两种通信方式独立又互补（见图 3-21）。

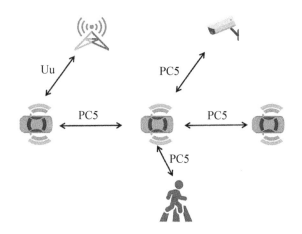

图 3-21　C-V2X 两种通信方式

图 3-22 是非漫游场景下基于 PC5 和 LTE-Uu 的 V2X 通信架构。这里面被提及的功能实体包括 UE（用户设备）、eNodeB（Evolved Node B，LTE 无线接入网基站）、MME（Mobility Management Entity，移动管理实体）、HSS（用户归属地服务器）、S/P-GW（SGW/PDN GateWay，SGW/PDN 网关）、V2X 控制器、V2X 服务器。涉及接口包括 V1～V5、PC5、LTE-Uu、S6a、S1。

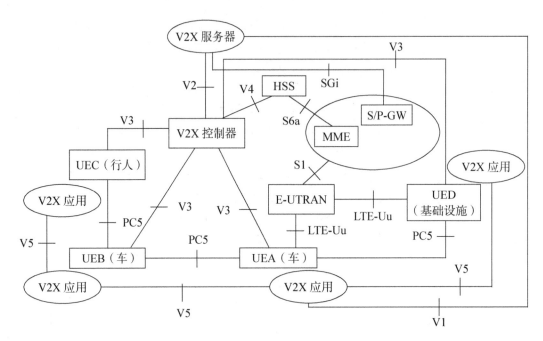

图 3-22 基于 PC5 和 LTE-Uu 的 V2X 通信架构

① UE

UE 是 LTE 网络中用户设备，车路协同网络中表示车载终端和弱势交通群体的移动设备等。UE 与 V2X 控制器间使用 V3 接口进行 V2X 控制信息的交换，而 V2X 的通信则使用 PC5 接口或 LTE-Uu 接口。V2X 通信的参数，例如目标的源层二 ID、无线资源参数、V2X 服务器的地址信息等都可以在 UE 中预先设置，而 UE 所属 PLMN 的 V2X 控制器，也可以在 V3 接口上发出信号，从而配置这些信息。UE 接收的 V2X 业务信息，可以利用现有的 MBMS 业务宣告机制获得，也可以通过 V1 接口由 V2X 服务器提供。

② eNodeB

eNodeB（eNB）是 LTE 网络中的无线基站和无线接入网络的网元，它具有与空中接口有关的全部功能。在车路协同网络中，eNodeB 通过 LTE-Uu 接口，采用单播模式发送或接收 V2X 消息，也可以采用 MBMS 机制发送 V2X 消息。对基于 PC5 接口的 V2X 通信，在 UE 使用 E-UTRAN 服务的时候，eNodeB 能够向 UE 提供诸如 PC5 接口通信的资源池配置等相关的无线参数配置，调度或者配置 PC5 接口资源（包括动态调度、半静态调度以及 UE 自主的资源选择，配置 PC5 接口物理信道功率等）。

③ MME

在 3GPP 的 LTE 接入网络中，MME 是一个核心的控制节点，在空闲状态下，MME 主要负责用户设备的定位、传呼和中继等，其主要功能就是信令处理。MME 还能够在 V2X 中获取与 V2X 业务相关的订阅信息，并且能够向 E-UTRAN 提供与 V2X 业务相关的 UE 授权状态标识。

④ HSS

HSS 是 LTE 中的核心网元，在 C-V2X 中用于处理车辆通信和移动设备的认证、授权和账单计费等方面的业务。HSS 主要有以下几个功能：

a. 支持用户身份验证和授权：当车辆或移动设备尝试接入 C-V2X 网络时，HSS 根据其所持有的 IMSI（国际移动用户识别码）和 IMEI（国际移动设备身份码）对其进行身份验证，然后向 MME 发出授权请求。HSS 可以根据运营商的配置规则控制用户接入的网络类型、业务和服务，还可以对用户进行基于时间和流量的账单计费。

b. 提供位置服务：在 C-V2X 网络中，HSS 可以为车辆和移动设备提供位置服务，包括提供当前位置、周围车辆和设备的位置等信息。这可以帮助车辆和移动设备更好地感知周围环境，提高行车安全性和便利性。

c. 管理用户数据：HSS 可以管理用户个人资料、安全策略、设备配置等数据，以便车辆和移动设备在接入网络时快速获取相关信息。

总之，HSS 在 C-V2X 网络中扮演着重要的角色，它支持实时位置服务、授权、认证和账单计费等，在保证车辆和移动设备接入安全的基础上为用户带来更多的便捷和服务。

⑤ S/P-GW

S/P-GW 的核心网元为 LTE，对节点之间数据传输的控制和管理负责。在 C-V2X 中，S/P-GW 有如下几个功能：

a. 支持移动性管理：当车辆或移动设备在 C-V2X 网络中移动时，S/P-GW 能够保持其网络连接，同时协调不同节点之间的数据传输。

b. 支持数据传输：S/P-GW 负责接收和转发车辆和移动设备之间的数据流，同时支持数据流的加密和解密。它还可以协调执行数据分发策略，以便提高数据可用性和可靠性。

c. 提供安全保障：S/P-GW 可以对车辆和移动设备之间的通信进行安全检测和认证，以确保信息不被未授权的第三方恶意获取。它还可以实现流量监测和防火墙管理，提高网络安全性。

总的来说，S/P-GW 在 C-V2X 网络中扮演着重要的角色，它能够保持节点之间的连接，同时保障数据传输的安全性和可靠性。此外，S/P-GW 还支持复杂的配置管理策略，以便厂商或者运营商可以根据不同的需求对网络进行管理和优化，从而实现更好的效果。

⑥ V2X 控制器

V2X 控制器是一个用于实现 V2X 业务所需的网络相关逻辑功能实体。在 PLMN 中，每一个提供 V2X 服务的网络中都只能存在一个 V2X 控制器。该控制器的核心功能是将 V2X 通信所需要的参数（如 PLMN 设置参数）提供给使用者，让使用者可以在特定 PLMN 中使用 V2X 服务。当 UE 不属于 E-UTRAN 业务范围时，V2X 控制器也可为 UE 配置 V2X 通信所需的参数。V2X 控制器使用 V2 接口，从 V2X 服务器获得 V2X USD，UE 使用这个 V2X USD 来接收 V2X 业务。

其中，V2X USD 是指 V2X User Service Data，即 C-V2X 用户服务数据。在 C-V2X 通信中，V2X USD 是指由车辆和移动设备产生和处理的用户服务数据，包括位置、速度、加速度、车辆状态、警告信息等。这些数据可以通过 C-V2X 资源网进行广播或点对点传输，向其他车辆和基础设施提供实时和准确的信息。V2X USD 对于基于 C-V2X 通信的智能交通、车联网、自动驾驶等应用具有重要的作用，可以提高车辆的感知、决策和行动能力,提供更加安全、高效和智能的交通系统。

⑦ V2X 服务器

V2X 服务器是 C-V2X 网络中的另一个重要组成部分,它可以为车辆和移动设备提供各种应用服务,包括车联网、智能交通、自动驾驶等。针对网络功能,V2X 服务器可以提供车辆和移动设备之间的数据交换和消息传递,实现实时的通信和数据传输,并提供车辆和移动设备之间的路由服务,帮助其快速、准确地找到目标节点。

V2X 服务器以单播的形式在 UE 接收上行链路数据,并以单播或者 MBMS 的形式将下行链路数据传输到目标区域的 UE 中,可以根据地理位置信息选择合适的目标 MBMS SAI(Service Area ID,服务区域标识)或者 3GPP ECGI(E-UTRAN Cell Global Identifier,E-UTRAN 小区全球标识),也可以根据 UE 提供的 ECGI 选择适合的 MBMS SAI,用于广播数据。

以上核心功能实体通过不同的接口实现数据的传输,这些接口包括:

- V1:V2X 应用(内置在 UE 里)和 V2X 服务器之间的接口。
- V2:V2X 服务器和 V2X 控制器之间的接口。V2X 服务器可以连接多个 PLMN 的 V2X 控制功能。
- V3:UE 和归属 PLMN 的 V2X 控制器之间的接口,适用于基于 PC5 和 LTE-Uu 的 V2X 通信,基于 LTE-Uu 的 V2X 通信可选支持 MBMS。
- V4:运营商网络中 HSS 和 V2X 控制器之间的接口。
- V5:UE 中 V2X 应用之间的接口。
- PC5:UE 之间直接通信的接口。
- LTE-Uu:UE 和 E-UTRAN 之间的接口。
- S6a:在 V2X 场景下,在 E-UTRAN 附着过程中,S6a 接口可用于向 MME 下载 V2X 通信相关的签约信息,或者当 HSS 中的签约信息改变时通知 MME。
- S1:在 V2X 场景下,该接口可将 V2X 业务授权从 MME 传送到 eNodeB。

以上介绍的是单一 PLMN 中 V2X 的通信架构。在跨 PLMN 时,需要解决的问题是不同 PLMN 之间网络的互联通信问题。这可以通过接入网关(Access Gateway,AGW)来实现。车辆首先需要连接到本地 PLMN 上的基站,并向 AGW 发送请求,以获得不同 PLMN 之间的路由信息。AGW 会根据不同 PLMN 之间的网络协议切换方式,将消息转发到目标网络中的车辆或基础设施上。

在跨 PLMN 的 V2X 通信中仍然可以采用基于 PC5 的直接通信和基于 LTE-Uu 的网络间通信方式。当车辆需要进行直接通信时,基于 PC5 的通信不受跨 PLMN 通信的限制,可以通过车辆之间的直接通信,实现跨 PLMN 的 V2X 通信。而当车辆需要进行网络间通信时,V2X 应用程序在车辆端向 AGW 发起的调度请求可以被传输到目标网络中的基站,并由基站转发到目标车辆或目标基础设施。

总的来说,跨 PLMN 的 V2X 通信涉及不同的 PLMN 之间的互联过程,需要依靠 AGW 的帮助,才能顺利地进行车辆间和基础设施间的通信。

3. PC5(直连通信)

PC5 接口以 LTE 标准中的 D2D 邻近通信服务为基础。采用 PC5 接口可实现

250 km/h 速率、高密度的数据传输。在没有 LTE 覆盖的情况下，LTE-V2X 还可实现基站与 GNSS 的时间同步。无论是否有网络覆盖，使用者都可以直接传送信息。PC5 通信接口的传输延迟小，覆盖范围小，适用于交通安全、局部交通效率提高等服务。在图 3-23 所示的 LTE-V2X 逻辑结构图中，LTE-V2X 车载终端可通过直通链路空口（PC5 接口）与其他 LTE-V2X 车载终端通信。

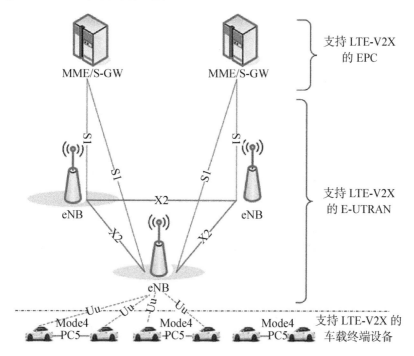

图 3-23　车载终端在 LTE-V2X 系统逻辑结构中所处的位置

（1）通信机制

直通链路的通信模式包含两个传输模式：直通链路传输 Mode3 是基于基站调度的资源配置模式，直通链路传输 Mode4 是终端自主资源选择模式。

Mode3 是一种用于 V2X 通信的基站调度的资源配置方式。在 Mode3 模式下，V2X 设备需要通过向基站发送资源请求来获取通信资源，以进行直通链路通信。通信流程如下：

① 基站向车辆广播时间分配信息，包括时间资源的总数、周期和每个时间资源的分配信息等。

② 车辆根据时间分配信息，按照时间顺序申请时间资源，其中每个时间资源的时间长度由基站指定。

③ 基站在每个时间资源的开始时刻，向申请该时间资源的车辆直接发送数据。

④ 车辆接收到数据后，进行相应的处理和回应，从而实现通信交互。

Mode3 模式通过时间分配的方式，避免了多个车辆同时请求同一资源的竞争，从而提高了通信的效率和稳定性。此外，基于时间分配的方式也使得基站能够更好地对资源进行调度管理，实现通信流量控制和 QoS 保证。Mode3 模式主要适用于密集车辆的场景，因为在这种情况下，不同车辆之间的通信需要更高效地利用有限的资源。在 Mode3 模式下，基站可以根据 V2X 设备的请求进行资源分配，并根据 V2X 设备的通信需求来确定分配的资源类型（例如带宽、信号强度等）和时间长度。这种资源分配方式可以支持实时的交通信息共享、交通安全预警、自动驾驶车辆之间的协作等应用。同时，它也可以避免资源的浪费，并提高通信效率。

与 Mode3 模式不同，Mode4 模式下的基站不用分配时间资源，而是由终端设备自主选择其发送数据的时间资源。通信流程如下：

① 终端设备在通信前，通过监听信道的方式获取和监测当前信道的状态信息，包括信道的占用情况和可用时间资源等。

② 终端设备选择一段空闲资源，即可自主发送数据。

③ 如果当前资源已被占用，终端设备会等待，直到当前资源变得可用再传输数据。

Mode4 模式的优点是可以提高终端设备的自主性和适应性，减少基站的参与，同时降低了通信中基站的复杂性和开销。但是，终端设备在选择资源时可能会出现冲突并导致数据包丢失，因此设备需要具备一定的智能和决策能力来选择合适的资源。

Mode4 模式的自主性意味着可以更加灵活和高效地利用通信资源，而适用场景的特点也保证了该模式能够达到预期的通信效果。例如：

① 网络中存在多个静态或移动终端节点，节点之间的数据传输不需要进行特定时间的同步与协调。

② 对于车队或群体而言，ECU 控制器需要依赖移动导航端口以及热点组建节点来创建通信环境，使得其他单元能够定位到当前的车辆状态或是位置，以此来提升车队或群体的时效性与安全性。

为了满足之前提到的应用领域的特性，V2V 和 V2I 这两种类型的通信既是双向的，同时也是基于位置的机制。一些特性如合作式编队、收费或远程诊断需要双向通信。但其他的如合作式前向碰撞警告、合作式自适应巡航控制，或危险位置提示需要基于位置的通信。特殊的功能，如合作式合流辅助，两种通信都要求。基于位置的通信对于一些特性是必需的，因为这些特性需要对某个特定的地理位置车辆进行寻址。

① 双向通信机制

双向通信也即单播通信，使得两车之间或车与路侧能够双向交互信息，路侧站可以被当作一个固定位置的车辆。这也意味着对于每一个发送的信息，期望从接收方得到相应的反馈，这样确定消息没有丢失。因此，这种方式具有更高的可靠性。

双向通信实施包含四个阶段。在发现阶段，一辆车搜索周围的节点（另一辆车或路侧单元）。在连接阶段，一辆车发起与另一辆车或路侧单元的初始连接。另一辆车或路侧单元按照一套规则，允许或拒绝连接。在数据发送阶段，通信双方保持开放的连接，进行信息交互。在结束阶段，其中一方决定结束连接并且通信双方停止信息交互。

在上述过程中有些要求（如开放不同通信信道）必须对应用层是透明的并且能被底层通信层处理。

发起者需要：

a. 执行发现过程。

b. 确定和选择适合特定业务的车辆或路侧单元。

c. 发送连接请求给响应者。

d. 在合适的时间，执行双方之间的单播、双向通信交换信息。

响应者需要：

a. 回复所有的连接请求（接受或拒绝）。

b. 鉴权和检查来自车辆的信息的可信性。

c. 在合适的时间，执行双方之间的单播、双向通信交换信息。

发起者和响应者都可以在任何时候结束连接。双向通信对两个特殊的车辆（或者车辆和路侧单元）能够按需预约双向的信息交互。这种信息交互总是能够得到另一方的响应，所以没有信息丢失。可以说这种通信为双方提供了互动的益处。但是双向信息交换以及在消息发送后要等待反馈，导致了时延的产生。如果将消息发送给更多的车辆，则导致更长的时延和更高的网络负荷。因此这种通信不适合某些应用，但是对于另一些应用却是必需的。

② 基于位置的通信机制

基于位置的通信机制是一种特殊的机制，在该机制中信息被同时传播给一个特定地理区域的一组车辆。

信息只被网络中的车辆或路侧单元执行单向分发，其中路侧可看成一个固定位置的车辆。基于位置的通信实现包含两个阶段。发现阶段是指在一个特定的地理区域，其中的一辆车或路侧单元决定发送信息给该区域内的其他车辆。位置更新是维持周边节点的实时位置信息。泛洪（泛洪指的是交换机在不知道将这个帧发给谁的时候，可以对任何目的地的数据帧进行泛洪处理的一种转发方式）是参与者传递带标签的信息的阶段（在理想的位置区域）。接收到信息的车辆检查标签并且根据标签确定是保留还是丢弃该消息。

发送者需要：

a. 获得信息（可能是本地的车辆的遥感勘测的数据如位置、速度或者其他某一个确定时段存储的信息）。

b. 将信息数据打包成一条消息。

c. 使用地理广播机制将消息发送给周围的车辆。

接收者需要：

a. 获取发送者的消息。

b. 将消息解码成本地车辆数据。

c. 通过比较本地的传感器数据，检查其他车辆传输的消息的可信性。

这种机制最重要的好处是将消息发送给特定区域的车辆，而这是一些应用所必需的特性。这种机制能够将消息快速地传递给很多车辆，并且能够减少网络负荷及信息分发的时间。这种机制的不足之处在于只能单向发送，这意味着双方没有交互，不能确认对方是否成功接收。

③ 基于位置的多跳通信机制

如果消息需要在链路中从一辆车被传送给另一辆车并持续传递下去，那么消息需要经过多跳到达最终目标。为了这样做，要求有一种去发现下一个相邻跳节点的路由算法。

在基于位置的机制中，路由要求本地化机制（每一个参与者的物理位置）。路由需要做到两件事：一件事是决定目标的位置（实际匹配一辆车与它的地理位置），另一件是在下一相邻跳中选择一个相邻的节点将消息传递出去。

所以，按照通信的需求，有三种通信机制：

a. 双向（经典或快速）。

b. 基于位置的单跳（伴随着单方向的永久信标或警告）。

c. 基于位置的多跳（伴随着警告）。

（2）V2X 通信授权及参数配置

① 授权原则

UE 在基于 PC5 接口进行 V2X 通信时，需要遵循设定的授权原则。UE 从 HPLMN 的 V2X 控制器中获取授权信息，这些授权信息按照逐个 PLMN 的粒度，用于授权 UE 在服务 PLMN 中的基于 PC5 接口的 V2X 通信。HPLMN 的 V2X 控制器向服务 PLMN 的 V2X 控制器请求授权信息，HPLMN 的 V2X 控制器合并 HPLMN 和服务 PLMN 中的信息并向 UE 通知最后的授权信息。VPLMN 或者 HPLMN 的 V2X 控制器可以随时撤销授权，当 VPLMN 撤销授权时需要通知 HPLMN 的 V2X 控制器。

② 授权信息

UE 在使用 E-UTRAN 业务时，必须将 PLMN 信息提供给 UE，该 PLMN 信息被授权以能够进行基于 PC5 接口的 V2X 通信。

UE 在未使用 E-UTRAN 业务的情况下，必须给 UE 一个指示，说明该 UE 是否被授权进行基于 PC5 接口的 V2X 通信。如果允许授权，则要向 UE 提供无线参数配置，包括在 UE 中配置与地理位置相对应的无线参数，用于 UE 在不使用 E-UTRAN 服务条件下的 V2X 通信。这些无线参数（如频率）见 3GPP TS 36.331，其中包含指示来分辨是"运营商管理"还是"非运营商管理"。3GPP TS 36.101 定义了用于 V2X 通信的"非运营商管理"的无线资源。UE 只有能定位自己在相应的地理区域时才能使用这些无线资源参数，否则 UE 没有授权传输。

③ 通信参数配置

运营商可以向 UE 预配置 V2X 通信所需的参数，而不需要 UE 连接到 V2X 控制器来获取初始配置。V2X 通信所需的参数可以分别配置在 UICC（集成电路卡）、ME（移动终端）中或者同时配置在 UICC 和 ME 中。如果 UICC 和 ME 中都保存了某一组配置参数，则优先使用 UICC 中保存的这组配置参数。USIM（通用集成电路卡）去除或者替换不会删除 ME 中的 V2X 通信配置参数。UE 使用用于 V2X 业务的无线资源时需要遵循以下原则：

a. 当 UE 接入某一小区并且准备使用该小区管理的无线资源执行 V2X 业务时，UE 使用小区指示的无线资源，忽略配置在 ME 或者 UICC 中的无线资源。如果小区没有提供用于 V2X 业务的无线资源，UE 则不能在这一小区管理的无线资源上执行 V2X 消息的传输和接收。

b. 如果 UE 希望使用"运营商管理"的无线资源（也就是载波）执行 V2X 业务，

但该资源不是由当前接入的小区管理，或者 UE 不在网络覆盖范围内，UE 需要在所有 PLMN 范围内搜索对应能提供该无线资源（也就是载波）的小区。

• 如果 UE 在注册 PLMN 或者等价 PLMN 中发现了这样的小区，并且确认这一 PLMN 授权允许该 UE 使用基于 PC5 接口的 V2X 通信，该 UE 使用这一小区指示的无线资源。如果这一小区不提供用于 V2X 业务的无线资源，则该 UE 不能在这些无线资源上执行 V2X 消息的传输和接收。

• 如果 UE 发现了这样的小区，但是该小区并不在注册的 PLMN 或者等价 PLMN 中，但是该小区属于一个允许采用基于 PC5 接口的 V2X 通信的 PLMN 并且这一小区提供了用于 V2X 业务的无线资源，则 UE 需要执行 PLMN 选择功能（如 3GPP TS 23.122 定义）。如果终端有激活的紧急 PDN 连接，终端不应因 V2X 通信触发任何 PLMN 选择。

• 如果 UE 发现了这一小区，UE 不能使用基于 PC5 接口的 V2X 通信，除非这一小区的 PLMN 授权允许执行基于 PC5 接口的 V2X 通信。

• 如果 UE 没有在任何 PLMN 中发现能够提供该无线资源的小区，UE 认为其处于"不使用 E-UTRAN 服务"的状态，并使用 ME 或者 UICC 中提供的无线资源。如果 ME 或 UICC 中没有提供这些资源，或者 UE 没有授权使用基于 PC5 接口的 V2X 通信，则 UE 没有授权进行发送。

c. 如果 UE 希望使用"非运营商管理"的无线资源（也就是载波）执行 V2X 业务，如 3GPP TS 36.331，UE 应使用 ME 或者 UICC 中的资源配置信息进行 V2X 通信。如果在 ME 或者 UICC 中均不存在这样的配置或者配置未授权基于 PC5 接口进行 V2X 通信，则 UE 没有授权进行发送。

d. 提供给 UE 的参数应支持地理区域设置。

（3）消息的发送和接收

PC5 参考点有两类，即 LTE 参考点和 NR 参考点。在 V2X 中，参考点是两个具体功能之间的交互界面，参考点是一种标准的双方之间的协议映射关系，类似于过去移动通信中的接口的概念，但只具有逻辑上的意义。UE 可以为 V2X 通信使用任意一种 PC5 参考点，或者这两种 PC5 参考点，这取决于 UE 所支持的业务。V2X 通信采用 PC5 参考点，其特征如下：

① 基于 LTE 的 PC5 参考点上的 V2X 通信是无连接的，支持接入层（AS）的广播模式，并且没有通过 PC5 的信令来建立连接。

② 基于 NR 的 PC5 参考点上的 V2X 通信支持 AS 的广播模式、群播模式和单播模式。如果 UE 的 V2X 应用层指明了与 V2X 层的通信方式，则 V2X 层应根据 V2X 应用层的请求设置通信方式；否则，V2X 层根据 V2X 业务类型的映射信息设置通信方式。V2X 层表示 V2X 服务类型到 AS 的通信模式，支持单播模式通信管理的 PC5 参考点上的控制面信令。V2X 服务通过 PC5 用户平面实现 UE 之间的通信支持。

③ PC5 参考点支持基于 IP 和非 IP 的 V2X 服务通信和消息通信。

④ 对于基于 IP 的 V2X 服务通信，仅使用 IPv6，不支持 IPv4。支持基于 IP 的 V2X 消息时，UE 自配置本地 IPv6 地址用于源 IP 地址。为了保证车辆不被跟踪或者被其他车辆识别，依据应用需求，在一定时间之后，源层二 ID 需要随机改变。对于基于

IP 的采用 PC5 接口的 V2X 通信，源 IP 地址需要随着时间随机改变。源 UE 的标识的改变需要采用 PC5 接口的各个层同步进行，例如当应用层标识改变时，源层二 ID 和源 IP 地址均需要改变。UE 被配置用于 V2X 业务的目标的源层二 ID。

⑤ 采用 PC5 接口发送和接收 V2X 消息时，V2X 通信支持漫游和跨 PLMN 的操作，采用 HPLMN 的 V2X 控制器授权 UE 发送和接收 V2X 消息。

⑥ 如果终端有激活的紧急 PDN 连接，该 PDN 上的通信优先级应比基于 PC5 接口的 V2X 通信的优先级高。

基于 PC5 的 V2X 有广播通信、组播通信、单播通信三种模式。

① 基于 PC5 的广播通信模式

以 LTE 标准为基础的 PC5 参考点、以 NR 标准为基础的 PC5 参考点均支持广播通信方式。所以，对于选择在 PC5 参考点上发送的广播方式，有必要设置执行 PC5 RAT（无线接入技术）。广播方式是仅有的一种基于 LTE 的 PC5 参考点的通信方式。基于 NR 的 PC5 参考点的广播模式也为加强 QoS 提供了支持。

② 基于 PC5 的组播通信模式

组播方式的通信只被基于 NR 的 PC5 参考点所支持，并且可以用于应用层非连通性群组、应用层管理群组等各种各样的组。

在应用层管理群组中，当 V2X 应用层给出组大小和成员 ID 后，V2X 层就会把这些数据传送到 AS，以便进行组播控制。

③ 基于 PC5 的单播通信模式

单播通信方式只被基于 NR 的 PC5 参考点所支持。图 3-24 为 PC5 单播链路。

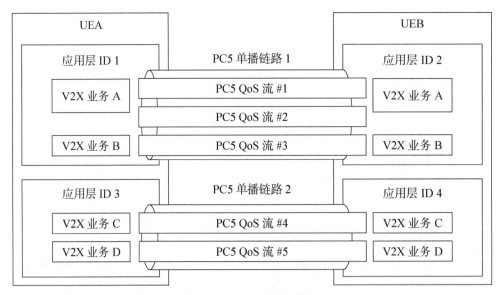

图 3-24　PC5 单播链路

（4）业务分析

① 处理终端为路侧感知设备：目前的感知设备仅具有简单的数据处理和分析功能，当感知设备的处理和分析能力可以满足应用场景时，路侧感知设备就是该场景业务流中

的数据处理终端。比如，在交通拥堵预警的场景下，现有的智能摄像机能够探测到交通拥堵的队列长度，并将其发送给 RSU，RSU 再向其广播 RSI，当车辆接收到该信息后，再根据自身的位置信息和出行信息，判断是否进行交通拥堵预警。

② 处理终端为路侧边缘计算平台：当业务场景对时延有很高的要求，并需对感知设备采集的数据进行融合处理时，它既可以解决时延问题，又可以实现数据融合。比如，在交叉路口的交通事故预警中，将多传感器采集的交通数据通过路边边缘计算平台传送给 RSU，RSU 定时向车辆发送 RSM，并依据车辆的位置和行驶状态，对交通事故进行预警。

在实际应用中，若要实现大规模的感知与信息广播，就必须使用区域计算平台来进行处理。具体内容为通过路侧感知设备（摄像头、雷达等）对周边环境进行监测，由路边边缘计算平台将数据传送至本地计算平台，并将其推送给 RSU，RSU 定时向车辆发送 RAM（Resource Access Management，访问控制）消息，并由车辆接收 RAM 消息，最后由车载应用根据自身位置及出行情况选择是否通知驾驶员。

③ 处理终端是业务运营平台：在需要由业务运营平台下发消息来支持应用场景实际应用，或者是通过 RSU 来收集基本信息、支持信息服务的时候，业务运营平台具有重要意义。

4. Uu- 蜂窝通信

Uu（蜂窝网通信接口）指的是终端和基站之间的通信接口，U 代表的是用户网络接口，u 是通用（universal）的意思。Uu 是一种能够实现用户与通用陆地无线接入网络之间通信的接口，其具有从 1.4 MHz 到 20 MHz 的带宽可调性，能够满足远距离、大范围、高可靠性的通信需求。

将 Uu 界面中的交互式数据划分为两部分，即用户面数据和控制面数据。用户面数据是指用户的业务数据，比如上网、音讯、影像等；控制面数据是 RRC（Radio Resource Control，无线资源控制）消息，其实现了对 UE 的访问、切换、广播和寻呼等高效控制。

（1）通信机制

V2X 中 Uu 接口的通信模式有两种，分别是单播通信和广播通信。单播通信指的是在 V2X 网络中，车辆之间或车辆与基础设施之间的点对点通信。在单播通信中，通信的两端需要建立连接，并且数据只能被发送方和接收方共享。广播通信指的是在 V2X 网络中，车辆和基础设施之间的多对多通信。在广播通信中，任何一个设备都可以广播数据，其他设备可以同时接收这些数据。

IP 封装，或者是非结构化 PDU 会话，用于从应用程序传送非基于 IP 的 V2X 信息。UE 依据网络设置情况选择 IP 的 V2X 消息在 IP 封装与非结构化 PDU 会话间采用哪种方式。如果不存在这种配置，则 UE 可实施如下方式：如果使用 IP PDU 来传送以 IP 为基础的或不以 IP 为基础的 V2X 信息，则 V2X 信息是透过 UDP 或 TCP 来传送的。UE 可以通过 V2X 来了解应用程序发出的非基于 IP 的 V2X 信息，也可以明确地设置 UE 使用传输层协议或不受配置约束。

（2）V2X 通信授权及参数配置

对于 Uu 接口的 V2X 通信，需要向 UE 提供单播或者 MBMS 传输相关的信息。包含如下参数信息：

① 授权使用基于 MBMS 的 V2X 通信的 PLMN 信息。包含在 PLMN 内的 V2X USD，用以接收以 MBMS 为基础的 V2X。V2X USD 可以从 V2X 应用服务器经由 V2 接口获得。

② V2X 应用服务器地址信息。包括与地理位置信息相关的 V2X 应用服务器的 FQDN 或者 IP 地址，以及这些配置信息应用的 PLMN。

③ 在 V2X 应用程序服务器上，利用 MBMS 发现的信息。包含 PLMN 清单和 V2X 服务器 USD 通过 MBMS 接收到的 V2X 应用程序服务器的信息。

④ V2X 业务，如 PSID（提供服务标识符）或 ITS-AID（智能交通系统应用程序标识符）等业务标识与下述信息的映射：

a. 用于单播的 V2X 应用服务器地址（包括 IP 地址 /FQDN 和 UDP 端口）。

b. 用于 MBMS 的 V2X USD。

（3）消息的发送和接收

Uu 接口支持使用单播模式发送和接收 V2X 消息，也支持使用 MBMS 接收 V2X 消息。对于采用上行单播 V2X 通信传输基于 IP 和基于 Non-IP 的 V2X 消息，在应用与 PC5 接口一致时（如 PSID 或 ITS-AID 等标识）V2X 消息采用 UDP/IP 包。

UE 根据 UDP/IP 向 V2X 应用程序的地址发送 V2X 信息。目的 V2X 应用服务器地址是根据 V2X 识别（例如 PSID、ITS-AID 等）以及 UE 的信息来获得的，并且 V2X 应用服务器基于该 V2X 应用服务器地址来接收 UDP/IP（UDP/IP）数据包，该 UDP/IP 数据包中含有 V2X 消息。

现有的应用服务器单播路由适用于如下两种 V2X 消息传输应用场景：

- 不同于 PC5 接口的应用（诸如 PSID 或者 ITS-AID 等标识）
- 采用发送基于 IP 的 V2X 消息的应用。

V2X 消息也可以通过 MBMS 进行广播，在这种情况下，V2X 应用服务器通过 MBMS 承载业务传输 V2X 消息。为了通过 MBMS 接收 V2X 消息，UE 需要知道每个 PLMN 中用于 V2X 业务的 USD。

（4）业务分析

① 处理终端为区域计算平台：一类是通过感知装置，直接获得结构化的感知数据，并将其传输到智能网联汽车中；另一类是利用路侧边缘计算平台，对传感数据进行融合，或者与智能网联汽车的请求信息相结合，对结果进行处理，并将其推送到智能网联汽车上。

② 处理终端为区域计算平台 / 业务运营平台：在仅需对车辆信息进行采集，无须关联路侧传感装置采集的信息和信号机信息的情况下，平台会发送预先设定的信息，或者对已采集的车辆信息进行汇总，以用于融合分析。例如，对悬浮列车进行数据收集，将 BSM 上报到区域计算平台 / 业务运营平台，并协助该平台编写交通状况评价报告。

3.2.2.2　DSRC 技术

车路协同通信技术分为两大流派，分别是基于蜂窝通信技术的 C-V2X 和基于 DSRC 的 DSRC-V2X（见图 3-25）。虽然我国车路协同是基于 C-V2X 的，但是 DSRC-V2X 发展的成熟度及其对车路协同发展的意义也不容忽视，因此本节对 DSRC-V2X 进行了详细的介绍，并将其与 C-V2X 进行了对比，让读者对国外的 DSRC-V2X 有所了解。在进行车路协同通信网络技术的详细介绍之前，有必要对这两种流派以及涉及的一些容易混淆的概念进行介绍。

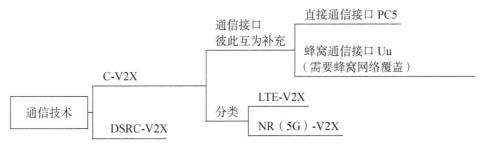

图 3-25 车路协同通信技术分类

（1）C-V2X（Cellular-V2X，蜂窝车联网）是继 DSRC 后出现的一项新技术，其目标是实现车与车之间的直接无线通信。C-V2X 是 3GPP 提出的一种以蜂窝数据调制解调器技术为基础的技术，它的接入层和 DSRC 在根本上是两个不同的概念，不能兼容。C-V2X 中的"C"指的是蜂窝，它是在 3G/4G/5G 等蜂窝网络通信技术演进的基础上形成的车用无线通信技术，它包括两种通信接口，一种是车、人、路之间的短距离直接通信接口（PC5），一种是终端与基站之间的通信接口（Uu），可以实现长距离、大范围的可靠通信。C-V2X 是以 3GPP 的全球统一标准为基础的一种通信技术，它包括了 LTE-V2X 和 5G-V2X，从技术演进的角度来说，LTE-V2X 平稳地向 5G-V2X 演进。

（2）LTE-V2X（Long Term Evolution V2X，基于 LTE 网络的 R14 版本的 V2X）。LTE 代表长期演进，是基于 GSM/EDGE 和 UMTS/HSPA 技术，面向移动通信设备和数据终端的无线宽带通信标准。

（3）5G-V2X（the fifth Generation V2X，基于 5G 网络的 R16 版本的 V2X）。5G-V2X 是一种利用 5G 通信技术实现车辆与其他实体（如车辆、基础设施、行人、网络）之间的信息交互技术，也是 5G 在车联网的垂直应用。

（4）DSRC：DSRC 是一项专为汽车应用而设计的无线通信技术，可实现车辆与其他道路使用者（包括汽车、卡车、摩托车、自行车、电瓶车、行人等）之间的直接通信，无须采用蜂窝网或其他通信基础设施。

下面详细介绍一下 DSRC 的具体内容。

1. DSRC-V2X

在 ITS 标准体系中，DSRC 协议是 ITS 的核心技术和智能交通服务系统的基石。DSRC 系统是一种无线移动通信系统，它通过数据的双向传输，将车辆和道路有机地结合起来，并借助计算机网络，在智能交通系统中，提供车—车、车—路之间信息高速传输的无线通信服务。DSRC 系统能够实现车辆间不停顿、不停车收费，具有数据传输速度快、通信时延小、抗干扰能力强的特点，是一种重要的交通控制技术。典型专用短程通信系统的通信方式有侧视和俯视，通信区域见图 3-26。

（1）DSRC 系统的组成

专用短程通信设备是以专用短程通信规范为基础的，该系统由路侧装置和车载装置两部分组成,利用它们之间的无线通信,实现道路网与车载装置间的信息交互。DSRC 是一种利用车—路作为通信平台,通过双向通信将汽车和道路连接起来的小型无线通信系统。

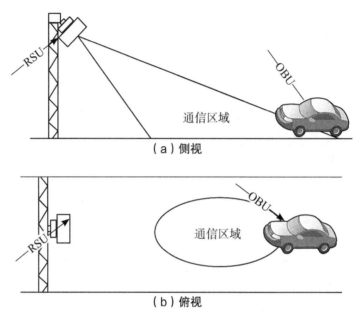

图 3-26　典型专用短程通信系统的通信区域

RSU 是由加密电路、编解码器电路和微波通信控制器等组成的 OBU 读写控制器,利用 DSRC 协议的数据交换方式和微波无线传递手段,来实现移动车载设备与路侧设备之间安全可靠的信息交换的目的。OBU 是一种集微波通信与信息存储功能于一体的设备。OBU 自身能够成为一种独立的数据载体,能够变成一种单片式电子标签,还能通过增加一个智能卡的读写接口,来增强数据存储、处理和访问控制功能,从而变成一种双片式电子标签。随着智能卡技术的发展,电子标签不仅可以储存更多的信息,同时也可以提供更多的信息。同时,它也可以在电子钱包中充当一种金融储值卡,极大地减少了系统运行的风险。

(2) DSRC 系统分类及设备工作原理

DSRC 系统采用通用的串行口与计算机相连,构成了一台高性能的便携式数据采集器。

DSRC 系统根据调解方式可划分为主动式(收发器系统)和被动式(异频收发系统或反向散射系统)。主动式系统中 OBU 和 RSU 通过振荡器来发射电磁波。RSU 发射信号到 OBU 后,OBU 再发射数据到 RSU,主动式 OBU 必须带有电池。被动式系统是指 RSU 先发射电磁信号,电磁波激活 OBU 进行信息传递,并反向切换频率发送给 RSU,被动式 OBU 有无电源都可以。

5.8 GHz 的微波近距离专用通信是以 HDLC 协议为基础的,它具有分区、TDMA(时分多址)、透明传输等特点,已逐渐被国内外 DSRC 装置的研发人员接受。专用短程通信设备的工作原理见图 3-27。

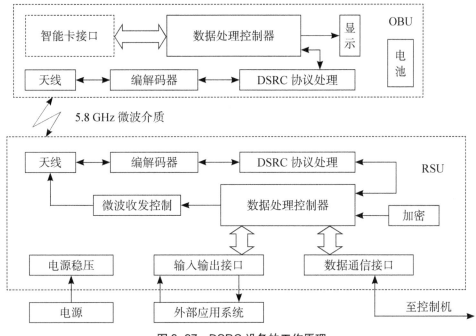

图 3-27　DSRC 设备的工作原理

（3）DSRC 协议功能与结构

DSRC 通过有效的无线通信技术，实现了对交通的智能化、实时、动态的管理。它能够为行驶的车辆和道路提供一个有机的连接，从而在很小的区域内，实现了对图像、声音和数据的准确和可靠的双向传输。相对于其他无线通信协议，DSRC 因其高传输速率、低传输时延和低实现复杂度，更适用于车辆—车辆、车辆—道路等复杂环境。

DSRC 协议采用了 OSI 标准的三层架构，即物理层、数据链路层、应用层，以满足近距离通信的需要。DSRC 协议结构见图 3-28。

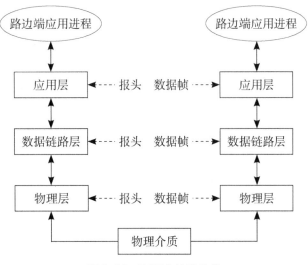

图 3-28　DSRC 协议结构

应用层对应用程序服务数据进行切割和重新组合，并负责将服务接口提供给应用系统；数据链路层包括 MAC 和 LLC 两个子层，在物理层中强化了原有的比特流，并确保了上层的无错误传输；物理层则提供了物理层传输信道。

① MAC 子层与 LLC 子层

MAC 子层通过物理层传输信道在 RSU 和 OBU 间进行通信，进行时隙分配、数据单位的分组和重新组合，并进行相关的确认运算。LLC 子层用于在路侧设备和车辆设备间的无线连接上对 LPDU 进行传送和错误控制，对接收到的指令和应答 PDU 进行处理并传递信息。

② 应用层

应用层包括三个核心单元：初始化核心单元（I-KE）、广播核心单元（B-KE）、传输核心单元（T-KE）。它们被用来实现初始化、广播信息传输和协议数据单元传输。应用层的核心单元结构见图 3-29。

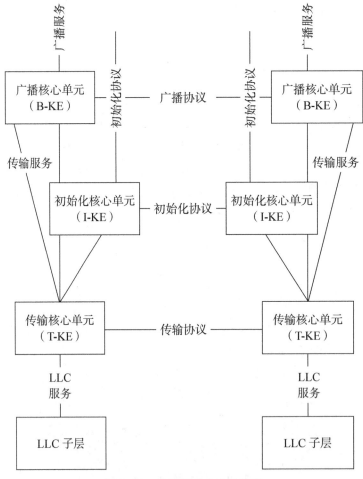

图 3-29　应用层核心单元结构

（4）现有 DSRC 标准比较

欧盟的 DSRC 标准是欧洲成员国之间相互妥协而制定的，它对每一层次都有很多可供选择和可设置的指标。这样的话，标准的严谨性就会大打折扣，也会造成厂商对标准的理解不一。欧盟的 DSRC 系统是专门为各种交通工具而设计的，可以适应各种交通工具，也可以满足各种交通工具的需求，这也让这项技术的应用范围更广。

与欧盟标准化委员会制定的标准相比，日本标准更加严格，在内容描述和参数描述上也更加清晰。另外，日本标准将 DSRC 波段分为 7 个类型，每一个类型都对应着一个类型的应用（其中两个 ETC 类型的应用已经得到确认），这样的规范可以帮助提升频道的使用率。

2. DSRC-V2X 和 C-V2X 对比

DSRC 标准是 IEEE 在 Wi-Fi 的基础上发展起来的，其标准化过程是在 2004 年开始的。DSRC 系统由两个关键部件组成：一个是车载单元，另一个是路侧单元，OBU 和 RSU 实现了在车间及车辆和道路之间的信息双向传递，而 RSU 则可以通过光纤或者移动网络将交通信息传递到后端智能交通系统。

C-V2X 主要包括 OBU、RSU、Uu 接口和 PC5 接口。RSU 主要在覆盖范围内广播路况、信号灯、行人信息，提供时间及位置同步等，同时具有移动网络接入能力，可接入车联网管理平台或云平台；Uu 接口是指 OBU/RSU 与基站之间的接口，实现与移动网络的通信；PC5 接口是指 OBU 与 OBU、OBU 与 RSU 之间的直联通信接口，即车辆与其他设施之间不借助移动网络而直接进行通信。

DSRC-V2X 与 C-V2X 在通信方式、调制技术、多址技术、频段、通信类型的比较如表 3-7 所示。

表 3-7 DSRC-V2X 与 C-V2X 技术比较

项目	LTE-V	DSRC
通信方式	道路上的车与车之间的通信，道路上的车辆与基站间的通信	道路上的车与车之间的通信，道路上的车辆与 RSU 间的通信
调制技术	SC-FDM	OFDM
多址技术	TDMA 或 FDMA	TDMA
频段	V2V 工作在 ITS 专用频段，如 5.9 GHz；而 V2N 工作在现有的 LTE 频段，如 2.6 GHz	5.850～5.925 GHz
通信类型	传输带宽最高可扩展至 100 MHz，峰值速率上行 500 Mbps·下行 1Gbps，部分 V2V 应用场景时延小于 20 ms，部分 V2V/V2I/V2P 应用场景时延小于 100 ms，V2N 应用场景时延小于 1 000 ms，支持最大车速 500 km/h，覆盖范围能达到 10 km	支持车速 200 km/h，反应时间 100 ms，最大数据传输速率 27 Mbps，传输范围 1 km

DSRC-V2X 与 C-V2X 在应用场景、高密度传输支持、高移动性支持、传输范围、周期传输的典型频率的比较如表 3-8 所示。

表 3-8 DSRC-V2X 与 C-V2X 应用场景和技术性能比较

项目	IEEE 802.11p	C-V2X R14/15（LTE-V2X）	C-V2X R16+（5G-V2X）
应用场景	数据外部环境安全	数据外部环境安全和安全性增强用例	支持自动驾驶、测距定位、大吞吐量的传感器共享和本地 3D 高清地图更新
高密度传输支持	会丢包	可保证不丢包	可保证不丢包
高移动性支持	在有先进接收器的情况下支持最高 500 km/h 的相对速度	最高可达 500 km/h 的相对速度	最高可达 500 km/h 的相对速度
传输范围（90% 可信度误差，280 km/h 相对速度）	最大 255 m	直连情况下超过 450 m，蜂窝网络下更大	直连情况下超过 450 m，蜂窝网络下更大
周期传输的典型频率	100 ms 一次（50 ms 一次亦可）	100 ms 一次（20 ms 一次亦可）	低至几毫秒一次

3.2.2.3 短距离无线通信

车路协同环境中，除了用到 C-V2X、DSRC 进行通信，还会用到蓝牙、ZigBee 等短距离无线通信技术满足某些特定的应用场景。

1. 蓝牙

蓝牙技术能够有效地简化移动通信终端设备之间、设备与网络之间的通信，使得数据的传送更为快捷，同时也为无线通信的发展提供了一条新的途径。蓝牙技术有以下特点：

- 全球范围使用（工作在 2.4 GHz ISM 频段，绝大多数国家 ISM 频段范围是 2.4 ~ 2.4835 GHz，并且可以直接使用该频段，不需要向各国的管理部门申请许可证）。
- 通信距离 0.1 ~ 10 m（功率达到 100 mW 时，距离可以达到 100 m）。
- 可同时传输语音和数据（采用的是链路交换和分组技术，支持异步数据信道、三路语音信道以及异步数据与同步语音同时传输的信道）。
- 可建立临时性的对等连接（可以根据蓝牙设备在网络设备中的角色分为主设备和从设备，主设备是主网主动发起连接请求的蓝牙设备。几个蓝牙设备连接成微微网时，只有一个主设备，其他都是从设备）。
- 抗干扰能力强（采用跳频的方式来扩展频谱）。
- 模块体积小（便于集成）。
- 功耗低（激活模式为正常工作，呼吸模式、保持模式、休眠模式是为节能而使用的三种低功耗模式）。
- 接口标准开放（蓝牙技术联盟为了推广蓝牙技术的运用，将蓝牙技术协议全部公开，全世界任何组织、个人都可以进行蓝牙的产品开发）。
- 成本低（各大供应商研发自己的蓝牙芯片）。

鉴于以上特点，蓝牙技术在汽车领域有诸多实践，如蓝牙免提通信、车载蓝牙娱乐系统、蓝牙车辆远程状况诊断等车内智能应用。而基于蓝牙的 V2P/V2V/V2I/V2N 等车路协同应用中，比较有代表性的是数字钥匙和智能道钉。

（1）单车智能的 V2P 应用——数字钥匙

所谓的数字钥匙，就是将手机当成一把钥匙，通过无线技术，达到定位的目的。车载终端的控制装置识别并确定合法移动电话所在的地区，实现各种功能。比如 10 m 开外就能远程控制，10 m 左右距离就能迎接，2 m 开外就能自动开门，人进入汽车后自动启动汽车。在停车熄火后，人离开汽车后自动关闭汽车。上述场景依靠的是蓝牙定位与 UWB 定位两项技术。

蓝牙定位的原理主要是利用蓝牙信号场强值，也就是 RSSI。场强的大小是随距离而变化的。一般情况下，磁场强度随着距离的减小而增大，随着距离的增大而减小。蓝牙信号的频率比较高，在 2.4 GHz 左右，这就决定了它的一个物理特性：距离较近的地方，场强值变化较大，场强和距离位置有趋近线性的关系；但当距离较远的时候，比如超过 1.5 m 的时候，场强值的变化就会很小，很难被准确地分辨出来。

通常情况下，用三个以上的天线得到的场强值就可以求出一个点的测距，从而得到一个点的位置。从理论上讲，随着天线数目的增加，定位的精度也会提高。但是，因为其自身的特点，其在长距离下的定位准确度难以得到较大的提高。在实际测量中，在 0.1~1 m 之间，场强值的变化在 20 dbm 左右，到了 10~20 m，场强值的变化不到 10 dbm，说明此时距离的变化已经很难被准确测定。

在 UWB 技术进入汽车钥匙时代以前，车辆一般采用全蓝牙的数字钥匙来替代传统的实体钥匙。它的特点是通过软件校准算法来优化测量结果。不过，仅仅依靠场强来进行定位，并不能保证蓝牙的准确度。而以超宽带技术为基础的数字钥匙所具有的精确定位能力，为数字钥匙的发展开拓了新的方向。UWB 又称超宽带技术，是采用 1GHz 以上的带宽进行无线载波通信的一种技术。UWB 技术对钥匙及车体的测距通过飞行时间测距来实现。发射设备向外发送带有时间标记的信号后，接收设备根据接收到的信号，计算出所需的飞行时间，然后进行航程的推算，从而达到精确定位的目的。在此基础上，通过对钥匙与车端各个锚点之间的综合距离进行计算，使车端系统能够实时得到钥匙的准确位置。通常超宽带的定位精度可达厘米级。

（2）V2X 蓝牙组网策略——智能道钉

蓝牙组网是一种不需要基站的灵活网络。其拓扑结构包括微微网、散射网。目前，无线蓝牙技术的发展主要基于微微网和扩散网，当多个蓝牙装置互相靠近时，其中一台装置向邻近的另一台装置发出连接请求，互相之间建立连接，形成一个简单的通信网络，称为微微网。在微微网中，主动发起连接请求的装置是主机装置，而响应连接请求的装置是从机装置。微微网是一个小规模的网络，识别距离和覆盖范围都受限制。微微网的网络拓扑结构见图 3-30。

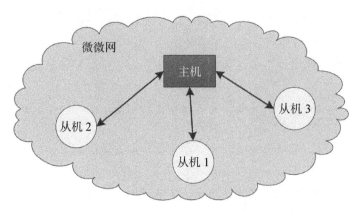

图 3-30　微微网拓扑结构示意图

散射网又称多跳网络或超级网络,其实质是多个微微网在时间和空间上的交互。图 3-31 中桥 A 和桥 B 为蓝牙桥节点,其主要功能是将两个微微网进行连接。它的出现使得长距离无线通信成为可能,拓展了无线通信的应用领域。散射网的网络拓扑结构见图 3-31。

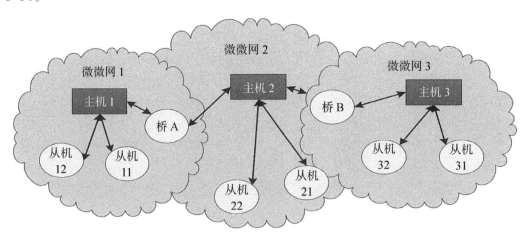

图 3-31　散射网拓扑结构示意图

在蓝牙协议中,对于如何构建蓝牙微微网有着明确的规定,具体来说就是一个主机蓝牙设备可以连接多个从机,当主机蓝牙设备扫描到其通信范围内的多个蓝牙设备时,主机会分别向从机发出连接请求,从机对连接请求进行响应,并与主机建立起连接,由一个主机与多个从机连接组成蓝牙微微网。一个主机能够同时与 7 个从机相连。微微网的覆盖范围受限于蓝牙通信距离,因此,为了实现更大范围的蓝牙网络,在建立完微微网后,可以采用桥节点连接 2 个微微网的方式来构建蓝牙散射网。

如果在车路协同场景中能够实现蓝牙的组网,那么蓝牙相较于其他短距离无线通信技术的优势就能被充分利用。

智能道钉(见图 3-32)最初是为了实现交通检测而被研发出来的。采用在道路上安装智能道钉的形式来实现交通检测,相较于传统的方式具有以下优点:

① 以震动和加速度两种参数为直接检测对象,通过分析这两种参数,实现对道路

上经过车辆的车速、排队长度、占有率等多种交通参数的间接分析和优化。

② 环境变化对地磁、震动这两种检测参数影响很小，因此智能道钉能够在低温、阴雨、冰雪等复杂环境中正常工作，稳定性强。

③ 在安装维护方面，智能道钉安装在道路表面，安装方便且易于维护。

④ 在成本方面，智能道钉制造成本低，批量生产之后，每个智能道钉的制造成本在 200 元左右，易于推广应用。

⑤ 通信方面，智能道钉集成了能够支持蓝牙通信的 CC2540 芯片，使得其支持蓝牙组网通信，实现数据的无线远距离传输，同时还能与手机、路侧设备以及汽车等通信。

因此，可以利用智能道钉天然自带的蓝牙通信能力，将其作为车路协同蓝牙网络中的主要节点，以实现车路协同蓝牙网络的构建，实现蓝牙网络中的 V2X 应用。

图 3-32　智能道钉实物图

结合车路协同应用需求，可以基于智能道钉构建一张蓝牙散射网，此网络以智能道钉为无线传感节点，线性排布在行车道上，每三个相邻的节点组成一个微微网，其中心节点为主节点，如图 3-33 所示。道路上相邻的微微网通过桥节点连接，形成线形结构的散射网，散射网通过主节点可以与道路上的其他蓝牙设备进行通信，最终形成面向车路协同的无线蓝牙网络，如图 3-34 所示。

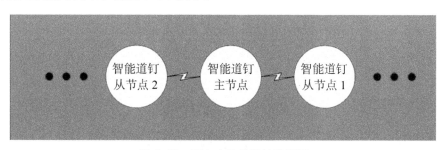

图 3-33　面向车路协同的微微网

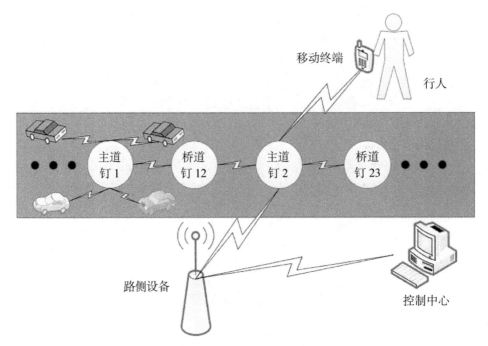

图 3-34　面向车路协同的无线蓝牙网络结构示意图

桥节点是连接微微网的串联装置。目前的桥节点都是同一蓝牙设备通过不同时隙在不同的微微网之中扮演不同角色形成的。以这种方式进行设计的桥节点，一次只能够在一个微微网中保持活跃，它采用时分复用的方式，在相邻的微微网之间进行切换，每次切换到一个微微网，都会与这个微微网进行同步，这种通信方式虽然增强了网络灵活性，却也有很大的不足，如牺牲了网络的实时性，增加了网络的延迟，而且桥节点越多，延迟越大。因此，可以由两个智能道钉从节点组成桥节点（见图 3-35），内部通过 SPI（串行外设接口，简称串口）进行通信，提高通信速率且保证数据传输稳定，确保无线蓝牙网络的实时性，使其更适合于车路协同的应用。

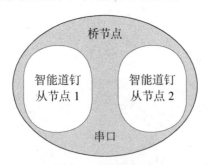

图 3-35　智能道钉桥节点

通过桥节点连接两个微微网，可以形成线性散射网（见图 3-36）。在线性散射网中，桥节点的两个智能道钉从节点分别作为两个微微网的智能道钉从节点，通过桥节点内部的 SPI 进行两个微微网之间的通信。每个智能道钉节点都具备数据采集的功能，而不同的智能道钉节点根据位置不同有不同的功能。网络组成后，所有智能道钉之间都能够直接或者间接通信，网络稳定性强，而且车路协同系统中的其他蓝牙设备可以通过主节点自由地接入和离开无线蓝牙网络。

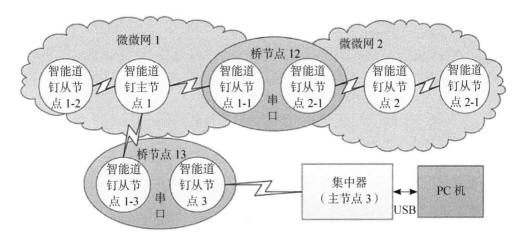

图 3-36　基于智能道钉主节点和桥节点的线性散射网结构图

2. ZigBee

ZigBee 是一种基于 IEEE 802.15.4 标准的短程无线通信技术，它的主要特点是具有较强的实时性和实用性。它具有传输距离短、复杂度低、自组织、低功耗、低速率等优点，适用于自动化、遥控等领域，可与多种装置配合使用。

（1）低功耗：传输效率很低，只有 1 mW 的发送功率，并且使用睡眠模式；在低功耗待机状态下，两块 5 号干电池可以维持 1 个节点 6~24 年以上的工作时间，这就是 ZigBee 的显著优点。

（2）低成本：通过极大地简化协议，降低了成本（还不到蓝牙的 1/10），同时还降低了对通信控制器的要求。根据预测，以基于 8051 内核的 8 位微控制器计算，一个全功能的主节点只需要 32 kB 代码，子功能节点只需要 4 kB 代码，并且 ZigBee 的协议专利不收费。

（3）低速率：ZigBee 在 20~250 kbps 的速率范围内工作，可以提供 250 kbps（2.4 GHz）、40 kbps（915 MHz）和 20 kbps（868 MHz）的原始数据吞吐率，可以满足低速率传输数据的应用需求。

（4）传输距离短：通常情况下，该信号的传输距离为 10~100 m，当发送功率增大时，也可以达到 1~3 km，这就是相邻节点之间的距离。若采用路由及节点之间接力通信的方式，则可使信息的传送范围进一步扩大。

（5）短延时：ZigBee 具有更高的反应速度，通常 15 ms 就可以从休眠到运行，30 ms 就可以将节点连接到网络中，从而达到节能的目的。相比之下，蓝牙的时间为 3~10 s，Wi-Fi 的时间为 3 s。

（6）高容量：ZigBee 具有星形、网形、树形等多种结构，并能连接任意一个节点，形成一个较大的网络结构。理论上，它可以连接 64 000 个以上的节点。1 个 ZigBee 网最多能容纳 254 个从机和 1 个主机，1 个地区最多同时存在 100 个 ZigBee 网。

（7）高安全性：ZigBee 向用户提供了数据完整性检查和鉴权功能，它使用的是 AES-128 的加密算法。与此同时，ZigBee 还提供了三个安全模式，其中包含了无安全设定、使用访问控制列表（ACL）来防止非法获取数据，以及使用高级加密标准（AES-128）的对称密码来确保其安全属性。

（8）高可靠性：ZigBee 在传输过程中引入了防冲突机制，并对要求固定带宽的通信服务预留了专门的时隙，以防止在传输过程中出现争用冲突。MAC 层使用完全确认的数据传输机制，每一个信息都要等待接收者的确认。

在 ZigBee 网络中，有三种设备：协调器，路由器、终端设备。三种设备有以下特点：

① 协调器（Co-Ordinator）：协调器是整个 ZigBee 网络的信息集合点和核心节点。它负责网络的构建、维护和管理。协调器通常为 ZigBee 的网关，负责与 Wi-Fi 等其他协议的转换，同时具有路由器的所有功能。

② 路由器（Router）：路由器能进行数据的收发，并负责数据的路径搜索和维持，使终端设备能接入网络，通常作为协调器与终端设备的中继节点使用。

③ 终端设备（End Device）：终端设备能进行数据的收发，但不能进行数据的路由。终端设备只能挂载到协调器或者路由器节点，通常为低功耗设备，如挂载各类传感器、继电器、开关等。

ZigBee 有三种组网模式，分别是星形拓扑（见图 3-37）、树形拓扑和网状拓扑（见图 3-38）。

（1）星形拓扑

星形拓扑是三类拓扑中最简单的一类，由一个中心协调器节点和多个终端节点组成。每个终端节点仅能与中心协调器节点进行连接通信，无法连接其他终端节点。若两个终端节点之间需要相互通信，则要通过连接中心协调器节点来进行信息的接收和转发。

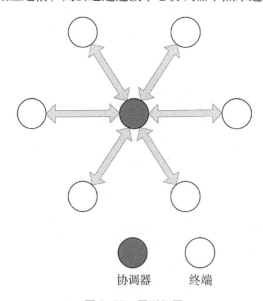

图 3-37　星形组网

（2）树形拓扑

树形拓扑结构包含一个协调器节点、若干个路由节点和终端节点。协调器节点将多个路由节点和终端节点连接起来，其子节点的路由也可以将多个路由节点和终端节点连接起来，这样重复叠加多个层级，形成树形拓扑。

在树形拓扑结构中，每个路由节点仅能与其父、子节点之间进行通信。若要在节点与节点之间传送资料，则信息会顺着路由树向上传送至最近的祖先节点后，再向下传送至目标节点。

树形拓扑的缺陷是只有一种路径，并且，信息的传输和路由都是在协议栈层上完成的，因此，整个路由通信过程对应用层是比较透明的。

（3）Mesh 拓扑（网状拓扑）

Mesh 拓扑结构包括一个协调器节点、多个路由节点及终端节点。网状拓扑与树形拓扑结构形态基本相同，但网状拓扑以树形拓扑为基础，具有更灵活的通信路由拓扑形式，在可能的情况下，路由节点之间是可以进行直接通信的。这样的路由机制让节点之间的信息交流变得更有效率。同时，这也意味着，即使在通信过程中，其中一条路由发生了问题，也可以通过其他的路由来自动地传递信息。

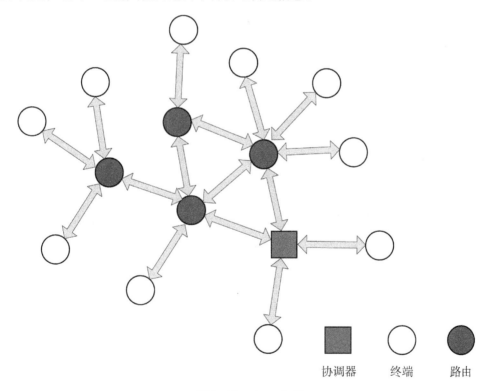

图 3-38　Mesh 组网

3. Wi-Fi

Wi-Fi 的 IEEE 802.11 标准于 20 世纪 90 年代出现，之后又推出了 IEEE 802.11a、IEEE 802.11b、IEEE 802.11g、IEEE 802.11n 等多个标准来满足不断出现的实际需求。几种标准的技术对比见表 3-9。

表 3-9 Wi-Fi 标准对比

项目	IEEE 802.11a	IEEE 802.11b	IEEE 802.11g	IEEE 802.11n
频带 /GHz	5.4	2.4	2.4	2.4 或 5
最大传输速率 /（Mbit/s）	54	11	54	600
传输距离 /m	1-00～200	100～300	100～300	300～900
数据类型	数据、语音、图像			
物理层技术	OFDM、DSSS	FSSS、DSSS	OFDM、FSSS、DSSS	OFDM、MIMO
优缺点	传输速率高，频段高，易被吸收，传输距离近	成本低，传输速率低，易受干扰	兼容 IEEE 802.11a/b，易受干扰	传输速率高，传输距离长，成本高

长期以来，由于受到漫游、切换、安全、干扰和传输速率等因素的限制，Wi-Fi 技术一直被局限于企业局域网的网络应用中，并且取代企业有线网络成了 Wi-Fi 应用的主要方向。随着物联网、无线城市、数字家庭等技术的兴起，Wi-Fi 技术已经走出了企业的局域网。Wi-Fi 技术具有的以下特点，让其在车路协同的一些特定场景中发挥了网联通信作用：

（1）应用覆盖面积广，Wi-Fi 可以解决高速移动时数据的纠错和误码问题，覆盖体积可以达到数百立方米。

（2）传输速率快。Wi-Fi 的传输速率取决于多种因素，包括但不限于以下几个方面：

- Wi-Fi 协议：目前比较流行的 Wi-Fi 协议有 IEEE 802.11a、IEEE 802.11b、IEEE 802.11g、IEEE 802.11n、IEEE 802.11ac 等。不同的协议支持的最高传输速率不同，例如 IEEE 802.11b 的最高传输速率为 11Mbps，而 IEEE 802.11ac 的最高传输速率可以达到 1 Gbps。
- 频段：Wi-Fi 信号可以在 2.4GHz 和 5GHz 两个频段传输。一般来说，5GHz 频段的传输速率比 2.4 GHz 频段要快。
- 传输距离：Wi-Fi 信号的传输距离和传输速率成反比，即距离越远传输速率越小。
- 信号干扰：Wi-Fi 信号容易受到其他电子设备的干扰，例如微波、蓝牙设备等，这些干扰会影响 Wi-Fi 的传输速率。

因此，Wi-Fi 的传输速率没有一个固定的数值，而是受到多方面因素的影响。一般来说，当使用的 Wi-Fi 协议更先进、频段更高、传输距离更短、信号干扰更小时，传输速率就越大。所以要根据车路协同应用场景来合理设计 Wi-Fi 使用方案。

（3）健康安全，其发射功率为 60～70 mW，所以辐射很小。

（4）无须布线，组建容易。

目前在车路协同中采用 Wi-Fi 作为通信协议的场景主要是车内网联环境和交通信号灯控制。利用 Wi-Fi 建立车载网络，可以实现车辆内部的互联互通。例如，驾驶员可以通过车载网络与车上的娱乐系统进行互动，或者与其他车辆进行语音通话。交通信号灯可以通过 Wi-Fi 进行远程控制。例如，在交通高峰期，可以通过 Wi-Fi 将某些红绿灯的持续时间调整为更合理的时间，以缓解交通拥堵。

4. RFID

射频识别（RFID）是近年来出现的一种新型的、能够进行自动识别的技术，也被称为电子标签。它能够通过无线电信号来识别特定的目标，并对其进行读写，而且不需要识别系统与特定的目标有机械或光学的接触，即为一种无接触的自动识别技术。RFID 的系统组成见图 3-39：

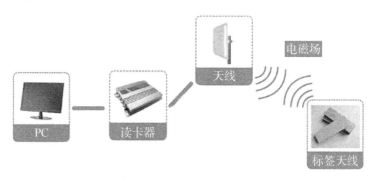

图 3-39　RFID 系统组成

（1）标签：由耦合元件和芯片构成，每一个标签都有一个全球唯一的 ID 号，也就是 UID（用户身份证明），附着在物体上，以识别目标对象。当该 ID 被制造出的时候，它将被存储在 ROM（Read-Only Memory，只读存储器）中并且是不可更改的。

（2）读卡器：用于读写标签资料的装置。通常，采集到的数据会被传输到后台，然后由后台进行处理。

（3）天线：在电子标签与读卡器之间进行无线电波传输，读卡器发射出的无线电波经天线发射到一定空间内，并作为一种电磁波进行传输，从而使其在一定空间内的传输成为可能。

在车路协同场景中，RFID 处于感知层，通过车辆上安装的应答器可以准确识别车辆，解决了车联网中车辆识别的问题。RFID 实现了非接触式的自动识别和数据传输。在车路协同中，RFID 技术有多种应用：

（1）道路收费：利用 RFID 技术实现道路收费自动化，可以大幅度提高收费效率和降低人力成本。例如，在高速公路上安装 RFID 读写器，当车辆通过时就可以自动扣除相应的费用。

（2）车辆管理：利用 RFID 技术实现对车辆的追踪和管理，获取车辆位置、状态和运行情况等信息。例如，将 RFID 标签安装在车辆上，通过 RFID 读写器可以获取车辆的位置和状态等信息。

（3）智能停车：利用 RFID 技术实现车位管理和车辆定位，可以提高停车场的利用率和停车效率。例如，在停车场的入口和出口安装 RFID 读写器，当车辆进入或离开时就可以自动记录车辆信息，并计算停车费用。

（4）物流管理：利用 RFID 技术实现对货物的追踪和管理，可以提高物流效率和降低物流成本。例如，将 RFID 标签贴在货物上，通过 RFID 读写器可以自动记录货物的位置和状态等信息。

RFID 技术在车路协同中有多种应用，可以提高交通效率、降低成本等。

5. V2X 中短距离通信技术对比

PC5 直连通信、蓝牙、ZigBee、Wi-Fi、RFID 等都是 V2X 中经常用到的短程无线通信技术，它们各有优缺点，适用于不同的场景。

（1）PC5 直连通信

优点：低延迟、高可靠性、高带宽，可以实现车辆之间和车辆与道路设施之间的实时通信。

缺点：通信范围受到网络覆盖范围的限制。

适用场景：要求高可靠性和低延迟的车辆之间和车辆与道路设施之间的通信场景。

（2）蓝牙

优点：低功耗、传输速率相对较大。

缺点：通信范围较小，且容易受到干扰。

适用场景：车内娱乐系统和智能手机等的连接。

（3）ZigBee

优点：低功耗、低速率、低成本等，适合传输小数据量的信息。

缺点：通信范围受限，容易受到干扰。

适用场景：车内温控、车门锁等的连接。

（4）Wi-Fi

优点：高速率、广泛覆盖范围等，可以实现车内外的无线通信。

缺点：功耗较大，且容易受到干扰。

适用场景：车载网络和车内娱乐系统等高带宽应用场景。

（5）RFID

优点：无须对准、远距离识别等，可以实现物品的智能管理和追踪。

缺点：通信速率相对较小，并且需要标签等硬件支持。

适用场景：道路收费、物流管理等场景。

在车路协同中，应根据具体的应用场景选择合适的通信技术。具体见表 3-10。

表 3-10　不同短距离通信技术对比

项目	LTE-D2D	Wi-Fi	NFC	ZigBee	蓝牙	超宽带	家庭中继、微微小基站
标准	3GPP	IEEE 802.11	ISO/IEC 13157	IEEE 802.15.4	Bluetooth SIG	IEEE 802.15.3a	3GPP
频率	授权频率	2.4 GHz、5 GHz	13.56 MHz	868 MHz、915 MHz、2.4 GHz	2.4 GHz	3.1～10.6 GHz	授权频率
最大传输距离	1 km	200 m	0.2 m	10～100 m	10～100 m	10 m	1～2 km
最大传输速率	1 Gbps	250 Mbps	42 kbps	250 kbps	24 Mbps	480 Mbps	100～500 Mbps

续表

项目	LTE-D2D	Wi-Fi	NFC	ZigBee	蓝牙	超宽带	家庭中继、微微小基站
应用	卸载流量、公共安全、内容共享、本地广告、蜂窝中继	内容共享、游戏互联、设备间通信	非接触性支付	家庭娱乐、环境监测	周边设备的连接	无线USB、高清视频、位置定位	更好的覆盖（尤其是对小区边缘用户）、节省电池消耗
基础设施	在授权频段下终端与终端直接传送数据	在非授权频段下终端与终端直接传送数据					在授权频段下通过中心控制器进行数据交互
运营商投入	一旦部署完成，在运营过程中会使用部分电力	少量使用电力					需要不断调整、新增小功率基站，持续投入

3.2.2.4 远距离无线通信

1. 移动通信

无论是中国移动手机卡、中国联通手机卡还是中国电信手机卡，都可以归类为移动通信设备。移动通信技术是指通信的双方中至少有一方是在移动状态下进行通信的方法，它包含了移动台和固定台之间、移动台和移动台之间、移动台和用户之间的通信技术。

（1）移动通信技术组成见图3-40。

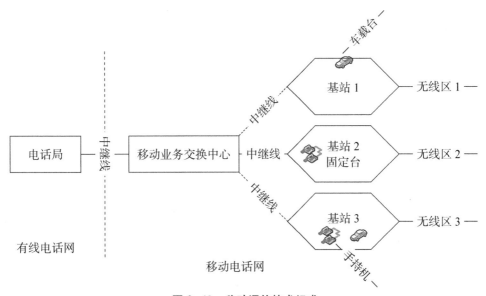

图3-40　移动通信技术组成

（2）主流 4G 网络结构见图 3-41。

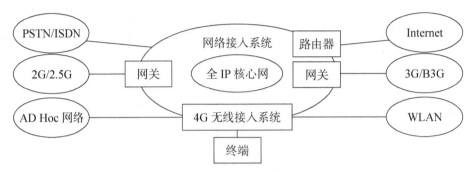

图 3-41　主流 4G 网络结构

全 IP 核心网能够实现各种有线与无线接入技术的互联与融合。在整个 IP 网络中，无线接入点包括无线局域网、AD Hoc 网络，有线接入点包括 PSTN、综合服务数字网络。2G、2.5G、3G、B3G 等移动通信网络是由专门的网关接入 IP 主干网络中的。Internet 再经由路由器连接到 IP 主干网络中。移动通信相对于固定通信而言，有如下特性：

（1）移动性：保证物体在移动状态下通信。

（2）电波传播环境复杂多变：移动物体在各种环境中运动，电磁波在传播时会产生反射、折射、绕射、多普勒效应等现象，产生多径干扰、信号传播延迟等效应。另外移动台相对于基地台远近的变化会引起接收信号场强的变化，也就是说存在远近效应。

（3）噪声和干扰严重：在城市环境中存在着汽车噪声、各种工业噪声，还有移动用户之间的互调干扰、同频干扰等等。

（4）系统和网络结构复杂：移动通信网络是一个多用户通信网络，必须使用户之间互不干扰，能协调一致地工作。此外，移动通信系统还需要与市话网、卫星通信网、数据网等互联。

（5）用户终端设备要求高。

（6）要求有效的管理和控制：系统中用户端是可以移动的，为了确保与指定的用户通信，移动通信系统必须具备很强的管理和控制功能。

C-V2X 使用了移动通信技术中的 4G 和 5G 网络，利用 4G 和 5G 的广域覆盖能力，实现车—车、车—道路设施的实时通信，从而提高交通安全性和效率。

C-V2X 采用的是蜂窝网络技术，因此具有以下几个特点：

（1）普适性：C-V2X 可以充分利用现有的 4G 和 5G 网络基础设施，不需要单独部署专门的通信基础设施，具有普适性。

（2）高可靠性：C-V2X 可以利用蜂窝网络的 QoS 机制，保证通信的可靠性和稳定性，从而满足紧急通信和安全通信的需求。

（3）高带宽：C-V2X 可以利用 4G 和 5G 网络的高带宽优势，支持高速数据传输和多媒体应用，例如高清视频和音频等。

（4）低延迟：C-V2X 可以利用蜂窝网络的低延迟特性，实现车辆之间和车辆与道路设施之间的实时通信，提高交通效率和安全性。

2. 卫星通信

卫星通信是在两个或更多的地球表面上的无线电通信站间，以人造地球卫星为中继点，通过对无线信号的中继传输来实现对地面的通信。卫星通信基于地面微波通信和空间技术，相当于一座位于高空的微波中继基站。

（1）卫星通信技术组成（见图3-42）

卫星端　　　　　　地面端　　　　　　用户端

图3-42　卫星通信技术组成

（2）特点

① 通信距离远：卫星离地面约35 000 km，视区可以达到地球表面的42%，最大通信距离有18 000 km，并且中间无须再进入中继站。

② 通信容量大，业务种类多，线路稳定：卫星通信采用的是微波频段，可供使用的频带较宽，一般都在数百兆赫以上，适用于多种业务传输；卫星的电波在大气层以外的宇宙空间中传输，电波传播比较稳定。

③ 覆盖面积大，便于实现多址连接：通信卫星所覆盖的地面站都可以使用该卫星进行通信。

④ 机动灵活：地面基站的建立可以不受地理条件的约束，可以建在边远地区、岛屿甚至汽车、轮船、飞机上。

⑤ 自发自收监测：只要地面站收发端处于同一通信卫星覆盖范围内，自己向对方发送的信号自己也能接收，从而监测本站所发信息是否正确、传输及通信质量优劣。

⑥ 卫星的发射和控制技术比较复杂。

⑦ 传播时延较大：以静止卫星通信系统为例，地面站之间的单程传播时延约为0.27 s，往返传播时延大约在0.54 s。

基于以上卫星通信的特点，在车路协同场景中，卫星通信主要有以下几个应用方向：

（1）车联网应用：卫星通信技术可以为车辆之间和车辆与道路设施之间的通信提供全球性覆盖，从而支持车联网应用。卫星通信技术在车辆网中的应用主要是为车辆提供全球性的通信服务，包括实时通信、数据传输和定位等方面。与移动通信技术相比，卫星通信技术具有以下几个特点：

① 覆盖范围广：卫星通信技术可以实现全球覆盖，而移动通信技术只能在特定的

区域内提供通信服务。

② 信号强度稳定：由于卫星通信技术是直接与卫星进行通信，信号强度相对比较稳定。而移动通信技术受到基站数量、地形、建筑物等多种因素的影响，信号强度不稳定。

③ 延迟时间大：卫星通信技术需要将信号从地面发射到卫星上再返回地面，因此信号的延迟时间相对较大。而移动通信技术信号传输的距离相对较短，延迟时间相对较小。

④ 成本高：卫星通信技术的硬件设备采购及使用成本较高，而移动通信技术的硬件设备采购及使用成本相对较低。

在车辆网中，卫星通信技术的应用主要包括车辆追踪、车队管理、车载娱乐、地图导航、紧急呼叫等方面。卫星通信技术可以为车辆提供全球性的通信服务，特别适用于偏远区域和交通流量较少的路段。需要注意的是，虽然卫星通信技术具有全球性覆盖和稳定的信号强度等优势，但也存在着成本高、信号延迟等问题。因此，车路协同的首选方案还是采用移动通信技术来实现车联网的应用。

（2）灾害救援：卫星通信技术可以实现紧急呼叫和定位功能，帮助救援人员及时发现事故或灾害发生的地点，并迅速进行抢救和救援。卫星通信技术在车路协同中的灾害救援方面应用广泛，包括：

① 紧急呼叫：当发生紧急情况时，车辆可以通过卫星通信技术向相关部门发送紧急呼叫，并提供车辆位置和状态等信息。

② 定位服务：在灾害发生时，卫星导航系统可以为救援人员提供精确的车辆定位服务，从而帮助救援人员准确找到事故现场并进行抢救。

③ 数据传输：卫星通信技术可以实现数据的远程传输，例如通过视频传输、图像传输、语音通话等方式，为救援部门提供与现场实时交互的能力。

④ 天气监测：卫星可以通过遥感技术对天气变化进行监测和预警，提前预测洪水、暴雨等自然灾害的发生，以便及时采取预防和救援措施。

⑤ 快速响应：卫星通信技术可以加速救援行动，例如快速调度救援车队，并为救援人员提供迅速的定位和导航服务。

（3）路况监测：卫星通信技术可以对全球范围内的交通情况进行实时监测和分析，从而帮助交通管理部门及时调整路线和限制车流量等。此外，卫星通信技术通过为车辆提供实时的路况信息和导航服务，帮助司机选择最佳路线。卫星通信技术在实时交通状况监测方面可以采用高分遥感技术，通过高分遥感技术获取的图像可以进行道路信息提取和交通流量估计，从而实现对交通状况的实时监测。

高分遥感技术是指利用高分辨率卫星、飞艇和无人机等远程传感器所获得的影像数据，进行地物分类、提取和变化检测等应用的一种技术。在实时交通状况监测中，高分遥感技术主要实现以下几个功能：

① 影像获取：利用高分辨率卫星、飞艇和无人机等远程传感器获取道路区域的高分辨率影像数据。

② 图像处理：对影像数据进行去噪、校正、镶嵌和配准等处理，并进行道路特征的提取和识别。

③ 交通流量估计：基于影像数据和道路信息，利用交通仿真模型或者神经网络等，

实现交通流量的实时估计和预测。

④ 路况监测与预警：通过交通流量估计结果，实现道路拥堵和事故等情况的监测与预警。

需要注意的是，高分遥感技术在实时交通状况监测方面需要充分考虑数据采集和图像处理等问题。同时，高分遥感技术也需要与其他交通监测技术相结合，综合应用以提高准确度和可靠性。

（4）自动驾驶：卫星通信技术可以为自动驾驶提供位置和时间信息，从而提高自动驾驶的安全性和精度。卫星通信技术在自动驾驶方面的应用如下：

① 定位服务：卫星导航系统（如GPS）可以为自动驾驶提供实时的定位服务，从而支持自动驾驶的精准控制和导航。

② 数据传输：卫星通信技术可以实现数据的远程传输，例如通过视频传输、图像传输等方式，为自动驾驶提供更多的环境信息和预警提示。

③ 交通管理：卫星通信技术可以实现智能交通管理，例如卫星技术可以自动调整红绿灯时间，优化路况，减少交通拥堵。

④ 道路安全：卫星通信技术可以帮助监测道路情况和天气状况，并给出预警提示，帮助自动驾驶避免潜在的危险。

（5）定位服务：卫星导航系统（如GPS）可以为车辆提供实时的导航服务，帮助司机选择最佳路线，并准确到达目的地。此外，通过定位服务可以实现对车辆位置的追踪和监测，帮助车队管理人员实现对车队的实时掌控。

3.2.2.5　5G通信

从车路协同技术架构及演进方向来看，5G-V2X可利用5G网络实现车与车、车与路、车与人等各类智能网联应用场景，相比于LTE-V2X，将具有更高的传输可靠性、更高的传输速率、更大的传输范围等优势，也支持网络切片、边缘计算等技术，为车路协同提供更严格的服务质量保障。本节将对5G通信技术在V2X中的应用进行较为详细的介绍。

在车路协同网络中，汽车既是移动通信终端，又是用户，将移动通信网络以拓扑节点的形式组织起来。汽车的移动特性决定了其移动范围有限，网络拓扑结构变化快，网络接入频繁，节点覆盖广，通信环境复杂。针对车路协同互联环境的上述特点，目前车联网应用面临着诸多挑战与难点。

（1）从架构上看，随着移动互联技术的飞速发展，车路协同网络的架构也随之复杂化，需要更好地满足不同应用场景下的多样化需求。在车载自组网（VANET）中，以路侧设备为无线接入点，将车辆、路况等信息上传到网络，并在网络中发布路况信息，该模式对RSU数量要求较高，导致网络构建成本高、能耗高。

（2）在通信层面，车路协同网络中的通信网络种类繁多，标准与协议不一，信息处理与网络融合不够理想，严重制约了车联网系统的高效运转。基于IEEE 802.11p的车载AD Hoc网络具有长距离传输、低丢失率和高可靠性等优点。然而，在极端复杂的非视距（NLOS）成像环境中，其通信质量将受到严重影响。此外，车辆运动速度快，对网络接入和信息交互要求高，时延约束是目前车路协同系统所面临的关键问题。

（3）在安全性上，车路协同网络中的所有用户信息均与其相连，且可在任何时间、任何地点被感知，极易受到干扰、盗用，对整个网络系统的安全性构成极大威胁。目前的车路协同系统面临着多个层次的安全问题：在感知层，存在车辆终端与路侧单元节点的物理安全问题，以及感知信息的无线传输问题；在网络层，存在着数据被破坏、数据泄露、虚假信息等安全和隐私问题；在应用层面上，同样存在着身份伪造、越权操作等潜在的危害。这些都是因为技术上的缺陷，或者是因为管理不善而产生的。

针对车路协同网络架构、通信、安全等问题，结合大规模天线阵列、超密集组网、终端直通、认知无线电等前沿技术，5G 移动通信系统将以更为灵活的架构应对不同应用场景下的差异化性能要求。其中，基于 5G 的低延迟、高移动性的车路协同网络，将为车辆在高速移动环境下提供更优质的服务。此外，5G 通信技术使得车路协同网络无须再建立独立的基站与服务基础设施，而可与 5G 通信技术同步推广，这将给车路协同网络的发展提供一个新的契机。

1. 5G 在车路协同中的技术特征

5G 移动通信是融合 CR（Cognitive Radio，认知无线电）、毫米波、大规模天线阵列、超密集组网、全双工通信等多项核心技术的一种新的移动通信方式，将极大地提升通信系统的整体性能。在车联网的实际应用中，与 IEEE 802.11p 的标准通信相比，5G 车联网具有低时延、高可靠性、高频谱利用率、高能量利用率以及通信质量高等优势。

（1）低时延与高可靠性

作为车路协同网络的发送者、接收者和中继者，其消息的传递需要满足隐私、安全性和高速率的要求，且存在着严格的延迟约束。5G 网络具有高/超高密度、低能耗等特点，极大降低了网络的信令开销，解决了网络的带宽与时延依赖性问题。同时 5G 网络的延迟可达毫秒级，满足了车辆的低延迟与高可靠性的要求，是车路协同发展的最大突破点。在 5G-V2X 通信环境下，5G 网络的业务优化既要为现有业务提供支撑，又要适应未来快速增加的业务需求，特别是对延迟敏感的 V2X 环境对低延迟、高可靠性的业务提出了更高的要求。

在车辆数量不断增多的情况下，数据传输过程中端对端通信延迟基本保持稳定。基于 D2D 技术的 5G 车联网，将实现车与车、车与基站、车与 5G 移动终端等多个节点的互联互通，其空口时延小于 1 ms，端到端时延小于 1 ms，且延迟性能优于 IEEE 802.11p，能够有效保障通信的可靠性。表 3-11 为以 D2D 为基础的 5G-V2X 中 V2V 通信时延仿真参数，图 3-43 是在这些参数设定下，不同车辆数目网联环境中的车载终端通信时延。

表 3-11 基于 D2D 技术的 V2V 通信时延仿真参数

参数	数值
车辆运行速度	55 km/h
噪声系数	4 dB
系统带宽	5 MHz
载波频率	2.6 GHz
噪声功率密度	−180 dBm/Hz

续表

参数	数值
基站传输功率	45 dBm
OBU 传输功率	4 dBm
V2V 通信车距	120 m

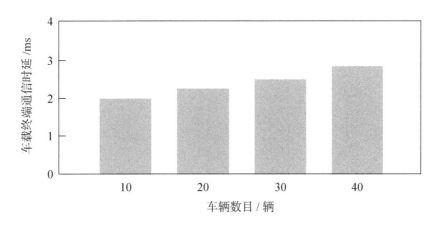

图 3-43　不同车辆数目网联环境中的车载终端通信时延

（2）频谱和能量高效利用

提高 5G 网络的频谱利用率和能量利用率是改善 5G 网络用户体验的重要因素。将 5G 通信技术引入 V2X 系统中，可以有效地解决目前 V2X 系统中存在的资源不足的问题。5G 车载网络对频谱、能量等资源的有效利用具有重要意义。

① D2D 通信：在 5G 通信系统中，D2D 技术是对移动终端复用蜂窝资源的一种技术。5G 车载设备将通过 D2D 技术，与相邻的车载设备、5G 基站、5G 移动终端等进行 V2X 自组网的通信，以及多种网络通道的接入。相对于以 IEEE 802.11p 为基础的 V2X 系统，其频谱利用率高，大大降低系统的成本和能耗。

② 全双工通信：5G 移动终端设备采用的是全双工的通信模式，这使得在同一频带中、不同的终端之间以及终端与 5G 基站之间都可以同时收发信息，将空口的频谱效率提升一倍，进而提升了频谱的利用效率。

③ 认知无线电：无线电技术是 5G 中的一项核心内容。在 V2X 的实际应用中，车载终端需要通过对无线网络的感知，获取现存的频谱空洞信息，并迅速将空余的频谱进行有效分配，进一步达到其他终端之间的高效通信。可以实现车辆网络中的动态频谱访问，以满足更多车辆网络用户的频谱需求，提高车辆网络中的频谱资源利用率。同时，利用认知无线电技术，车载终端可以与其他授权用户分享频谱资源，缓解当前无线网络中的频谱资源紧缺问题。

④ 大规模天线阵列：在 5G 通信中，布设大型天线阵列具有节能潜力。在车载自组网中，5G 车载单元能够及时地检测到附近的终端，同时与其进行通信，从而降低网络中各节点之间的通信能耗。

（3）通信质量高

5G 通信网络有望具备更大的网络容量，达到每秒千兆级的数据传输速度，从而达到 QoS 的要求。在 30~300 GHz 的频率范围内，毫米波通信系统能够使 5G 终端间和终端与基站间的信息交流具有较高的通信质量。毫米波具有很大的带宽，可以提供很高的数据传输率，并且可以很好地抑制环境中的多种干扰，也可以很好地降低终端间的连接中断。表 3-12 对比了 5GV2X 和以 IEEE 802.11p 为基础的车辆自组网的主要技术指标，发现 5G-V2X 具有比目前车辆自组网更好的无线连接特性。

表 3-12 车联网与当前车联网在 VANET 关键技术参数的比较

无线链路特征	VANET 通信类型	
	当前车联网	5G 车联网
通信方式	IEEE 802.11p/IEEE 1609 标准通信	基于 D2D 的终端直接通信
最大传输距离	800 m	1 000 m
最大移动速度	60 km/h	350 km/h
最大数据速度	27 Mbit/s	1 Gbit/s
频段	5.89~5.92 GHz	授权频段
时延	大于 10 ms	约 1 ms

2. 5G 车路协同网络的体系结构

5G 车路协同通信技术为车联网的发展提供了更为灵活的体系结构和全新的系统元素。5G-V2X 不但能够通过车内网、车际网、车载移动互联网等进行 V2X 的信息交换，而且能够使 OBU、基站、移动终端、云服务器等根据其各自特有的功能与通信模式相互连接。OBU 多网络接入和融合、多渠道互联网接入以及多身份 5G 基站，是 5G 车路协同网络架构的重要特征。

（1）OBU 多网接入与融合

车路协同的应用需求和网元的多样性，导致了它具有多网络共存的特征，其中包括基于 IEEE 802.11a/b/g/n/p 标准协议的 WLAN、4G/5G 蜂窝通信以及卫星通信等网络，其在车联网通信中采用的标准和协议不同，并且数据处理和信息交互不完善。5G-V2X 实现了多种网络的融合，实现了信息的无缝传输和交流。5G 移动通信网络分为上下两层，宏蜂窝层类似于传统的蜂窝通信网，以基站和终端之间的直接通信为主。在设备层通信中，设备到设备（D2D）通信是 5G 移动通信技术中的一个重要组成部分，它是一种在终端与终端之间，不依赖任何网络基础设施就可以直接进行信息交互的通信方式（见图 3-44）。D2D 终端通信模式是基于基站对资源的配置，以及对源、目的和中继终端节点的控制，可以分为 4 种类型。

① 基站控制链路的终端转发。在信号不佳的情况下，终端可以利用相邻终端之间的信息传递与基站进行通信，并将通信的链路建立交给基站与中继装置，从而获得更高的服务质量。

② 基站控制链路的终端直接通信。在不依赖于基站的情况下，用户可以进行数据交换和通信，但是必须由基站来控制连接的建立。

③ 终端控制链路的终端转发。基站不进行通信链路的搭建，也不进行信息交流，而源终端与目的终端在中继装置的配合下进行相互通信。

④ 终端控制链路的终端直接通信。在不需要基站或终端装置辅助的情况下，终端装置间的通信可以自主进行连接的建立，从而减少了装置间的相互干扰。

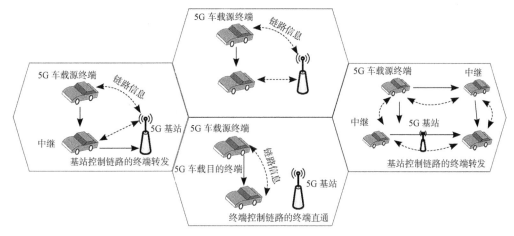

图 3-44　5G 车联网基于 D2D 的通信方式

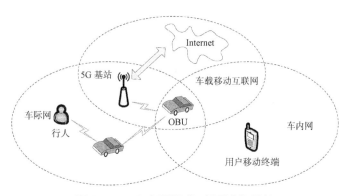

图 3-45　5G 车联网"三网融合"结构

（2）多身份 5G 基站

传统的基站是终端间通信的中继站，其功能主要是传输数据、传输链路等。随着 5G 基站的大规模布设，5G 网络将会形成一个高密度的网络，为用户提供准确的定位和辅助终端进行通信等服务（见图 3-45）。在 5G 毫米波通信网中，D2D 技术是指终端和基站（D2B）、基站和基站（B2B）等直接通信。其中，D2B 和 B2B 之间的自组织模式将是 5G 网络中的一项关键技术，也将决定基站在 5G 网络中所扮演的角色。在车联网的应用中，5G 基站将具备如下功能：

① 协作中继。5G 基站具有传统的中继和转送功能，可辅助充当移动车辆进行网络通信的无线接入点。

② 替代 RSU。5G 基站将在车载自组网中替代 RSU，与 OBU 进行实时通信，对车载自组网中的车辆进行广播，实现车载自组网中车辆间和多个车载自组网的通信。该方

法既可节省车辆网络架构的建设费用,又可有效解决 V2I 协同通信系统中存在的多维融合问题。

③ 精确定位。GPS 是目前 OBU 中使用的一种定位系统,很容易受到各种形式的攻击,如欺骗、干扰等。此外,GPS 信号易受气象因素的影响,从而不能进行准确的定位。5G 基站的大规模部署,将带来更高频段、更大规模的无线通信系统,并将采用密集组网、大规模天线阵列等方式,降低 5G 无线通信系统中的定位误差。同时,通过 D2D 链路的密集接入,实现了两个方面的提升:一方面是通过 D2D 网络中的海量数据,使得 OBU 既能从相邻的车辆中获取更多的数据,又能通过 D2D 网络中的数据实现对数据传输延迟的准确估计。车路协同网络采用 D2D 通信方式,其最大链路数目是 N ($N-1$),由 N 个 OBU 组成。另一方面,利用 OBU 的 D2D 通信链路,实现了对位置信息的直接交换,从而加速了决策,提高了位置估算的收敛性(见图 3-46)。

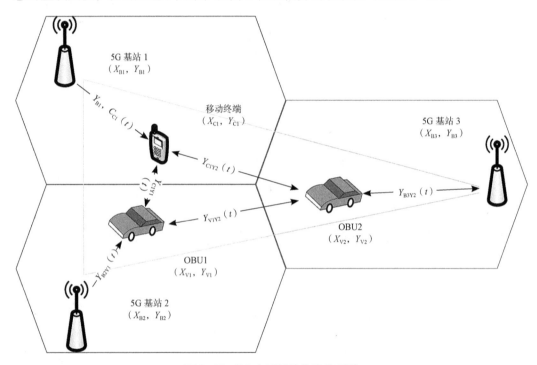

图 3-46 5G 车联网协作定位系统

(3)多渠道互联网接入

在未来 5G 移动网络中,5G 终端可以自主控制自己的通信链路,定时发布自己的身份信息,让相邻的 5G 终端可以根据自身的特点,对多个信道进行实时检测与评价,选择最优信道,或者在 5G 终端间进行直接通信,选择适当的中继进行转发,使得 5G 终端能够更好地进行信息交互,从而提升 5G 的频谱与能量利用率。

基于 5G 终端的高效率和多样化的通信模式,OBU 可以实现多个通道的接入。从图 3-47 可以看出,OBU 可以根据目前车联网中的 V2I 协同通信模式,从附近的 5G 基站、5G 车载单元以及 5G 移动终端等多种渠道中,自适应地选取具有更好信道质量的模式来接入互联网。

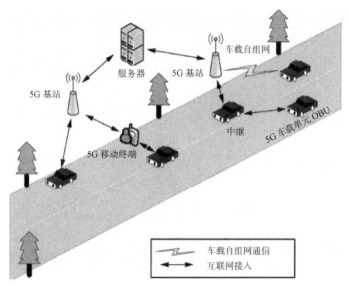

图 3-47　5G 车联网 OBU 多渠道互联网接入结构

3. 5G 车路协同网络面临的挑战

5G 车联网是 5G 通信技术在车辆互联中的重要应用，对车辆互联系统的通信方式、质量、架构等产生了巨大的影响，但同时也存在诸多问题，如干扰管理、通信安全、行车安全等。

① 干扰管理

5G 蜂窝网络一方面能有效利用有限的资源，另一方面也会带来"同频干扰"问题。所以，对于 5G 系统这种二元体系而言，其干扰管理就成为一个非常重要的课题。

采用 D2D 技术控制终端间的直连、终端间的中继等通信模式，实现对链路资源的合理配置，实现对网络的集中管理，解决网络中的干扰问题。但未来 5G 车载设备间的直连通信，若无基站为中继，管理链路将不可避免地产生干扰。

表 3-13 给出了 5G 移动通信网和基于 D2D 的通信网络的干扰管理方案，并给出了它们各自的特性。针对未来 5G 网络中存在的干扰，学者们提出了两种解决方案：一是采用先进接收方案，二是采用联合调度方案。其中，先进的接收技术不但可以有效地解决蜂窝边缘的干扰问题，还可以有效地解决大规模多输入、多输出情况下蜂窝内部的干扰问题。在蜂窝系统和链路多变网络中，联合调度是一种重要的干扰管理方法。然而，在多点协同机制下，多小区间的传输速率及传输策略无法自主调控，因此，如何通过联合调度来实现 5G 网络的快速部署及互联互通，是 5G 通信系统必须解决的关键问题。

为了解决 5G 终端间 D2D 通信网络中的干扰问题，研究者们提出了两类方法：一类为静态分配方案，即在 D2D 和其他终端设备间进行正交资源分配；二是在 D2D 和其他终端设备间进行并行资源的动态配置，提高了无线资源的利用效率，但是也存在新的干扰问题。根据车联网 D2D-V2X 网络中存在的干扰问题，提出了一种基于 CR 网络资源的优化分配策略。该策略既能充分利用空白频谱，又能在不引起新的干扰的前提下，有效地提高能源频谱利用率。在 D2D 的 V2V 通信场景中，对功率进行控制，为了不对车载移动通信网中的 OBU 或其他蜂窝用户通信造成严重的干扰，需要对在 D2D 通信的

OBU 中各信道上对应的功率值进行检测。OBU 对蜂窝通信用户的上行链路资源进行复用时，它的传输功率必须达到以下要求：

$$\frac{P_{T_C} C^{-\alpha}}{P_{T_W} D^{-\alpha} + N} \geqslant \beta_{BS} \tag{3-1}$$

$$(\kappa - 1)ND^\alpha \geqslant P_{T_W} \tag{3-2}$$

式中：P_{T_C}——蜂窝通信用户的发射功率；
N——噪声的功率数值；
P_{T_W}——在 D2D 基础上的 V2V 通信的发射功率；
α——路径损耗的参数值；
D——在 D2D 基础上的 V2V 通信链路中发送端到基站的距离；
C——蜂窝通信用户到基站的距离；
β_{BS}——基站引入参数，用于调优 P_{T_C} 和 P_{T_W} 取值；
κ——基站（BS）覆盖范围内连接到基站的车辆数。

综上所述，在 D2D-V2X 网络环境下，需要从多个方面进行干扰管理，合理选择多路传输信道，并遵循如下原则：（a）对 D2D 网络中存在的干扰进行有效处理，保证网络中的用户可以达到自己的 SINR 要求；（b）保证在 D2D 基础上，小区用户对 V2X 通信链路的影响是最小的。

表 3-13 通信干扰管理方法

干扰来源	处理方法	应用	方法特点
5G 移动通信网中的干扰	先进接收技术联合调度	用户设备端干扰；网络端干扰	抑制位于小区边缘的小区之间的干扰并减轻小区内的干扰；用于网络端的链路自适应，但在多点协作机制，传输速率和多小区方案中不能自行控制
基于 D2D 的通信网络中产生的干扰	正交资源分配；并行资源分配；基于 CR 的资源分配	D2D 与其他终端设备之间；D2D 与其他终端设备之间；基于 D2D 技术的 V2V 通信场景	一种静态资源分配，不会产生新的干扰问题；一种动态资源分配，实现频谱的高效利用，但会产生新的干扰问题；有效使用空白频谱，提高频谱利用效率，不会产生新的干扰问题

② 安全通信和隐私保护

随着车路协同网络的不断发展，其安全性问题受到越来越多人的重视。目前，车路协同网络通信面临着严峻的安全挑战。如：车路协同网络中存在着大量的有恶意车辆，其通过向其他车辆发送虚假消息，导致车辆与使用者的个人隐私被泄露；同时，多个身份的窃取，虚拟交通场景的伪造，扰乱了交通秩序，打乱了网络的正常运转，对使用者的人身与财产安全构成了巨大的威胁。因此，如何有效地进行安全认证与隐私保护成了目前车路协同网络研究的热点问题，本书将在第 4 章详细介绍车路协同网络的安全保障技术及方案。

③ 安全驾驶

行车安全是车路协同的一个重要应用，行车行为的分析与预测是行车安全的前提，而行车轨迹的预测与建模是提升行车安全性的关键。尽管车路协同网络拓扑结构不断改变，数据量不断增加，但是由于道路拓扑结构、交通规则以及驾驶员意愿等因素的影响，车辆的行为预测充满可能。VANET 是一种具有"小世界"特征、高度集中效应的网络结构，其中任何一个节点都能通过不超过 3 个跳跃的最短路径到达另外一个节点。而 5G 将进一步扩大网络的规模，进一步强化 VANET 的社会化效果。

VSN（Vehicular Social Network，车联社会网络）中的节点行为规则能够有效地预测车路协作网络的运行行为。此外，基于车路协作的移动网络模型、社会应用模型、感知计算模型、用户行为预测模型等，对车路协作的 VSN 进行支持和反馈。在此基础上，从 OBU 的大数据中，提取有实际应用价值的社区交互特性，为交通流预测、拥堵路段预测、主动安全等交通问题和机动车安全决策等提供支持。

车辆行驶过程中存在大量的车辆行驶数据，这些都是车辆行驶信息的重要组成部分。当前，车辆轨迹数据的获取主要依赖于对历史数据进行预测，这要求对历史数据进行精确、实时的预测。然而，现有车辆自组网技术无法满足车辆在定位和时间两方面的高精度要求。5G 车路协作网络采用 D2D 通信方式，可为每个用户提供每秒千兆级的传输速率，以满足 QoS 要求。同时，可将空口时延控制在 1 ms 左右，端到端时延控制在毫秒级，以最大限度保障时间准确性。通过 5G 网络的高精度定位，可以保证 5G 网络的定位精度，同时也可以有效解决预测模型的数据来源问题。目前，国内外尚未有关于车路协同网络数据挖掘的相关理论与方法，而车路协同网络数据处理如何在大规模数据（TB 级）的情况下，确保实时数据（每秒上万条）能够被高速、可靠地读入，实现对读入数据的快速分析、建模与预测，是未来需要重点解决的问题。

4. 5G 车路协同网络发展趋势与应用

① 5G 与智慧场所

未来，5G 车路协作网络由于无须独立设置路边设施，可与移动通信实现收费共享等特点，将在高速公路、城区等各种场景中获得迅速发展。5G 车路协同可以实现车与车、车与交通设施等的信息交互，在商业等领域得到广泛的应用。

在商业方面，5G 通信终端将会在商店、快餐厅、酒店、加油站、4S 店等地方进行部署，当车辆靠近这些地方达到有效通信距离时，就可以按照车主的要求，迅速地与这些地方之间建立起一个 AD hoc 网络，这样就可以在不同的地方进行快速通信，进而快速地订餐、订房，有选择地接收优惠信息等，而且在通信的过程中，不需要连接到互联网。它将替代目前工作于不授权频段、通信不安全、通信质量不能得到保障、干扰难以可控的蓝牙、Wi-Fi 等无线通信模式，推动形成一种新型的、可规模化的商业运营模式。

毋庸置疑，伴随着汽车的广泛使用，汽车已成为人们除家和办公室以外最主要的活动地方，在地震、泥石流等自然灾害频发的区域，由于通信设施受损，无法满足车载设备的正常使用需求。5G车载设备不需要任何通信设备,此外,5G车内终端还可以充当通信中继,帮助周围5G移动终端之间建立信息交流。

② 5G与自动驾驶

5G技术的高可靠性和低延迟特性,恰恰是无人驾驶系统所需要的。目前的雷达和摄像头等传感器,只能让车辆"看到",而不能与车辆进行实时交互。通过5G的互动,汽车可以向外输出信息,不仅能检测到汽车的状况,还能进行反馈。

无人驾驶系统的协作中包含了许多场景,如自动超车、合作式碰撞规避、车辆编队等,这些都需要5G来保障其可靠性和时延。

5G为用户提供了交互感知,弥补了用户受限于距离、环境等因素的不足,并推动了用户从单机智能向多机协同智能的演进。

5G技术的出现,也为无人驾驶的运营带来了新的可能性。比如,汽车在进行了大量的试验后,如果出现了一些无法处理的问题,那么L3或者更高级别的汽车就会对这些问题进行分析,并将这些问题告知控制中心的驾驶员。远程驾驶员可以同时控制多个无人驾驶车辆等,从这一点来看,5G可以帮助对城市轨道上的车辆进行一定程度的"云端"控制。在此基础上,为园区、港口等无人驾驶车辆提供云端服务,并在特殊情况下对其进行远程操控。

3.2.2.6 跨接入网互联互通

当前阶段,车路协同网络依然是多网并存的状态,车载终端采用的无线接入方式可以是LTE、LTE-V、5G及DSRC等。在这个阶段,可以通过异构网络融合的方式实现跨接入网的互联互通(见图3-48)。包括可以利用5G网络作为主干网络,将其他网络与5G网络进行融合,通过网关设备或者SDN技术实现统一管理和互联互通等。本节将介绍几种主流的实现车路协同异构网络互联互通的方案。

1. 使用网关设备

使用网关设备可以实现不同网络之间的互联互通,使得数据能够在异构网络之间流动,促进了车路协同系统中的信息交换和协作。网关设备位于不同网络交汇点上,负责将来自不同网络的数据进行转换和传递。它可以将不同网络之间的协议进行转换,并确保数据能够正确地在各个网络之间传输。

使用网关设备来实现不同网络之间的互联互通可以通过以下步骤进行:

(1)确定需求和网络拓扑:明确要互联的不同网络,确定它们的拓扑结构和连接方式。了解各个网络的协议、数据格式和通信要求。

(2)选择合适的网关设备:根据需求选择合适的网关设备。网关设备应支持要互联的网络的协议和接口,并具备足够的性能和可靠性,以满足数据转换和传递的要求。

(3)配置和连接网关设备:将网关设备安装在不同网络交汇点上,确保其物理连接与网络拓扑相符。然后通过配置网关设备,使其能够理解和处理不同网络的协议和数据格式。

(4)实现协议转换和数据传递:一旦网关设备正确配置并连接到各个网络,它将负责将来自一个网络的数据转换为另一个网络可以理解的格式,并将其传递给目标网络。这涉及协议转换、地址转换、数据包封装等操作,以确保数据能够正确地在不同网络之间传输和交换。

（5）确保网络安全和管理网关设备：确保网关设备具备适当的网络安全功能，以保证数据的机密性和完整性。同时，进行网关设备的监控和管理，确保其正常运行，并及时处理任何故障或问题。

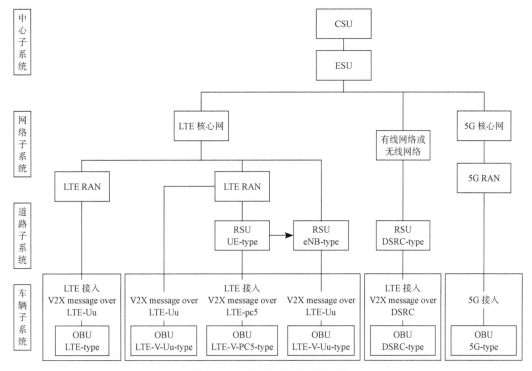

图 3-48 跨接入网络互联互通

在车路协同中，不同车辆和设备可使用不同的网络协议来进行通信，例如：

（1）车载局域网（CAN）：CAN 总线是一种常用于车辆内部通信的实时通信协议。它连接了车辆中的各种控制单元，如发动机管理系统、刹车系统和仪表板。使用网关设备可以与 CAN 总线相连，并将 CAN 数据转换为其他网络协议可理解的格式。

（2）无线局域网（Wi-Fi）：Wi-Fi 广泛应用于车辆中的娱乐系统和乘客设备连接。通过一个 Wi-Fi 网关设备，车辆内的 Wi-Fi 网络可以与其他网络（例如移动网络）进行互联互通，使得车辆乘客可以访问互联网和获取其他服务。

（3）移动网络（如 4G 或 5G）：移动网络为汽车提供了一种无线接入的方式，使汽车能够与外界的服务器、云端服务等进行通信。一个移动网络网关设备可以连接车辆上的移动网络模块，并将移动网络数据转发给其他网络，例如车载局域网或 Wi-Fi 网络。

（4）以太网（Ethernet）：通过以太网网关设备，车辆中的以太网可以与其他网络进行互联互通，例如连接到车辆外部的局域网或公共互联网。

在车联网中，使用网关设备可以实现不同网络协议之间的互联互通。以下是一个简单的示例来说明网关的作用：

假设我们有一辆智能汽车，它包含各种系统和设备，如发动机管理系统、刹车系统、娱乐系统和传感器。这些系统和设备可能使用不同的网络协议进行通信。

（1）系统间通信：为了实现车辆内部各个系统之间的通信，可以使用车载局域网（CAN）协议。CAN 总线连接了各个控制单元，并允许它们实时地交换数据。这样，发动机管理系统可以向刹车系统发送指令，娱乐系统可以接收传感器数据等。

（2）与外部服务器和云服务通信：为了与外部服务器和云服务进行通信，可以使用移动网络（如 4G 或 5G）协议。车辆上安装有一个移动网络模块，并通过移动网络连接到互联网。这样，车辆可以发送和接收数据，例如更新软件、接收实时交通信息或与车辆制造商的远程服务器进行通信。

（3）与乘客设备通信：为了与乘客设备连接，可以使用无线局域网（Wi-Fi）协议。车辆内部设置一个 Wi-Fi 热点，乘客可以使用他们的智能手机、平板电脑等设备连接到车辆的 Wi-Fi 网络。这样，乘客可以访问互联网、流媒体服务器或与车载娱乐系统进行互动。

为了实现这些不同网络之间的互联互通，一个网关设备被用来连接和转换这些不同的网络协议。网关设备可以接收来自 CAN 总线的数据，并将其转换为移动网络或 Wi-Fi 网络可识别的格式。同时，它也能够接收来自移动网络或 Wi-Fi 网络的数据，并将其转发给 CAN 总线上的相应控制单元。

这样，网关设备作为一个中介，允许不同网络之间的数据交换和协作，确保车辆内部各个系统和外部世界之间的无缝连接和通信。通过网关的使用，车辆能够实现智能驾驶、远程监控以及车辆与乘客之间的互动。

2. 使用软件定义网络（Software-Defined Networking，SDN）

SDN 是通过将网络控制平面与数据转发平面分离来达到网络管控目的的网络架构。在车路协同中，可以使用 SDN 来统一管理和控制多种网络，实现异构网络的融合。SDN 可以根据网络流量、需求和优先级等因素，对数据进行动态路由和转发。

在车路协同网络中，SDN 可以用于实现不同网络之间的互联互通。SDN 分离了网络控制平面与数据转发平面，提供了更灵活、可编程和集中管理的网络解决方案。

以下是在车路协同网络中使用 SDN 实现不同网络互联互通的一般步骤：

（1）网络架构设计：首先，需要设计整体的车路协同网络架构，包括车辆内部网络、道路设施网络和云端网络等。这些网络可能使用不同的协议和技术，例如 CAN 总线、LTE 或 5G 移动网络以及以太网。

（2）SDN 控制器部署：在车路协同网络中引入 SDN 时，需要部署一个 SDN 控制器。SDN 控制器是网络的中心控制点，对网络进行全面的管理与控制；能够根据不同的交通需求，对网络中的交通流、路由以及交通管理策略进行合理的配置。

（3）网络设备转换：接下来，需要将车辆内部网络和道路设施网络中的传统网络设备替换为兼容 SDN 的网络交换机。这些交换机具有远程可编程和集中控制的能力，可以与 SDN 控制器通信并执行所需的操作。

（4）SDN 应用开发：根据车辆和道路设施的需求，开发相应的 SDN 应用程序。这些应用程序可以利用 SDN 控制器的 API 来监控网络状态、配置流量转发规则，并实现不同网络之间的互联互通。例如，可以编写一个 SDN 应用程序将收集到的车辆数据传输到云端服务器，或者将云端指令发送到车辆内部系统。

（5）网络流量管理：通过 SDN 控制器，可以对车辆内部网络和道路设施网络中的流量进行管理和控制。根据车辆和道路的状态，可以动态地调整网络流量的路由和优先级，以确保信息的快速传递和网络性能的优化。

（6）网络安全和隐私保护：在使用 SDN 时，需要考虑网络安全和隐私保护。SDN 控制器可以实施访问控制策略、加密通信和身份验证机制，保护车辆和道路设施的数据免受未经授权的访问。

通过使用 SDN，车路协同网络可以实现不同网络之间的互联互通，并具有灵活性、可编程性和统一管理的优点。SDN 使得车辆和道路设施能够更好地协同工作，实现智能交通、车辆远程管理和信息共享等功能。

3. 将 5G 作为主干网络

5G 网络具有高带宽、低延迟和大容量的特性，可作为车路协同中的主干网络。其他网络如 DSRC、Wi-Fi、蓝牙等可以与 5G 网络进行融合。通过将这些网络与 5G 网络连接起来，可以实现不同网络之间的互联互通。

（1）5G 通信技术：5G 网络的带宽更高、延迟更低，可以支持高速移动车辆之间的快速数据传输和通信。同时，5G 网络还支持大规模设备连接和高密度场景下的可靠通信，这对于车辆和道路基础设施之间的大规模互连至关重要。

（2）车载通信技术：除了 5G 网络，车辆还可以通过其他车载通信技术来实现相互联通，例如车载 Wi-Fi、蓝牙、LTE 等。这些通信技术可以实现车辆之间的直接通信，以便共享交通信息、车辆状态、行驶意图等。

（3）道路基础设施通信设备：道路基础设施可以部署相应的通信设备，例如车载基站、道路传感器等，用于与车辆进行通信。这些设备可以通过 5G 网络和其他网络与车辆进行互联，并提供道路状况、交通流量等信息。

（4）车辆到基础设施（V2I）通信：车辆利用 5G 网络将信息传输到道路基础设施，如交通灯、路边单元等。道路基础设施可以根据这些信息来调整信号灯控制、交通管理和路况监测等。

（5）车辆到车辆（V2V）通信：车辆之间可以直接通过 5G 网络或其他车载通信技术进行通信，实现车辆之间的信息共享和协同行驶。通过 V2V 通信，车辆可以相互感知并交换关键信息，从而提高安全性、降低碰撞风险和优化交通流量。

（6）车辆到云端（V2C）通信：利用 5G 网络，车辆可以连接到云服务器，将车辆数据上传至云端进行存储和分析。通过云计算和大数据分析，可以提取有价值的交通信息和驾驶行为模式，以支持智能交通管理和车辆优化调度。

通过将 5G 网络作为车路协同网络的主干网络，并结合其他车载通信技术和道路基础设施通信设备，可以实现车辆、道路基础设施和云服务器之间的高效互联互通。这种互联互通对于提高交通安全性、优化交通流量和实现智能交通管理具有重要意义。

4. 使用 IP 多媒体子系统（IP Multimedia Subsystem，IMS）

IMS 是用于提供多媒体服务和应用的基于 IP 的网络架构。在车路协同中，可以使用 IMS 来实现异构网络的融合。IMS 可以提供统一的 IP 通信服务，支持语音、视频和数据等多种传输方式，使得不同网络之间能够无缝地进行互联互通。

车路协同（C-V2X）是指车辆与道路基础设施之间的通信和协作，旨在提升交通安全性、交通效率和改善出行体验。IMS 是一种用于实现多媒体通信服务的架构，它可以在异构网络中整合不同类型的通信技术。下面详细介绍在车路协同中如何使用 IMS 来实现异构网络的融合。

（1）IMS 架构概述：IMS 是一个分层的网络架构，包含了多个功能子系统，例如呼叫控制、多媒体会话和应用服务器等。核心子系统包括 P-CSCF、S-CSCF 和 I-CSCF。P-CSCF 作为车辆或基础设施的接入点，负责信令传输和鉴权；S-CSCF 负责会话控制和业务逻辑；I-CSCF 负责路由查询和寻址。

（2）异构网络融合：车路协同需要与多种通信技术进行集成，包括移动通信网络（如 4G/5G）、Wi-Fi、DSRC 等。这些异构网络各有特色，各有优点，利用 IMS 技术可以将这些网络进行融合。

（3）IMS 与 4G/5G：IMS 作为一个基于 IP 的通信架构，可以与 4G/5G 网络无缝集成。通过与 P-CSCF 的交互，车辆可以通过 4G/5G 网络进行数据传输和访问。同时，IMS 提供了丰富的业务支持，例如会话控制、媒体处理和安全认证等，可以满足车辆与道路基础设施之间的多种通信需求。

（4）IMS 与 Wi-Fi：在车路协同中，Wi-Fi 网络常用于短距离通信，例如车辆之间的直连通信或与路边设施之间的通信。通过将 Wi-Fi 网络接入 IMS，可以实现与其他网络（如：Wi-Fi/4G/5G）之间的互联互通，使车辆和基础设施能够无缝切换不同网络，并按照具体场景和要求选择最科学的通信方式。

（5）IMS 与 DSRC：DSRC 主要用于车辆与道路基础设施之间的通信。通过将 DSRC 接入 IMS，可以实现其与其他通信网络的互联互通，从而使车辆能够利用不同的通信技术与其他车辆及基础设施进行交互。

总的来说，通过使用 IMS 架构，车路协同可以实现异构网络的融合。IMS 提供了灵活的通信服务和业务支持，可以无缝集成不同类型的网络，包括 4G/5G、Wi-Fi 和 DSRC 等，使得车辆和道路基础设施能够更好地进行通信和协作，从而提升交通系统的安全性、效率和改善出行体验。

5. 使用软件定义边缘计算（SD-Edge）

SD-Edge 是一种利用软件定义的方式对边缘计算资源进行管理和配置的技术。通过在车辆和道路边缘部署计算和存储资源，可以实现数据在边缘节点的处理和转发，并与不同网络进行融合。SD-Edge 技术可以提供更低的延迟和更好的网络性能，促进异构网络的融合。

软件定义边缘计算（SD-Edge）是一种新兴的技术，用于实现车路协同中异构网络的融合。它通过将网络功能和计算资源虚拟化，使得边缘设备能够自主地进行网络服务和应用程序的部署和管理。

（1）车辆网络虚拟化：SD-Edge 利用网络虚拟化技术，将车辆网络抽象为虚拟网络切片。每个切片可以根据不同的需求对网络带宽、延迟、安全性等进行定制化配置。这样，不同类型的车辆（如私家车、公交车、货车等）可以使用不同的虚拟网络切片，以满足各自的通信需求。

（2）边缘智能代理：SD-Edge 在车辆边缘部署智能代理，这些代理作为边缘节点，负责车辆和道路基础设施之间的通信和数据传输。通过智能代理的部署，SD-Edge 可以提供低延迟的数据处理和决策支持，从而实现车辆与道路基础设施之间的高效协作。

（3）网络功能虚拟化（NFV）：SD-Edge 利用 NFV 技术将网络功能虚拟化为软件模块，可以在边缘节点上灵活部署和管理这些功能。对于车路协同来说，常见的网络功能包括实时通信、定位服务、视频流传输等。通过将这些功能虚拟化，SD-Edge 可以根据需要动态地分配计算资源，提供更好的服务质量和可扩展性。

（4）数据安全与隐私保护：SD-Edge 通过网络隔离和加密技术，保护车辆数据的安全性和隐私性。同时，SD-Edge 还可以使用区块链等技术来确保数据的完整性和不可篡改性，以防止恶意攻击或数据泄露。

（5）异构网络融合：SD-Edge 可以将不同类型的网络（如无线网络、有线网络、车载网络、云网络等）集成到一个统一的虚拟化环境中。这种异构网络融合能够扩大网络的覆盖范围和提高容量，并使得车辆能够在不同网络之间无缝切换，以获得最佳的网络连接质量。

总之，软件定义边缘计算（SD-Edge）是一项关键技术，可实现车路协同中异构网络的融合。它通过车辆网络虚拟化、边缘智能代理、网络功能虚拟化、数据安全与隐私保护以及异构网络融合等手段来提供高效、可靠和安全的车辆通信和协作。

SD-Edge 将不同类型的网络集成到一个统一的虚拟化环境中的一般步骤如下：

（1）使用软件定义网络（SDN）控制器：SD-Edge 使用 SDN 控制器作为中心化的管理平台，负责整个网络的管理和控制。控制器具有全局视图，并能够自动配置、监控和维护网络。

（2）使用网络功能虚拟化（NFV）：SD-Edge 使用 NFV 技术，将网络功能如路由器、防火墙、负载均衡等从专用硬件中解耦，转化为可通过软件运行的虚拟网络功能（VNF），可以在普通服务器上运行这些 VNF，并根据需要进行动态部署和调整。

（3）使用统一控制平面：SD-Edge 采用统一的控制平面，将不同类型的网络设备如交换机、路由器、基站等纳入其中。通过 SDN 控制器，可以对这些设备进行集中管理和配置，实现对整个网络的灵活控制。

（4）边缘计算：SD-Edge 将网络功能和服务靠近用户或设备的边缘位置部署，以满足低延迟和高带宽的需求。边缘设备可以是无线接入点、车载设备等。通过将计算和存储资源放置在边缘，SD-Edge 可以更好地支持边缘应用和服务。

（5）虚拟化隔离与管理：SD-Edge 通过使用虚拟化技术对不同类型的网络进行隔离和管理。这意味着不同类型的网络可以共享同一物理基础设施，并且彼此之间互相隔离，以确保安全性和性能。

SD-Edge 通过使用 SDN 控制器、NFV、统一控制平面、边缘计算以及虚拟化技术，将不同类型的网络集成到一个统一的虚拟化环境中。这样可以实现网络的灵活性、可扩展性和管理效率的提升。

综上所述，异构网络融合可以通过将 5G 作为主干网络，结合网关设备、SDN、

IMS 和 SD-Edge 等技术实现。这些方案可以提供更好的网络互联互通性,确保车路协同系统中不同网络之间的数据传输和交互顺畅可靠。

参考文献

[1] 田晓笛, 李春, 吴飞燕, 等. 基于网联技术的汽车安全预警类场景应用研究 [J]. 中国汽车, 2021 (8): 59-64.

[2] 朱红梅, 林奕琳. 蜂窝车联网的标准、关键技术及网络架构的研究 [J]. 移动通信, 2018, 42 (3): 70-74.

[3] 何广进, 朱远建, 杨光.《道路交通信号控制机信息发布接口规范》(GA/T 1743-2020) 标准解读 [J]. 中国标准化, 2021 (21): 181-186.

[4] 张杰 .C-V2X 与智能车路协同技术的深度融合 [J]. 中兴通信技术, 2020, 26 (1): 19-24.

[5] 吴海, 肖子玉. 蜂窝车联网技术架构与关键技术研究 [J]. 电信工程技术与标准化, 2018, 31 (6): 6-11.

[6] 王亮, 王欢. 交通拥堵智能监测的车联网环境构建 [J]. 交通节能与环保, 2019, 15 (2): 51-54.

[7] 辛骁宇. 探索基于智能车路协同技术下的智慧高速建设 [J]. 数字技术与应用, 2021, 39 (8): 108-110.

[8] IP 厂商 Imagination 视角下的智能汽车 [J]. 世界电子元器件, 2020 (6): 34-36.

[9] 高惠民. 车联网 V2X 通信技术及应用介绍(上)[J]. 汽车维修与保养, 2020 (3): 53-56.

[10] 吴夏, 高岩 .ZigBee 无线传输技术在集中空调系统中的应用 [J]. 现代电子技术, 2020, 43 (24): 45-48.

[11] 刘琪, 洪高风, 邱佳慧, 等. 基于 5G 的车联网体系架构及其应用研究 [J]. 移动通信, 2019, 43 (11): 57-64.

[12] 朱红芳 .5G 技术及其在车联网中的应用浅析 [J]. 汽车维护与修理, 2018 (17): 68-73.

[13] 叶正飞 .5G 无线通信的相关应用分析 [J]. 电子元器件与信息技术, 2021, 5 (10): 166-167.

[14] 董晨煜, 贾广涛. 车联网及其热点技术分析 [J]. 汽车维护与修理, 2018 (15): 67-71.

[15] 崔子倜. 电网企业网络信息安全的威胁及攻防新技术运用 [J]. 通信电源技术, 2018, 35 (2): 209-210.

[16] 翟子洋, 畅宏达, 董世浩, 等. 车路协同环境下基于路面湿滑状态识别的车

辆安全预警导航系统［J］.科学技术创新，2021（21）：77-78.

［17］孙昕，齐志峰.车路协同网络安全浅析［J］.公路交通科技，2020，37（S1）：142-146.

［18］刘媛妮，李奕，陈山枝.基于区块链的车联网安全综述［J］.中国科学（信息科学），2023，53（5）：841-877.

［19］黄明浩，王雍，李强，等.车联网路侧系统信息安全机制与技术［J］.通信技术，2023，56（1）：82-88.

［20］焦椤方，许云霆，张天祺，等.B5G/6G蜂窝车联网智能接入与资源管理关键技术及展望［J］.移动通信，2022，46（11）：14-19.

［21］范文博，周壮，蔡超，等.基于5G的车联网可靠通信方法研究［J］.邮电设计技术，2022（10）：88-92.

［22］薄涛，王小磊，冯凯，等.V2X技术在通信系统架构中的应用［J］.汽车实用技术，2023，48（6）：64-68

［23］唐怀坤.5G-V2V是无人驾驶的必经之路［J］.通信世界，2019（24）：24-26.

第 4 章　车路协同基础能力

4.1　车路协同底层基础能力

4.1.1　最优控制算法

最优控制算法是车路协同技术中非常重要的一种算法，它用于优化车辆的控制过程，以实现安全、高效的驾驶。最优控制算法的基本原理是在满足一定的约束条件下，寻找一个最优的控制输入，使得系统的某个特定的性能指标最小或最大。在车路协同技术中，最优控制算法通常需要考虑以下约束条件。

1. 车辆动力学约束

车辆动力学约束是指限制车辆行驶和操控能力的物理限制，例如车辆的速度、加速度、转向半径等。

下面详细描述一下车辆动力学约束的工作原理和工作流程。

车辆速度约束：车辆速度约束是指限制车辆行驶速度的物理限制，例如车辆的轮胎、发动机等部件的限制。在最优控制算法中，需要考虑车辆的速度限制，以确保车辆在行驶过程中不会超过其最大速度限制，从而避免发生安全事故。

车辆加速度约束：车辆加速度约束是指限制车辆加速度的物理限制，例如车辆的轮胎、发动机等部件的限制。在最优控制算法中，需要考虑车辆的加速度限制，以确保车辆在行驶过程中不会超过其最大加速度限制，从而避免发生安全事故。

车辆转向半径约束：车辆转向半径约束是指限制车辆转向半径的物理限制，例如车辆的轮胎、悬挂系统等部件的限制。在最优控制算法中，需要考虑车辆的转向半径限制，以确保车辆在行驶过程中不会超过其最大转向半径限制，从而避免发生安全事故。

在考虑以上约束条件的基础上，最优控制算法通常采用以下步骤来计算最优控制输入：

（1）定义性能指标：定义一个性能指标，以评估车辆的控制效果。例如，通过建立一个代价函数来考虑汽车的安全性、驾乘体验、行驶速度等多方面的影响。

（2）确定状态空间：确定车辆的状态空间，包括车辆的位置、速度、方向角、加速度等。

（3）建立数学模型：根据车辆的动力学特性和交通环境，建立车辆行驶的数学模型，包括车辆的运动方程、传感器的观测模型等。

（4）选择控制策略：根据数学模型和性能指标，选择合适的控制策略，例如 PID 控制、模型预测控制等。

（5）计算最优控制输入：根据控制策略和状态空间，计算最优的控制输入，例如车辆的速度、转向角等。

总之，车辆动力学约束是确保车辆安全行驶的重要因素之一。在最优控制算法中，需要考虑这些约束条件来确保车辆能够安全、稳定地行驶。

2. 驾驶员行为约束

驾驶员行为约束是指限制驾驶员驾驶行为的规则，例如驾驶员的反应速度、疲劳程度等。

下面详细描述一下驾驶员行为约束的工作原理和工作流程：

（1）驾驶员反应速度约束：驾驶员反应速度约束是指限制驾驶员反应速度的物理限制，例如驾驶员的视力范围、听力范围等。在最优控制算法中，需要考虑驾驶员的反应速度限制，以确保驾驶员在执行控制指令时不会超过其反应速度限制，从而避免发生安全事故。

（2）驾驶员注意力约束：驾驶员注意力约束是指限制驾驶员注意力的规则，例如驾驶员的疲劳程度、驾驶经验等。在最优控制算法中，需要考虑驾驶员的注意力限制，以确保驾驶员在执行控制指令时能够保持足够的注意力。

（3）驾驶员行为限制：驾驶员行为约束是指限制驾驶员驾驶行为的规则，例如驾驶员的驾驶技能等。在最优控制算法中，需要考虑驾驶员的行为限制，以确保驾驶员在执行控制指令时能够遵守交通规则和法律法规。

在考虑以上约束条件的基础上，最优控制算法通常采用以下步骤来计算最优控制输入：

（1）定义性能指标：定义一个性能指标，以评估驾驶员的控制效果。

（2）确定状态空间：确定驾驶员所驾车辆的状态空间，包括位置、速度、方向角、加速度等。

（3）建立数学模型：根据驾驶员所驾车辆的动力学特性和交通环境，建立驾驶员行驶的数学模型，包括驾驶员的运动方程、传感器的观测模型等。

（4）选择控制策略：根据数学模型和性能指标，选择合适的控制策略，例如 PID 控制、模型预测控制等。

（5）计算最优控制输入：根据控制策略和状态空间，计算最优的控制输入，例如驾驶员的反应速度、注意力等。

总之，驾驶员行为约束是确保驾驶安全的重要因素之一。在最优控制算法中，需要考虑这些约束条件来确保驾驶员能够安全、准确地执行控制指令。

3. 交通规则约束

控制算法需要考虑交通规则的限制，如车道线的遵守、交通信号灯的遵守、行驶速度的限制等。

交通规则是交通运行和交通管理的重要依据，也是确保交通安全和顺畅的关键因素。在车路协同系统中，交通规则约束主要涉及以下几个方面：

（1）道路标识和信号灯：道路上的各种标识和信号灯是交通规则的重要组成部分。在车路协同中，需要通过道路标识和信号灯来控制车辆的速度、行驶方向和停车等操作。

（2）限速和超速：交通规则中的限速和超速规则是确保交通安全的关键因素之一。在车路协同中，需要通过车辆的感知系统来获取当前道路的限速和超速规则，并通过算法来控制车辆的速度，确保车辆不会超速或低于规定速度行驶。

（3）跟车距离和安全距离：跟车距离和安全距离是交通规则中的另一个重要约束条件。在车路协同中，需要通过车辆的感知系统来获取前方车辆的距离和速度信息，并通过算法来控制车辆的速度和距离，确保车辆之间的安全距离得到保持。

（4）行驶方向和车道保持：交通规则中的行驶方向和车道保持规则是确保交通顺畅和安全的关键因素之一。在车路协同中，需要通过车辆的感知系统和控制算法来控制车辆的行驶方向和车道保持，确保车辆在行驶过程中不会偏离车道或发生交通事故。

需要注意的是，交通规则约束在不同的国家和地区可能存在差异和变化。因此，在车路协同系统的设计和实现过程中需要考虑到这些差异和变化，并能够根据不同的交通规则进行相应的调整和优化；同时，还需要考虑各种不确定因素和突发事件的影响，例如交通事故、道路施工等，尽可能地提高系统的稳健性和可靠性。

4. 传感器噪声和误差及其影响

控制算法需要考虑传感器（如雷达、摄像头、GPS等）的噪声和误差，以及它们对车辆控制的影响。

最优控制算法在车路协同技术中有广泛的应用场景，主要包括以下几个方面：

（1）安全驾驶：最优控制算法可以用于实现安全驾驶，例如在高速公路上的自适应巡航控制、避免车辆碰撞等。

（2）交通效率：最优控制算法可以用于提高交通效率，例如在城市交通中的拥堵控制、智能交通管理等方面。

（3）智能导航：最优控制算法可以用于实现智能导航，例如在地图导航软件中的路径规划、实时交通拥堵预测等方面。

（4）自动驾驶：最优控制算法是实现自动驾驶的重要基础之一，例如在自动驾驶汽车中的轨迹规划、速度控制等方面。

最优控制算法在车路协同技术中有许多应用案例，以下是其中几个典型的案例：

（1）自适应巡航控制：自适应巡航控制是高速公路上的重要应用场景之一，它可以根据前方车辆的速度自适应地调整本车的速度，以保持安全距离和舒适的驾驶体验。这个功能的最优控制算法需要考虑车辆的动力学约束和驾驶员的行为约束。

（2）避免车辆碰撞：避免车辆碰撞是另一个重要的应用场景之一，它可以通过实时监测周围的车辆和障碍物，预测它们的运动轨迹，从而避免发生碰撞事故。这个功能的最优控制算法需要考虑交通规则的约束及传感器噪声和误差的影响。

（3）轨迹规划：在自动驾驶汽车中，最优控制算法可以用于规划车辆的行驶轨迹，以确保车辆在安全、舒适的情况下按照预定的路线行驶。这个过程中，最优控制算法需要考虑车辆的动力学约束、交通规则约束以及传感器噪声和误差等因素。

（4）速度控制：在高速公路上，最优控制算法可以用于控制车辆的速度，以保持安全距离和舒适的驾驶体验。这个过程需要考虑车辆的动力学约束、驾驶员的行为约束以及交通流的不稳定性等因素。

（5）协同驾驶：最优控制算法可以用于实现协同驾驶，即多个车辆通过通信和协作来共同完成交通任务。例如，在高速公路上的车辆可以通过协同驾驶来提高交通效率，缓解交通拥堵。这个过程中，最优控制算法需要考虑车辆之间的交互和协调、通信延迟和误差等因素。

除了以上几个应用案例，最优控制算法还可以用于以下方面：

（1）智能交通管理：最优控制算法可以用于实现智能交通管理，例如通过实时监测和调整交通信号灯的配时，提高城市交通的效率和安全性。

（2）路径规划：最优控制算法可以用于实现路径规划，例如在地图导航软件中根据实时交通信息和路况来规划最短或用时最少的行驶路径。

（3）车辆状态控制：最优控制算法可以用于控制车辆的状态，例如通过监测车辆的温度、胎压等参数，以及调整车辆的悬挂系统和制动系统等来保持车辆的最佳性能和安全性。

总之，最优控制算法在车路协同技术中具有广泛的应用场景和重要的实际意义，可以为车辆提供更高的安全性和更舒适的驾乘体验。

4.1.2 其他算法

1. 预测算法

这种算法主要用于预测车辆周围的环境变化，例如其他车辆的速度和位置、道路的情况等。这种算法结合了深度学习和强化学习技术，通过学习历史数据来预测未来的情况。

2. 数据融合算法

这种算法主要用于整合不同传感器（如雷达、摄像头、GPS 等）的数据，以获得更准确的环境感知信息。这种算法可以帮助车辆在复杂的交通环境中进行准确的决策。

3. 博弈论模型

在车路协同中，博弈论模型主要用于模拟车辆之间的互动行为。例如，可以通过这种模型来研究车辆在互相影响下的决策行为，以实现公平、安全的交通环境。

4.2 车路协同平台级基础能力

4.2.1 高精度地图

高精度地图也被称作高分辨率地图，是一种专门用于自动驾驶汽车的地图，能够准确捕捉道路、车道、路边、交通标志和其他动态信息，从而为车辆的感知、定位、规划、决策和控制提供有力的支持。高精度地图为自动驾驶汽车或驾驶人员提供服务，蕴含着丰富的驾驶辅助信息，尤其是诸如道路表面的几何形貌、道路标线的分布等，对道路交通网络进行三维刻画。在此基础上，利用车载机器人与 GPS、摄像头等多源信息进行匹配，实现对车辆的准确定位，从而提升自动驾驶汽车对路障的识别能力，是当前车路协同技术的重要组成部分。要素完整的高精度地图会通过三类数据来完整表达真实道路信息：第一类是道路和车道信息，主要记录道路信息及引导拓扑信息；第二类是道路周边设施信息，定位和障碍物等辅助信息；第三类是定位图层，主要用于自动驾驶车辆现场匹配。

4.2.1.1 传统高精度地图

高精度地图分为四个基本层级，由底层至上层分别为静态地图、准静态地图、准动态地图和动态地图（见图 4-1）。其中，静态地图与准静态地图属于静态高精度地图，准动态地图与动态地图属于动态高精度地图。动态高精度数据是在静态高精度地图的基础上建立起来的，其中包含了实时、动态的交通流信息，道路事件信息，施工现场拥堵状况，天气等一系列相关信息。

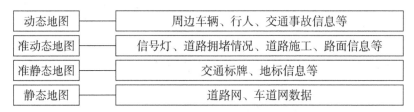

图 4-1 高精度地图分层图例

传统的自动驾驶中用的高精度地图主要应用是辅助感知、高精度定位、路径规划。

1. 总体架构

该系统由基础支撑层、平台层、数据层、应用层四个部分组成（见图 4-2）。基础支撑层，主要是通过 V2X 技术中的 MEC/RSU 装置以及路网运行监测平台来向系统提供实时的道路交通状况信息，为该系统提供车辆端的精密定位服务的车载高精度定位平台；平台层包含了 2D/3D 地理信息系统（GIS）平台、高精度地理信息服务平台，支持系统应用程序的运作；而数据层则是车辆端、平台端的高精度地图数据及三维场景数据；在应用层，将车辆端与平台端划分为两个部分，实现了一体化的应用。

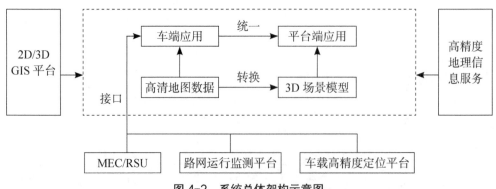

图 4-2 系统总体架构示意图

2. 功能设计

该系统的功能设计主要分为车载端应用和平台端应用两个方面（见图4-3）。车载端的应用包含了图层切换、车辆实时定位跟随、交通事件提醒等。平台端的应用包含了 GIS 基本操作、车辆实时定位、交通事件提醒、车辆历史轨迹等。

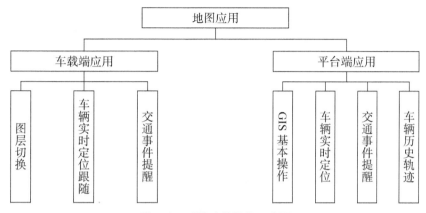

图 4-3　系统功能结构示意图

3. 接口设计

路侧 V2X 感知设备动态感知到的交通事件，通过 V2X 传输协议回传后得到一系列事件属性信息，如表 4-1 所示。由 V2X 的 RSU 下发的交通事件，通常是点状事件，只需要利用 GIS 引擎坐标点插入功能，将交通事件的绝对经纬度位置作为一个独立图标插入相应的位置，并在图标的旁边用属性信息框的形式呈现交通事件详细信息。在此基础上，通过计算事故发生地点和车辆的实时坐标，实现对车辆的事故预警。

表 4-1　车路侧 V2X 感知设备感知的交通事件属性信息表

名称	类型	描述
event id	String	交通事件 ID，唯一标识一个交通事件
event source	String	事件来源
event type	String	事件类型
event level	Integer	事件级别（0~7），由低到高表示事件严重程度
event position	Location	事件所在经纬度
event path	List<location>	事件的起始经纬度
start time	DateTime	事件开始时间（UTC）
end time	DateTime	事件结束时间（UTC）
status	Boolean	有效状态
note	String	备注信息

同时，将交通事件的经纬度位置与高精地图进行动态匹配，获得该区域在高精度地

图上特有的描述方法，主要字段信息如表4-2所示。在获得了这一交通事故的地图信息之后，可以对后续的车辆进行长程路径规划，在路线规划中，避让交通事件。

表4-2 高精度地图主要字段信息表

参数名称	参数定义	格式类型	数值范围	说明
地图切片id	map_id	String	1 ~ 9999999	对应MEC所在位置区域的地图块，对应切片接口中的section ID
路线id	link_id	String	1 ~ 9999999	—
车道id	lane_id	String	1 ~ 9999999	事件是一个点，这里指点所在的车道
纵向距离	S	double	0 ~ 1000000 cm	道路的起始点，计算实际线路长度
横向距离	T	double	−10000 ~ 10000 cm	道路中心点左右偏移，右正左负
高程	H	double	−10000 ~ 10000 cm	单位：厘米
方位角	HEADING	double	0 ~ 360°	道路方向，非关键参数
俯仰角	PITCH	double	−180° ~ 180°	道路坡度，非关键参数
翻转角	ROLL	double	0 ~ 360°	道路斜侧角度，非关键参数

4.2.1.2 局部动态地图（LDM）

随着技术的进步，在车路协同下的自动驾驶中，地图行业兴起了一个新的概念——局部动态地图（LDM）。LDM作为一个集成平台，将静态数字地图（地理信息系统）与动态环境对象（车辆、行人等）相结合。

1. LDM数据来源

LDM要求能够既安全又精确地提供数据存取服务。从ITS基站获取的LDM数据主要来源于车辆、道路基础设施、交通管理中心以及车载传感器等（见图4-4）。

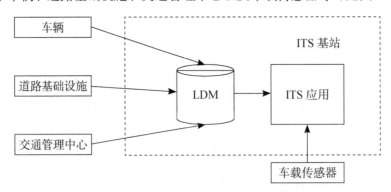

图4-4 ITS基站中的LDM数据来源

2. LDM的实施架构

以欧洲SAFESPOT项目为例。在项目中，根据需要创建LDM表的模式，以实现符合当前SAFESPOT项目规范的安全驾驶系统。建立具有单独的表用于管理静态数据的模式，如道路和地图数据、车辆数据等动态数据。首先，对于 LDM 的持续静态数据，建立用于管理道路数据的沿路元素表和用于管理交叉点数据的路口表和道路交叉点表，利用这些地图数据表来管理道路数据，例如交叉口及相关的位置信息。之后，对于高度动态数据，建立用于管理私人机动车辆信息的私人机动车辆表和用于管理其他机动车辆信息的机动车辆表，利用这些车辆信息表来管理车辆 ID、车辆传感器数据和相关位置信息。沿路元素表是 SAFESPOT 定义的关系表的一个例子，用于跨越和互连不同的层。虽然持续静态数据和高度动态数据被作为独立的层来管理，但沿路元素表可以将地图数据 ID 与车辆数据 ID 相关联，使其能够执行强大的搜索。例如，可以从某条道路的 ID 获得在该道路上行驶的车辆的 ID，还可以从在该道路上行驶的车辆的 ID 获得道路 ID。

3. API

LDM 机制本质上是一个数据库，应用程序向其发送查询以获取数据。因此，定义一个 API，以便应用程序开发人员可以使用存储在 LDM 中的数据。LDMAPI 分为一级 API 和二级 API，分别执行基本操作和专门处理。

一级 API 也在 SQL 中定义的数据库进行操作，如"选择"和"更新"，并包括空间操作和事务处理。二级 API 对一级 API 进行了扩展，并定义一个由应用程序提交的特殊查询。例如，搜索某条道路上的车辆可以通过多次调用一级 API 来完成，但二级 API 可以简化应用程序的编写，以这种方式定义 LDMAPI 使应用程序开发人员开发应用程序时不必担心用于实现 LDM 的实际数据库软件。

4.2.1.3 基础能力

1. 高精地图数据采集与处理

利用车载 LiDAR 高精度测量技术与地面辅助测量修正技术相结合，实现包含长隧道在内的道路全线高精度地图的生产。高精度导航电子地图的数据规格根据使用需求定制，按照统一标准定义。在高精度地图的数据采集过程中，应该采取专业化的地图采集模式，并对数据生产流程进行标准化，以确保高精度地图的精度和地图要素的完整性（见图 4-5）。

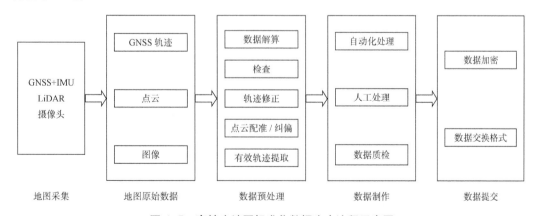

图 4-5　高精度地图标准化数据生产流程示意图

2. 三维场景转换

要实现车辆端与平台端的一体化，必须从两个方面进行考量，一是要满足车辆端的轻量级可视化展示，二是要满足平台端的综合性可视化展示。在车载终端的轻量化可视化展现中，以车载终端的硬件性能为重点，仅对道路及道路上的标识、标牌等基础设施进行建模与可视化。而在平台端的综合可视化中，要结合周围环境，采用真三维公路场景进行可视化。以高精度地图为基础，利用 3D MAX 技术，对路面上的其他辅助结构物进行三维建模，同时融合路面模型。三维道路模型的特点是道路纵向剖面中心轴随着地形的变化而变化，周边地形进行相应的填方和开挖来无缝衔接道路。因此，如何无缝衔接道路与地形两个三维模型，是构建地形与道路的整体三维模型的关键。而构建整体三维模型的本质就是线路与地形三维模型的重叠，这种重叠可以通过对局部地形点进行重构的方式来实现。

3. 车辆实时定位跟踪

高精度地图以实现车路协同为目标，以提高城市道路交通安全水平。它不仅可以使自动驾驶汽车提前感知前方超视距范围内的动态信息，还可以给驾驶员、道路管理者提供一种可视化的工具，从而使其更方便地参与、管理交通，对传统道路管理方式的变革具有非常重要的意义，可以为未来无人驾驶车辆提供无缝连接的高精度定位服务。

4. 辅助环境感知

作为自动驾驶汽车"眼睛"的传感器具有一定的局限，例如在恶劣天气不敏感等。高精度地图能够弥补传感器在恶劣天气无法探测或探测精度不足的缺陷，对其进行实时监控，并反馈外部信息，从而获得当前位置准确的交通状况。在此基础上，提出一种基于高精度地图的建模方法，将自动驾驶车辆周围的要素以及要素间的拓扑关系进行提取，如果自动驾驶车辆检测到了高精度地图不存在的要素，那么该要素就可以被看作障碍物。该方法有助于感知系统识别周边环境，提高监测的准确率和速度，同时也可节省大量的计算资源。

5. 辅助定位

车辆在行驶过程中，因其自身的定位误差，车辆与其所处的环境无法一直维持准确的位置关系。在车辆行驶时，通过地图匹配，可以准确地确定其在道路上的准确位置，进而提高车辆的定位精度。相对于传统的基于 GNSS 定位信息的导航地图，高精度地图对道路形状、曲率、标志等有更精确、更丰富的先验知识，在高维度数据的基础上，利用高效的匹配算法，进行更精确的匹配和定位。

6. 辅助路径规划

一般的导航地图只能提供道路级别的路径规划，而高精度地图的路线导航能力已经提升到了车道级别，比如它能够定位车道的中线，确保车辆最大限度地行驶在车道中心。高精度地图可以使车辆提前观察斑马线、低速限制线和减速带，并进行减速。针对自动驾驶车辆行驶过程中存在的障碍物，利用高精度的地图信息，可以缩小车辆的路径选择范围，实现车辆的最优避障。

7. 辅助控制

高精度地图能够精确再现真实的路况，为车辆的加速、减速、并道、转向等行驶决策提供重要路况信息。同时，高精度地图可以为车辆提供超视距信息，并和其他传感器相结合，辅助系统控制车辆。高精度地图可以为汽车提供准确的预测信息，还可以提前辅助其控制系统选择合适的行驶策略。这对减轻车载计算压力、突破计算性能瓶颈有很大帮助，可以使控制系统更加关注突发状况，为自动驾驶提供辅助控制，提高车辆的安全性。

4.2.2 高精度定位技术

相对于普通车辆，智能车辆要求更高的识别准确性，而非"在哪条路上行驶"。一般来说，车道的宽度有限，智能车辆行驶过程中所允许的定位误差要控制在安全范围内，这就必须依赖高精度的定位系统。目前，大规模智能驾驶的主要障碍在于如何实现低成本、连续时空的高精度定位。GNSS 定位技术是目前应用最广的车载定位技术，但在城市中，由于 GNSS 的多路径反射问题，其获取的 GNSS 定位信息极易出现错误，对于在有限道路宽度高速行驶的车辆，较大定位误差容易产生交通事故。差分全球导航卫星系统（Differential Global Navigation Satellite System，DGNSS）利用 GNSS 伪距码可以达到 12 m 的定位精度，但这还远远不能满足定位精度的要求。惯性导航系统在 GNSS 信号衰减或信号丢失时经常被用来定位车辆，但随着时间的推移，极易产生累积误差，高精度定位技术作为现代智能车辆实现车道级定位的关键技术，已经成为智能车辆与车路协同研究领域的热点。

高精度定位技术包括绝对定位和相对定位两种方式。绝对定位是指类似卫星导航的定位技术，可以提供车辆的绝对位置坐标。相对定位是指不依赖外界参照物的自主定位算法，如基于惯性导航器件的航迹推算系统和视觉里程计等。在定位效果方面，绝对定位尽管会产生偏离误差，但是可以帮助车辆迅速缩小定位范围，大幅提高系统的定位效率。相对定位精度较高，但是在车辆运行一段时间后会产生累积误差。因此，将绝对定位和相对定位技术进行深度融合已成为当前主流的高精度定位算法。

与民航、铁路、水运等交通方式相比，道路交通环境异常复杂，桥梁、隧道、高架路、城市摩天大厦、林荫道、高山、密林等因素会严重影响 GNSS 的定位效果。智能车辆在复杂交通环境运行过程中具有多尺度的定位需求，对于像交叉协同运行、车辆队列间距控制、穿行隧道、自动泊车等精细化的交通场景，通常需要厘米级的定位精度。而针对车道保持、车辆自动变道、自动紧急制动、弯道车速控制等智能交通应用，需要毫米级的定位精度。传统的全球导航卫星系统定位算法均无法满足智能车辆的这些定位要求，因此，为智能车辆提供全时空连续、高频输出的高精度定位系统，已成为智能车辆领域亟待解决的基础难题。

4.2.2.1 相关技术

1. GNSS 卫星定位

GNSS 是一种基于卫星信号的定位技术，通过使用一组分布在地球轨道上的卫星，为用户提供全球范围内的定位、导航和定时服务。当前，全球正在使用的 GNSS 主要有美国的 GPS、俄罗斯的 GLONASS、欧盟的 GALILEO，以及我国的 BDS 及其相应的增强型 GNSS。

GNSS 的原理是基于从卫星发射的信号的时间和空间属性来计算接收器的位置，即飞行时间（TOF）测距法。GNSS 系统由多颗卫星组成，每颗卫星都在预定的轨道上运行，其轨道由地面的控制站进行精确的监控和调整。GNSS 接收器接收来自至少四颗卫星的信号，并测量从卫星发射到接收器接收信号之间的时间差。通过信号的传播速度（光速），接收器可以计算出从每颗卫星到接收器的距离。为了精确计算接收器的位置，GNSS 系统使用了三角测量原理。接收器通过测量与多颗卫星之间的距离，可以确定自己在三维空间中的位置。通过将多个卫星的测量结果相互交叉验证，可以进一步提高定位的准确性。

关于 GNSS 定位的误差，可以从发射端、传播端和接收端三个方面来考虑。发射端的误差有卫星钟差、卫星轨道误差和星历误差，传播端的误差有电离层延迟和对流层延迟，接收端的误差有终端钟差、多路径和天线相位中心误差。不同技术路径的 GNSS 技术就是通过不同的方法去补偿或者消除各种误差。目前比较主流的 GNSS 技术有实时动态载波相位差分技术（RTK）、网络 RTK（NRTK）、精密单点定位（PPP-AR）和实时单点定位（PPP-RTK）。

（1）实时动态载波相位差分技术（RTK）

RTK 是目前使用最广泛的技术，其适用性较好，精度较高，能实现厘米级定位。其基本原理是在地面已知基准点建立参考站，解算误差，修正数据并实时传输到终端，利用两个站间差分观测数据，对观测数据中的各种误差进行精确建模、估计和消除，最终达到厘米级别的高精度实时定位。

（2）网络 RTK（NRTK）

网络 RTK 具有区域性的精准定位、实时定位和区域基准站组网处理的特点。

（3）精密单点定位（PPP-AR）

简单来说，PPP 是一个强大的单一节点，有多种基础基站的建设。这些基站会根据卫星的数据进行筛选，然后传输给卫星。卫星做过校正之后再对车端进行定位，获得高精确度的位置信息。PPP-AR 具有全球范围的次优精准定位、近实时定位（< 30 min）和广域地面稀疏基准站组网处理的特点。

（4）实时单点定位（PPP-RTK）

PPP-RTK 是全球范围的精准定位，对基准站建设密度的要求比网络 RTK 低，增强信息无须实时播发，等价或优于 RTK 体验，误差按照状态空间域处理，保证定位的可靠性和时效性。

卫星定位的成本较低，同时准确度也较差，大概只有 10 m。目前，基站增强型卫星定位技术虽然具有厘米级的精度，但造价昂贵，而且仅适用于户外环境。

2. 蜂窝网定位

当移动终端与邻近基站进行通信时，其无线信息会通过主小区基站传输到数据中心，而定位服务会进一步处理无线信息，从而获取当前移动终端的位置。最常用的无线信息包括主小区 ID、邻小区 ID、主小区 RSRP、邻小区 RSRP 值等。利用这些无线信息，可以进行基站（CELL_ID）定位、场强模型定位、到达时间（TOA）定位、到达时间差（TDOA）定位、到达角度（AOA）定位、指纹定位等。

（1）CELL_ID 定位技术

将与终端相连的主基站的经纬度信息作为自己的位置信息，只依靠单个站就可以进行定位。这种方法虽然简单，但是定位精度并不高，通常是在数百米到数公里之间，与基站的密度有很大关系，比如在城市等基站密集区，它的精度可以达到 200~500 m，而在偏僻的郊区，精度可以达到 1~2 km。进一步提高 CELL_ID 定位的准确度可以通过加入 RTT 或 AOA 来实现。

在落地实践过程中，运营商发现 CELL_ID 定位技术的定位精度和准确率都较低，这主要是由于在运营基站的过程中，基站的维修、搬迁、停站、新建等不能及时、统一上报，导致后台 CELL_ID 经纬度码表不能及时更新，从而导致定位失败。目前，运营商们需要考虑的问题是，如何在全国各地实现统一的基站位置云化管理，让基站的维护能够与云端的基站位置码表在线上进行联动，并对敏感数据进行保密。

（2）三角定位（TOA/TDOA 定位）技术

TOA 定位技术是一种用接收到的信号计算终端位置的几何方法。以基站作为圆心，以 $L=tc$（t 为从基站到达终端的时间，c 为光速）为半径形成的圆形，需要至少 3 个基站的信息，即至少 3 个圆形交叉，所得到的交叉区域即为终端的位置（见图 4-6）。

TOA 定位技术要求发射端和接收端必须有严格的时间同步，因此其局限性较大。针对此问题，提出了一种新的测距方法，该方法是通过在两个基站之间的时间间隔来获得测距数据，将测距数据集中在一个基站上，双曲线的交叉点即为终端的位置，即 TDOA 定位技术。

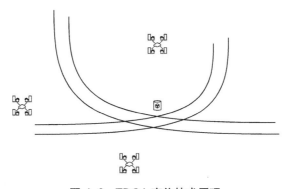

图 4-6 TDOA 定位技术原理

上述两种方法都是基于直达路径的假定，但在实际应用中发现，复杂环境下，无线信号往往沿多个方向传播，影响了定位精度。另外，三角定位一般需要多个基站协同工作，增加了基站的信令开销和负载。所以，在大规模的位置服务落地中，运营商并不经常使用这种方法。

（3）指纹定位技术

指纹定位技术主要利用终端的信号特征，使用大数据技术进行指纹库匹配，进而得出终端位置信息。

在蜂窝网络中，基站一侧的大型天线阵列一般布置在开阔、地势较高的空地上，而移动终端的周围往往存在着大量的散射点，因此，从移动终端到基站的传输信道由其周边的散射点所决定。基于此,蜂窝网位置指纹信息应是从通信环境中唯一确定的重要参数中提取出来的。指纹定位主要包括指纹信息提取、指纹库构建和指纹信息匹配三个步骤。

① 提取指纹信息的流程:将基站覆盖扇区分成多个栅格,然后对落在这个栅格中的所有经纬度样本数据进行上行处理,以上行 MR/MDT 数据作为指纹库的数据源。

② 建立指纹库流程(见图 4-7):采用离线流程,对基站上行的数据进行清洗、筛选,在经过一定的大数据算法处理后,为每一个栅格配备对应的特征值,从而建立起位置指纹数据库。利用 MR/MDT 采集数据,利用移动终端的 RSRP 来建设指纹库。由通信原理可知,某基站某扇区的栅格内 RSRP 值可以是唯一的。

图 4-7　指纹库构建流程

③ 指纹信息匹配过程(见图 4-8):是一个在线过程,将最新获得的 RSRP 数值输入算法模型中,通过匹配和分类操作获得定位信息。常见的分类算法包括 KNN 算法、基于概率的 Naive Bayes 算法、支持向量机(SVM)等。

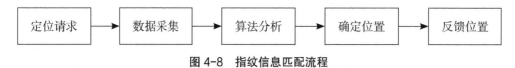

图 4-8　指纹信息匹配流程

(4)Multi-RTT 定位技术

Multi-RTT 定位技术是利用终端与多个基站之间的相对位置来计算终端物理位置的技术方法,为了解决时钟同步的难点,技术采用上下行定位结合的方式获取 RTT 值,具有较高精度。具体原理为:在下行信号发送时,基站利用本地时钟记录其发射信号时间 t_0,终端接收到下行信号时,利用本地时钟记录接收时间 t_1;在上行信号发送时,终端利用本地时钟记录其信号发射时间 t_2,基站接收到上行信号后,利用本地时钟记录接收时间为 t_3。此时,RTT=$(t_3-t_2)-(t_1-t_0)$,终端则位于以基站为圆心,$c \times$ RTT(c 为光速)为半径的圆上,多个(至少 3 个)圆的交汇处便是终端的物理位置。基站与终端均是利用本地时钟记录时刻,记录的信号发射与接收时间差为相对时间差,因此 Multi-RTT 定位技术并不要求终端与基站的时钟同步,终端要求低。

3. 惯性导航系统(INS)

惯性导航系统是一种不依靠外部信息也不向外界辐射能量的自主式导航系统,它的主要构成部分包括惯性测量单元(IMU)、信号预处理和机械力学编排三个模块(见图 4-9)。

图 4-9　惯性导航系统的主要模块

图 4-9 所示惯性导航系统由三个互相正交的单轴加速度计和三个相互正交的单轴陀螺仪组成。陀螺仪的主要功能是测量角速度。根据牛顿第二定律，采用电容式、压阻式和热对流等方法原理，实现了加速度计的设计，并将其应用到运动物体的各个轴线上，从而实现了对运动物体不同轴线的加速度测量。信号预处理部分对惯性测量单元输出信号进行信号调理、误差补偿并检查输出量范围等，以确保惯性测量单元正常工作。惯性导航系统按照其编排形式，分为平台式和捷联式两种类型。

平台式惯性导航系统是将陀螺仪和加速度计等惯性测量单元通过支架平台与载体固连的惯性导航系统。惯性测量单元固定在台体上，系统的敏感轴能直接模拟导航坐标系，这就保证了敏感轴的准确指向，并且隔离了载体的角运动，给惯性测量单元提供了较好的运作环境，使得系统的精度较高。但是，由于平台的特殊性，其具有结构复杂、体积大、造价高等缺点。

捷联式惯性导航系统是一种将惯性测量单元直接固定在载体上，通过计算机来实现导航平台的功能的惯性导航系统。载体转动时系统的敏感轴也跟随转动，通过计算载体的姿态角就能确定出惯性测量单元敏感轴的指向，然后将惯性测量单元测量得到的载体运动信息变换到导航坐标系上即可进行航迹递推。基于成本控制考虑，当前自动驾驶领域常用捷联式惯性导航系统。

当前，GNSS + IMU 组合导航是全球定位系统的主要发展方向，其算法详见图 4-10。而惯性导航系统是仅有的 6 个自由度完整数据输出装置，且数据更新频繁，是多个位置信息的融合中心。

在惯性导航中所用的核心算法有 3 种：
（1）惯性导航解算算法；
（2）组合导航卡尔曼滤波器的耦合；
（3）环境特征信息与惯性导航融合。

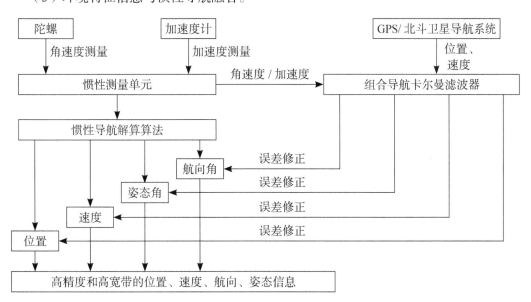

图 4-10　组合导航系统核心算法框架

惯性导航系统是一种具有自主能力的导航系统，它通过 IMU 获取载体的比力和角速度，在给定的初值下，通过与 GNSS 等其他系统的数据融合，实现对姿态、速度等参数的实时估计（见图 4-11）。

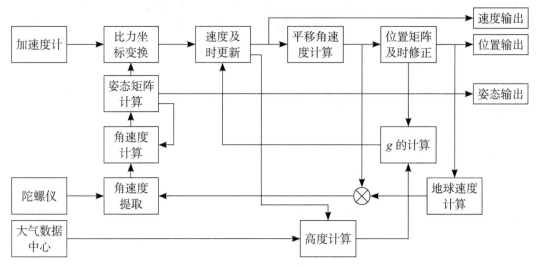

图 4-11　惯性导航系统工作原理图

根据惯性导航的运算结果，推算出汽车目前所处的位置，并与卫星定位接收器给出的位置（或观察值）相比较。对比得到的偏差包括了惯性导航的推算误差以及卫星接收的定位误差，经过数据融合算法的加权，可以用来对惯性导航系统的预测进行修正，使预测更加精确。

惯性导航解算算法见图 4-12，通常分为以下几步：

（1）姿态更新：对陀螺仪输出的角速度进行积分，获得姿态增量，并将其与上一次的姿态相叠加；

（2）坐标转换：将 IMU 载体坐标系转化为求解位置和速度的坐标系；

（3）速度修正：在求解惯性系下的加速度时，需排除重力加速度，之后进行积分，即可求出速度；

（4）位置更新：通过速度积分得到位置。

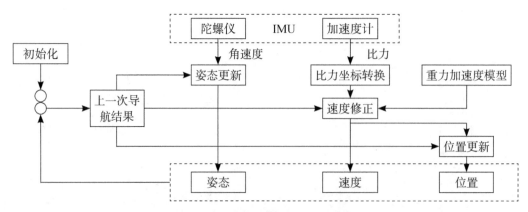

图 4-12　惯性导航解算算法原理图

在惯性导航系统中，由于每次导航方程的迭代都要以前一次的计算结果为初始点，所以对其进行初始化处理是一个很重要的环节。在车辆静止的情况下，由重力引起的加速度计比力可由以下公式求出：

$$\vec{f} = \frac{\vec{F}}{m} \tag{4-1}$$

式中：$\vec{f}$——比力；
　　　$\vec{F}$——维持物体跟随地球旋转的向心力；
　　　m——物体质量。

对高度精密的 IMU，采用罗经校准方法，在车辆静止状态下，通过测量载体系中的地球自转来确定载体的方位。

4. 无线传感器网络（WSN）

无线传感器网络主要由三部分组成：用户侧、中间件和传感器节点侧。

在大范围监测区域，随机部署多个传感器节点，这些节点通过拓扑配置互相通信，并把收集到的信息传输给汇聚节点，由汇聚节点转发给用户，用户通过互联网或者移动通信获得这些信息，最后对这些数据进行相应的处理。具体流程如图 4-13 所示，通过这一流程，用户可以轻易地完成相应的任务，如交通状况实时监测等。

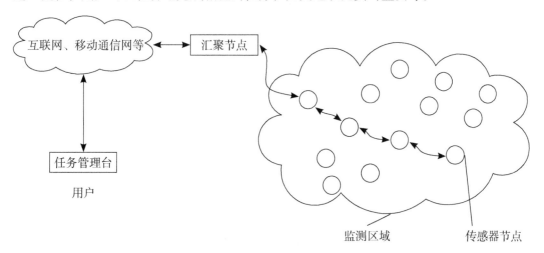

图 4-13　WSN 架构图

在这个 WSN 架构中，传感器节点的能量较低，数据处理能力较弱，它们的主要功能是对数据进行采集，然后互相通信转发等。汇聚节点的能量较大，数据传输和存储能力较强，它的主要任务是作为中间件，将监测区域的内网和用户侧的外网连接起来。

传感器是整个网络最主要的部分，如图 4-14 所示，主要由四大部分组成。传感器分为两类，一是锚节点，二是未知节点。未知节点数量较多，它们通常直接和外网进行通信。少数节点为锚节点，这些锚节点具有可靠的通信能力、计算能力和数据处理能力。这样的设置有利于减少能量消耗，为数据提供有效的管理。

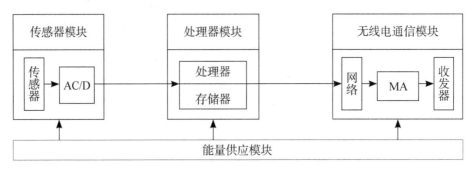

图 4-14 传感器基本架构图

无线传感器网络有以下几个特点：

（1）数量多、动态性强

为了获得大量且准确的数据，通常在监测区域随机部署成千上万的节点。由于 WSN 的应用不同，整个网络节点的拓扑结构会有很大的不同，所以为了满足数据实时性的要求，需要软硬件的支持。

（2）应用面广

上层的需求孕育了无线传感器网络，目的是获取大量数据，从而获得应用价值。上层的需求不同，整个无线传感器网络的设计布局也不相同，因此上层的需求与 WSN 的设计是相辅相成的。

（3）自组织性强

由于部署的监测区域环境变化较大，以及传感器的通信半径和功耗限制，传感器易损。因此 WSN 必须有强大的自愈能力，这就需要一个强大且可靠的内部通信协议来完成维护和可靠传输任务。

（4）能耗低

由于监测环境的恶劣，减少传感器节点的功耗是必须考虑的。由于部署的传感器节点数量众多，若能减少传感器节点的能量损耗，则会节省巨大的能量，也为环保做出贡献。

（5）以数据处理为核心

WSN 的主要任务是感知和收集信息，这就要求必须有一个数据处理能力强大的数据库。由于节点众多，收集的数据量巨大，数据处理能力强的数据库更有利对数据进行快速有效的操作。

4.2.2.2 技术分类及特点

定位技术多种多样，通常分为以下几类：

1. 分布式与集中式定位

分布式是各个节点的地位一样，都是以自我为中心，都能在自己的节点处完成定位。集中式则是类似于基站式，将所有的信息传输到某个能量巨大且功能强大的节点上，然后进行集中式估算位置，这样计算更加准确，但是无法达到实时性的要求，延迟较大。

2. 物理定位与符号定位

最常见的物理定位就是将节点定位到精确的经纬度，常见的符号定位则是定位到某个小区的第几栋，物理定位更加精确。

3. 基于间隔定位和与间隔无关定位

根据是否需要测量两个节点间隔判断是否基于间隔定位。

4. 基于锚定位和与锚无关定位

若存在锚，则普通传感器的坐标估算需要利用锚的坐标，可以得到普通传感器的绝对坐标，但是锚的成本比普通传感器高。若不部署锚节点，则只能获得全局相对坐标，但是网络构建代价较低。

4.2.2.3 基础能力

1. 隧道通行

当智能车辆经过隧道时，GNSS 信号受遮挡而无法提供高精度定位信息。在这种环境下，智能车辆若要保证定位系统的稳定性和精确性，需结合 IMU 或激光雷达等传感器进行辅助定位。为了弥补在隧道环境下纯 GNSS 定位的缺陷，结合视觉融合定位算法，为智能车辆提供高精度、高可靠的定位信息。在进入隧道前，纯 GNSS 定位和 GNSS/视觉融合定位算法都能提供高精度定位信息；进入隧道之后，纯 GNSS 定位结果发生较大的偏差，而 GNSS/视觉融合定位轨迹稳定、平滑；出隧道后，纯 GNSS 定位精度由于重新获得卫星信号而逐渐恢复，融合定位算法可以满足智能车辆在隧道环境行驶的高精度定位需求。

2. 城市峡谷

随着城市发展步伐的加快，城市高楼拔地而起，无线电信号会被遮挡或被高楼连续反射而形成多径效应，对智能车辆的定位系统提出了挑战。为了弥补 GNSS 定位算法在"城市峡谷"场景下定位能力的不足，利用视觉信息进行辅助定位。现有的基于视觉的定位方法主要采用汽车前后视摄像头获取图像。然而，前后视图像易受到汽车、行人等移动对象的干扰，且易受到光线的强烈干扰，导致两个视角下的图像之间存在着很大的差异。考虑到路面比街景图像变化小且通过补光等算法使光照环境稳定，因此利用俯视图路面图像实现车辆定位。

随着越来越多的主动安全功能的完善，车辆上面的安全设备也逐渐增多。大部分车辆都装有后视摄像头，在不额外增加专业和昂贵传感器的基础上，通过该视觉装置实现具有局部精度和平滑度的实时轨迹估计，可以弥补 GNSS 在"城市峡谷"场景下的定位缺陷以改善定位性能。

使用标准后视摄像头采集图像，路面主要由高频率、自相似、有斑点的纹理组成。尽管这些图像中可以检测到许多特征点，但它们各自具有高度的模糊性，成功匹配图像的每个部分需要整个图像帧的支持。通过所有纹理来准确地测量从一帧图像到下一帧图像的偏量，从而实现对平坦地面上车辆运动的精确估计。

4.2.3 数字孪生（Digital Twins）

数字孪生指在信息空间构建一个可以映射表征物理设备的虚拟系统，它们之间的联系并不是单向和静态的，而是贯穿于整个产品的生命周期。

早在 2019 年 7 月，我国交通运输部就发布了《数字交通发展规划纲要》，重点提到了数字交通的概念,指明了我国交通运输业的发展方向,同时也预示着我国交通运输领域即将进入数字孪生时代。数字孪生具有众多优点,如数字标识能够实时同步和可视化,此外还可实现智能控制,能为高速公路的道路感知预警和应急救援等提供全新的解决方案。可以预见数字孪生将是驱动未来城市交通发展的主要动力来源。

在车路协同领域中,应用数字孪生理念实际上就是基于智慧交通融合最新的物联网技术形成的更加高级的交通形式,也可以将其看作给交通安装上一个"智慧大脑",这个大脑能够将现有的系统或设备数字化,让设备或系统的实际运行情况通过数字进行复现。数字孪生的诞生为交通运输业的建设、规划、运营、服务和管理等方面提供一种新的解决方案,将成为未来交通运输发展的新方向。

数字孪生交通是通过采集实时交通数据,对交通流进行仿真、监测、诊断、预测与控制,避免"交通规划—设计—建设—管理—服务"闭环中的复杂性与不确定性,提升交通资源的高效配置与运行状态的安全性,为智慧交通的发展提供内在的动力。

4.2.3.1 相关技术

1. 物联网技术

物联网是指通过信息传感设备,按约定的协议,将任何物体与网络相连接,物与物之间通过信息传播媒介进行信息的交换和通信,以实现智能化识别、定位、追踪、监管等功能。在交通方面应用的物联网感知设备包括交通信号控制系统、可变诱导标志、交通视频监控系统、交通电子警察系统、卡口系统、微波雷达检测器、激光雷达监测器、雷视一体机、车路协同路侧单元、智能多功能杆等(见图4-15)。

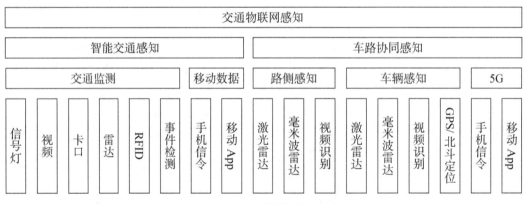

图4-15 交通物联网感知设备

2. 云—边—端技术

数字孪生交通需要将物理交通投射到虚拟交通上,这就要求既要有云计算,又要有分布式边缘计算。云边协同遵从以下6个协同规则:

(1)资源协同

边缘节点为用户提供计算、存储、网络和虚拟化等多个功能,既具备本地的资源调度和管理功能,又能够与云端协作,接收和执行云端的资源调度和管理策略。

(2)数据协同

边缘节点主要负责末端的数据采集,按照确定的规则对数据进行处理和分析,并将结果上传至云端，云端提供数据的存储、筛选、分析与挖掘，使得边缘端与云端的数据有序流动。

（3）智能协同

边缘节点根据 AI 模型进行推理，实现运算和训练，并将训练后的模型下发到各边缘节点。

（4）应用协同

边缘节点提供运行环境和场景应用部署，并对本节点的应用实行全生命周期管理和调度，云端提供场景应用的开发和测试环境，以及场景应用的全生命周期管理。

（5）业务协同

边缘节点提供模块化、微服务（包括场景应用、数字孪生、网络等应用案例），云端根据边缘节点提供的应用实现业务的编排。

（6）服务协同

边缘节点利用云端 SaaS 和企业 SaaS 的协同，在云计算环境下，利用服务发布策略和 SaaS 的服务能力，构建基于云计算环境的 SaaS 服务体系。

3. 大数据技术

运用大数据技术收集、存储、分析和挖掘交通行业产生的大量数据，形成数字孪生交通的数据支撑（见图 4-16）。

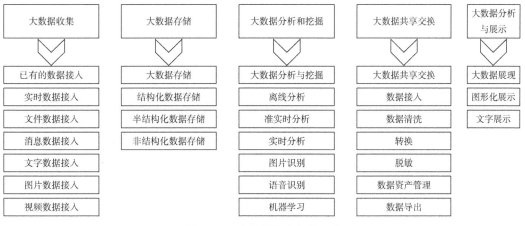

图 4-16 大数据技术架构示意

4. BIM/CIM 技术

BIM 是一种可通过计算机程序直接解读的工程信息模型，由完整信息构成，用以支持生命周期管理。CIM 平台以 BIM 作为核心技术并融合三维空间数据及物联网技术，构建上可支撑多种智能交通应用、下可兼容各种 BIM 模型和终端数据访问的数字孪生时空大数据平台。

5. 智慧交通 AI 技术

人工智能在数字孪生交通方面起着很大的作用。一方面在交通感知数据的处理方面，可以大幅度提高工作效率；另一方面在辅助决策方面，可以在系统行业管理、自动驾驶等方面作出决策。

6. 区块链技术

城市的交通四通八达，但数据不能做到公开且不受干扰，在交通运输时无法有效解决各种问题，因此，城市交通是一个复杂的系统问题。而区块链技术被视为最具有潜力和想象力的技术变革和创新，利用区块链信息不可篡改的特点与交通系统进行结合，实现数据共享，安全性较强，为车路协同的发展提供了技术支撑和保障，促进整体交通网络高效、智能化运行。伴随经济的增长与城市进程的不断加快，信息资源整合已成为交通信息化建设中必不可少的重要环节。

7. 5G 通信技术

5G 网络在数字孪生交通领域的关键技术包括高性能无线接入、多接入边缘计算和端到端网络切片三个方面的关键基础技术，基于空口的灵活配置与大规模无线的应用；网络切片保障业务的通信性能，多接入边缘计算赋能边缘感知与计算体系，以 5G 网络为桥梁搭建感知计算体系。

8. 增强现实（AR）技术

AR 技术的实质，是将对应的数字化信息叠加到现实场景中。将虚拟世界与物理世界叠加，通过人机互动，实时将周边环境、人、车、物等在显示设备上叠加，可以方便地对行人进行导航，在出现安全风险时，对汽车驾驶人员做出相应的提醒。

数字交通的理念是在现实交通的基础上，复制一个完整的数字映射。由于数字孪生交通的模型和机制建设良好，数字孪生交通的运作模控和运行机制都能与现实交通一致，可以用数字孪生预测现实交通的状态。数字孪生交通即平行交通，是将实时感知设备采集的数据导入交通模型体系中，实现对虚拟数字的映射，通过大数据分析、人工智能和交通在线仿真技术生成交通优化方案和对方案进行评价，是智慧交通的一部分。

4.2.3.2 基础能力

1. 智能交通管理平台

该平台具备交通态势全息感知、可视化交通指挥调度、大数据科学研判、精准交通信息服务等主要功能，使交通系统有序、安全、畅通、经济地运行（见图 4-17）。

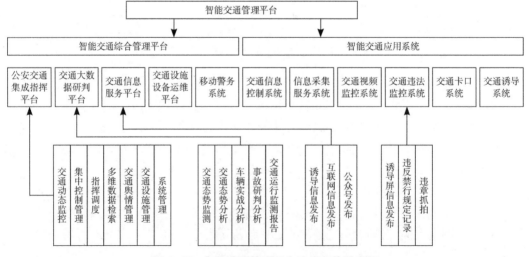

图 4-17 智能交通管理平台功能架构示意图

数字孪生在道路的交叉口和智慧路口实现路口交通数据的采集、通信和智能控制，形成前端处理单元，助力路口应用智能化到边缘，打造数字孪生交叉口，利用交通仿真技术实时模拟交叉口的运行状态，对控制策略和改进措施进行事前评价，择优实施。在数字孪生路口打造六大智能体（见图4-18）。

图4-18 孪生路口智能体功能

2. 交通运行监测（TOCC）平台

交通运行监测平台运用大数据、互联网＋等新一代信息技术，实现感知层数据的实时采集以及数据共享，实现交通运输的实时监测和预警，提升管理部门面向公众的交通服务水平，推动交通运输数据资源开放共享，实现应急指挥的协同化，为地面公交、轨道交通、省际客运及危化品运输运行监测提供支撑，提高政府交通运输监测管理效率和管理水平。功能架构见图4-19。

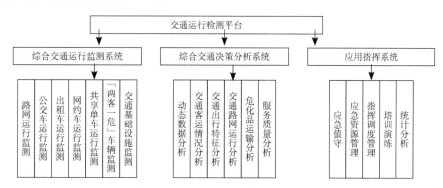

图4-19 交通运行监测平台功能架构

3. 交通规划设计平台

现阶段结合国土规划的推进，建设交通规划设计平台（见图4-20），为综合交通规划专项提供数据支撑。利用综合交通大数据，对交通系统进行规划，对现有交通系统进行改善设计，提高交通系统的运行效率和安全水平。

图4-20 交通规划设计平台功能模块

4. 交通信息服务平台

交通信息服务平台（见图 4-21）提供交通信息、道路信息、施工信息、公交信息、客运信息、交通气象信息等，改善驾驶人员的出行体验，为交通运行服务提供支撑。

图 4-21　交通信息服务平台功能

5. 智慧公交平台

智慧公交平台（见图 4-22）以高精度定位、视频监控、无线通信等技术为手段，实现对公交车的实时调度监控、优先通行，提高公共安全水平，降低运营成本，提升公交服务水平，同时实现与政府相关管理部门、交通运输企业、公众之间交通信息资源的互联互通。可使用公交优化模型实时优化公交线路，实现定制公交线路，可与交通信号灯协同实现公交优先通行。

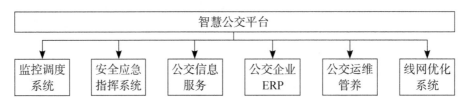

图 4-22　智慧公交平台功能模块

6. 智慧停车平台

通过采集停车库、路侧停车资源等信息，与新能源网络相融合，统一管理、实时监测，为运营方提供建设规划、运维管理、停车收费等多方面决策支持和管理应用，实现无人值守、高效运营。基于一个 App 应用，为公众提供车位预订、停车诱导、反向寻车、无感支付、停车充电等多种停车服务（见图 4-23）。

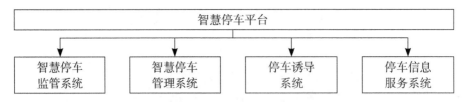

图 4-23　智慧停车平台功能模块

7. 车路协同服务平台

建设覆盖全域的路侧单元（RSU），结合车载单元（OBU）实现车—车、车—路之间的 C-V2X 宽带、低延时信息交互。基于边缘计算，将采集的交通信息进行处理，将驾驶安全预警信息、出行诱导信息等实时发布给车辆，提高交通安全水平，实现路网均衡畅通，同时可为无人驾驶汽车提供全面的数据支持。云边协同逻辑见图 4-24。

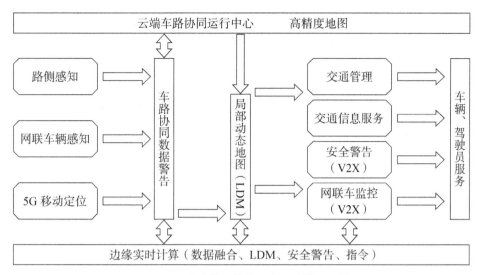

图 4-24　车路协同服务平台云边协同逻辑

8. 出行即服务（MaaS）平台

整合出租、公交、共享汽车和共享单车、轨道交通等各种交通出行方式资源，接入民航、高铁和长途客运等城际交通资源，在公共交通智能调度、个人习惯分析、低碳出行优先等基础上，与互联网的移动支付功能相结合，实现行程预订、路径动态规划、公共交通无缝衔接、费用便捷支付等功能，从而提高出行的便捷性和满意度，使大众的低碳出行体验得到改善。

9. 仿真评价服务平台

交通仿真是通过建立数学模型，真实映射物理交通的运行状态，进而可以对交通运行未来状态进行预测的技术。根据交通仿真的使用情况，交通仿真包括宏观交通仿真、微观交通仿真和行人仿真。仿真建模利用 BIM 和 CIM 的数据，结合 GIS 系统数据，在条件允许的情况下，纳入高清地图数据，建立交通仿真模型，同时纳入实时交通流参数数据，形成对物理交通在虚拟空间的映射（平行交通），实现虚拟空间交通仿真。需对仿真效果进行评估，仿真评价服务平台功能见图 4-25。

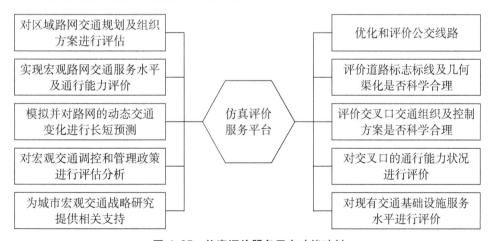

图 4-25　仿真评价服务平台功能映射

10. 全信息化数字感知网

运用超距交通毫米波雷达与雷达组网车辆跟踪技术，并与高清卡口数据进行融合，实现全路段交通流及重点车辆精准定位追踪，极大扩大了交通管控的感知范围和提高了准确率，同时为科学养护决策、精准稽查、追逃和高效应急处理等提供实时数据支撑，为实施差异化收费提供依据，辅以环境气象监测，为进一步实现准全天候通行提供技术数据。

11. 数字孪生系统的空间轴和时间轴

空间轴实施映射高速公路全路段交通状态、交通事件和气象状况，快速呈现事件区域上下游路况、智能门架管理状态以及事件处理结果，利用空间轴实现自动巡航，结合连续视频跟踪，实现分钟级无现场全线巡查，减轻路上巡查强度。时间轴实现历史信息可回溯、实时信息可追踪、未来状态可预测，通过数字孪生实现对历史事件、事件信息、交通状态、环境状态、控制策略、视频影像的完美溯源，并根据历史数据对未来的交通发展态势进行预测，提前做好交通管控预案。

12. 主动交通控制系统

主动交通控制系统面向通行效率、安全运营与应急管理，融合国内外先进交通管控技术，形成涵盖12类常发场景和56类突发事件的多目标协同联动控制机制，提出高速公路一级组织区、二级控制区、三级联动区的分层控制架构体系，实时评估交通运行态势。根据事件发生位置、等级及天气情况制定控制策略，实现分路段、分车道、分时段的交通制动管控，并通过智慧门架系统将管控信息发布给驾驶员，提醒驾驶员进行车道降速、变道行驶等。根据通行状况，开启或关闭应急车道，大幅提高道路通行效率，提升行驶安全水平。

13. 云控管理平台

面向智能网联技术发展，打造基于云控技术的管理平台，推动动态化货车专用车道等先进管控技术落地应用。研发智能座席管控系统，实现"单人多控多显"智能操控、自动分配，座席间互为校核，实现基准高效的管理目标，将为加快建设安全、快速、智能、绿色、经济的现代综合交通体系做出积极的贡献。

4.2.4 车路协同智能运维

4.2.4.1 相关技术

车路协同综合运维系统面向路侧设备、感知终端、边缘计算单元提供统一接入服务，实现通信设备实时监控、设备预警、在线诊断、远程管控、日志获取、固件升级的全生命周期运维（图4-26）。

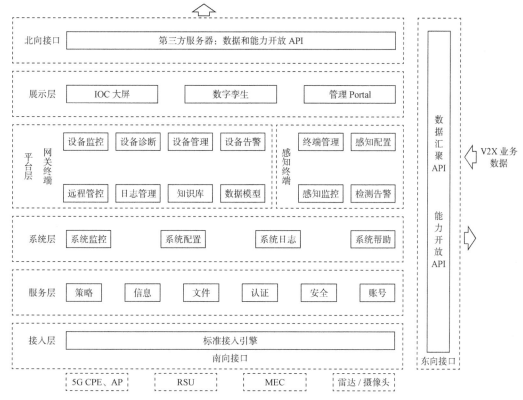

图 4-26 车路协同综合运维系统功能架构

1. 接入层

支持 SNMP、TR069、Syslog、Telnet/SSH、FTP/TFTP、NetConf、Qx、CLI、HTTP、MQTT 等多种标准化接入协议。未来软件定义网络化以后，还可通过 BGPLS、BGPFS、PECEP 等协议直接动态获取拓扑信息。

2. 服务层

包含服务子系统或独立功能组件，处理系统所需的策略管理、文件传输、接入认证、安全加密、账号权限等服务。

3. 系统层

包含系统运维辅助管理模块和工具，实现系统软硬件运行状态监控、系统日志管理、系统帮助和系统配置。

4. 平台层

包含设备监控、设备告警、健康诊断、远程管控、批量配置、日志上传、OTA 升级等在后端实现的核心功能。

5. 展示层

对 RSU、MEC、摄像头、雷达实时数据、运行状态、地理位置等全局态势进行可视化 2D、3D 数字孪生展示和 IOC 大屏展示，实现管理 Portal 入口和工程分组可视化，实现多维度数据查看等。

6. 东向接口

满足平行 V2X 服务器等系统互通需求，支持 Open REST API 调用。

7. 北向接口

满足上行业务关联系统互联互通需求，提供网络运维能力和数据开放 API，支持 SNMP、CORBA、FTP、TL1 和 XML 等管理通信协议接口。

综合运维系统除了具备传统的针对网络、系统、业务、终端的自动预警监测能力之外，还实现了智能运维若干关键场景（图 4-27），以进一步提高云网运维效率和无人化运维能力。以 RSU 智能运维为主，系统将对 RSU 性能历史数据进行离线自主学习，通过大数据的高效训练，建立起人工智能监测模型，并动态部署到运维系统，对 RSU 性能运行进行实时 AI 监测，可以更加精细化地实现 RSU 的运维监测。

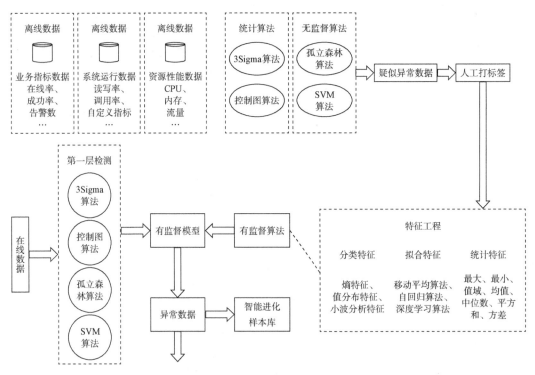

图 4-27　智能运维场景示例

网络运维系统宜使用分布式架构，具备高度灵活性和扩展性，能够适应车路协同场景的扩展需求。服务器端组件、客户端组件和数据库组件可以在一个或多个服务器上运行。分布式架构保证了网管管理的扩展能力，可以通过硬件资源的合理配置调整可管理的网络规模（图 4-28）。

路侧设备运维管理采用二层架构，通过有线传输方式接入运维管理系统中，实现对设备的统一运维管理。车路协同规模化商用涉及车路协同业务的运维监管难题，尤其是高并发、高可靠、低时延的自动驾驶业务，事关人身安全，相关车路协同业务的正常运行监管建议下沉，负责高速路段内车路协同关键协议和感知结果，实现低时延监测和快速恢复。通过综合网络运维系统与 V2X 通信服务器东向无缝对接，可以对路侧感知和 V2X 国标消息正常收发监测，实现 V2X 通信业务连续性的体验质量（Quality of Experience，QoE）指标预警。

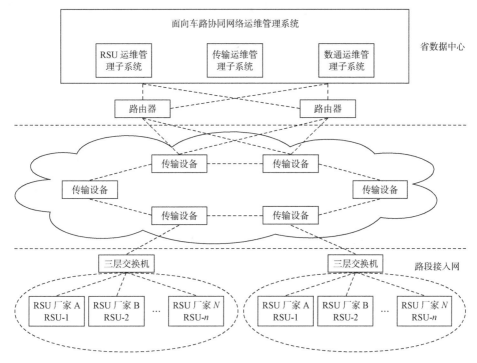

图 4-28　面向车路协同网络设备运维管理系统逻辑架构

4.2.4.2　基础能力

车路协同智能运维不仅需要对道路的省数据中心和省干承载网进行监控，还需要对路段接入网进行监控，确保道路网络全量设备可监、可控。智能运维管理主要功能如下。

1. 网络设备管理

实现网络设备业务批量配置和快速开通，同时支持定制化业务模板，实现业务差异化配置修改的开通。支持设备自发现、设备单台添加、设备批量导入、子网添加等多种设备添加方式，其中自动发现设备可以定期自动将网络中新增加的设备添加到网管上来。新设备添加到网管时，可根据制定的规则，自动添加到对应分组中，并拥有对应分组的相关策略，支持业务全生命周期管理，并能实现动态扩缩容调整。

2. 监控指标管理

对设备告警、线路告警进行监控，显示告警名称、告警级别、告警产生时间、定位信息和告警恢复时间等参数记录。依靠即时性能分析功能，掌握设备的即时负载情况。可根据场景特点和用户要求定制展示带宽、时延、可靠性等网络性能指标，具备历史性能数据查询功能，可按照小时、天、周、月、年等不同时间段进行统计，同时提供自定义时间段的统计功能，支持导出 XLS、PDF 等格式文件。

3. 网络资源管理

对网络设备的可用性进行监控，监控设备的状态数据，包括接口名称、操作管理状态、ICMP 包率、通断信息、接口发送接收速率等指标。监控设备关键资源占用情况，包括 CPU／内存等关键资源占用率。对网络设备间链路进行可用性监控，记录链路的通畅度。实现网络设备搜索功能，搜索条件包括设备名称、IP 地址和设备类型等，快速查看设备的运行状态，定位故障问题。实时监控网络及设备的性能，具备分析数据可视化功能。采集网元的性能数据，经运维管理系统分析后生成性能报告，为运营主体提供网络及设备各类重要信息，指导网络规划、建设和调整，提高网络运行质量。实现业务级场景监控，按用户及场景需求维度，自定义展示网络性能指标、运行指标、网络告警等信息。自动还原业务路径，发生故障后分钟级实现故障定界定位。

4. 远程管理

实时监控网络设备的配置变更情况，发现配置更改后进行告警提示。具备设备配置基线版本管理能力，实现设备的启动配置和运行配置，实现设备配置文件版本差异化管理。运维管理系统可以依托 FTP/TFTP 进行设备配置文件的上传和下载，并在管理服务器侧实现归档存储管理功能。在网络开通和调整时，能够对不同阶段的配置情况实现存档功能，同时具备软件版本管理、软件版本升级及软件版本回退功能。软件版本管理支持设备版本的查询、升级进度的上报和查询、设备版本历史升级情况查询，支持整包或差分升级包的管理。软件版本升级管理具备远程升级功能，支持自动或手动方式，具备对设备远程升级包的上传功能。针对运维管理系统对设备自动升级的情况，必须配置多种升级周期（含每天、每周、每月等）及多个升级时间区间（含日期、时、分、秒等）参数。软件版本回退功能具备回退到最后一次成功运行的设备软件版本。

5. 网络拓扑发现

使用 ICMP、SNMP、LLDP 和 BGPLS 等协议和技术实现网络中快速自动发现二层和三层网络设备，全局网络拓扑可根据设备之间的连接关系自动生成。运维管理系统具备整个网络系统全局拓扑结构的展示功能，包括各地市及路段的子网、不同地市及路段子网之间的网络连接关系，以及各子网上的资源状况和状态变化。通过轮询网络节点，对网络中所有资源的状态信息进行实时监控。具备拓扑自动事故分析和监控报警功能，支持基于场景粒度的网络拓扑可视化。

6. 安全管理

通过终端识别，实时监控网络中运行的终端设备，一旦发现 IP 地址盗用或异常终端的情况，将及时产生告警。具有完善的权限管理、身份认证与用户访问授权机制。形成完整的日常操作日志记录，备份日志不小于 7 天的存储时间。当系统出现故障时，运维管理系统可以根据数据库与文件系统的备份恢复至备份前状态。系统具有数据手动、自动、定期备份功能。

4.2.5 路侧设备智能运维

4.2.5.1 相关技术

深度运用大数据、人工智能等技术，以数字化应用为核心，构建出路侧设备运维管理平台的应用架构，及时有效地处理设备故障。路侧设备运维管理平台的体系结构包括接入层、采集层、数据层和应用层（图 4-29）。

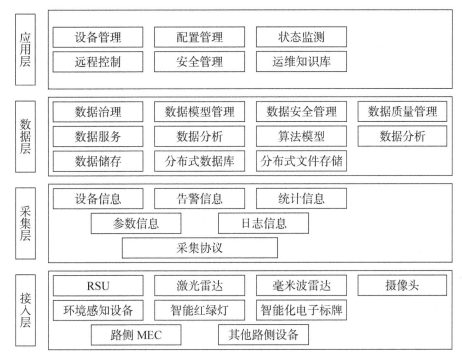

图 4-29　路侧设备运维管理平台系统架构图

每层的主要功能如下：

1. 接入层

运维管理平台的管理对象主要是 RSU、路侧智能设施、路侧 MEC 等设备。在此基础上，通过建立相应的通信协议，实现对各设备的数据收集与访问。

2. 采集层

实现对不同设备入网的协议适配、鉴权，以及数据采集交互。

3. 数据层

数据层可对设备数据进行清洗、转换、治理和分析，在设备的全生命周期内，可互联互通各类数据，从而最大限度地为路侧设备运维管理平台提供大数据支持。

4. 应用层

在应用层中，通过对数据层中各类服务的调用来实现各业务的功能，同时也为用户提供前端的应用。

4.2.5.2　基础能力

1. 设备管理

主要功能是对设备的基本信息、运行状态、区域、分组和校时等信息进行管理。它为用户提供方便而又灵活的设备信息查询与浏览服务，使用户能够从多个维度上查找设备、查阅信息，并提供各种快速操作入口。

2. 配置管理

提供一个图形化配置界面，可以查询、修改或者下发批量设备的配置参数，从而提升批量配置查询和下发的效率。

3. 状态监测

多维度、多视角地在线监测路侧设备的运行状态，对可能遇到的故障进行预测，并对路侧设备的告警进行关联分析。

4. 远程控制

向用户提供对单个设备或者批量设备的远程升级服务，用户不需要到近端拷贝和操作软件，从而极大地降低了设备维护的复杂度，提升了工作效率，降低了运维成本。也可以利用远程控制功能，对路侧设备进行更新，减少对现有网络业务的冲击。

5. 安全管理

实现用户权限管理，用户管理以角色为基础，依据角色分配操作权限，防止访问和操作未授权的功能，禁止了用户的越权行为。

6. 运维知识库

以运维业务逻辑为基础，制定与设备关联的运维策略，构建故障原因分析库、故障影响库、维修策略知识库、设备故障档案库。在设备状态监测数据的基础上，可以对故障严重程度、风险、后果和影响范围进行自动、快速的判断，并自动生成相应的应急预案，从而缩短设备的维修周期，提高运维效率。

4.3 车路协同安全保障

在车路协同网络中，各类服务都是在公共网络中与车辆的终端连接，可以完成对车辆的控制和敏感信息的传输。因此，在缺乏可靠的身份认证的情况下，用户信息的安全性受到了很大的威胁，攻击者可以利用网络攻击，获得用户的身份信息、车辆的标识信息、车辆的运行轨迹等高价值的数据信息，进而伪造用户的身份信息对车辆进行远程控制，给汽车制造企业带来巨大的财产损失，威胁用户的生命安全，甚至影响国家安全，需要全方位的安全框架作为保障，见图4-30。

图4-30　车路协同云控基础平台安全防护框架图

4.3.1 网联车端

4.3.1.1 网联车端面临的安全威胁

1. T-BOX 的安全威胁

T-BOX 是一种用于车辆和车联网服务平台之间通信的车载智能终端。它在车内起着调制解调器的作用，完成车内网络与车际网络的通信，并向云端传输数据。T-BOX 系统是智能交通管理系统、智能动态信息服务系统以及智能汽车控制系统中不可缺少的一部分。从某种意义上来讲，T-BOX 系统的安全性不仅关系到车辆的行车安全，更关系到整个智能交通网的安全性，是未来车联网发展的关键。T-BOX 作为一种基于无线网络的通信接口，是逆向分析和网络攻击的重要对象。该系统能与 CAN 总线进行通信，传递信息和指令。此外，T-BOX 内部有调制解调器，可以通过数据网络、语音、短信等与车联网服务平台进行交互，是车内外信息交互的纽带。

T-BOX 主要面临以下两方面的安全威胁：

（1）固件逆向：攻击者对 T-BOX 的固件进行反向破解，从而获得密码和密钥，对通信协议进行解密，从而达到窃听、篡改指令的目的。

（2）信息窃取：攻击者可利用 T-BOX 为其预留的调试接口，从其内部读取数据，以进行攻击分析。一般情况下，车载通信命令在 T-BOX 系统中产生，且在传输层上加密，所以不能直接查看具体的通信内容。但是，恶意攻击者可以很容易地从固件中得到加密方法和密钥，进而破解消息会话内容。

智能网联汽车的 OTA 升级是提高其安全性能的重要手段。然而，OTA 系统在升级的同时，也存在着多种网络安全风险，主要表现在：

（1）在升级过程中，篡改升级包控制系统，或分析升级包之后发现安全漏洞。

（2）在传输过程中劫持升级包，实施中间人攻击。

（3）在生成过程中，蓄意攻击云端服务器，OTA 成为恶意软件源头。

在 OTA 流程中，最大的风险就是数据的传输和升级包的篡改。在终端下载升级包的传输过程中，攻击者可以使用诸如中间人攻击之类的网络攻击手段，将篡改伪造的升级包发送到车载终端。在升级过程中，若终端缺乏验证机制，那么被篡改的升级包就可以顺利地完成升级过程，从而达到篡改系统、植入后门等恶意程序的目的。此外，攻击者也有可能通过对数据包的"拆包"行为来获取数据，从而使数据包中的重要数据泄露，提高数据包被攻击的概率。若无法及时进行升级，智能网联汽车将面临 4G、USB、SD 卡、OBD 等多个渠道的恶意攻击，从而引发用户隐私泄露、车载附属件和数据被盗、车载控制系统被恶意攻击等安全问题。特斯拉、吉普等公司都曾因为信息安全问题被迫进行了车辆召回。

2. IVI 安全威胁

车载信息娱乐系统（In Vehicle Infotainment，IVI）是一种以车身总线系统和互联网服务为基础而构成的车载综合信息娱乐系统。IVI 可提供三维导航、实时路况、网络电视、辅助驾驶、故障检测、车辆信息、车身控制、移动办公、无线通信、在线娱乐、信息娱乐等多种应用，使汽车的电子化、网络化、智能化水平大大提高。然而，由于车载信息融合系统高度集成化，其各个界面均可作为攻击者的目标，从而使得 IVI 受到的攻击面远大于其他部件。攻击者既可以借助软件升级的特殊时期获得访问权限进入目标系统，也可以将 IVI 从目标车上"拆"下来，分解 IVI 单元连接，通过对电路、接口进行逆向分析获得内部源代码。

3. 车载 OS 安全威胁

在车联网的时代，车辆可以利用车载计算机系统与智能终端、因特网等设备相连接，提供娱乐、导航和交通信息等多种服务。车载计算机系统通常采用嵌入式 Linux、QNX、Android 等操作系统，其代码量大且易受攻击。此外，由于车联网应用的复杂性和多样性，单一的安全技术并不能有效地解决系统的所有安全问题。一些通用的应用程序，例如 Web Server 程序、FTP 服务程序、浏览器和 Office 办公软件等，其自身的安全漏洞以及由于配置不当而产生的安全隐患，都会使车辆网络的整体安全性降低。另外，智能终端也有可能受到入侵和控制。如果在智能终端植入了恶意代码，在用户通过智能终端与车载系统互联时，这些恶意程序就会被智能终端上的恶意代码利用，如攻击、传播等，从而占据车辆的控制权，使车辆发生故障。

4. 车内无线传感器威胁

为了保证车辆的便捷性和安全性，智能网联车辆中会有大量的传感器及网络通信设备。然而，传感器也存在着通信信息被窃听、被中断、被注入等潜在威胁，造成无人驾驶汽车偏行、紧急停车等危险动作。以汽车智能无钥匙进入系统（PKE）为例，它是由发射器、遥控中央锁控制模块、驾驶授权系统控制模块三个接收器及相关线束构成的控制系统。这个系统使用的是 RFID（无线射频识别）技术，一般情况下，当车主与车辆的距离大约 1 m 之内时，门锁就会自动打开并解除防盗。而当车主离开车辆时，门锁会自动上锁并进入防盗状态。但黑客可以从无线发射器信号规律、安全漏洞等方面入手，对其进行破解，最终实现未经授权条件下的开门。2016 年，有消息称特斯拉 Model S 的 PKE 被黑客入侵，其手段是"录制重放"PKE 无线信号。

5. 车载终端架构的安全威胁

一般的智能网联汽车都会安装 50~60 个 ECU，用来实现各种功能，比如车辆之间的"交流"、操作系统的数据信息共享等。因此，在智能网联汽车中，必须充分考虑到车辆终端结构的安全性。

传统的汽车控制系统只需要对 ECU 和其他电子控制装置所接收到的信息进行处理。但是，由于 ECU 在设计时并不能对每一个 CAN 节点上载的信息进行检测，在智能化进程中，ECU 接收到的信息中既有来自云计算的信息，也有来自互联网接口的恶意程序，从而极大地提高了被"黑"的概率。

4.3.1.2 网联车端安全保障措施

1. 多域分层入侵检测和主动防护信息安全模型

针对车载网络、传感器、通信系统的脆弱性与信息安全问题，重点研究车载以太网与总线的层次化加密认证、入侵检测与等级保护机制，车载感知域、决策域与控制域的接入控制、数据管理与多域安全防护机制，以及车载通信系统长短程通信接口的鉴权认证、安全审计与主动防御机制。

构建智能网联汽车网络异常状态监控和安全网关主动防护机制，建设基于车内网络、车载网络和车载通信系统的可信平台，建立智能网联汽车高性能电子电气架构信息安全模型。

构建车车、车云协同的攻击防御与网络安全防护机制，提升智能网联汽车的攻击与漏洞防御能力。以"人—车—路—环境"和智能网联汽车为研究对象，研究基于非理想信道状态信息的车车、车云之间的多源数据传输与信息安全问题。在此基础上，研究不同安全级别下的应急响应与恢复策略。

针对智能网联汽车的各种非法入侵攻击和意外事件，研究智能网联汽车安全等级划分，不同安全等级对功能安全的映射关系，不同安全等级的响应速度、影响及社会效应，不同安全等级的"漂移"与恢复策略，云平台应急响应机制，研究智能网联汽车基于需求识别、资源探索、方案评价、服务恢复、参数更新的五级模型，建立不同安全级别的服务修复评估准则与方法。

2. 面向智能网联汽车新型电子电气架构演进的软硬件集成防护系统

在已有车辆总线及电控装置的基础上，采用软件及硬件相结合的方法，开发一套适合智能网联汽车新电控体系结构的软件及硬件安全防护体系。在对电子设备架构演进进行深入探讨的同时，也要注意对新的嵌入式操作系统架构进行架构设计，并从架构层面保证操作系统的安全性。参照国际标准，制定相应的行业开发规范，确保系统设计和开发数据的完整性，在进行代码内检时，应注意解决可能的安全问题，并对已知的安全缺陷进行详细的记录，对系统控制的敏感配置文件应进行加密保护，并对其状态进行实时监控，同时，应研究新型操作系统自我保护技术。

4.3.2 路侧设备

4.3.2.1 路侧设备面临的安全威胁

车联网路侧系统（路侧基础设施）作为车联网的重要基础设施，相较于传统的互联网系统，更容易遭受到网络攻击。车路协同系统中存在着用户伪造身份、非法接入终端、数据被截获、隐私泄露等问题。这些问题不仅会给用户带来巨大的经济损失，也会对用户的生命安全构成威胁，严重时还会引起社会治安问题，影响国家利益。然而目前暂无针对此类安全隐患的车联网路侧设施安全体系的标准规范，也缺乏对路侧系统网络通信安全、数据安全的保障措施。通过分析车联网路侧系统的安全风险及安全需求，基于商用密码技术构建了车联网路侧系统信息安全机制，研究了路侧系统的安全关键技术，为车联网路侧系统安全运行提供保障。RSU不需要对用户的个人信息进行保护，但其作为车载网络的核心设备，运行环境不确定、设备易受攻击，存在被非法访问、远程升级和部署维护风险。

1. 4G/5G 蜂窝基站安全威胁

4G/5G 蜂窝基站作为车路协同中的关键设施，面临的网络安全威胁包括：

（1）异地攻击：攻击者可能尝试从远程位置对蜂窝基站进行攻击，通过恶意访问、漏洞利用或拒绝服务（DoS）攻击等方式来干扰或破坏基站的正常运行。

（2）虚假基站攻击：攻击者可能会伪装成合法的蜂窝基站，引诱车辆和移动设备连接到虚假基站，以窃取用户信息、进行中间人攻击或篡改通信内容。

（3）信令欺骗：攻击者可能通过伪造或篡改信令消息，欺骗基站和车辆之间的通信，导致车辆接收到虚假指令或执行错误操作。

（4）无线干扰：攻击者可能使用无线干扰设备对蜂窝基站进行干扰，使得车辆无法正常连接或通信，影响车辆与基站之间的有效通信。

（5）网络侧攻击：针对 4G/5G 网络的其他网络安全威胁，如 DDoS 攻击、恶意软件传播等，也可能对蜂窝基站产生影响，并导致服务不可用或性能下降。

为了应对这些网络安全威胁，需要采取一系列的安全措施：

（1）访问控制和身份认证：强化对蜂窝基站的访问控制，并实施多因素身份认证，确保只有授权人员可以访问和管理基站设备。

（2）通信加密和认证：使用加密技术对蜂窝基站与车辆之间的通信进行保护，以防止数据泄露或篡改。同时，使用数字证书和认证机制来验证通信的合法性和完整性。

（3）安全监测和入侵检测：部署安全监测系统，实时监视基站设备的运行状态和网络活动，及时发现异常行为和入侵攻击。

（4）更新和漏洞修复：定期更新基站设备的固件和软件，及时修复已知的漏洞，以减少潜在的攻击面。

（5）物理安全措施：采取物理安全措施，如视频监控、门禁系统等，保护蜂窝基站免受物理攻击和非授权访问。

（6）网络流量监管：配置网络流量监管和防火墙设备，识别和过滤恶意流量，拒绝服务攻击等，确保蜂窝基站的正常运行。

通过采取上述安全措施，可以减少 4G/5G 蜂窝基站面临的网络安全威胁，并确保车路协同系统中基站的稳定性、可靠性和安全性。

2. 路侧单元（RSU）安全威胁

路侧单元（RSU）面临着多种网络安全威胁，包括：

（1）未经授权访问：RSU 可能面临未经授权的访问尝试，即攻击者试图绕过访问控制机制，获取对 RSU 的非授权访问权限。这可能导致攻击者能够操纵或干扰 RSU 的功能，并对车辆和交通系统造成损害。

（2）恶意代码注入：攻击者可能利用软件漏洞或弱点，向 RSU 注入恶意代码。这些恶意代码可以影响 RSU 的正常运行，例如篡改交通信号、发送虚假信息或干扰通信。

（3）数据泄露和隐私侵犯：如果 RSU 中存储了敏感数据，如交通信息、个人身份信息等，攻击者可能试图窃取这些数据。数据泄露不仅会导致隐私问题，还可能被用于恶意行为，如追踪车辆位置或进行社会工程攻击。

（4）服务拒绝攻击：攻击者可能发起拒绝服务攻击，通过超载 RSU 的资源、发送大量无效请求或利用其他漏洞，使 RSU 无法正常提供服务。这将直接影响车辆和交通系统的通信和协调。

（5）软件和固件漏洞：RSU 可能受到软件和固件中已知或未知的漏洞的影响。攻击者可以利用这些漏洞来实现远程代码执行、拒绝服务攻击等，从而破坏 RSU 的安全性和可靠性。

为应对这些网络安全威胁，常采用以下一些防范措施：

（1）访问控制和身份认证：强化对 RSU 的访问控制机制，采用多层次身份验证，如密码、令牌、生物特征识别等，以确保只有授权用户能够访问和管理 RSU。

（2）安全软件和固件更新：定期更新 RSU 的软件和固件版本，包括操作系统、驱动程序和应用程序，以修补已知的漏洞和弱点，减少被攻击的风险。

（3）加密和认证：使用加密技术保护 RSU 与车辆之间的通信，确保数据的机密性和完整性。同时，采用数字证书和认证机制来验证通信的合法性和真实性。

（4）安全监测和入侵检测：部署安全监测系统，实时监测 RSU 的网络活动和异常行为，及时识别和阻止潜在的入侵攻击。

（5）物理安全措施：采取物理安全措施，如视频监控、封装保护、访问控制等，限制非授权人员对 RSU 的物理访问，并确保设备完整性。

综上所述，路侧单元（RSU）在车路协同中面临着未经授权访问、恶意代码注入、数据泄露和隐私侵犯、拒绝服务攻击、软件和固件漏洞等多种网络安全威胁。通过采取适当的安全措施，可以降低车路协同中 RSU 的网络安全风险，并确保其功能的安全性和可靠性。

3. 视频检测设备安全威胁

在车路协同应用中，视频检测设备扮演着重要的角色，它们实时采集道路上的车辆、行人等交通参与者的运行状态等信息，并将这些数据上传至边缘节点或车路协同云控平台。然而，在数据采集和传输的过程中，视频检测设备可能会面临以下网络安全风险：

（1）数据泄露：视频检测设备在采集和传输数据时，如果未对数据进行加密或数据加密强度不够，可能会导致数据泄露。例如，黑客可能会通过攻击视频检测设备，获取车辆和行人的位置信息、速度信息等敏感数据，从而进行不法行为。

（2）数据伪造：在车路协同应用中，视频检测设备的输出数据对于道路交通的管控和决策非常重要。如果黑客能够伪造视频检测设备的数据，可能会造成道路交通的混乱或事故。例如，黑客可以通过攻击视频检测设备，篡改采集到的车辆位置信息或速度信息，导致道路交通信号灯的控制出现问题。

（3）设备被控制：如果视频检测设备存在漏洞或者未设置访问控制策略，黑客可能会控制视频检测设备，使其无法正常工作或产生错误的数据。这可能会导致道路交通的混乱、事故甚至危及人身安全。

（4）服务中断：黑客可能会对视频检测设备发起拒绝服务攻击，例如通过发送大量的垃圾数据包或者发起分布式拒绝服务攻击，导致视频检测设备无法正常工作。这可能会影响道路交通的管控和决策，甚至导致整个车路协同系统的瘫痪。

为了应对这些网络安全风险，我们可以采取以下措施：

（1）加强数据的安全性和隐私性保护。例如，使用高强度的加密算法对数据进行加密，防止数据泄露。同时，可以采用匿名化处理的方法保护用户的隐私。

（2）引入数据的认证机制。例如，可以采用数字签名等技术，确保数据的真实性和完整性。

（3）定期更新设备的固件和软件，修复已知的漏洞和安全问题。

（4）部署网络安全设备和策略，例如防火墙、入侵检测系统等，预防网络攻击和非法访问。

（5）建立快速响应机制，及时发现和处理网络安全事件，减少潜在的损失。

（6）加强用户的安全意识教育，提高用户对网络安全的认识和防范能力。

通过这些措施的实施，我们可以有效地降低车路协同场景中视频检测设备的网络安全风险，保障道路交通的安全和顺畅运行。

4. 雷达安全威胁

激光雷达、毫米波雷达等雷达设备在车路协同中可能受到的网络安全威胁主要有：

（1）数据窃取和监听：攻击者可能试图窃取雷达设备传输的数据，以获取敏感信息，如车辆位置、速度、方向等。此外，攻击者还可能进行监听，以获取车辆通信内容或其他相关信息。

（2）信号干扰：攻击者可以使用无线信号干扰设备干扰雷达设备的正常工作，导致雷达数据不准确或完全失效。这可能会影响车辆的感知能力和安全性。

（3）数据篡改和欺骗：攻击者可能通过篡改雷达设备的数据来误导车辆的决策或引导其执行错误的操作。例如，修改障碍物的位置或属性，使车辆做出错误的避让动作。

（4）软件漏洞或安全弱点：雷达设备上可能存在软件漏洞或潜在的安全弱点，这可能被攻击者利用来执行恶意代码注入或远程控制设备的攻击。

为了应对这些网络安全威胁，需要采取以下一系列的安全措施：

（1）数据加密和认证：使用加密技术对雷达设备传输的数据进行保护，确保数据在传输过程中的机密性和完整性。同时，使用数字签名和认证机制来验证数据的真实性和来源合法性。

（2）防御干扰攻击：通过使用频谱分析、信号过滤和干扰检测等技术，以及采取物理安全措施，减少对雷达设备的无线信号干扰风险。

（3）安全软件和固件更新：及时更新雷达设备上的软件和固件，修复已知的漏洞和安全弱点，以减少潜在的攻击面。

（4）安全监测和入侵检测：部署安全监测系统，实时监测雷达设备的运行状态和网络活动，及时发现异常行为和入侵攻击。

（5）硬件和物理安全措施：采取适当的物理安全措施，如视频监控、封装保护、存储介质加密等，以保护雷达设备免受物理攻击和非授权访问。

综上所述，为了保护激光雷达、毫米波雷达等雷达设备的安全性，需要采取一系列的安全措施来防范数据窃取、信号干扰、数据篡改和软件漏洞等网络安全威胁。这样可以确保雷达设备在车路协同中的准确性、可靠性和安全性，提高交通系统的安全性和效率。

5. 信号机安全威胁

在车路协同场景中，信号机是道路交通中的重要设备之一。其主要功能是控制道路交通信号的显示和变化，以引导车辆和行人安全通过交叉口或路段。信号机通过接收视频检测设备或其他传感器设备的数据，根据交通流量和安全情况等因素，调整信号灯的显示状态，以实现交通的优化管控。

然而，信号机在运行过程中也可能会面临一些网络安全风险，例如：

（1）拒绝服务攻击：黑客可能通过发送大量的垃圾数据包或者发起分布式拒绝服务攻击，导致信号机无法正常工作。这可能会导致信号机的瘫痪或异常，影响道路交通的顺畅运行。

（2）数据篡改：黑客可能篡改信号机的数据，例如篡改信号灯的显示状态或控制逻辑，导致交通混乱或事故。

（3）设备被控制：如果信号机存在漏洞或者未设置访问控制策略，黑客可能会控制信号机，使其无法正常工作或产生错误的数据。这可能会导致道路交通的混乱、事故甚至危及人身安全。

为了应对这些网络安全风险，我们可以采取以下措施进行防范：

（1）加强访问控制和身份认证：设置信号机的访问权限，只有授权用户可以访问和操作信号机。同时，可以采用多因素身份认证技术，如数字证书、口令等，提高信号机的安全性。

（2）部署网络安全设备和策略：例如防火墙、入侵检测系统等，预防网络攻击和非法访问。

（3）定期更新设备的固件和软件：修复已知的漏洞和安全问题，降低被攻击的风险。

（4）实施数据备份和恢复机制：对信号机的数据进行定期备份，以便在发生故障或数据篡改时能够及时恢复。

（5）加强用户的安全意识教育：提高用户对网络安全的认识和防范能力，避免误操作或被黑客利用漏洞攻击。

通过这些措施的实施，我们可以有效地降低信号机的网络安全风险，保障道路交通的安全和顺畅运行。

6. 可变情报板安全威胁

在车路协同场景中，可变情报板是一种用于提供实时交通信息和警告的设备，它通常设置在道路沿线或交叉口处。可变情报板的主要功能是根据交通状况和其他因素，显示可变情报板上的信息，以引导驾驶员和车辆的行驶，提高道路安全水平和交通效率。

然而，可变情报板在运行过程中也可能会面临一些网络安全风险，例如：

（1）数据篡改：黑客可能篡改可变情报板上的数据，例如篡改交通信息和警告，导致驾驶员和车辆做出错误判断或采取不当行动。

（2）服务中断：黑客可能通过攻击可变情报板，使其无法正常工作或显示正确信息。这可能会导致可变情报板的瘫痪或异常，影响道路交通的安全和顺畅运行。

（3）设备被控制：如果可变情报板存在漏洞或者未设置访问控制策略，黑客可能会控制可变情报板，使其显示虚假信息或无法正常工作。这可能会导致道路交通的混乱、事故甚至危及人身安全。

为了应对这些网络安全风险，我们可以采取以下措施进行防范：

（1）加强访问控制和身份认证：设置可变情报板的访问权限，只有授权用户可以访问和操作可变情报板。同时，可以采用多因素身份认证技术，如数字证书、口令等，提高可变情报板的安全性。

（2）部署网络安全设备和策略：例如防火墙、入侵检测系统等，预防网络攻击和非法访问。

（3）定期更新设备的固件和软件：修复已知的漏洞和安全问题，降低被攻击的风险。

（4）实施数据备份和恢复机制：对可变情报板的数据进行定期备份，以便在发生故障或数据篡改时能够及时恢复。

（5）加强用户的安全意识教育：提高用户对网络安全的认识和防范能力，避免误操作或被黑客利用漏洞攻击。

通过这些措施的实施，我们可以有效地降低可变情报板的网络安全风险，保障道路交通的安全和顺畅运行。

7. 差分基站安全威胁

差分基站是一种用于提供精确定位和导航信息的设备，它通常设置在道路沿线或交叉口处。差分基站的主要功能是通过接收卫星定位信号，计算出自身的精确位置信息，并通过无线通信技术将该位置信息发送给车辆和行人，以提供高精度的定位和导航服务。

然而，差分基站也可能会面临一些网络安全风险，例如：

（1）数据篡改：黑客可能篡改差分基站发送的位置信息，导致车辆和行人接收到的信息不准确或虚假。这可能会导致车辆和行人的导航错误或误导，增加交通事故的风险。

（2）服务中断：黑客可能通过攻击差分基站，使其无法正常工作或发送错误的位置信息。这可能会导致差分基站的瘫痪或异常，影响车辆和行人的导航服务。

（3）设备被控制：如果差分基站存在漏洞或者未设置访问控制策略，黑客可能会控制差分基站，使其发送虚假的位置信息或无法正常工作。这可能会导致车辆和行人的导航混乱、事故甚至危及人身安全。

为了应对这些网络安全风险，我们可以采取以下措施进行防范：

（1）加强访问控制和身份认证：设置差分基站的访问权限，只有授权用户可以访问和操作差分基站。同时，可以采用多因素身份认证技术，如数字证书、口令等，提高差分基站的安全性。

（2）部署网络安全设备和策略：例如防火墙、入侵检测系统等，预防网络攻击和非法访问。

（3）定期更新设备的固件和软件：修复已知的漏洞和安全问题，降低被攻击的风险。

（4）实施数据备份和恢复机制：对差分基站的数据进行定期备份，以便在发生故障或数据篡改时能够及时恢复。

（5）加强用户的安全意识教育：提高用户对网络安全的认识和防范能力，避免误操作或被黑客利用漏洞攻击。

通过这些措施的实施，我们可以有效地降低差分基站的网络安全风险，保障道路交通的安全和顺畅运行。

4.3.2.2 路侧设备安全保障措施

通过对各种路侧设备可能遇到的网络安全风险进行分析，车路协同的网络安全保障措施应该涵盖访问控制和身份认证、网络安全固件和软件保障、数据备份和恢复等。网络安全固件和软件保障以及数据备份和恢复同现有的网络安全策略一样。因此，本节重点介绍车路协同下的访问控制和身份认证。

访问控制机制可以分为以下几类：

（1）自主访问控制（Discretionary Access Control，DAC）：拥有者可以控制对其对象的访问，并且可以选择将控制权授予其他用户或组。

（2）强制访问控制（Mandatory Access Control，MAC）：由系统强制性地控制对对象的访问，而不管拥有者是否愿意。

（3）角色访问控制（Role-Based Access Control，RBAC）：基于角色对访问控制进行管理，而不是基于用户。

这些访问控制机制的主要区别在于它们的管理方式和控制力度。自主访问控制是由拥有者自主控制访问权限，系统不会对此进行强制控制；强制访问控制则是由系统强制性地控制访问权限，不管拥有者是否愿意；角色访问控制则是基于角色进行管理，而不是基于用户，这样可以更方便地进行访问控制管理。在车路协同中，根据实际需求和安全要求，可以选择不同的访问控制机制来保障系统的安全性。

在车路协同场景中，访问控制机制的选择取决于具体的安全需求和系统设计。虽然这三种访问控制机制都可以用于车路协同中，但它们的应用场景和目的略有不同。

自主访问控制可以用于允许特定用户或车辆对道路基础设施和车辆设备进行访问和操作。这种控制机制的优点是灵活，拥有者可以自主决定访问权限，但缺点是可能会存在安全漏洞，因为拥有者可能没有足够的专业知识进行安全控制。

强制访问控制可以用于确保只有授权用户或车辆可以访问和操作道路基础设施和车辆设备。这种控制机制的优点是安全性高，因为系统会强制执行访问控制规则，但缺点是管理灵活性较差，因为系统无法考虑拥有者的意愿。

角色访问控制可以用于基于角色对访问控制进行管理，以便更方便地进行访问控制管理。这种控制机制的优点是管理方便，可以减少管理开销，但缺点是可能会存在权限过大的问题，因为拥有者可能会被赋予过多的访问权限。

在车路协同场景中，强制访问控制更能保障网络的安全性，可以通过定义访问控制列表或访问控制矩阵来实现强制访问控制，包含用户身份、车辆ID、访问权限等信息。在车路协同中，访问控制列表或访问控制矩阵是用于控制用户或车辆对道路基础设施和车辆设备的访问权限的关键组件。它们定义了哪些用户或车辆可以访问哪些资源，并确定了它们的访问权限级别。

访问控制列表通常是一个包含访问控制条目的数据结构，每个条目包含有关用户或车辆的信息，例如用户ID、车辆ID、访问权限等。访问控制列表可以根据需要包含多个条目，并且可以按照访问控制规则进行排序和组织。

访问控制矩阵是一个二维表格，其中行表示用户或车辆，列表示道路基础设施或车辆设备。在矩阵中，每个单元格表示用户或车辆对特定资源的访问权限。访问控制矩阵可以更加灵活地组织和管理访问控制规则，并且可以更容易地查看和更新访问控制信息。

无论是访问控制列表还是访问控制矩阵，它们的作用都是确定用户或车辆对道路基础设施和车辆设备的访问权限。这些访问控制规则可以根据实际需要进行调整和更新，以确保只有符合条件的用户或车辆才能进行访问和操作。通过使用访问控制列表或访问控制矩阵，可以有效地实现车路协同中的访问控制和身份认证功能。

对道路基础设施和车辆设备进行分类，例如分为受限区域和非受限区域等。

对用户和车辆进行身份认证，并依据认证结果和访问控制列表或矩阵来确定其访问权限。

对访问请求进行审核和验证，确保只有符合访问控制的请求才能通过。

身份认证方案如下：

- 在车辆中安装数字证书和数字签名模块。
- 在访问道路基础设施和车辆设备时，进行身份认证和验证，确保只有授权用户可以进行操作。
- 定期更新和替换数字证书和数字签名模块，以确保身份认证的安全性。

总之，这个解决方案通过访问控制和身份认证技术来确保只有授权用户可以访问和操作道路基础设施和车辆设备，从而保障车路协同网络的安全性。

参考文献

［1］李文礼，张友松，韩迪，等. 基于深度强化学习的车辆自主避撞决策控制模型［J］. 汽车安全与节能学报，2021，12（2）：201-209.

［2］李昊泉. 基于高精度地图的自动驾驶汽车路径规划算法研究和系统开发［D］. 长春：吉林大学，2023.

［3］杨殿阁，李庆建，王艳，等. 高精动态地图基础平台参考架构和技术路线［J］. 智能网联汽车，2021（1）：74-83.

［4］李智，张江，仲跻冲，等. 高精度地图在车路协同系统中的统一化应用探索［J］. 中国交通信息化，2021（1）：94-97.

［5］蒋红斐，蒲浩，詹振炎. 铁路线路三维设计模型建立方法的研究［J］. 铁道学报，2000（4）：73-76.

［6］朱跃欧，罗显光，彭冬良，等. 基于全球卫星导航系统的列车试验线末端防冒进系统设计与实现［J］. 电气时代，2018（4）：110-113.

［7］徐亚楠，蔡超，杨立辉，等. 蜂窝网无线定位技术研究及实践［J］. 邮电设计技术，2021（10）：33-37.

［8］吴虹，王国萍，彭鸿钊，等. 一种基于KNN的室内位置指纹定位算法［J］. 南开大学学报（自然科学版），2020，53（6）：5-9.

［9］王相龙，胡钊政，李祎承，等. 基于路面指纹的高精度车辆定位［J］. 交通运输系统工程与信息，2018，18（4）：38-45.

［10］陆哲元. 基于高精地图的车路协同智能交通系统［J］. 中国公共安全，2019（11）：101-103.

［11］潘岳，周兴壮，欧力，等. 简析车路协同自动驾驶系统的关键技术［J］. 科学技术创新，2020（19）：50-52.

［12］邹华，赵悟，肖夏敏，等.基于智能驾驶的室内外无缝衔接高精定位研究［J］.长江信息通信，2022，35（10）：12-14.

［13］徐亚楠，蔡超，杨立辉，等.蜂窝网无线定位技术研究及实践［J］.邮电设计技术，2021（10）：33-37.

［14］董诚，杨学晨，陈志华.浅谈数字孪生技术在智慧交通管理中的应用［J］.建筑施工，2023，45（1）：163-167.

［15］张红涛，孟玉文.数字孪生技术在智慧高速中的应用［J］.中国交通信息化，2023（S1）：291-292.

［16］傅耘.高速公路车路协同网络运维方案探讨［J］.中国交通信息化，2023（5）：89-91，101.

［17］王秋红，李艳芬，周炎.面向车路协同路侧设备运维管理平台研究［J］.电子技术应用，2020，46（12）：36-38.

［18］武恪，李超超，杨兴达，等.车载控制器FOTA固件安全多重校验方案［J］.电子测量技术，2021，44（22）：7-13.

［19］王海柱，郭文鑫，郑文杰，等.配用电边缘计算终端的云边协同机制与运行策略［J］.电器工业，2020（11）：74-78.

［20］吕聪敏，周冠宇.边云协同的总体能力内涵和各层面协同解决方案研究［C］//广东省通信学会.2019广东通信青年论坛优秀论文专刊，2019：190-195.

［21］李波，侯鹏，牛力，等.基于软件定义网络的云边协同架构研究综述［J］.计算机工程与科学，2021，43（2）：242-257.

［22］吕璇.数字孪生技术在交通运输领域的建设［J］.中国交通信息化，2022（8）：92-94.

［23］钟橙.5G行业应用专网的运维方案浅析［J］.数据通信，2021（6）：21-23.

［24］周俊，李强，王雍，等.车路协同场景身份认证及V2X通信安全保障［J］.通信技术，2021，54（11）：2538-2544.

第 5 章　智慧交通车路协同典型应用

5.1　城市道路交通协同控制

5.1.1　网联车辆自动驾驶车速控制

C-V2X 是实现"人—车—路—云"多维互联、高效率信息交互的核心技术，对促进车联网与智慧交通、智慧城市的协调发展具有重要意义。在中德两国共同确立了汽车智能化和网联化协同发展战略的大背景下，两国在车联网领域开展了一系列积极的合作，推动了 C-V2X 技术的成熟与产业化，并从战略规划、标准体系、产业链条、协同生态等多个层面采取了一系列重大举措。

由于 C-V2X 应用具有共享的特征，若能对多个应用场景共享的信息进行融合与处理，则可为更加丰富的应用场景提供支撑。通过绿波车速引导、限速预警等应用所获得的车道级交通信号灯信息、车道级限速信息，与车辆自适应巡航控制等 ADAS（先进辅助驾驶系统）功能的感知数据进行融合，可以支持车辆在红绿灯路口实现自动起步和车速控制，从而为扩展交通信号灯下 ADAS 的工作条件奠定基础。同时，限速预警、闯红灯预警、绿波车速引导等第一阶段 V2I 应用是动态车道管理、协作式变道等第二阶段应用的基础，可支持 C-V2X 功能持续拓展和迭代升级。

5.1.1.1　技术实现

1. 限速预警

（1）系统架构

限速预警系统主要由路侧子系统和车载子系统组成。路侧子系统包括需接入交通信息平台的 RSU；车载子系统包括车载通信单元、人机交互单元，还可额外具备自动驾驶 / 驾驶辅助控制单元（见图 5-1）。

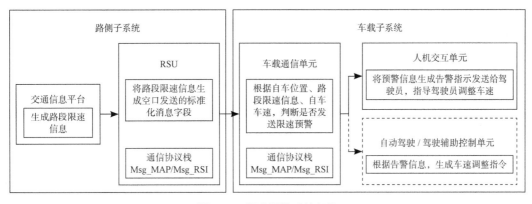

图 5-1　限速预警系统架构

（2）工作原理和信息流

限速预警应用工作原理及流程如下：

① RSU 从交通信息平台获取路段限速信息并周期性广播；

② 车辆通过从 RSU 接收的 MAP 消息或 RSI，对限速路段进行分析，提取出具体的限速值；

③ 通过精确的定位和指引，车辆能够在指定的道路上安全行驶；

④ 如果车辆检测到自身处在限速路段区域内，则判断自身速度是否在限速范围内；

⑤ 如果已启动驾驶辅助功能，则在满足限速要求时，可以将告警信息传递至驾驶辅助模块，支撑下一步车速调整行为。

（3）应用实现方式

限速预警应用的实现，通过在车端部署 C-V2X 车载通信单元并配备预警展示单元，在路侧部署 RSU 并连接交通信息平台。

预警展示单元可以是 C-V2X 车载终端人机交互 App，可集成于车载终端设备或者在仪表、车机载体上。当有潜在未在速度限制范围内行驶的风险时，若本车具备驾驶辅助功能，当驾驶辅助功能关闭时，预警展示单元可显示地图、车辆位置、道路标识标牌等，并通过文字、动画或者语音播报的方式进行提示或者报警。也可将此风险形成制动单元一个较大的减速度梯度，让驾驶员有明显提醒感受，从而实现限速预警报警后的反馈。当驾驶辅助功能开启时，可通过控制车辆、调整速度实现限速预警报警后的反馈。

（4）技术指标要求

某场景若不存在车道级限速需求，定位精度遵循第一阶段标准；若存在车道级限速需求，建议为表 5-1 中数值。

表 5-1　限速预警技术指标要求

指标	通信距离	数据更新频率典型值	系统延迟	定位精度	数据集支持
要求	≥ 300 m	1 Hz	≤ 100 ms	自车小于或等于 0.5 m 目标车辆小于或等于 0.5 m	Msg_MAP、Msg_RSI

2. 绿波车速引导

（1）系统架构

绿波车速引导系统分为路侧子系统和车载子系统两大部分（见图5-2）。路侧子系统包含交通信号机和RSU，车载子系统包含车载通信单元、人机交互单元和自动驾驶或驾驶辅助控制单元。

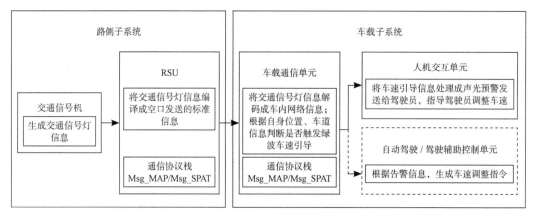

图 5-2　绿波车速引导系统架构

（2）工作原理和信息流

① RSU从交通信号机获取交通信号灯信息后生成SPAT消息，并周期性广播SPAT消息与MAP消息；

② 车辆接收到SPAT消息、MAP消息后进行解码分析，判断当前车辆状态能否触发绿波车速引导；

③ 若能够触发绿波车速引导，则可通过声光信息的形式，实时告知驾驶员应行驶的路线、车道、速度等信息，指导驾驶员行驶；

④ 如果已启动驾驶辅助功能，则可以将绿波车速引导信息传递至驾驶辅助模块，支撑下一步驾驶行为。

（3）应用实现方式

绿波车速引导应用的实现，通过在车端部署C-V2X车载通信单元，并配备计算单元和车速引导展示单元，在路侧部署RSU和交通信号机。车速引导展示单元可以是C-V2X车载终端人机交互App，可集成于车载终端设备或者在仪表、车机载体上。

交通信号机根据具体交通情况生成路口交通信号信息实时发送给RSU，RSU会将信号机发送的信息转换为SPAT消息，并将SPAT和MAP消息发送到空口。

此时，车载通信单元会将接收到的SPAT和MAP消息发送给驾驶辅助单元，由驾驶辅助单元根据本车目前的动态信息（包括车速、加速度、制动单元状态等）计算目标车速，并形成所在路口的引导信息。若车载通信单元接收到来自RSU发送的多个SPAT和MAP消息，则可引导车辆连续多个路口实现绿波通行。

(4) 技术指标要求

绿波车速引导技术指标要求见表 5-2。

表 5-2 绿波车速引导技术指标要求

指标	通信距离	数据更新频率典型值	系统延迟	定位精度	数据集支持
要求	≥ 150 m	Msg_SPAT：2 Hz、Msg_MAP：1 Hz	≤ 200 ms	自车小于或等于 0.5 m、目标车辆小于或等于 0.5 m	Msg_MAP、Msg_SPAT

5.1.1.2 案例

1. 案例一

长沙车联网先导区以 LTE-V2X 为基础，构建了"智慧公交"应用，已在 315 号、3 号、9 号线路投入商业运营，每天可服务 3 万左右人次的客流，并可实现信号优先、交通信号灯穿透等多种功能。在信号优先功能中，公交车会主动向路侧设备发送车辆位置、速度、乘客数、准点状态等数据，路侧计算设备会根据数据制定公交信号优先策略，通过缩短红灯时间、延长绿灯时间等方式来实现公交优先通行。在交通信号灯透传功能中，公共汽车可以将与路边设备通信获得的信号灯信息显示在车尾的标志牌上，从而避免了对后方车辆的遮挡。据统计，315 号线路的行车速度提高了 14%，平均行车时间缩短了 12.6%。

2. 案例二

2022 年 7 月底，博山交警用时近 1 个月对全区 64 个灯控路口更换联网云控信号机，对城区 11 条道路 35 个路口进行绿波协调。除 19 处黄闪路口外，绿波率达 78%，路段通行率提高 30%。除更换信号机外，还需要确定记录路口间距、平峰期、高峰期车流情况、路口相位周期时长等。有了这些基础数据，解决了以前多路口信号不协调、多次等待等问题，极大缓解了博山区多数路段的交通拥堵现象。目前全市 1 520 个路口实现车路协同场景应用，195 条道路 1 035 个红绿灯路口应用绿波协调，"智行淄博"App 用户达到 46 万人。

博山交警合理确定绿波协调方案，结合辖区早、中、晚高峰特点，制作双向绿波协调方案 70 余个，目前已实现城区 11 条道路平峰、早高峰、晚高峰、夜间全时段方案。同时结合工作日、周末、学校周边、雨夹雪天气等实际情况单点优化配时缓堵攻坚，利用平台远程调控，实时调整信号灯的时长，确保道路安全畅通，目前系统还在持续优化与完善。

"智行淄博"App 界面分为上下两部分，上界面类似汽车仪表盘，显示驾车速度。在"仪表盘"外侧分为两层，内层显示即将通过的路口信号灯颜色、持续时长，外层显示的是下个路口的信号灯颜色和持续时长。"仪表盘"下方实时提醒前方路口距离。下界面显示实时地图。同时，系统在播报导航信息时，辅助语音播报速度区间，驾驶员在提示速度区间内行驶可实现绿波通行（见图 5-3）。

图 5-3 "智行淄博" App 界面

博山有很多弯道陡坡，"智行淄博" App 不仅有效避免汽车在交叉口突然加速和制动，也可以减少汽车启动和停车的次数，提高道路通行效率，节约燃料，减少排放，提高驾驶安全性、舒适性。

"一键特勤"是在"智行淄博"车路协同智慧交通诱导系统的基础上开发的一项功能，全力保障110、120、119等特种车辆的应急出行需求，为紧急救援提供绿色通道。该功能可打通车、路、人之间的信息传递通道，通过移动终端实时调整路口信号，保证任务用车以绿波形式快速通过路口，提升应急指挥响应速度。当120救护车发出"一键特勤"的申请后，相关部门进行实时审核，审核通过后系统按照规定路线进行信号相位调整。在车辆行驶过程中，系统根据GPS定位，对道路路况进行实时研判分析，考虑拥堵情况、正常行驶的其他车辆，计算救护车到达每个红绿灯所需时间，提前预判将红灯变为绿灯通行。同时，也为其他车辆留出了一定的缓冲时间，确保救护车能够安全、快速、顺畅地通过每一个路口，不闯红灯，不影响社会车辆，打通了全自动的绿色通道，保护了市民的生命安全。目前，博山交警已顺利完成"一键特勤"任务300余起。

另外为改善假日出行体验，交警支队结合"智行淄博"车路协同智慧交通诱导系统打造"三环六圈"全息立体感知体系，重点对网红打卡点及火车站周边前端感知设备进行细致梳理，实时掌握、分析交通流量流向数据，引导实时调整勤务安排，实现了对重点路段、时段的动态精准管控。在八大局便民市场周边，实施人民路、东二路、共青团路临时单向通行方案，按需实时调整为单向绿波协调策略，将周边路段部分路口调整为全天高峰方案，并在市场北门设置太阳能移动信号灯，利用物联网信号机实现人民路与东二路路口的协调，有效缓解了路段交通拥堵状况。

同时，在浅海牧羊村西侧北京路的林泽街行人过街处部署了3台可移动式联网云控信号灯。通过"车路协同"智慧交通系统实现了南北方向信号灯配时与东西方向行人灯配时的有机结合和毫秒级同步协调,既避免了影响北京路原有绿波方案,又保障了行人安全、顺畅通过北京路。

此外,交警支队研发应用高位空间定位 AI 摄像机,对小轿车、公交车、摩托车等目标进行识别,实现车道级流量检测。同时,以平台算法为支撑精准解析,融合多源数据,计算绿灯时间,优化路口配时。目前,已在鲁泰大道与彭北路路口、寿济路与唐华路路口等路口试点应用。同时,升级建设沿线测速卡口、市际卡口、集成指挥平台缉查布控卡口高清抓拍设备,补充完善路口"智慧斑马线""支路哨兵""IP 云广播",利用科技设施筑牢"技防"基础。到 2023 年 4 月,全市共安装"智慧斑马线"68 处、"支路哨兵"489 套、"IP 云广播"680 套,物联网云控信号机覆盖 1367 个路口,特别是物联网云控信号机可以利用太阳能光伏移动式自由部署,实现了信号设施的联网联控、智能调优。

5.1.1.3 总结

通过 RSU 技术,我们可以实时监测信号灯的状态、剩余时间、可变车道的信息、道路交通流量和排队长度、交通事故情况、车辆限行禁行信息等,并将这些信息与涉及提高通行效率的路段和交叉口的状态进行比对,从而为驾驶员提供最佳的路径规划和行驶速度,有效地缩短通行时间。

以公交车路协同应用示范为例,结合"车路协同"公共服务平台的低延迟通信能力,以及"端—边—区—中心"多层次分布式的 V2X 计算能力和路网数据,提高公交运营效率,确保行车安全。通过绿波车速智能诱导,可有效减少公共交通拥堵,提高公共交通运营效率,达到节能减排的目的。

车辆接收到路侧设备发来的信号灯的状态信息,基于"端—边—云"协同算法,在不改变现有交通信号控制策略的情况下,得出建议的车速,从而使公交车在不影响其他社会车辆的情况下,达到公交进站停靠、上下客、绿波通行的目的。

对于车路协作提供的服务,用户终端可提供信息、安全等服务,城市交管部门可提供提高通行效率的服务,而协作服务则是车辆的编队行驶,以大型物流运输企业为主要对象。

在当前对于车路协同的研究中,大部分的信号机都只是车辆的单一信源。在"车路协同"的时代背景下,信号机定位系统已从单纯的车路协同信号控制,转变为一个集感知、信号控制、网络通信、数据交互于一体的智能终端。

5.1.2 网联车辆自动驾驶轨迹优化

路段是道路网络中的重要组成部分,起到连接上下游交叉口的作用,路段的交通状态与上下游交叉口的通行能力息息相关。传统道路环境中,车辆在路段中行驶有跟驰和换道两种行为。对于跟驰行为,车辆需要与前车保持安全距离防止追尾事故,安全距离主要与前后车的速度、间距有关。对于换道行为,车辆需要考虑目标车道上的车流是否有合适的安全间隙来切入,有研究表明换道会影响交通流的稳定性。在网联环境下,路网中车辆的通行效率主要由交叉口的通行能力所决定，车辆在路段上行驶具有网联信息支持，通过协同通行可以知晓其在路段下游交叉口的允许通行时间，而采用换道行为无法提升群体车辆的通行效率，反而会加剧车辆间相互干扰。例如，对于同一车道上的两个车辆，其在下游交叉口的行驶方向必然是相同的，两车都会尽可能早地到达下游交叉口，那么前车的允许通行时间必然早于后车，后车通过两次换道来超过前车不但无法提高两车的通行效率，反而可能会对前车和路段上其他行驶车辆产生干扰。在网联环境下，通过换道来提升通行效率的需求不成立，所以规定在路段上行驶过程中，车辆不允许换道。

在通行效率一定的情况下，车辆在路段中行驶需要进行合理的轨迹优化来保证行驶过程的安全、节能和乘坐舒适性。在传统环境下，交叉口的控制策略大多是基于信号配时方案，车辆只有到达交叉口才能根据信号灯状态来进行通行或者停车等待等行为。因此，无论交通需求大小，都不可避免地会有车辆在交叉路口的停止线处等候，从而导致大量的车辆延误。在网联环境下，由于路段是下游交叉口的进口道，所以合理的轨迹优化能使车辆到达交叉口冲突区起始线时均能达到最优或近似最优速度，从而保证交叉口的通行效率。

5.1.2.1 技术实现

1. 路径规划技术原理

（1）建立轨迹规划坐标系。首先对车建立可靠的坐标系，X-Y-Z 三向坐标系是一种较为简单和常用的坐标系，坐标系的原点是车辆中心，X 轴为车辆的前后行驶方向，前正后负，Y 轴为车辆的左右行驶方向，左负右正，Z 轴为上下行驶方向，上正下负。

（2）根据行车自动驾驶初始激活状态建立相应的初始运动轨迹规划，具体步骤如下：

① 参考上文所定义和选择的坐标系来转换所述车辆位置和参考线；
② 按设定规则固定采样选取目标点；
③ 利用曲线插值或拟合方法生成备选轨迹；
④ 将备选轨迹进行膨胀计算，剔除可能不合理的轨迹；
⑤ 基于控制量平滑或偏差最小等代价函数选择最优轨迹。

下面将对上面的轨迹规划过程进行一一介绍。

（1）图搜索基础路径

通常来说，传感器识别的连续环境信息是模拟信号，需要采用一定的图搜索路径规划算法将其转换为适合于所选路径规划算法的离散图，然后通过一定的搜索算法得到基础路径。

针对视频图的搜索算法为 Dijkstra 算法，建立一个初始节点集，从目标车辆的初始点开始，对节点集中的所有节点进行反复检查，并把与该节点最近的未检查的节点作为待检查的节点集（见图 5-4）。

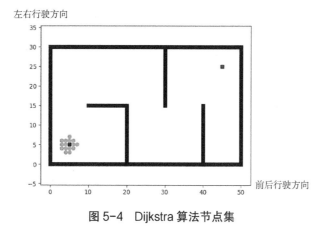

图 5-4　Dijkstra 算法节点集

再采用 A* 算法计算有用的最短路径。将代价函数 $g(n)$ 设为初始节点至节点 n 的代价，而 $h(n)$ 则是由节点 n 至目标点的启发性评估代价。再结合靠近初始点的节点和靠近目标点的节点的信息块。在从起点至目标点的过程中，A* 对这两个因素进行权衡，得出最优路径（见图 5-5）。

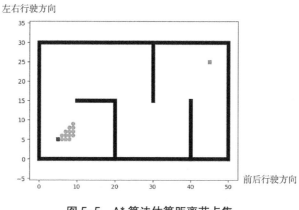

图 5-5　A* 算法估算距离节点集

（2）采样点生成路径

采样点的产生实际上就是为车辆在某个设定构型空间产生样本点集，并根据任务要求，找到样本点集的序列，将其作为规划结果（见图 5-6）。取样方式有两种，一种是随机采样，另一种是固定采样。

所谓随机采样，就是从规划空间中随机选择 n 个节点，然后将这些节点连接起来，去掉与障碍物相接触的连线，从而获得一条可行的路径。而固定采样，则是根据一定的规则，产生一系列的样本，然后对这些样本进行筛选，选出最优的样本。典型应用为利用触须法对汽车的局部运动轨迹进行规划，通过评估车辆运动的可行性、平顺性、安全性等，筛选出最优的行驶路径，剔除可能存在的危险和无效路径。

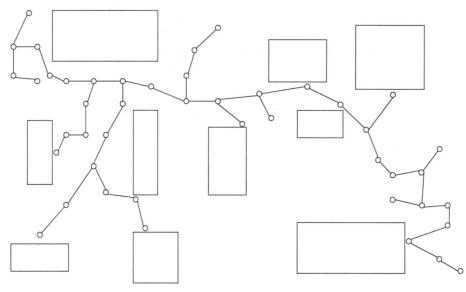

图 5-6 采样点生成路径

（3）轨迹曲线求取

通常情况下，轨迹曲线插值对于规则型道路，不管是为了对中控制，还是为了换道，车辆轨迹曲线的运动规律往往与道路轨迹曲线保持一致。采用与车道转弯半径相对应的弧线求取轨迹，能充分适用于车辆的不同轨迹形态，并将轨迹表达成一个明确的数学函数，由函数中的参数决定轨迹的具体形态。

2. 车辆路径规划跟随原理

在规划出一条车辆路径之后，我们要考虑的是怎样使车辆按照这条路径行进到最终点处，在此我们将车辆的行进规划称为运动规划，它包括如下两个层次的运动规划。

（1）横向路径规划，通常是指轨迹形状的规划。在确定了横向规划方案之后，将其转换成 QP（二次规划）问题，使其能够在给定的区域中根据约束条件输出最优解曲线。对于 QP 问题，实际上是先设定一个已知的条件，再用某种滤波方法（例如卡尔曼滤波）求解参数，也可再设定一个约束条件，从而持续地优化对应的曲线设定（见图 5-7）。

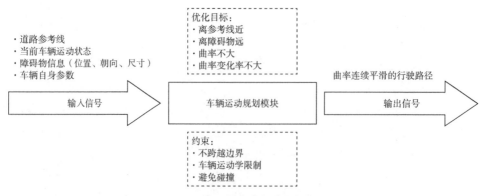

图 5-7 基于轨迹形状的路径规划

（2）纵向路径规划，即分配路径规划中的速度（见图 5-8）。

图 5-8　基于速度的路径规划

5.1.2.2　案例

为了尽快让自动驾驶汽车被大众接受，首先需要确保舒适度，而跟踪行进轨迹又与舒适度高度相关。

根据国外媒体的报道，当人们搭乘网约车时，可能会对 GPS 软件推荐的"最快"路径表示怀疑，因为乘客和司机都了解"更优"的路径。而要实现自动驾驶汽车的普及，就要求乘客在乘坐自动驾驶汽车的过程中的感受应与乘坐传统车辆相同，并能以最佳甚至更为舒适的方式抵达目的地。

美国亚利桑那州立大学的研究者们提出了一种新型优化算法来追踪自动驾驶车辆的路径，既可以降低误差率，又可以降低计算强度。

在驾驶过程中，驾驶员可以考虑并随时应对各种状况，如车速、道路交通状况、安全隐患等，同时也可以对车辆的行驶轨迹进行决策，并反复评估，保证驾驶员和乘客的舒适性。如何以舒适为首要目标，将这一功能复制到机器人上，成了当前的研究热点。

其中一个关键问题就是如何保证汽车在给定的时间按照预设的路径行驶。尽管这似乎是一件非常简单的事情，但在数学上，这个问题最大的缺陷就是它的计算量非常大。美国亚利桑那州立大学提出的新型跟踪算法，既能满足稳定跟踪的全部需求，又能使跟踪位置、车速、加速度等误差最小，且大大减少了工作量。下一步将会考虑更多更切合实际的变量，例如轮胎力量和侧面滑移，推广该方法，使得汽车能更精确地行驶在高速公路和条件恶劣的路面上。

5.1.2.3　总结

从实质上看，汽车自动驾驶系统是一种智能化的控制机器，它的研究主要包括三个方面：信息感知、行为决策和操纵控制。路径规划是实现智能汽车自主导航与控制的前提，也是路径优化的核心问题。在自动驾驶系统中，研究了汽车从起始点到结束点的运动问题。

路径规划是一种从起始点至目标点的轨迹规划方法，又称全局导航规划。避障规划是一种新的解决方案，通过对障碍的检测、障碍运动轨迹的追踪，推断障碍下一次可能出现的位置，从而形成一张包括已有和潜在两种危险的障碍地图。轨迹规划来源于机器人领域，也就是所谓的机械手。在此基础上，结合时序及车辆动力学特性，优化汽车的行驶轨迹，重点解决汽车的纵、侧向角速度设置问题。

现有的路径规划方法仅能得到起点至终点的大致路径，未充分考虑路径的方向、宽度、曲率、交叉路口、障碍物等精细信息，且由于外界环境及系统状态等因素的影响，存在诸多未知因素。因此，智能汽车在运行时，需要依据特定的环境及自身的状态，制定出一条最优的无碰撞路径，并对其进行进一步的轨迹优化。如果说轨迹规划问题指的是把一个游戏对象从起点合理地移动到目的地，那么轨迹优化的目标则是找到一条考虑更周全的更好路径——避开障碍物和敌人，并实现成本的最小化。一般的轨迹规划方法包括空间搜寻法、层次法、动作行为法、栅格法、模糊逻辑法、神经网络法等。

智能网联汽车和人工驾驶汽车混行环境下，车流在交叉口的通行与路段存在较大差异，将智能网联汽车混行环境和交叉口车辆轨迹优化相结合，能够有效减少车辆停车，提高交叉口的运行效率。

对单车轨迹进行控制，可以使车辆在行驶过程中形成更为平滑的轨迹，减少不必要的停车和加减速行为；也可以使车辆尽可能保持较为经济的速度，有利于提高能源利用效率，乘客也能获得更为舒适的乘坐体验。当网联自动驾驶车大规模应用时，在同样的交通需求和路网通行能力条件下，有可能在总体效益最优的情况下为每一辆车分配优化后的行驶路径和行驶轨迹，达到车辆总行驶时间最小、总行驶里程相对较短、燃料利用更高效的目标。

5.1.3 网联车辆人工驾驶轨迹引导

车辆的智能化、网联化为车辆协作行驶提供了技术保障，自动驾驶是智能车辆研究的重要领域。然而，在未来相当长的一段时间内，完全自动驾驶的广泛普及仍很困难，有驾驶员参与的半自动驾驶将是主流。若自动驾驶能考虑驾驶员特性，乘员乘坐舒适感更好，驾驶员不会频繁介入控制，从而真正减轻驾驶员负担；针对不同驾驶员的个性化设计辅助驾驶在共享控制时，控制器能灵活选择输入，避免多余干预，在控制源切换时，控制输入变化小且平顺；对其他道路使用者来说，类人驾驶的自动车辆行驶更易配合。在网联环境下，如果智能车辆可传输分享各自驾驶员的特性信息，对它们的建模可以更为准确。综上，网联多车环境下，考虑驾驶员特性的自动/半自动驾驶有十分重要的意义。

在混行条件下，人工驾驶车辆具有人为不确定性，表现为驾驶员反应、车辆操控行为、决策主观性等特征在驾驶过程中会出现波动，这些特征都会使得车辆运动具有不确定性，从而对车辆协同通行造成影响。因此实现混行条件下交通有效控制必须在充分分析人工驾驶车辆的不确定性的基础上进行。尽管处于网联环境中的人工驾驶车辆可以接收优化轨迹信息，但驾驶员很难理解轨迹时空信息来驾驶车辆。因此，人工驾驶车辆需要有效的轨迹引导策略，引导目标是使得人工驾驶车辆的行驶轨迹尽可能地接近期望轨迹。

根据给予驾驶员轨迹引导信息的不同形式，轨迹引导的方式可分为指令式引导和指标式引导。指令式引导是给予驾驶员加速或减速的模糊指令，而指标式引导是给予驾驶员精确的加速度值。通常情况下，驾驶员对于指标式引导并不敏感。在操纵车辆过程中，驾驶员通过控制油门和制动踏板来加减速，由于驾驶员不同的驾驶经验、所驾驶车辆的不同性能等原因，驾驶员很难明确加速度值与踏板行程的数值对应关系。因此，指令式引导会比指标式引导更具实用性，目前主要针对指令式引导进行研究。

5.1.3.1 技术实现

1. 高精度地图

在由人操纵的驾驶行为中，高精度地图提供了大量的辅助驾驶信息，包括道路三维信息，交叉路口布局信息，路标转向信息，信号灯信息，限速信息，车道的坡度、曲率、高程、侧倾。这些信息作为基础信息提供给驾驶员，驾驶员能通过更精准的信息做出更加合理的决策，从而对车辆行驶轨迹加以完善。

2. 定位

先通过车载摄像机或雷达构建地标三维点云数据来收集地标信息，然后将数据和高精度地图上的已知地标比对，通过对数据的处理、坐标转换和数据融合来确定车辆在高精度地图上的位置，以达到定位的目的。借助数据融合，把传感器数据和高精度地图数据匹配融合，以实现精准定位。驾驶员可以通过对比地图上的位置，合理调整接下来的行驶路线，以达到轨迹优化。

3. 规划

规划包含路线导航规划、轨迹规划两类。路线导航规划目标是完成车辆从地图的 A 点到 B 点的行进轨迹生成。路径规划一般采用搜索算法实现，搜索算法需要三类输入数据：① 地图数据；② 当前位置；③ 目的地。搜索算法获取输入数据后，以划分单元格的方式将地图数据进行拆分。就拆分出的数据进行所有可执行的路径生成，且计算出每条路径的行进成本，最终得到最小代价可到达的路径。如果说路线导航规划是宏观上的规划，那轨迹规划便是微观上的规划。轨迹规划可以从细节上帮助车辆做出决策，以避开静态或动态的障碍物，并确保行进方式是平稳的。轨迹规划的重要目标是快速反应，在极短时间内生成舒适的且免碰撞的可执行的线路点。轨迹规划是同时具备时间性质和空间形式的。轨迹规划结果既要确保空间上得以通过，也要确保车辆在空间行进的过程中，不因为时间因素的改变而被其他动态障碍物影响。时间规划生成了一系列路径点，并给每个点标记了抵达的时间戳、方向和速度。所以这些路径点实际上是由二维空间坐标加上时间坐标共计三个维度组成。另外路径点的组成需要遵循平滑和合法原则：① 平滑原则即不能在某个点上突然急剧加速和急剧转弯，保持整体轨迹的舒适性；② 合法原则即每个路径点都要遵循交通法律法规。

4. 预测

轨迹规划可以生成一系列可行进的路径点，但要满足时间维度上不影响空间维度，则需要针对移动障碍物（如人和车）的行为进行预测。预测所有检测到的移动障碍物，形成多条预测轨迹线，并且每隔一段时间就重新预测，以确保预测的准确性。预测算法有两种方式：① 基于模型；② 基于数据。基于模型的方法，是将目标的形式做拆分，形成多个可能发生的模型，并判断所有模型发生的概率是相等的，以此为基础对目标做预测。通过不断对轨迹的预测来优化轨迹路线，给予驾驶员更加科学合理的轨迹引导。

5.1.3.2 案例

2023 年 2 月 24 日，蜀道集团联合阿里云、高德、四川数字交通科技股份有限公司发布蜀道·高德行业版 App，这是国内首个将智慧高速车路协同技术与车机导航融合的应用，未来将向全国公路推广。

结合智慧交通的感知能力、北斗卫星的高精度定位信号、高德 SDK 高精导航核心能力，蜀道·高德行业版 App 可为通行车辆提供自身传感器无法实现的"上帝视角"，提升超视距感知能力，实现 99% 以上的感知覆盖率、95% 的事件识别准确率、97% 以上的车辆轨迹连续性。

与一般的导航相比，蜀道·高德行业版 App 可充分调用"路端智能"，把更清晰的路面状况投射到导航界面上。针对雨雪雾恶劣天气以及驾车视线受到遮挡的不利情况，普通用户通过手机即可享受到车路协同提供的超视距感知服务，实现全天候通行。

5.1.3.3 总结

智能网联汽车作为汇集了多门学科与工程技术的高科技交通工具与网络终端的集合体，除了使汽车领域的产业生态与价值体系得到重塑、变革，更有可能在智能化发展与信息化发展浪潮中，成为引领、带动各有关科技领域发展的战略机遇。智能网联汽车作为交通工具的核心意义，要高效、安全地以期望的轨迹完成位移；车辆智能化的终极目标是能够完全自主地进行轨迹决策与运行操控，从而解放人类。实现这个目标，离不开对智能车辆轨迹规划方法的设计与研究。但是，距离智能汽车发展足够成熟到能够全自动行驶还十分漫长。在这个探索阶段中，驾驶员的影响与感受在车辆控制中仍是十分重要的一环。综上所述，研究网联状态智能汽车考虑驾驶员特性的轨迹规划与协作行驶方法是十分必要的工作。

在操控车辆时，驾驶员的角色实质上是一个复杂的控制器。通过躯体感知器官，接收车辆的运行状态，构成反馈回路，通过大脑对信息进行分析并与自己期望的意图比对，通过手脚对方向盘及油门/刹车踏板进行操纵而改变汽车运行状态以吻合自己的驾驶意图。随着现代控制理论的发展，已有一些采用模糊控制理论、人工神经网络、MPC（模型预测控制），乃至多种算法融合的驾驶员模型被提出。在驾驶员操纵车辆时，描述驾驶员基本特性的几个重要参数一般认为包括体现驾驶员驾驶能力和自适应驾驶行为的预瞄时间与转向增益，以及体现对环境感知应急速度快慢的反应时间或时间延迟。

自动驾驶时，控制器根据车辆动力学状态的判断进行操控，操纵决策可能并非乘员所习惯的人类操控时对应的操控动作，会造成不适感。如果是有驾驶员参与的自动驾驶级别，驾驶员可能会因不适应而频繁介入打断自动控制，缺乏个性化配置的控制器对驾驶员操控的补充辅助较难达到默契匹配效果。对于其他道路使用者来说，无论是行人还是其他车辆驾驶员，要习惯自己周边有自动驾驶车辆，还需要一定过程。在此期间，与考虑驾驶员特性影响而能实现类人驾驶的控制器操控的车辆协作配合更容易。由此可见，车辆自动控制器如果能够针对不同驾驶员进行个性化的参数设计，对于改善道路使用者体验将会有很大帮助。

5.1.4 可变车道设计及交通信号协同优化

5.1.4.1 可变车道设计

可变车道又称潮汐车道，是指利用交通流随时间变化特点，依据不同时段的交通量动态调整某些车道上的行车方向的一种交通组织方式。可变车道的设置主要起到两个作用：一是调整对潮流车流特性的适应性，以最大限度地提高道路空间的利用率；二是利用路网容量的差异性，有目的地快速驶入和缓慢驶出，以此来调节交通流量。

可变车道通常有两种类型：一是永久性偏置，为进入或离开核心区的道路；二是可变偏置，主要适用于具有显著潮汐特性的干线和支线。前者主要应用于美国，后者主要应用于上海。可变车道是一种道路车道空间资源的动态调整技术手段，可变车道的应用，让车道成为交通信号控制及交通组织中的一个动态"变量"，从而在常规交通控制与组织、自适应控制、感应控制、协调控制等场景中，能够实现更灵活有效的动态控制及组织效果。

近年来，随着城市建设的快速发展，日益复杂的路网结构和交通环境对新型交通组织提出了更高的要求。

1. 技术实现

智能车路协同环境（IVICS）是利用现代通信、检测与感知技术，实现"人—车—路—环境"实时信息交互的智能交通大环境。该系统利用车路信息交互，实现对路况信息、交通信号信息的实时采集，全面提高行车环境信息的感知水平，实现动态可变车道的安全、高效运行。

（1）可变车道控制系统功能设计

在 IVICS 下，可实现交通数据的采集与发送、数据的处理与智能决策等，系统主要功能如图 5-9 所示。

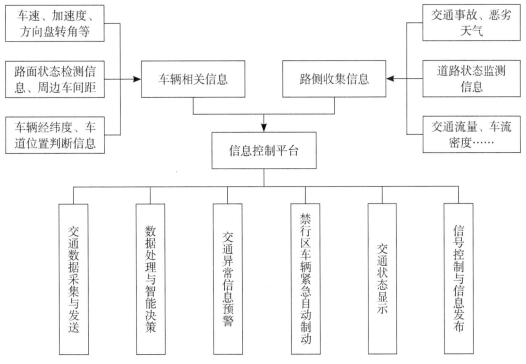

图 5-9　可变车道控制系统功能架构

① 交通数据采集与发送。以路边传感器和车载传感器为代表的各种信息采集装置，对道路上的实时路况进行采集，并将采集到的路况信息传输到信息控制平台，实现数据的共享和交互。

② 数据处理与智能决策。采用边缘计算技术，对采集到的大量实时路况信息进行准确、快速的对接，并对其进行分析与处理，从而为可变车道的实时控制提供决策支持，在此基础上，对道路交通信号进行实时智能更新，从而引导车辆安全、高效地行驶。

③ 交通异常信息预警。信息控制平台的一项重要功能就是识别和预测交通异常状态，主要包括监测并发布全路段的实时状况，对交通异常状况进行分析和预测，并预警或警告相关车辆驾驶员，以便提前排除隐患。

④ 禁行区车辆紧急自动制动。当车辆在可变车道行驶过程中进入禁行区时，该系统会根据该区域的位置信息，向该区域的汽车发出禁止行驶命令，使该区域的汽车在发生事故时进行自动刹车。

⑤ 交通状态显示。实时显示当前交通状态，可将状态通过信息控制平台发布到显示屏、App 等。

⑥ 信号控制与信息发布。根据智能决策的结果，对车辆、道路等进行相应的信息发布与交通管制，以达到车路协同的目的。

（2）信号及安全控制模块设计

① 信号控制模块

平台通过智能路侧装置，根据多源数据，实现对信号控制策略的智能决策，实现车辆的安全、高效运行。其中，信号控制模块包括两个方面，一是根据信号控制方案进行计算，二是通过交通信号灯控制。

a. 信号控制方案计算。基于多源数据，结合智能决策模型，从车辆运行安全性、车路协调效率等方面，对信号灯、龙门架指示牌、信息显示板等进行实时优化，并将其应用于城市道路交通系统。

b. 交通信号灯控制。驾驶员通常通过交通信号灯来获取车道实时控制的信息，RSU 将控制方案转化成可被交通信号灯识别的单片机信号，以此将信号传输给交通信号灯设备的 LED 灯，将道路变换信息、指示信息传送给驾驶员。信息控制平台利用无线通信技术，对智能路边系统中的信号灯、龙门架指示牌、信息展板等交通信息导向装置进行统一的信息控制。路侧设备利用车载嵌入式计算机，将来自信息控制平台的信号控制方案二进制编码数据转化为 MCU 信号，并将其发送到可变车道上的道钉指示灯，同时，信息展板、龙门架指示牌、路口信号灯等也会发生相应的协调变化。

② 安全控制模块

在 IVICS 下，利用可变车道实时监控信息系统中的安全控制模块，实现对危险的主动预警和车辆的安全控制。

a. 发送禁行区应急制动指令。在启用实时动态可变车道时，为避免相邻车辆发生碰撞，需要在可变车道内留出合适的缓冲区间和禁行区间。当车辆在行驶过程中未来得及做出安全规避动作而进入禁行区时，变道信息控制系统的安全控制模块会向车辆发出警告信息，并通过车内通信向车内的传感器发出禁行区的应急刹车命令，从而实现车辆在禁行区的应急刹车。

b. 发送安全车距控制警告。在动态、实时变化的车道上，汽车必须时刻保持一定的安全距离，既可以保障汽车的安全，又可以提高变道的效率。在车距较小的情况下，设备的安全控制模块会发出危险警告，提醒车辆注意保持车距。

c. 发送清空车道指令。在动态可变车道开启的情况下，为了确保在轻量车流方向上，被借道的车辆能够在最短时间内驶离原来的车道，安全控制模块会向这部分车辆发出让道命令，使得相应的可变车道能够在最短时间内清空。

③ 信息控制平台决策流程

车道实时控制信息是指对交通流进行控制的信息，以指导驾驶员安全行车，提高行车效率。交通控制信息主要包括交叉口信号配时数据、绿波引导速度等。该平台通过与 RSU 进行实时的信息交流，向相应的信号装置发送可变车道控制指令，之后提出了一种基于车辆与道路的可变控制策略和一种新的可变车道管理方法。决策过程如图 5-10 所示。

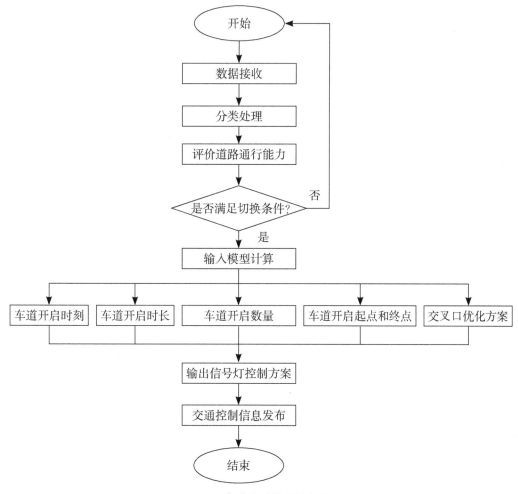

图 5-10　车道实时控制信息流程图

2. 案例

重庆市公安局两江新区分局交警巡逻警察支队与广东振业优控科技股份有限公司在已有道路资源的基础上，深入挖掘道路潜能，坚持"争分夺秒，寸土寸金"的交叉路口组织思想，对辖区内各路口的道路条件、交通运行状况、各时段的车流量、车流的变化进行全面、细致的研判，实施在辖区7个路口设置可变车道和2条路段设置潮汐车道的交通组织方案，力争道路通行能力最大化，以缓解交通拥堵。

（1）路口可变车道

可变车道主要布置在交叉口，可以根据不同时段的交通流量和流向的特征，灵活地调整流向，改变车道走向，减轻交通压力。

① 双向智能可变车道

针对主干道展宽、交通流量饱和、高峰潮汐现象明显和人工干预频繁的路口，创新使用双向智能可变车道控制方式。

以金开大道和睦路为例（见图5-11），对路口南北双向均设置可变车道，通过视频检测器判断路口的流量、流向及排队情况，系统自主选择不同状态下的18套感应控制预案中的1套，以匹配不同时段交通流。同时根据当前周期的各方向交通流量，在已选择的预案中自动增减绿灯时间，实时动态调度交通流，从而减少人工调整，降低延误。优化后，路口拥堵指数下降5.2%。

图5-11 双向智能可变车道场景图

② 协调控制可变车道

针对相邻路口距离较近、主干道直行交通流量超饱和、节点路口双向左转流量大且具有潮汐现象的路段，创新使用协调控制可变车道控制方式。

以金山大道黄茅坪路口、福特三厂路口为例（见图5-12），对黄茅坪路口北进口、福特三厂路口南进口设置可变车道，将两个路口的可变车道协调控制，利用福特三厂路口北进口双向左转为下游黄茅坪路口南进口左转进行分流，从而增加黄茅坪路口北向绿信比，提高路口的通行效率。优化后，北往南方向平均车速上升34.57%，延时指数降低33.53%。

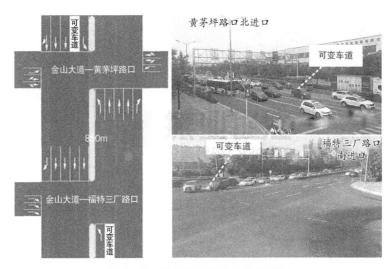

图 5-12 协调控制可变车道场景图

③ 多数据融合可变车道

针对主干道流量大、高峰潮汐现象明显、排队检测安装不便的路口，创新使用多数据融合可变车道控制方式（见图 5-13）。

以金州大道平宁路为例，通过互联网交通态势感知路口排队，视频检测感知交通流量变化，实现可变导向车道的通行方向自动变更与交通信号灯时长的自动分配，从而提高路口的智能一体化水平。优化后，金州大道双向平均车速上升 5.33%，延时指数下降 11.22%。

图 5-13 多数据融合可变车道场景图

④ 复合可变车道

针对右转流量大、具有潮汐现象的路口，创新使用复合可变车道控制方式。

以金开大道箭竹路为例（见图 5-14），高峰时段将可变车道调整为直右复合车道，复合车道的右转车辆在避让行人情况下通行，从而提高右转的通行能力。优化后，该方向平均车速上升 8.7%，延时指数降低 5.2%。

图 5-14　复合可变车道场景图

⑤ 多车道控制型可变车道

针对交通流量饱和、高峰潮汐现象明显、合流放行的路口,创新使用多车道控制型可变车道控制方式。

以金渝大道龙城路为例,将可变车道进行分车道控制,避免合流冲突的同时提高路口通行效率。优化后,该方向平均车速上升 4.6%,延时指数下降 5.3%。

⑥ 待行区 + 可变车道

针对路口空间较大、高峰潮汐现象明显的路口,创新使用待行区 + 可变车道控制方式。

以金渝大道湖霞街路口为例,在可变车道的前方施画待行区,引导车辆提前进入路口,有效利用有限的道路资源,提高路口通行效率。优化后该方向高峰平均车速环比增长 17.63%,延时指数下降 15.89%。

（2）路段潮汐车道

潮汐车道是指城市内部根据早晚交通流量的不同情况,对有条件的道路设置一个或多个车辆行驶方向随不同时段变化的车道。

以青枫南路为实例,提出了利用潮汐车道进行控制,从而实现车道数量的调节,提高道路的利用率。优化后的青枫南路,早高峰时期南北交通延误率降低了 5.43%,晚高峰时期的南北交通延误率降低了 20.56%。

城市交通形势是一个动态变化的过程,所采取的措施也要动态地向前推进,为了提高辖区内道路交通管理的精准性,改善交通状况,必须坚持"一点一策"的缓解拥堵的理念。

在区域优化方面,针对城市交通拥挤问题,采取了"区域多数据源控制""外控内疏""微循环微改造"等一系列控制措施,以缓解城市交通拥挤状况。另外,与第三方系统的数据进行比较,可以看出,优化前后的道路拥挤指数有了显著的降低,道路通行效率有了显著的提高。

3. 总结

近年来,智能车路协同技术快速发展,通过时空的"人—车—路"高效协作,保障了车辆的行驶安全,提升了交通运行效率,是城市道路交通体系不断完善的重要组成部分。智能车路协同技术的发展，将进一步提升动态路况信息的实时性与精确性，为实现可变车道的实时动态优化与控制提供重要的数据与技术支持。

可变车道技术作为一种缓解潮汐型交通拥堵的方法，已在世界上很多大城市得到了广泛的应用。例如，在澳大利亚的悉尼港大桥，早高峰期的车道是六个南向和两个北向，而在晚高峰期，车道是三个南向和五个北向。

河北省石家庄和平路的变道是全国第一个自动化的变道示范，变道操作完全自动化，由自动化的电子装置移动中间的隔离栅栏来完成变道。广东省珠海市的吉柠路推出了全国第一条"分段渐进式潮汐引导车道"，利用车道信号灯和地面的电子显示屏实行分段引导，为驾驶员提供该道路的使用情况。

在智能车路协同的环境中，利用车联网技术和信号技术，实现了道路交通信息的实时采集和反馈，并利用协同控制中心实现对道路交通信号灯的启亮与变换，实现对道路交通状况的实时、动态、最优调节。智能车路协同下可变车道技术的应用与发展，必将进一步提高车道的通行效率与安全水平。实时动态可变车道的实现受到多种因素的制约，如总体规划、运营设施、控制技术、运营环境等。只有在各个因素的协调下，才能使各因素的效用得到最大限度的发挥，才能真正缓解交通流供给与需求的不平衡。

5.1.4.2　交通信号协同优化

受交叉口信号灯样式多样、光照和遮挡等因素的影响，自动驾驶车辆并非每次都能准确识别信号灯状态。因此，利用 V2I 设备在信号机与车辆之间开展通信，信号机可以直接将信号灯状态信息发送给车辆，可替代通过视频来识别信号灯状态的过程，还能提高准确率。车路协同技术可以解决 99.9% 的前方交通信号灯不能识别的难题，降低车载系统运算量约 10%，从而提升路口通行效率，保障交通安全。

以无人驾驶汽车的发展速度，在未来 5～10 年内，各种等级的自动驾驶汽车和传统人工驾驶汽车将在公路上并存。在此背景下，基于自动驾驶汽车的运动轨迹和交通波动理论，重构自动驾驶汽车的运动轨迹，综合考虑车辆运动、行驶、停靠等多个因素，包括排队时间、排队延误、停车时间、汇入车辆干扰、排队溢出、空载、协调流向等，从而对无人车信号交叉口的运行机制和故障进行全面描述，并针对分析出的问题，有针对性地进行交通组织的优化。

基于车路协同技术架构，利用 V2X 技术，将驾驶车辆的车速、位置、加速度等信息实时地传输给 RSU 和云控平台，通过车辆与云端的信息交互来发送指令，控制路径，最终实现交叉口信号灯的最优配时。

通过自动驾驶车辆和 RSU 识别各入口的车辆信息，由 RSU 将信息发送给信号机，信号机对各个入口通道的车辆进行多维分析，并在此基础上对自动驾驶汽车行驶路径进行优化，采用动态规划法进行循环迭代，得到最终的信号灯配时方案。该方法可用于无人车渗透率高的交通环境。无人车渗透率高的情况下，信号配时方法的优化效果更好。

1. 技术实现

（1）单点信号控制

① 应用描述

单点信号控制也称点控制，是指各交叉口的交通信号控制只根据其实际情况而独立进行，与相邻的交叉口无关（见图 5-15）。系统根据交通运行状态优化调整信号控制参数，达到较好的信号控制水平，提高交叉口通行效率。

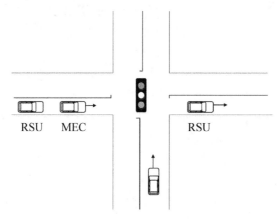

图 5-15　单点信号控制功能示意图

② 场景原理

单点信号控制原理见图 5-16。

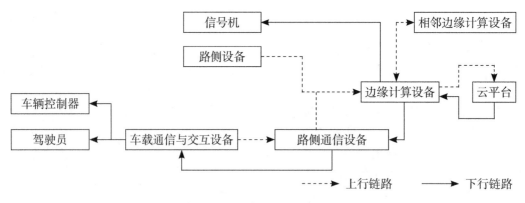

图 5-16　单点信号控制原理图

③ 环节分工

本应用涉及云边（如有，非必需）、边边、边端协同，涉及云平台/相邻边缘计算设备（如有，非必需）、边缘计算设备、车辆控制器三项决策主体，三者分工如下：

云平台/相邻边缘计算设备（如有，非必需）：综合考虑各边缘计算节点上报信息，制定子区划分方案与背景信控方案。

边缘计算设备：通过感知信息研判交通状态与控制情况，综合考虑周边节点交通需求水平与控制水平，制定信号控制信息（道路管控智能决策及以上）、建议车速（车路协同目标决策）、轨迹参考点（车路协同过程决策）等个性化协同决策信息；将信号控制信息发送至信号机提高信控水平，将个性化协同决策信息发送至路侧通信设备，与信控方案配合优化交叉口通行效率与排放。

车辆控制器：输入边缘计算节点给定的协同决策信息，结合自身感知能力进行终端决策并执行动作。

④ 技术指标要求

车速范围：0 ~ 70 km/h；

交通流数据周期：30 s；

交通流感知精度：大于或等于 95%；

目标感知精度（可选）：小于或等于 1.5 m；

定位精度（可选）：小于或等于 1.5 m（车路协同目标决策）/0.5 m（车路协同过程决策）。

（2）干线信号协调

① 应用描述

干线信号协调控制就是以降低各路口的停车次数为目标，研究主干道信号协同控制方法。通常采用特定的相位差设计实现带宽最大化，车辆在按特定车速范围内行驶可实现连续不停车通过交叉口（见图 5-17）。

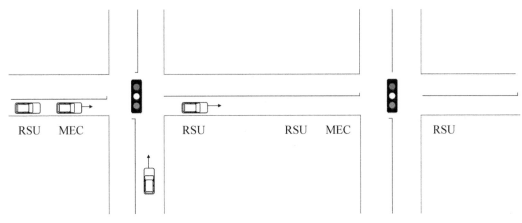

图 5-17　干线信号协调功能示意图

② 场景原理

干线信号协调场景原理见图 5-18。

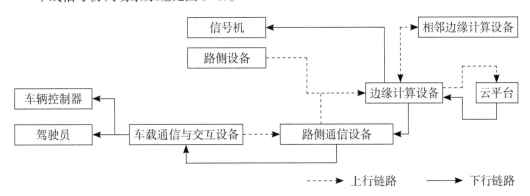

图 5-18　干线信号协调场景原理图

③ 环节分工

本应用涉及云边、边边协同，涉及云平台/相邻边缘计算设备、边缘计算节点两项决策主体，二者分工如下：

云平台/相邻边缘计算设备：根据各边缘计算设备上报的交通运行状态与需求情况动态制定干线范围，确定控制周期，下发至边缘计算设备。

边缘计算设备：通过感知信息研判交通状态与控制情况，根据云平台/相邻边缘计算设备下发的周期、分组情况以及相邻边缘计算设备的控制方案，动态更新信号方案，确定建议车速，而后进入单点信号优化决策流程。

④ 技术指标要求

车速范围：0~70 km/h；

交通流数据周期：30 s；

交通流感知精度：大于或等于95%；

目标感知精度（可选）：小于或等于1.5 m；

定位精度（可选）：小于或等于1.5 m（车路协同目标决策）/0.5 m（车路协同过程决策）。

2. 案例

奥迪（中国）在2021年世界物联网博览会期间，在公开道路演示了感知驾驶员视线外的行人及车辆并自动减速、为紧急车辆自动变道让行、动态V2I交通信号灯功能等融合V2X信号的L4自动驾驶功能。同时，奥迪（中国）根据中国路况的特点，以C-V2X为基础，推出5G网络覆盖的奥迪A7L及奥迪A6L两款新车，以实现对中国路况的实时预警。人机交互界面和全息屏幕上都会出现提醒信息，提示驾驶员注意前方的路况，并做出相应的反应。

未来，奥迪还将在量产车型中引入交通灯控制功能，控制车辆以合理车速通过信号灯路口，或在红灯时，使车辆停在恰当位置。

3. 总结

当前广泛应用的交通信号优化控制模式是基于综合采集城市主要交通流信息和经验算法来实现的。该模式最大的问题在于其控制与优化策略往往落后于实际的交通，因而对城市主干线交通需求的时空分布调控效果有限，尤其是在交通流量趋于饱和的情况下，不能从源头上解决主要道路交通拥堵问题。目前，采用预先估算仿真模拟的方法来缓解主干道上的交通拥堵，是主干道上较为先进的"主动式"交通信号优化控制方法的核心。

以交通信号灯为例，通过对主干交通流和车辆运行特征的系统性分析，在宏观层次上计算出主干交通流及周边路网交通需求的时空分布，并精确掌握主干交通流排队时间、车流消散时间和路口交通流恢复时间，为主干交通流协同优化控制技术的实施提供依据。现有的干线绿波带信号控制的优化与协调算法，一般是以干线上所有的车辆都以同样的车速匀速行驶为前提。

智能网联技术不断发展，其在城市道路上的应用必将为城市道路交通信号的优化提供新的思路和方法。但是，从传统的交通信号灯向智能网联交通的转变还需较长的时间。在此过程中，交通信号控制技术将会怎样发展，目前尚无定论。从实际的角度来研究过渡期的交通信号优化方法是很有必要的，应深入挖掘现有的信号控制装置的功能，以更加丰富的交通数据资源来提高当前的交通信号控制水平。

5.1.5 无信号交叉口混行车辆协同通行方法

随着车联网技术的发展，车与车之间的信息交互为交叉口的协同通行提供了条件，行驶轨迹相互冲突的车辆可以通过调整各自到达交叉口冲突点的时间，从而实现车辆安全通行。关于交叉口多车协同通行最早的研究是基于先到先行的协同通行控制策略，其可行性在很多研究中得到了验证。基于先到先行的协同通行控制策略原则是先到达交叉口的车辆比后到达交叉口的车辆拥有的"路权"更高，可以优先规划轨迹，而后到达交叉口的车辆如果与之冲突则需要调整轨迹来规避。然而，基于先到先行的交叉口协同通行控制策略只是从安全角度来解决交叉口冲突问题，并未从效率角度进行优化来降低车辆在交叉口的通行延误，与信号配时控制方案相比，基于先到先行的交叉口协同通行控制策略在有些情况下反而会使得延误加大。实际上，交叉口通行控制方法在保证车辆通行安全的基础上，还需要尽可能地优化交叉口中到达车辆的通行次序问题。交叉口中车流方向具有复杂的耦合关系，相互冲突的车辆不能同时通行，但相互不冲突的车辆是可以同时通行的。因此，合理优化不同方向车辆在交叉口的通行次序、灵活避免车辆碰撞是十分必要的。

因无信号交叉口存在视觉盲区，所以传统车辆在经过交叉口时，很难察觉到来自另一个方向的车辆。因此，利用车—车通信和车—路通信，两个方向的车辆都可以感知到彼此的位置和速度信息，从而在保证安全的情况下，做出合理的车速和轨迹规划，以更快地通过交叉口。

5.1.5.1 技术实现

基于车路协同技术的无信号交叉路口协调模型使用无线通信技术实现车端和路侧的通信，并基于车—路互联可对包含网联车辆和传统车辆的混合车流在无信号交叉路口的通行进行协调以及辅助驾驶，从而在保证车辆安全通过的前提下提升无信号交叉路口的通行效率。

搭载车载单元的网联车辆通过专用短程通信（DSRC）与路侧设备进行通信，非智能网联的传统车辆可通过车内乘客的智能手机使用移动通信技术与路侧设备通信，因此在无信号交叉路口范围内的混合车流可实时上传包括自身运动状态、位置等信息至路侧设备，路侧设备根据车辆上传信息经协调模型计算后将路权及辅助驾驶信息下发至车端，车端对下发的信息进行解析并通过人机交互界面呈现给驾驶员以辅助驾驶员操作。协调系统的构架由车载单元（OBU）、路侧单元（RSU）、多接入边缘计算单元（MEC）和智能手机组成。为避免同车道车辆之间的追尾碰撞，设计了前向碰撞预警系统，实现混合车流在无信号交叉路口范围内无交叉碰撞和追尾碰撞。

对于在无信号交叉口中可能产生的碰撞事件，碰撞预警流程如图 5-19 所示。利用部署在路口 4 个方向的感知设备对机动车、非机动车、行人等交通参与者进行信息采集。同时智能网联车辆将包括车辆标识 ID 的自身行驶信息，即基础安全消息（BSM）传递给 RSU，MEC 对该路口的路况感知信息以及 BSM 进行融合计算后得到路侧安全消息（RSM），然后由路侧的 RSU 设备向周围的智能网联设备周期性广播 RSM。当智能网联车辆的 OBU 接收到 RSU 传递的 RSM 时，RSM 中的标识 ID 字段与该 OBU 发送的 BSM 中的标识 ID 相同，且在当前时段该 RSU 中标识唯一。智能网联车辆可通过车辆标识 ID 来匹配 RSM 中车辆自身信息，并对 RSM、自身所处的定位位置以及行驶的方向、速度等信息进行综合分析，从而判断是否生成碰撞预警消息并向驾驶员示警。

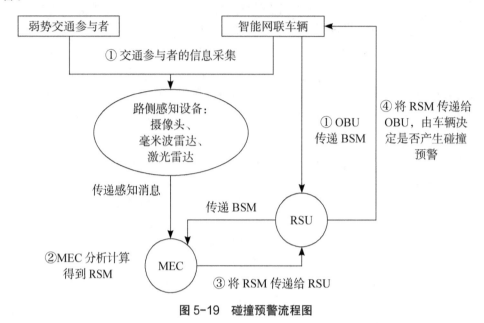

图 5-19　碰撞预警流程图

1. 交叉路口碰撞预警

（1）系统架构

交叉路口碰撞预警应用包括路侧子系统和车载子系统，路侧子系统包括路侧子系统感知单元和 RSU；车载子系统包括车载通信单元、人机交互单元，还可额外具备自动驾驶 / 驾驶辅助控制单元（见图 5-20）。

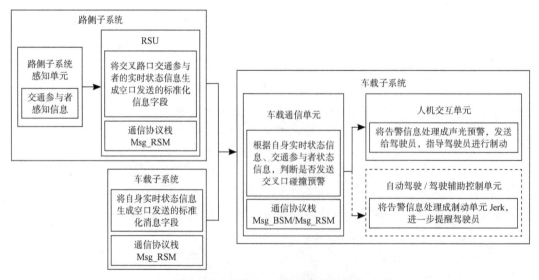

图 5-20　交叉路口碰撞预警系统架构

（2）工作原理和信息流

交叉路口碰撞预警应用工作原理及流程如下：

① 车端通信单元将自身实时状态以 BSM 形式周期性广播；RSU 从路端感知设备中获取当前交叉路口交通参与者信息，以 RSM 形式周期性广播发送。

② 车辆接收到来自 RSU（V2I）和其他车辆的消息（V2V），由本车计算单元根据自身及参与车辆的位置、速度及行驶方向进行分析，判断是否发送交叉路口碰撞预警。

③ 如果需要发送告警信息，则可以将告警信息处理成声光预警，通过人机交互模块对驾驶员进行预警。

④ 如果已启动驾驶辅助功能，则可以将告警信息传递至驾驶辅助模块，支撑下一步制动行为。

（3）应用实现方式

交叉路口碰撞预警应用的实现，通过在车端部署 C-V2X 车载通信单元并配备预警展示单元，在路侧部署 RSU 和路侧感知单元，预警展示单元应集成于车载终端设备或者在仪表、车机载体上。

远车通信单元会将其 BSM 发送给车载子系统，同时路侧子系统中的 RSU 会将感知到的交通参与者信息通过 RSM 发送给车载子系统，此时车载通信单元会将接收到的 RSM 和 BSM 转换为车内网络需要的通信信息发送给自动驾驶或者驾驶辅助控制单元，自动驾驶/驾驶辅助控制单元会将本车的动态信息（包括本车的行驶轨迹、车速等）与目标的动态信息进行结合。

当有潜在碰撞风险时，若本车具备驾驶辅助功能，当驾驶辅助功能关闭时，可以将此风险告知预警展示单元，通过动画或者语音播报的方式进行提示或者报警。也可将此风险形成制动单元一个较大的减速度梯度，让驾驶员有明显提醒感受，从而实现交叉路口碰撞预警报警后的反馈。在驾驶辅助功能开启时，可通过控制车辆、调整速度实现交叉路口碰撞预警报警后的反馈。

（4）技术指标要求

交叉路口碰撞预警场景中的技术指标要求见表 5-3。

表 5-3 交叉路口碰撞预警场景中的技术指标要求

指标	通信距离	数据更新频率典型值	系统延迟	定位精度	数据集支持
要求	≥ 150 m	10 Hz	≤ 100 ms	本车小于或等于 0.5 m 目标车辆小于或等于 0.5 m	Msg_BSM、Msg_RSM

注：企业从实际量产的定位需求出发，结合用户驾驶体验等因素，建议在第一阶段标准定位精度小于或等于 1.5 m 的基础上，将指标进一步细化为：如果要判断两车横向相关性的准确性为 95% 以上，本车定位精度需要小于或等于 0.5 m（1sigma），目标车辆定位精度小于或等于 0.5 m（1sigma）。

2. 弱势交通参与者碰撞预警

（1）系统架构

弱势交通参与者碰撞预警应用包括路侧子系统和车载子系统，路侧子系统包括路侧子系统感知单元和 RSU；车载子系统包括车载通信单元、人机交互单元，还可额外具备自动驾驶/驾驶辅助控制单元（见图 5-21）。

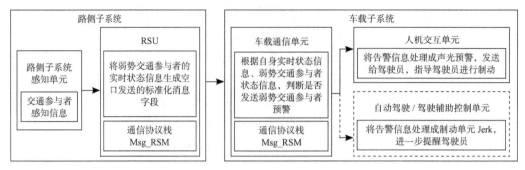

图 5-21　弱势交通参与者碰撞预警系统架构

(2) 工作原理和信息流

① RSU 从路侧感知设备获取当前路段弱势交通参与者信息,并周期性广播。

② 车辆接收到来自 RSU 的 RSM,分析并提取弱势交通参与者的位置、速度及行动方向。

③ 根据车辆自身的定位、速度和行驶方向,判断是否发送弱势交通参与者碰撞预警。

④ 如果需要发送告警信息,则可以将告警信息处理成声光预警,由人机交互模块对驾驶员进行预警。

⑤ 如果已启动驾驶辅助功能,则可以将告警信息传递至驾驶辅助模块,支撑下一步制动行为。

(3) 应用实现方式

弱势交通参与者碰撞预警应用的实现,通过在车端部署 C-V2X 车载通信单元并配备预警展示单元,在路侧部署 RSU 和路侧感知单元,预警展示单元应集成于车载终端设备或者在仪表、车机载体上。

路侧子系统感知单元会将交通参与者感知信息以 RSM 形式发送给车载子系统,车侧通信单元会将接收到的消息转换为车内网络需要的通信信息并发送给自动驾驶或者驾驶辅助控制单元,自动驾驶或者驾驶辅助控制单元会将自车的动态信息(包括自车的行驶轨迹以及车速等)与目标的动态信息进行结合。

当有潜在碰撞风险时,若本车具备驾驶辅助功能,当驾驶辅助功能关闭时,可以将此风险告知预警展示单元,通过动画或者语音播报的方式进行提示或者报警。也可将此风险形成制动单元一个较大的减速度梯度,让驾驶员有明显提醒感受,实现弱势交通参与者碰撞预警报警后的反馈。在驾驶辅助功能开启时,可通过控制车辆调整速度实现弱势交通参与者预警报警后的反馈。

(4) 技术指标要求

弱势交通参与者碰撞预警场景的技术指标要求见表 5-4。

表 5-4　弱势交通参与者碰撞预警场景的技术指标要求

指标	通信距离	数据更新频率典型值	系统延迟	定位精度	数据集支持
要求	≥ 150 m	10 Hz	≤ 100 ms	本车小于或等于 0.5 m 目标车辆小于或等于 0.5 m	Msg_RSM

注:定位精度指标设定原因同交叉路口碰撞预警场景的技术指标要求注释部分。数据更新频率典

型值方面，该场景在提供预警提示外，还需要有效保障车和交通参与者的安全通行，因此企业从实际量产的可用性、可靠性出发，建议将该场景数据更新频率保持在 10 Hz，以保障获取信息的及时性。

5.1.5.2 案例

福特公司宣布，将在英国米尔顿市凯恩斯街道上试行十字路口优先管理（IPM）系统。该系统显示，车辆不必在十字路口或交通标志前停车，该系统的推荐车速可以让车辆在不刹车的情况下穿过交叉口。

这项技术是由人与人之间的互动所激发出来的。我们在横穿公路时，并不会停滞不前，而是不断地调整行走速度，以免与其他行人相撞。当两辆车靠近一个没有红绿灯的路口时，系统会根据最佳的车速，将两辆车错开，使两辆车都不用停下来。

V2X 之间的通信使得在一定范围内的机动车能够相互了解对方的位置、行驶方向、车速等信息。IPM 也会对周边的交通路线进行分析，为每一辆车提供一个最优的车速，使其能在不发生碰撞和停车的前提下顺利地穿过交叉路口。2016 年，研究者们以仿真的方式构建了一个相似的系统。然而，并非每一辆车都会使用 V2V 技术，因此，这种技术很难在真实的环境下实现，但是这将成为自动驾驶车辆的重要组成部分。福特公司表示，可以使用一种用于自动驾驶车辆的系统，使车辆只在驾驶员抵达他们的目的地时停止行驶。福特公司目前正对该技术进行第一次试验，试验中将会有一名驾驶员坐在方向盘后。

5.1.5.3 总结

无信号交叉口作为城市道路交通网络的重要节点，不同方向的车流在此形成交织区，交通事故频发。交叉口处，车辆前方因建筑物等遮挡造成驾驶人视距受限，当采取不恰当的驾驶操作可能会导致车辆之间碰撞事故的发生。随着车联网技术的发展，车—车通信可以实现车辆运动信息的交互共享，在一定程度上消除了视野盲区。

目前，交叉口的主要控制模式分为信号自适应控制模式、分布式控制模式和集中式控制模式三种。信号自适应控制模式主要针对信号控制交叉口，分布式控制模式和集中式控制模式更多地适用于无信号交叉口。

分布式控制模式是指车辆基于自身的通行需求，通过车—车、车—路信息交互，判断是否可以获得路权并将自身的运动状态信息传递给周围车辆的控制方式。集中式控制模式是指通过路侧设备对进入协同范围内的所有车辆信息进行获取，并结合交通环境信息，通过交叉口优化控制模型制定优化控制策略为各个车辆分配路权。

相比于集中式控制模式，分布式控制模式中的车辆根据自身的通行需求，而不是整个交叉口的通行效率来判断能否通过交叉口，无法完全实现车辆与道路的整体协同。而集中式控制模式以路侧设备为"大脑"，以提高交叉口整体的通行效率为目标，为车辆制定优化控制策略，真正实现了车辆与道路的协同。

从智能交通的发展历程来看，集中式控制模式是实现分布式控制模式的一个关键节点。分布式控制模式将车辆作为单独个体，要求车辆能够及时捕捉实时变化的交通信息，并制定相应的优化控制策略调整车辆的运动状态。这对车载设备的数据采集能力、数据处理能力和信号稳定性要求非常高，在满足自身通行需求的前提下很难兼顾交叉口的整体通行效率。集中式控制模式把路侧设备作为车辆间信息沟通的"桥梁"和"大脑"，统筹车辆之间的协同关系，降低了车载设备的性能压力，提高了协同范围内车流的整体通过效率。

随着传感器和通信技术的不断发展，V2X车联网技术开始逐渐应用，车联网实现了人车路和环境之间的实时动态信息交互，对车辆的协同控制驾驶提供了技术支持。未来很长一段时间，车辆的行驶依旧由驾驶员操控，车联网环境负责给驾驶员提供驾驶辅助信息，主要为驾驶员提供道路信息、车辆的位置和运动状态信息以及预警辅助驾驶信息，而车辆在通过无信号交叉口路段的主要操控者依旧是驾驶员。因此，基于车联网技术的网联环境下无信号交叉口混行车辆协同通行方法，对未来车联网普及后车辆安全通过无信号交叉口具有重要的数据参考与理论支撑意义。

5.2 高快速路交通协同控制

5.2.1 分合流安全预警及引诱

在高速公路分合流区，车辆先进入匝道，随后驶入高速公路，该匝道车辆较多，为了避免碰撞，缓解交通拥堵，有必要为匝道和干线上的车辆提供一个完整的行车信息。分合流安全预警与引诱，即对分合流区域的过往车辆进行预警提醒，尽量避免发生主线车辆与匝道车辆的碰撞事故。由于高速公路分合流区的车辆行驶速度较大、驾驶员视野受限、并道窗口期短，容易发生交通事故（见图5-22）。

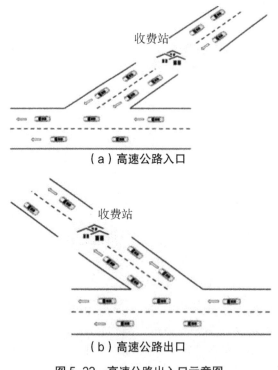

图5-22 高速公路出入口示意图

分合流区存在的安全隐患主要有主道外侧车道上的车辆超速行驶，车辆违停在主道、加速车道和导流区，大货车出现在匝道上，主道车流量大，匝道车辆驶入和驶出行为不规范，车辆在靠近分流区时违规行驶等。分合流安全预警及引诱的点位布设在匝道互通、枢纽互通及服务区等，选取流量大、事故高发、货车占比高的分合流场景进行部署。

5.2.1.1 技术实现

1. 分合流安全预警

分合流安全预警系统由数字感知系统、主动控制系统、车路协同系统、云管控系统、交通服务系统 5 大系统以及相关的基础支撑系统构成。

（1）数字感知系统

① 系统构成

全息化数字感知系统由基础设施状态感知和分析、交通运行状态感知和分析、环境状态感知和分析以及设备运行状态感知四个部分组成。

② 系统功能

a. 基础设施状态感知和分析

通过测量、收集、处理、分析和预警分合流区的荷载等参数，对技术设施的状态进行感知和分析。

b. 交通运行状态感知和分析

适用对象主要是交通流、沿线路侧视频、车载视频、浮动车数据。该功能综合利用毫米波雷达、智能监控系统、高清卡口车牌识别系统、移动端信息采集系统等，实现对沿线路段内车辆的全程定位、轨迹跟踪、事件分析及交通流状态的评估。

毫米波雷达系统通过多种类型雷达混合组网应用，毫秒级实时采集通行车辆高精度定位信息、高精度速度信息，实现全路段多运动目标唯一 ID 跟踪、交通事件检测、自动预警等。融合沿线高清视频监控设备与移动视频采集设备，在沿线配置移动视频采集单元，以弥补路段视频监控的不足，丰富日常管理与运营管理信息采集手段。在发生突发事件的情况下，将车载终端采集到的音频、视频、图像通过运营商无线网络传输到运营管理中心，尽快得到现场画面和语音，便于指挥人员和现场人员进行音频、视频同步通信，及时准确地分析、判断现场的情况，做出正确的决策和指挥。通过设置车辆特征识别系统，实现车速监测、超速警示、车牌抓拍、特征车辆追踪等功能，对当前经过车辆的车速进行监控及特征提取，对超速车辆进行警告，结合可变信息标志，将气候不良或临时管理需求导致的路段限速值变化情况及时向驾驶员发布。

c. 环境状态感知和分析

感知对象为沿线温度、湿度、风力、降雨量、能见度及路面状况，其功能为多参数指标数据综合预警，为主动控制、车路协同及交通服务提供数据支撑。

d. 设备运行状态感知

适用对象为各监测站的工作状态信息和设备安全监测信息，其功能为机电设施监控管理，给出异常状态的报警提示。

（2）主动控制系统

① 系统构成

主动控制系统主要包括控制策略和信息发布两项主体功能，其中控制策略包括速度控制、车道控制和匝道控制，信息发布主要包括分车道信息发布、雾区诱导信息发布、主动发光标志标线信息发布。

② 系统功能

系统包括可变车道标志控制、事件信息生成、系统故障检测、系统管理等功能，可按照主动控制系统需要的速度控制、车道控制、匝道控制需求，分区域设置可变信息标志，通过对数字感知系统的预测、分析、判断，进行实时分车道动态交通流控制。

（3）车路协同系统

① 系统构成

边缘计算节点由路侧单元（RSU）和OBU组成，车路协同系统是由边缘计算节点、区域计算平台和中心计算平台共同构成的多级计算体系。

a. 边缘计算节点具备边缘信息感知分析、交通场景实时计算的能力，能够为车辆提供增值服务与控制。

b. 区域计算平台以区域交通环境感知与优化、边缘协同计算调度、多源数据融合分析、区域数据开放与应用管理为目标，通过边缘网关将RSU采集的雷达、摄像头等数据与周围车辆、路面等基础设施连接起来，扩大感知范围，实现车路协同。

c. 中心计算平台与边缘内计算和区域计算平台进行协同，感知车辆密度和速度等信息，进而指导车辆避开拥堵区域，达到有效调度的目的。

② 系统功能

车路协同系统依托4G、LET-V、5G等，通过路侧智能单元，对OBU和App进行分段广播，实现车路信息交互。

a. 路侧单元（RSU）

RSU高度集成通信处理（V2X广播、4G通信）及应用层数据处理，可以对接多种传感单元，如摄像头、气象站、检测线圈及微波雷达、激光雷达、微波车检器等，能融合多种感知数据进行检测，深层次地提供道路状态感知。

b. 车载单元（OBU）

OBU车载LTE-V2X专用通信设备。OBU将无线通信连接功能和LTE-V2X（支持3GPP R14所定义的车与车、车与基础设施、车与行人等）通信功能放在同一个产品中。OBU设备作为汽车与通信的接口，能够支持该设备2G/3G/4G连接功能，能较全面支持各种需要LTE-V2X通信的应用场景。

（4）云管控系统

构建"车路网云一体化"云管控，提供动态交通管控、智慧化管理决策、智慧服务、车路协同与自动驾驶体验、综合运维、协同综合办公等智慧管理与服务应用。

① 系统构成

"车路网云一体化"云管控包括"一网一平台"，其中"一网"为含4G/5G以及C-V2X在内的多模通信网，"一平台"指云管控平台。

云管控平台中互联互通、融合感知、决策控制、数据分析、监控管理、服务发布、运营管理七项核心功能有机协同，打造基于云管控平台的自动驾驶与智慧交通的应用与运营生态。

② 系统功能

基于云技术的"车路云网一体化"管理系统，通过构建"车路云网"协同的交通网络，实现跨品牌车辆、跨领域设备和跨平台数据的有效协作，支持全路段、全区域的集中决策和多目标优化控制，最终形成以场景管理为主、覆盖日常场景和特殊场景的智能化管理。"一网"在车辆、路边设备和云端之间实现高速度、低延迟的信息互联和数据交换，并根据实际的智能网联驾驶应用对网络进行实时调度和管理，保障网络的安全性。"一平台"通过构建车—路—云的协同式交通网络，实现跨品牌车辆、跨地域设备和跨平台数据的有效协同。

（5）交通服务系统

交通服务系统即预警系统，主要面向道路使用者（公众）和道路管理者，通过预警及控制，进行超前提醒和防护，降低道路交通事故发生的风险。

① 在面向公众方面，利用全息化数字感知系统和车道化动态控制系统，辅以低能见度行车安全智能诱导系统，实现不良天气信息发布、行车诱导、主动发光诱导等功能。将道路及车辆安全预警信息及时反馈给出行者，包括特殊天气、危险路段路况的普遍性预警服务和对隐患车辆车况的指向性预警服务。

② 在面向道路管理者方面，利用云管控系统和大数据分析，设置智能交通监测大厅，为管理者实时展示道路风险信息、提供动态智慧化管理决策支持及综合运维等智慧管理与服务应用。

2. 分合流车辆引诱

对于尚未驶入高速公路的车辆，需要事先向其提供高速公路区域路网交通运行状态、交通管控措施、车道关闭位置以及建议的行驶路线和匝道位置等信息。对于已经行驶在高速公路上的驾驶员则向其提供前方拥堵路段交通状态、事件信息和拥堵排队情况等信息，同时还需向其提供可选出口匝道位置、可选绕行路线以及再次驶入主线位置等信息。

（1）硬件系统组成

① 交通信息中心

交通信息中心是动态诱导系统的核心，以计算机及多种通信设备为核心，以获取不同来源的实时路况资讯，并将其转换为用户所需的资料。

② 通信系统

通信系统是车辆与交通信息中心进行数据交换的场所。该信息中心利用通信系统，持续地将路段行驶时间、交通事件和其他与交通状态有关的数据及时地传送给各车辆。

③ 车载诱导单元

车载诱导设备主要包括计算机、通信设备和车辆定位设备，主要功能是接收、储存、处理路况信息，为驾驶员提供人机交互接口，让驾驶员方便地输入路况信息，并得到诱导指示。

（2）系统框架

① 交通流采集子系统

以 SCOOT 为代表的自适应交通信号控制系统是实现交通诱导的先决条件。该子系统包含两个特点，一是实时自适应，二是研究接口技术。该子系统把获取的路网数据输送到交通流诱导主机，利用一定的手段将数据进行实时分配，滚动预测各路段和交叉口的交通流量，为诱导提供依据。

② 车辆定位子系统

车辆定位子系统主要用于确定汽车在路网中的具体位置，主要研究内容为构建差分的理论模型和应用技术，设计系统的通信网络，研究系统的电子地图制作方法及实现技术，建立一套故障自诊断系统。

③ 交通信息服务子系统

交通信息服务子系统是将计算机运算得到的交通信息通过多种传播媒介向公众传递的一个重要环节，包括有线电视、广播、路侧指示牌，以及车载信息系统等。

④ 行车路线优化子系统

该系统以车辆定位子系统所确定的车辆在网络中的位置和出行者输入的目的地为基础，结合路网交通信息，为出行者提供可以避免交通拥挤、减少延误及高效率到达目的地的行车路线。车载信息系统显示屏幕上会显示出汽车行驶过程中所要经过的道路网络图，并以箭头表示所推荐的最优路径。

（3）实施步骤

交通诱导分流的关键在于分流点的选取和分流路径的确定，这都要充分考虑路网结构和道路交通运行状况，以缓解道路拥堵、均衡路网道路利用率为主要目标进行选择。综上考虑，可以从以下步骤来筛选交通诱导分流点：

① 首先要对拥堵的状况进行研判，判断影响范围和影响时间。一般来说，可以分为三个层次：

a. 拥堵刚刚发生的时间段内，拥堵没有扩散，对其他相邻的路段没有影响，只需采取局部分流措施即可；

b. 拥堵发生了一段时间后，已经对上游的路段开始产生影响，此时需在本路段和相接路段进行诱导、限速信息的发布和采取上游枢纽出入口的管制措施；

c. 拥堵发生很长时间后，且其他相接路段内也发生了拥堵排队现象，形成区域性拥堵，此时需进行路网整体的协调控制；

② 在确定拥堵事件影响范围及严重程度后，结合路网布局和设施条件确定受影响区域，并初步选择与拥堵事件发生道路平行的道路作为分流路径；

③ 研判平行道路及衔接道路交通实时运行状态，选择服务水平和交通承载能力较高的道路作为分流道路，并根据拥堵事件严重程度选择分流点的数目及具体实施位置，形成若干初始分流预案。

④ 后台以短时预测交通量及 OD 需求为仿真数据，对初始分流预案做路径规划仿真模拟，比选分流效果优劣，选出最佳分流路线，在分流点处给出相应的分流诱导方案。

（4）引诱流程

根据拥堵事件的级别，诱导信息可以直接由路段监控分中心进行发布，向路网调度总中心报备即可。如涉及其他路段的拥堵事件，则需由路网调度总中心研判态势后统一指挥相关路段监控分中心发布相应的诱导信息，诱导信息的发布渠道主要有广播电台、可变信息板、GPS 等；若拥堵事件已得到控制，交通已经恢复常态，路段监控分中心会上报路网调度总中心建议撤销诱导信息。流程见图 5-23。

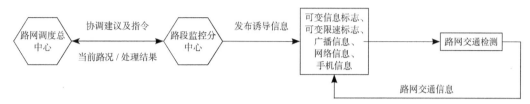

图 5-23　高速公路网交通诱导流程图

5.2.1.2　案例

高速公路的分合流区的交通状况对高速公路的通车效率有着直接的影响，受车辆感知盲区、人眼视觉距离等因素的影响，无论对普通汽车还是自动驾驶汽车而言，都是事故高发区。分合流安全预警与引诱可实现高速公路的汇入、汇出实时态势感知，拥堵预测和突发事件检测，可有效解决自动驾驶试验路段的安全性和通行效率问题，提高交通监控和管理水平。

1. 合流区

高速匝道汇入口车流量大，行车视距小，对自动驾驶汽车的感知造成很大的盲区，从匝道进入主道时易发生变道事故。在合流区实施交通辅助，可以减少交通事故的发生，保障交通安全。

每个合流区的覆盖范围约为 300 m，若仅安装一根传感杆，会受到传感器感知能力的限制，极易发生虚警和漏警。为此，在各合流区布设两个节点，并在两个节点上分别布设一套路侧感知系统，观测区域为车辆合流的关键区域。在每个杆件的边缘系统中，利用杆件自身携带的摄像头、毫米波雷达等实现高精度的数据融合，并针对具有 GPS 定位功能的网联车辆，构建更加完备的路边融合系统，并将感知信息通过各 RSU 实时发送给用户。该系统可实现自动驾驶汽车在不附加任何传感器时，就可获取影响其运行的各种位置、方向、速度等信息，并将这些信息反馈到决策与控制层面，实现自动换道或加速与减速。

2. 分流区

在高速公路分流区，当车辆频繁换车道时，存在较大的安全隐患，极易引起车辆突然加速、减速或在分岔区停车，引发交通拥堵。在匝道交会处布设路边全息感知系统，实现对车辆速度、位置等信息的实时探测，并对引流线区域内的异常停车、紧急换道等现象进行探测，利用 V2X 技术将异常状况或超视距信息提前传递给附近的车辆。

汇出节点的监控范围为汇出点前方 100 m 以及汇出点后方 50 m，因为前方连续变道频率较高，而后方紧急制动、倒车逆行等情况也较多，如果不能及时警告后方车辆，极易发生交通事故。因此，在汇出点后方大约 130 m 的位置安装杆件，利用摄像头与毫米波雷达进行数据融合，实现对连续变道、紧急制动、倒车逆行等情况的实时捕捉，通过 I2V 提醒后侧车辆，也可以通过 I2N 及时上报和抓拍车辆的违法行为。

5.2.1.3 总结

当多车道高速公路主线某区段交通接近或达到拥堵状态时，其上游各枢纽节点需采取相适应的匝道控制限制汇入主线的交通流，通过在上游各关键分流点处发布路网交通流信息，通过渠化和主动引导的方式诱导驾驶员分流至周边路网，实现对交通流的控制。在路网交通组织策略中，匝道控制与交通诱导协调统一，在交通诱导的基础上对微观交通实施匝道控制，微观调控道路交通。通过准确把握控制系统与诱导系统之间的动态关系及交互决策过程的动态特性，进一步提高交通管理的水平和优化交通组织的实际效果。

5.2.2 准全天候辅助通行

5.2.2.1 技术实现

1. 道路设施状态的主动感知技术

在充分考虑车辆与道路相互作用的基础上，利用感知传感器，主动感知路面信息，并进行评估和发布，以提升设施生命周期为目标的交通导向技术。

2. 地空两基交通信息感知系统

在空中，通过无人机对宏观、大面积的图像、视频进行采集，开发交通信息处理系统，对大范围的交通状况进行动态分析。在低空，通过设置固定的高清摄像机，开发相应的图像处理技术，获取各车辆的空间轨迹和时间轨迹，并对其进行微观行为分析。该应用场景通过 V2I 的方式接收来自 RSU 的信号灯状态信息、地图位置信息，并与自车的位置、状态等关键信息进行融合处理，然后提前给驾驶员提供建议的车速，使其以最短的时间/能耗通过分合流区。

3. OBU

单个设备即可完成资源调度、通信处理、组网和数据中转。通过定制化方案，完成全线路交通预警及提示信息数字化，不受天气、昼夜和 GNSS 信号的影响，为人车路提供全天候、全要素服务。

4. WMH（Wireless Message Handler，无线消息处理）

该模块主要负责的是对无线消息的编解码、为应用层提供无线数据发送的接口等。

5. HMI（人机接口）

本模块主要负责为系统显示终端提供显示数据，接收应用层的输出数据（包括预警信息和位置数据等），将其输出至交互界面。

（1）算法模块信息交互框图

在算法应用内部，采用模块化的设计思路。不同模块之间，通信方式存在区别。如图 5-24 所示。

① 车辆路口通行辅助模块与 SDH 模块通信

通信方式：TCP Socket，本模块为客户端，SDH 模块为服务端；

通信数据格式：JSON。

② 车辆路口通行辅助模块与 WMH 模块通信

通信方式：TCP Socket，本模块为客户端，WMH 模块为服务端；

通信数据格式：JSON。

③ 车辆路口通行辅助模块与 DVIN 模块通信

通信方式：TCP Socket，本模块为客户端，DVIN 模块为服务端；

通信数据格式：JSON。

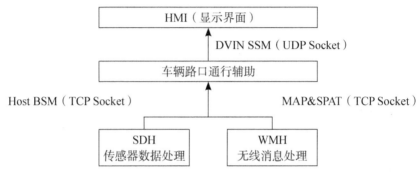

图 5-24　车辆辅助通行算法模块信息交互框图

（2）算法模块逻辑流程图

初始化进程后，内部模块会与服务器端进行连接，获得通过 PC5 或 Uu 通道发送的车辆关键信息。底层监听 Socket 事件并导入 SDH 进行基础数据解析。WMH 模块主要对路口交通灯的状态、相位、ID 等信息进行处理。HMI 模块则主要负责确认与显示终端之间的连通是否正常。具体流程见图 5-25。

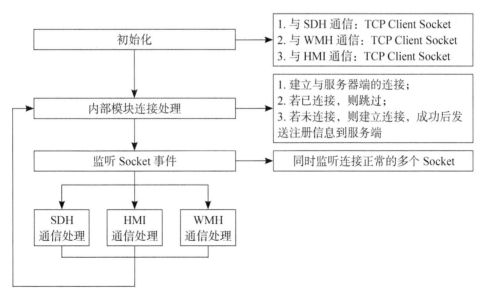

图 5-25　车辆辅助通行算法模块逻辑流程图

本节研究的车辆辅助通行驾驶系统包括两个方面：一方面是与车辆的内部操作系统集成，作为车辆的一个嵌入式辅助系统来实现车辆的自动驾驶；另一方面是作为一个单独的提醒系统，通过提醒驾驶员如何驾驶来实现车辆的自动驾驶。辅助驾驶系统的设计基于车联网技术，由车辆精确定位模块、障碍物识别模块和数据库模块三个模块组成。

① 车辆精确定位模块

在 GPS 获取原始定位数据的基础上，利用道路和交叉口实际的 GPS 信息，通过精确定位算法获得更为精确的车辆实时经纬度及速度信息，然后为车辆辅助决策模块的剩余距离计算奠定基础。

② 障碍物识别模块

在测距传感器测得原始距离数据的基础上，利用简单障碍物识别算法，识别车辆之间的距离，获取相邻车之间的距离和车速，从而为辅助决策模块在加速模式下判定非碰撞状态下的超车和换道行为提供依据。

③ 数据库模块

包括道路实际 GPS 信息表、车辆位置信息表等。

下面分别介绍辅助驾驶系统是如何通过车辆的嵌入式辅助系统及提醒系统工作的。

（1）车辆的嵌入式辅助系统

车辆嵌入式辅助系统可以采用三星公司的 S3C2440 ARM 微处理器。S3C2440 ARM 微处理器的可靠度极高，适合交叉口等复杂的场所，且支持各种通信方式，功耗低，易于进行二次开发。测距传感器分别内置封装在车尾及车头处，GPS 内置封装在车头处，将 GPS、测距传感器等设备采集的车辆行驶及实际交通流数据传输到 S3C2440 ARM 微处理器，然后通过车辆的辅助决策模块进行相关的计算，得出通过交叉口的合理速度，继而通过车辆的发动机、传动系统来控制车辆的速度，实现车辆的自动驾驶。速度控制模式下的嵌入式辅助系统见图 5-26。

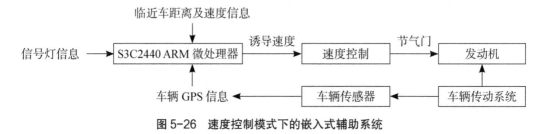

图 5-26　速度控制模式下的嵌入式辅助系统

（2）提醒系统

提醒系统以安卓智能手机为操作平台，且车载点烟器能为手机或其他设备提供电能。GPS 通过蓝牙、测距传感器通过串口线分别与智能手机连接，且使用 Java 语言接收各种信息，在手机平台上通过对车辆实时 GPS 信息、实时速度信息、实时间距信息等及内部存储信号灯时间表、道路与交叉口 GPS 信息等的加工与处理获得不停车平稳通过的诱导速度和行驶工况，然后通过手机的语音提示功能传递给驾驶员，从而实现车辆的自动驾驶（见图 5-27）。

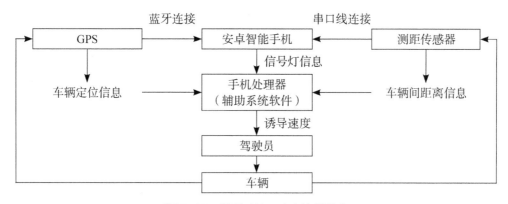

图 5-27 提醒系统—速度控制模式

5.2.2.2 案例

基于高精度定位、车路协同、无人驾驶等技术的综合应用，克服冰雪、雾霾等特殊天气对车辆行驶的不利影响，在团雾、冰雪等恶劣天气条件下，实现自动驾驶专用车道全天候通行。交通流检测器、气象传感器等设备可实时感知交通事故多发路段的风险。因此，将这些感知设备布设在易出现团雾和结冰的路段，对交通事故进行预警，减少交通事故的发生。为优化车辆的通信延迟，新一代多模无线通信网络，例如 DSRC、LTE-V2X、5G 等技术，具有低延时、高可靠、全覆盖的特点，因此通过布设新一代多模无线通信网络来降低通信延迟的时间。对分合流区和隧道进口等易发生交通事故的地区，应按实际条件加密布设边缘计算设施。在高速公路中间隔离带及路侧安装智能诱导设备，并依据道路能见度、降雨、降雪等天气状况，对其进行不同的闪光控制，实现对道路交通的安全引导。在事故多发区前端设置可变信息告示牌，对即将进入危险区的驾驶员进行交通安全预警，并对其进行 2 分钟内的动态更新。

为实现准全天候通行，可在重点背阴段、隧道口、长大坡等容易引发交通事故的特殊路段，通过无机热管等技术方式，实现主动融冰雪，保障路面通行安全。全面感知高速公路气象环境，联动路段智能行车诱导、可变信息标志、智能车载单元等设施发布预警信息，提升不良气候条件下的行车安全性。通过设置雨夜反光标线、主动发光标志等交通安全设施，提升雨、雾、霾、雪等复杂交通环境和养护施工等特殊路段的行车安全水平。

5.2.2.3 总结

准全天候通行，即采用交通信息监测、车路协同、边缘计算等技术和管控手段，通过感知设备采集交通运行状态、气象环境状态、基础设施状态等信息，制定并发布主动控制策略、车路交互相关信息，建立"路—警—气象"协调联动的通行机制和预案，实现不良天气条件下的基于技术和政策的双保障安全通行，减少不良天气导致的高速封闭时长，满足人民群众日益增长的出行需求。

在高速公路场景中，气象环境对高速公路全天候通行的影响极大，高速公路常因恶劣天气而封闭，尤其是浓雾天气，既给公众的出行带来了不便，也对经济产生了一定的影响。在极端天气下，通过限速通行、间断放行、分车型放行、主动诱导等措施引导车辆有序通过，将天气对交通的影响降到最低。在无人驾驶领域，摄像头的视觉识别、激光雷达的点云识别也极易受到浓雾环境的影响，因此，恶劣天气对于普通车和自动驾驶汽车来说，都是亟待解决的难点。

本节主要依靠道路设施状态的主动感知技术、地空两基交通信息感知系统、OBU、WMH、HMI 等技术来实现准全天候辅助通行，有效提升车辆通行效率，减少交通事故的发生。

5.2.3　车道级差异化服务

5.2.3.1　技术实现

高速公路车道级行车指挥及诱导系统以实时感知的行车纵向车辆状态信息、道路环境信息、交通事件信息以及驾驶员的状态信息为基础，通过车道级物联网智能诱导屏幕正确提示诱导，以规范高速公路交通秩序，降低高速公路事故率，达到提升高速公路安全行车诱导、车辆通行效率的建设目标。

该系统侧重于高速公路车道级分级感知，针对高速公路快车道、行车道和慢车道的行车特点和车型特点，采用二三维机器视觉技术和多源信息融合，针对不同车道交通状态定向感知、分级管理，提取针对特定车道的车辆交通行为、交通事件和车道交通状态，经过边缘智能服务器进行计算，将输出信息分布在车道级物联网诱导屏，为车道上行驶的驾驶员进行实时信息播报。同时，注重未来路段交通状态感知和信息的提前预告，针对正在高速公路行驶的车辆，驾驶员可以通过车道级物联网诱导屏获得车辆待行驶区域路段的交通状态信息，包括车道拥堵信息、道路能见度信息、路面湿滑度信息、车辆违章占道信息、车祸信息等，驾驶员可根据提前获得的待行驶区域交通状态信息提前采取措施，从而保证交通安全和道路交通秩序。该系统关注车辆通行路段的交通事件检测并进行车辆级交通事件发布，针对通行车辆的占道、跨道、倒车、逆行、超速、低速、停车等交通事件，通过车道级物联网诱导屏进行车辆级定向告警；针对通行车辆的驾驶员违章驾驶行为（接打电话、未系安全带等）进行检测并进行车辆级定向告警；系统将自动识别"两客一危"车辆，根据其交通行为，形成禁时行驶、超速行驶、快车道行驶、超时行驶的事件检测并进行车辆级警告；贯彻低成本、易维护、易扩展、易升级的设计理念，采取边缘智能手段实时、精准地对高速公路通行车辆进行车道级现场管控；针对当前智慧高速公路的应用现状和关键特点，重点实现智慧高速低成本车道级前瞻性信息感知、智慧高速公路多场景异源异构信息发布、基于边缘智能的对等网络信息共享，将人、车、路和环境相融合，驾驶员可以直接与道路互动，形成信息闭环。系统由道路多源信息感知、异源异构信息发布、基于边缘智能的对等网络架构、多中心边缘计算系统四部分组成。

1. 道路多源信息感知

道路多源信息感知是指利用三维机器视觉技术、二三维机器视觉融合技术和遥感光学技术获得高速公路行驶车辆状态信息、车辆交通事件信息、道路气象环境信息和"两客一危"特种车辆信息，通过以上底层数据全方位感知车辆的通行状态和道路环境状态。多源信息功能见表 5-5～表 5-8。

（1）车辆状态信息

表 5-5　车辆状态信息设计功能表

信息名称	信息功能
车牌信息	为车辆级精准定向诱导提供数据对标参照
车辆外廓信息	为车辆交通事件辨识提供底层数据支撑
车头时距信息	为判别高速公路拥堵节点判断提供底层数据支撑
车头间距信息	为判别高速公路拥堵状态分级判断提供底层数据信息
车辆跟踪信息	为车辆动态交通行为研判提供全过程底层数据信息
动态车辆分离信息	为车辆级底层信息匹配提供底层数据评判依据
车辆级地点车速	为车辆级超速行驶、低速行驶和车道级交通态势研判提供底层数据支撑

（2）道路气象环境信息

表 5-6　道路气象环境信息设计功能表

信息名称	信息功能
能见度信息	为驾驶员提供空气能见度指标并输出能见度对应安全车速建议
路面湿滑信息	为驾驶员提供路面湿滑度指标并输出路面湿滑度对应安全车速建议
路面温度信息	为驾驶员提供路面高温、低温告警并输出路面结冰预测
水、冰（黑冰）、雪信息	为驾驶员提供路面环境状态信息并为路面湿滑度提供底层数据支撑
风速、风向信息	为驾驶员提供道路横风和侧风指标
雾（团雾）、霾信息	为道路空气能见度提供底层数据支撑
气象六要素信息	为驾驶员提供道路气象环境基本数据

（3）车辆交通事件信息

表 5-7　车辆交通事件信息设计功能表

信息名称	信息功能
驾驶行为检测信息	支持驾驶员接打电话、未系安全带的行为识别
货车超限检测信息	支持货车超高、超宽、超长的识别
交通事件检测信息	支持车辆占道、跨道、倒车、逆行、停车等事件识别
车祸、拥堵检测信息	支持道路发生车祸、拥堵等交通状态识别
异常跟车检测信息	支持车辆车道级异常和跟车过近等工况识别
抛落物与路面遗洒物检测信息	支持车辆向道路抛撒物和路面遗洒物的识别
超速、低速检测信息	支持车辆级超速或低速行驶行为识别

（4）"两客一危"特种车辆信息

表 5-8 "两客一危"特种车辆信息设计功能表

信息名称	信息功能
交通事件信息检测信息	支持"两客一危"车辆所有交通事件识别
禁时行驶行为检测信息	支持"两客一危"车辆凌晨 2:00—5:00 高速行驶行为检测
驾驶员超时驾驶行为检测信息	支持"两客一危"车辆连续行驶超 4 h 的行驶行为检测
快车道占道行驶行为检测信息	支持"两客一危"车辆连续占领快车道行驶行为检测

2. 异源异构信息发布

异源异构信息发布是指在高速公路布设车道级物联网智能诱导屏，把来自路段中心发布的信息和路侧边缘智能检测信息，按照不同信息源、交通秩序影响程度和信息重要程度进行有序的轮播发布（见表 5-9）。来自路段中心的信息以随机抢占规则的最优先级进行信息发布，其他现场级感知信息按照次第优先级顺序实施轮播发布。

表 5-9 异源异构发布信息设计功能表

信息来源	信息类型	发布优先级	信息内容
路段中心下发信息	路段管理信息	最优先发布	道路施工、封闭、车祸、拥堵等重大事件
"两客一危"车辆检测信息	"两客一危"车辆检测信息	一级优先发布	"两客一危"车辆禁时、超时、停车占道事件
气象环境检测信息	道路环境检测信息	二级优先发布	道路湿滑、能见度低、团雾、横风事件
交通事件检测信息	车辆级交通事件信息	三级优先发布	超速、低速、占道、跨道、停车、逆行等
驾驶行为检测信息	驾驶行为信息	四级优先发布	驾驶员接打电话、未系安全带等

3. 基于边缘智能的对等网络架构

高速公路车道级行车指挥及诱导系统由信息感知服务器和信息发布服务器构成系统协同管理架构。系统内信息感知服务器为主服务器，该服务器的功能是底层信息感知、信息存储、边缘计算和发布信息输出；系统内信息发布服务器为从服务器，该服务器的功能是发布信息队列、抢占、结束、轮播等。系统与系统之间的主服务器形成路段级多中心的对等网络架构，形成了基于路段级的多中心分布式大系统，进而把系统内分布式账单事件信息通过路段级多中心对等网络进行数据共享。

4. 多中心边缘计算系统

以现场级分布式系统为核心的集中管理策略，按照逻辑关系将多中心边缘计算系统划分为三个层次：底层感知子系统—传输子系统—边缘计算管理子系统。在建立边缘计算管理子系统时，按照职能，以具体的 10 km 单点应用甚至产品覆盖路段应用为基础，强化现场级的管理应用职能，突出底层传感的精确信息职能，做到路段现场级切实可行的应用指挥。

5.2.3.2 案例

1. 复杂路口车道级指引

当车辆行驶到一些复杂路段时，例如具有多个相近出口的城市高架桥，往往会出现驾驶员驶出错误出口的情况。而车道级导航会在道路画面中精准、动态地告知该在什么时候、哪条车道、哪个出口驶出，从而避免偏航或走错路。

2. 专用车道精准提醒

在车辆驶入应急车道、公交专用道的时候，车道级导航可以及时、准确地发出警告，并提供车道级的换道引导，以避免违法行为，减小对专用车辆的影响。

3. 匝道口长实线精准提醒

当车辆接近高速路匝道口时，车道级导航会以当前车辆所处的车道为基础，准确地提醒和引导驾驶员，让他们及时地变换到驶入、驶出匝道口的相应车道上，避免因压实线而造成违法和交通事故。

道路交通网络是标准导航地图的基础网络，车道交通网络是车道级导航产品的必需网络。具体而言，通过路网来完成宏观的长程规划与引导，通过车道网来完成局部短程规划与诱导。道路网和车道网必须能够相互对应、双向查找。车道交通网络在导航和驾驶辅助方面的功能包括车道级定位、车道级路径规划和引导及车道保持、自适应巡航、换道辅助等辅助驾驶功能。

4. 车道级精准定位的应用

应用地图匹配技术，首先根据接收到的车辆位置，进行道路级的线段匹配，匹配到车辆所在的道路。之后，以已知的所处道路路段为基础，寻找与其相关联的车道组，通过车道组表中所提供的车道线标识码来寻找可能存在的车道线段，逐个对其进行车道匹配，直到找到其所处的车道，最终实现车道级的准确定位。在车辆定位设备精度和车道交通网络位置精度均小于 1 m 的情况下，其匹配精度超过 80%，若与车载前视摄像头相结合，其匹配精度将超过 99%。

5. 车道级诱导应用

（1）车道级诱导的方式

车道级诱导的方式分为语音诱导和图像诱导。图像诱导分为悬挂式车道转向条和地面车道引导箭头两种，悬挂式车道转向条内的拟转向车道应突出显示，底图可以是 2D、3D 地图和实景图像。语音诱导包括并道诱导和转向诱导两种，并道诱导包括左并道、右并道、连续并道诱导，转向诱导包括直行、转弯和掉头诱导等。

（2）车道级诱导判断

以当前车道与下一车道的位置为基础，下一车道包含即将并入的车道与衔接车道，具体诱导判断下列内容：

① 车辆自身车速是否不超过车道内限制车速，若自身车速大于限制车速，要及时发出告警。

② 车道内的限制是否与当前的行驶条件相冲突，包括时间限制、车辆种类限制等，若冲突，应及时提醒，并提示车辆如何驶出。

③ 车道内的转向箭头属性。

④ 在进入十字路口或卡口时，要根据停止线、让行线、收费站等的属性来预先作出提示。

5.2.3.3 总结

道路多源信息感知主要是通过获取车辆状态信息、道路气象环境信息、车辆交通事件信息、"两客一危"特种车辆信息，全方位感知车辆的通行状态和道路环境状态，使驾驶引导更加精细化，使用户出行更加精准。

5.2.4 车路协同信息服务

5.2.4.1 技术实现

1. 差分数据服务

利用布设在区域内的基础设施，监测视野内的 GNSS 卫星，通过集中数据处理，将分类获得的误差改正参数和完好性信息播发给范围内的车辆，进而提升车辆定位精度，实现符合要求的坐标偏转。该服务的业务流如下。

（1）直连通信方式（PC5）

直连通信方式业务流见图 5-28。

① 业务运营平台将差分数据信息发送至区域计算平台（区域计算平台可以通过本地配置的方式得到）；

② 区域计算平台将差分数据信息发送至 RSU；

③ RSU 广播 RTCM 消息，OBU 接收后更新车辆定位数据。

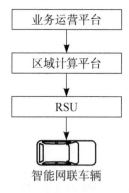

图 5-28　差分数据服务的直连通信方式业务流

（2）蜂窝通信方式（Uu）

平台获得误差改正参数和完好性信息 RTCM 消息，通过 Uu 口下发给周边车辆，车辆更新定位数据。蜂窝通信方式的业务流见图 5-29。

图 5-29　差分数据服务的蜂窝通信方式业务流

2. 场站路径引导服务

在场站内部区域（如服务区等）为进出的车辆提供站点地图、停车场、服务等信息，并对车辆进行引导。该服务的业务流如下。

（1）直连通信方式（PC5）

直连通信方式的业务流见图 5-30。

① 智能网联车辆向 RSU 发送入场/离场信息或服务请求消息 VIR（包括自身信息、入场/离场请求以及意图信息等）；

② RSU 将相关请求信息发送至路侧边缘计算平台；

③ 路侧感知设备将场站内信息（场站内道路环境、停车信息等）上传至路侧边缘计算平台；

④ 路侧边缘计算平台与智能网联车辆的请求信息和路侧感知设备上传的信息相结合，向 RSU 下发场站地图信息（包括场站内地图信息、各类车位信息和服务点信息），同时下发路径引导信息；

⑤ RSU 广播 PAM 消息，OBU 接收后结合车载应用分析，实现内部路径规划，前往目的地。

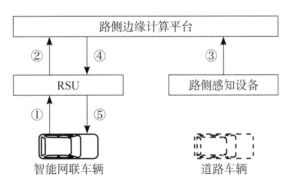

图 5-30　场站路径引导服务的直连通信方式业务流

（2）蜂窝通信方式（Uu）

蜂窝通信方式的业务流见图 5-31。

① 智能网联车辆通过 Uu 口发送入场/离场信息或服务请求 VIR 消息（包括自身信息、入场/离场请求以及意图信息等）至区域计算平台；

② 区域计算平台将 VIR 等消息发送至路侧边缘计算平台；

③ 路侧感知设备将场站内信息（场站内道路环境、停车信息等）上传至路侧边缘计算平台，平台综合感知信息与车辆 VIR 等消息进行融合计算；

④ 路侧边缘计算平台将处理后的结果数据上报至区域计算平台；

⑤ 区域计算平台结合智能网联车辆的请求信息以及路侧感知设备上传的信息，通过 Uu 口向智能网联车辆下发 PAM 消息，包括场站内地图信息、各类车位信息和服务点信息，OBU 接收后结合车载应用分析，实现内部路径规划，前往目的地。

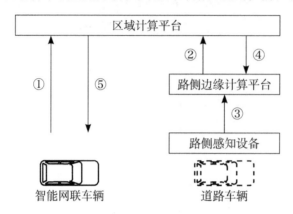

图 5-31　场站路径引导服务的蜂窝通信方式业务流

3. 高精地图版本对齐及动态更新

自动驾驶汽车的安全性和可靠性取决于高精度的地图信息。如何确保自动驾驶汽车能够及时获取高精度的地图信息是保障自动驾驶汽车安全可靠行驶的关键。高精度地图版本对齐及动态更新，实现实时更新高精度地图，确保无人车在道路上获得最新、最完备的高精度地图，保障无人车的安全、可靠行驶。该服务的业务流如下。

（1）直连通信方式（PC5）

直连通信方式的业务流见图 5-32。

① RSU 通过预先配置的方式获取高精度地图信息，RSU 广播最新地图版本消息；

② 车辆 OBU 接收后，比对地图版本信息，版本不一致时，车辆发送更新请求消息至 RSU；

③ RSU 下发高精度地图数据，OBU 接收到 RAM、CIM 消息后，完成高精度地图更新。

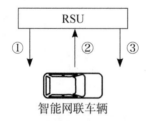

图 5-32　高精地图版本对齐及动态更新的直连通信方式业务流

（2）蜂窝通信方式（Uu）

蜂窝通信方式的业务流见图 5-33。

① 区域计算平台/业务运营平台通过 Uu 口下发最新地图版本消息；

② 车辆 OBU 接收后，比对地图版本信息，版本不一致时，车辆发送更新请求消息；

③ 区域计算平台/业务运营平台根据车辆请求消息，下发高精度地图数据，OBU接收到 RAM、CIM 消息后，完成高精度地图更新。

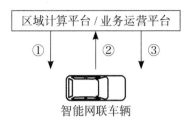

图 5-33　高精地图版本对齐及动态更新的蜂窝通信方式业务流

4. 道路收费服务

根据收费体系的发展，此业务场景有待进一步完善、落地。该服务的业务流如下。

（1）直连通信方式（PC5）车辆驶入高速收费路段

① RSU-1 对外广播道路收费服务信息，包括支持的收费服务列表及对应的收费信息等；

② 智能网联车辆进入收费区域，收到 RSU-1 广播的收费服务信息后，确定交互的安全模式和收费服务类型；

③ RSU-1 通过与平台收费系统交互获取交易信息；

④ RSU-1 将交易信息和站点信息等发送给智能网联车辆；

⑤ 智能网联车辆记录站点信息，并根据消费信息生成收费交易凭证，发送至 RSU-1；

⑥ RSU-1 收到智能网联车辆的交易凭证后，向智能网联车辆发送交易结果和驶入提示（不一定进行费用结算）。

驶入高速收费路段的业务流见图 5-34。

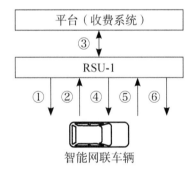

图 5-34　道路收费服务业务流（基于 PC5 进入收费段）

（2）直连通信方式（PC5）车辆驶出高速收费路段

① RSU-2 对外广播道路收费服务信息，包括支持的收费服务列表及对应的收费信息等；

② 智能网联车辆进入收费区域，收到 RSU-2 广播的收费服务信息后，确定交互的安全模式和收费服务类型；

③ RSU-2 通过与平台收费系统交互获取交易信息；

④ RSU-2 将交易信息和站点信息等发送给智能网联车辆；
⑤ 智能网联车辆记录站点信息，并根据消费信息生成收费交易凭证，发送至 RSU-2；
⑥ RSU-2 收到智能网联车辆的交易凭证后，向智能网联车辆发送交易结果和驶出提示。

驶出高速收费路段的业务流见图 5-35。

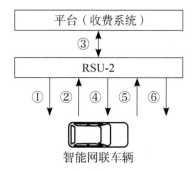

图 5-35　道路收费服务业务流（基于 PC5 驶出收费段）

5.2.4.2　案例

基于感知及预测信息的伴随式信息服务系统为高速公路驾驶员提供宏观、微观交通运行状态信息及安全辅助驾驶信息服务，从而实现伴随式信息服务。具体内容如下。

1. 宏观交通运行状态信息服务

杭绍甬高速可为驾驶员提供高精度的宏观交通状态信息，利用移动终端数据、车路协同数据、全程覆盖的视频数据、雷达监测数据和其他传感器信息，以路侧节点边缘计算、区域中心协同感知、中心平台综合分析为基础，实现三个层次的交通状态感知和预测，从而产生近程车道级和中程区域级交通状态信息，利用路侧显示设备，例如可变电子信息情报板、车载终端（如车路协同设备、用户手持终端等）方式，将宏观道路拥堵情况、道路分段运行速度情况、区间旅行时间预测信息等发布给用户。

2. 微观交通运行状态信息服务

杭绍甬高速可为用户提供高精度的静态、动态道路信息，可根据高精度的地图数据、用户实时上报的数据，以及视频、雷达等监测系统的数据，在静态道路地图和动态道路监测的基础上，对道路状况进行识别，对道路基础设施、道路气象环境、道路积水、道路维修、道路货物抛洒、异常车辆等进行实时监控，利用可变信息标志等路侧显示系统、车路协同设备等车载终端，向用户发布动态、静态道路状态信息，并根据感知和预测信息，在车道选择上为用户提供微观指导。

3. 安全辅助驾驶信息服务

该服务的应用场景主要是交通事故频发的路段，如合流区、分流区、弯道和上下坡道。利用在事故多发区的路侧交通信息监测设备，可以对事故多发区的交通运行状态、交通突发事件、公路气象环境等信息进行实时的感知。由路侧交通信息监测设备所收集到的信息，可以利用光纤通信或其他通信方式传输给边缘计算设施。同时，车路协同利用车路通信，实现与车载终端的交互，并将车辆的运行和状态信息传输给边缘计算设备。在此基础上，对传感数据进行处理、融合和备份。通过车路协同、变量智能显示等方式，对可能进入的车辆做出安全预警与控制决策，从而实现对道路交通的有效管控。安全辅助驾驶信息服务的内容主要有车辆近距离危险预警、后方车辆超车提醒、侧方车辆碰撞提醒、前方车辆紧急制动提示、道路前方障碍物提醒、周边紧急车辆提醒、前方事故预警、前方道路施工信息预警、极端天气气象预警、路段限速提醒等。

5.2.4.3 总结

车联网、智慧道路基础设施、云服务等的持续发展，为新一代车路协同出行信息服务方式走向现实提供了基础。车路协同信息发布主要面向驾驶员，因此，为实现车辆的动态通信，需在车辆上安装智能通信终端（OBU）来实现车路协同组网。车辆内发布可通过多种方式实现：一是车机自发布，即车辆制造商自行开发车路协同系统，通过车辆自身配套的视频、语音等方式来实现；二是依靠手持终端设备，这种方式利于开发者的实验测试以及论证，但与车机自发布方式相比，兼容性和美观性有些差距，同时为利用硬件，需要配套开发具有预警功能的App。在目前主流的信息发布方式中，还是较为依赖拓展性和普及性较高的移动终端设备。

参考文献

［1］许倩，招晨.城市主干道短距离交叉口信号优化控制［J］.交通科学与工程，2023，39（1）：91-99.

［2］马庆禄，张梓轩，黄筱潇，等.智能网联环境下无信号交叉口交通自组织方法［J］.公路，2023，68（2）：168-177.

［3］揭国顺，范凡.基于VISSIM的逆向可变车道设计研究：以南通市世纪大道与工农南路交叉口为例［J］.时代汽车，2023（5）：190-192.

［4］方涛.基于MPC理论的自动驾驶电动汽车速度控制研究［D］.成都：西华大学，2022.

［5］张游.车路协同环境下交叉口智能网联车辆通行控制方法研究［D］.青岛：青岛理工大学，2022.

［6］李磊，王文格，彭景阳.无信号交叉口网联车调度与分布式控制策略［J］.计算机应用研究，2022，39（11）：3346-3350.

［7］李梅，孙战丽，何美玲，等.城市道路平面交叉口信号优化设计［C］//中国科学技术协会，交通运输部，中国工程院，湖北省人民政府.2022世界交通运输大会（WTC2022）论文集（交通工程与航空运输篇）.北京：人民交通出版社，2022：328-338.

［8］侯叙良，黄珍，陈志军.基于车路协同的无信号交叉口协调控制策略［J］.青岛理工大学学报，2022，43（1）：137-144.

［9］王逸凡，王雪雪，还斌.面向城市主通道的信号协调控制优化研究［J］.交通

工程，2022，22（1）：67-71，82.

［10］于浩.面向匝道合流的网联车辆换道与轨迹优化控制［D］.大连：大连理工大学，2022.

［11］招晨，陈亮胜，许倩，等.基于逆向可变车道动态控制的交叉口信号优化［J］.交通科学与工程，2022，38（4）：116-123.

［12］郝俊啟.智能网联汽车混行环境下交叉口车辆轨迹优化研究［D］.北京：北京交通大学，2022.

［13］聂蕊蕊.逆向可变车道交叉口多目标信号配时优化方法研究［D］.青岛：青岛理工大学，2022.

［14］郑奇.智能驾驶中驾驶员风格识别及车辆行为预测研究［D］.杭州：浙江大学，2022.

［15］杨澜，张梦笑，袁佳琪，等.考虑能效均衡的信号交叉口车辆协同轨迹优化策略［J］.汽车技术，2022（5）：34-40.

［16］张心睿.网联交叉口交通信号：车辆轨迹协同控制方法研究［D］.西安：长安大学，2022.

［17］陈壮壮，罗莉华.网联自动驾驶车辆通过信号交叉口的速度轨迹优化［J］.交通信息与安全，2021，39（4）：92-98，156.

［18］黄辉.基于驾驶员行为学习的自动驾驶车辆换道决策与轨迹规划研究［D］.重庆：重庆交通大学，2021.

［19］王晖年.基于网联的信号交叉口下自动驾驶车辆生态驾驶车速控制策略［D］.厦门：厦门理工学院，2021.

［20］宋述乐.车路协同环境下无信号交叉口车辆优化控制方法研究［D］.石家庄：石家庄铁道大学，2021.

［21］陈静.无信号交叉口智能网联车的轨迹优化模型［D］.西安：长安大学，2021.

［22］郭满.全自动驾驶环境下网联自动车路段运行轨迹优化［D］.杭州：浙江大学，2020.

［23］毛丽娜，周桂良，王成，等.可变车道文献综述及智能车路协同环境下实时动态可变车道展望［J］.物流科技，2020，43（5）：84-86.

［24］毛丽娜，周桂良，刘群喆.智能车路协同环境下实时动态可变车道控制信息系统方案设计［J］.物流科技，2021，44（9）：64-68.

［25］陈詹迪.设置逆向可变车道交叉口的设计与优化控制研究［D］.天津：河北工业大学，2020.

［26］孙玥晨.基于驾驶员换道意图的车辆运行轨迹预测方法研究［D］.镇江：江苏大学，2020.

［27］姚焓东.信号交叉口自动驾驶车辆速度控制研究［D］.哈尔滨：哈尔滨工业大学，2020.

［28］郑义.车联网环境下无信号交叉口车辆协同控制算法研究［D］.长春：吉林大学，2020.

[29] 戴荣健, 丁川, 鹿应荣, 等. 自动驾驶环境下车辆轨迹及交通信号协同控制[J]. 汽车安全与节能学报, 2019, 10(4): 531-539.

[30] 鹿应荣, 许晓彤, 丁川, 等. 连续信号交叉口网联自动驾驶车速控制[J]. 北京航空航天大学学报, 2018, 44(11): 2257-2266.

[31] 李璇. 基于V2X技术的碰撞风险预警和路口通行辅助方法研究[D]. 长春: 吉林大学, 2019.

[32] 王亚南. 交叉口车辆通行辅助驾驶系统研究[D]. 天津: 河北工业大学, 2015.

[33] 费伦林, 韩冰. 基于边缘智能的高速公路车道级行车指挥及诱导系统[J]. 中国交通信息化, 2023(1): 108-110, 114.

[34] 殷志东, 李宏利, 申雅倩, 等. 车道级驾驶辅助地图的特点与应用[C]//中国卫星导航定位协会. 卫星导航定位技术文集(2021). 北京: 测绘出版社, 2021: 70-75.

[35] 潘昊, 章子皓, 虞千迪. 基于CA模型下自动驾驶汽车对交通堵塞影响的仿真模拟[J]. 科学技术创新, 2021(23): 14-15.

[36] 李新洲, 汤立波, 李成, 等. 高速公路车路协同应用场景分析[J]. 信息通信技术与政策, 2019(4): 12-17.

[37] 郦可, 刘毓达. 北斗+手机实现车道级导航应用[J]. 卫星应用, 2021(11): 34-37.

[38] 李宏利, 梁耀光, 殷志东, 等. 车道交通网络数据模型与构图规则[C]//中国卫星导航定位协会, 郑州市人民政府. 卫星导航定位与北斗系统应用2019: 北斗服务全球 融合创新应用. 北京: 测绘出版社, 2019: 120-129.

第 6 章　智慧交通车路协同建设经典案例解析

6.1　架构

我国传统高速公路的数字化改造和智慧化建设进入了一个新的发展阶段，车路协同已经成为智慧交通的重要使能技术。如何促进并实现智慧高速的高质量发展，成了行业内讨论的热点。近年来，国家高度重视车联网产业的发展，积极发布政策，开发技术，加速车联网产业落地的进程。国务院也在《交通强国建设纲要》《国家综合立体交通网规划纲要》中提出要加快部署车联网。

高速公路车路协同的总体技术路线遵循云—路—车的技术架构体系，采用C-V2X通信技术，实现车—路、车—云的实时通信，实现高速公路和城市道路典型场景下的车路协同的应用；主要是从云端、路侧、车端，采用这种两级的云架构的平台，实现跨省域互通、业务协同的调度，实现车路协同的场景应用。云端，主要是 6 个云平台，一个部级的平台、三个区域级的平台和一个城市区域平台，还有智慧物流平台。路侧端构建了 100 个以上的针对高速公路的和城市道路的应用场景。

在进行高速公路某条路段的车路协同设计时，需要充分考虑高速公路管理与服务需求，结合道路实际情况，从全网车路协同架构和业务体系角度考虑，统筹做好车路协同顶层规划设计，明确建设目标。充分利用LTE-V、云计算、大数据、移动互联网等新一代信息技术在路网管理和服务中的应用，加强车路协同在高速公路中的示范应用。以服务路网管理者、出行者为目标，进一步推动信息化智能化与业务深度融合，优化业务流程，提高业务协同能力，提升政府决策、企业运营、公众服务能力。车路协同工程的建设除了要满足本路段业务管理需求、车路协同场景验证需求外，同时还注重社会公众服务，为网联车辆及非网联车辆提供更加优质的服务。毫米波雷达、普通摄像机、红外双光谱、激光雷达等多感知方案在各高速场景中的示范充分验证各感知方案在车路协同系统中的可行性、科学性。充分考虑现有传统机电设施资源，在满足车路协同示范应用的基础上，考虑利旧、利用新技术对传统的基础设施进行赋能，节省成本。

构建"车—路—云"应用框架，设计架构见图 6-1，在云端建立车路协同区域云平台，实现与部级云平台的信息交互共享，实现对全路段车路协同的精准调度、软件管理等应用；在路侧，针对高速公路分合流处安全事故率高、通行效率低的问题，通过车路协同路侧基础设施建设，对分合流区域进行全面监测，完成事件感知、事件分析、事件发布，针对高速公路恶劣天气等情况，通过车路协同路侧基础设施建设，对试验路段进行全要素感知监测，实现特殊天气感知与预警。

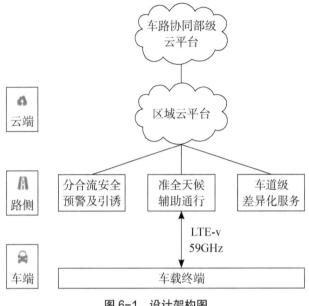

图 6-1　设计架构图

通过构建分合流安全预警及引诱、准全天候辅助通行场景，提升匝道分合流、枢纽分合流、服务区分合流、主线路段的安全性、高效性。

通过建设车道级差异化服务场景，基于准全天候辅助通行场景，为网联车辆提供差异化、精细化的信息服务。

建设专有云，完成项目区域车路协同平台建设，实现全路段车路协同策略支持、精准调度等车路协同应用，实现与车路协同部级云平台联动协同，信息共享交互。

为保证"车—路—云"架构的车路协同实现，确保所有管理节点业务架构的协同一致，所有平台端的业务均部署在云平台上。总体架构见图 6-2。

部级中心云和区域性云平台应遵循"物理上独立、逻辑上协同、标准上一致"的原则。物理独立是指部级中心云与区域云都是一个完整的云平台系统，它包括了 IaaS、PaaS、SaaS 三个层次。逻辑协同表现在两个方面：一是数据方面，部级中心云是区域数据汇聚的枢纽，区域云可以将本区域细粒度的全量数据汇集起来；二是业务方面，部级中心云可以进行整体管控，并可实现多区域联合管制和协同。标准统一指以云基础平台的共性化能力为基础，对其进行统筹兼顾，实现协同发展，以车路协同各项业务及业务支持平台为对象，形成统一的数据模型、数据标准、协议接入与算法管理调度。

内部网络系统总体架构如图 6-3 所示，需要通过网络系统的建设，实现车端与路侧之间、车端与区域云之间、路侧与区域云之间的数据交互。车与路侧设备通过 RSU 进行通信；路侧设备通过光纤自愈环网传输方式，汇聚到收费站的视频汇聚交换机；收费站与区域云之间复用现有监控系统的通信系统进行数据传输；区域云与车之间通过运营商网络以及运营商基站进行数据传输。

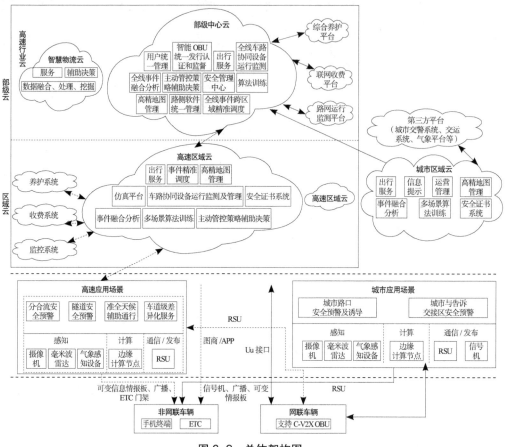

图 6-2 总体架构图

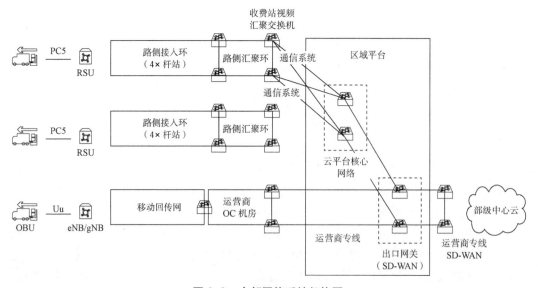

图 6-3 内部网络系统架构图

1. 路—车 LTE-V2X 无线网络（PC5）

构建 LTE-V2X 车路协同环境，组网中包含了两种通信接口：PC5 接口和 Uu 接口。其中路侧和车端通信通过 PC5 接口进行直连通信。路侧布设 LTE-V 通信设备 RSU，构建无线网络环境，通过 RSU 的 PC5 接口将路端信息发送至车端。

2. 云—车无线网络（Uu）

车载移动终端通过运营商基站与平台建立数据通道，采用蜂窝通信模式进行数据传输。区域云业务数据通过云平台的路由器设备，经运营商专线进入运营商的局端机房，由局端机房的核心网 UPF 分发后通过城域网发送至运营商基站，由运营商基站通过 Uu 接口实现与 OBU 的 4G/5G 模组之间的通信，最终实现区域云与车端之间车路协同业务的通信。通信链路：考虑到业务系统对网络质量及稳定性的要求，运营商专线选择租用 50M 带宽的链路。信息发布：可根据业务需求，对沿线不同基站所发布的消息内容进行管理，实现差异化信息发布。

3. 路—区域云通信网络

车路协同综合承载网用于连接路侧设备、边缘计算节点、收费站、区域云等多个节点，实现对车路协同业务的统一承载，利用高速公路现有光纤网络进行传输。车路协同综合承载网的整体架构见图 6-4。

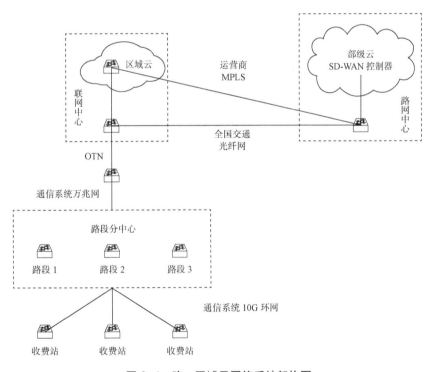

图 6-4 路—区域云网络系统架构图

（1）车路协同路侧设备接入采用工业交换机二层设备环网组网，设备应支持二层破坏协议，并能够实现毫秒级可靠性保护。

（2）路侧设备汇聚到收费站的视频汇聚交换机。

（3）可复用已有的通信系统，实现数据由收费站传输至路段分中心的核心交换机。

6.2 能力

6.2.1 分合流安全预警及引诱系统

根据《合作式智能运输系统　车用通信系统应用层及应用数据交互标准》(T/CSAE 0053—2017)，结合高速公路实际情况，分合流安全预警及引诱系统主要包括如表6-1所示的应用场景。

表6-1　分合流安全预警及引诱应用场景列表

分类	应用场景
前方车辆碰撞预警	前方车辆慢行预警
	前方车辆停驶预警
	前方车辆逆行预警
	前方车辆紧急刹车预警
	前方车辆异常行为预警
合流区安全提醒	左侧主线车辆行驶提醒
	右侧匝道车辆汇入提醒
	合流前主线车流量状况提示
	合流前匝道车流量状况提示
	合流后主线车流量状况提示
	合流区交通事故预警
	应急车道被占提示
	"两客一危"车辆行驶提醒
分流区安全提醒	提前变道提醒
	左侧车辆变道提醒
	分流后主线车流量状况提示
	分流后匝道车流量状况提示
	分流区交通事故预警
	车辆超速预警
	应急车道被占提示
	"两客一危"车辆行驶提醒

续表

分类	应用场景
道路危险状况提示	前方急转弯提醒
	前方连续下坡提醒
	前方封路提醒
	前方交通事故提醒
	前方抛洒物提醒
	前方施工占道提醒
限速预警	主线限速预警
	匝道限速预警
弱势交通参与者碰撞预警	行人横穿预警
	非机动车行驶预警
车内标牌	分合流提示
	事故多发路段提示
	前方收费站提示
	前方服务区提示
	违法抓拍提示
	区间测速提示
	行车道标线提示
前方拥堵提醒	平均车速提示
	拥堵程度/级别提示
	排队长度提示

分合流路段存在诸多安全隐患，其中，外侧车道车辆超速行驶、主路及加速车道违停、主路车流量过大是常见的安全隐患。

在分流区，最常见的 5 大安全隐患包括紧急变道、慢行、违停、逆行、外侧车道超速行驶等。通过在匝道分合流处设置车路协同设备，可大大提升车辆在分合流处的安全性和效率，实现车辆安全预警，例如前方车辆碰撞预警、合流区安全提醒等；实现车辆效率预警，例如前方拥堵提醒、限速预警等；实现静态信息的提示，例如提示车辆前方收费站、服务区、道路方向等。这些为出行者提供了更准时、更精准、更个性化的信息服务。

6.2.2 准全天候辅助通行系统

准全天候辅助通行路段，通过感知、通信全路段覆盖，实现该路段的全息感知及发布功能，实现车辆的全线跟踪、实时定位，实现全路径实时诱导及安全预警功能。根据《合作式智能运输系统　车用通信系统应用层及应用数据交互标准》（T/CSAE 0053—2020），结合高速公路实际情况及重点应用场景，准全天候辅助通行系统主要应用场景见表6-2。

表 6-2　准全天候辅助通行应用场景列表

分类	应用场景
前方车辆碰撞预警	前方车辆慢行预警
	前方车辆停驶预警
	前方车辆逆行预警
	前方车辆紧急刹车预警
	前方车辆异常行为预警
主线安全提醒	主线车流量状况提示
	主线交通事故预警
	应急车道被占提示
	"两客一危"车辆行驶提醒
	急救车辆行驶提醒
	消防车辆行驶提醒
道路危险状况提示	前方急转弯提醒
	前方连续下坡提醒
	前方封路提醒
	前方交通事故提醒
	前方抛洒物提醒
	前方施工占道提醒
	前方路面深坑提示
	前方道路湿滑提示
	前方团雾提示
	前方路面积雪提示
	前方路面结冰提示
	前方局部气象提示
	前方能见度低提示

续表

分类	应用场景
限速预警	主线限速预警
弱势交通参与者碰撞预警	行人横穿预警
	非机动车行驶预警
车内标牌	事故多发路段提示
	前方收费站提示
	前方服务区提示
	违法抓拍提示
	区间测速提示
	行车道标线提示
前方拥堵提醒	平均车速提示
	拥堵程度/级别提示
	排队长度提示

6.2.3 车道级差异化服务系统

根据《合作式智能运输系统　车用通信系统应用层及应用数据交互标准》(T/CSAE 0053—2020)，结合高速公路实际情况及重点应用场景，车道级差异化服务系统主要应用场景见表6-3。

表6-3　车道级差异化服务应用场景列表

分类	应用场景
重点车辆差异化诱导服务	货运物流车辆路径引导
	货运物流车辆车速引导
	货运物流车辆位置监控
	"两客一危"车辆路径引导
	"两客一危"车辆车速引导
	"两客一危"车辆位置监控
	危险车辆避让
	救援车辆应急车道行驶诱导
收费车道差异化诱导服务	收费站ETC车道布局提醒

6.2.4　车路协同信息服务

车路协同信息服务根据外场感知设备采集以及外部系统汇聚的路况情况、突发事件、施工、气象等沿线信息，结合车辆位置和终端类型，通过路侧外场设备、区域云平台、第三方服务平台等多种信息发布方式，服务于 100% 的司乘人员，实现精准化、个性化的服务体验，提供更安全、更便捷、更可靠的综合路网服务。

车路协同信息服务依据时延性分为强实时性信息、弱实时性信息，依据显示终端分为 V2X 信息、第三方平台信息、道路情报板信息。

1. 强实时性车路协同信息服务

实时性车路协同信息主要为在高速公路车路协同场景中路侧感知、计算，最后由本节点 RSU 向网联车辆发布的安全性实时信息，仅为路侧向车辆发送消息服务，消息种类以及消息发布格式应遵循《基于 LTE 的车联网无线通信技术　消息层技术要求》（YDT 3709—2020）等车路协同场景相关的标准规范。

强实时性消息主要为路侧安全消息，由高速公路路侧感知系统采集周边交通参与者的实时状态信息，通过边缘计算节点整理成特定格式的消息，再通过路侧通信单元（RSU）将交通参与者的基本安全状态信息和位置信息广播至网联车辆。

路侧安全消息包括前方车辆碰撞预警（车辆慢行、停驶、逆行、紧急刹车、异常行为预警）、合流区安全提醒（主线车辆行驶提醒、匝道车辆汇入提醒、合流区交通事故预警、应急车道被占提示、"两客一危"车辆行驶提醒、合流区车流量提醒等）、分流区安全提醒（提前变道提醒、左侧车辆变道提醒、分流区车流量提醒、分流区交通事故预警、车辆超速预警等）、弱势交通参与者碰撞预警（行人横穿预警、非机动车行驶预警）、道路危险状况提醒（前方抛洒物提醒等）等路侧实时感知、分析、发布的信息。

2. 弱实时性车路协同信息服务

弱实时性车路协同信息主要为外场感知设备采集以及外部系统汇聚的路况情况、突发事件、施工、气象、地图等沿线信息，结合车辆位置和终端类型通过路侧外场设备（RSU）、区域云平台、第三方服务平台、道路可变信息情报板发布的预警信息。

路侧通信单元（RSU）发布的消息种类以及消息发布格式应遵循《基于 LTE 的车联网无线通信技术　消息层技术要求》（YDT 3709—2020）等车路协同场景相关的标准规范。

云平台以及第三方平台发布的消息应符合《道路交通信息服务　透过蜂窝网络发布的交通信息》（GB/T 29111—2012）的相关规定。

（1）地图消息

① 静态地图消息

静态地图消息包括路口信息、路段信息、车道信息等，通过 RSU 将局部的地图信息传输给车辆。

区域云平台可通过 Uu 接口向网联车辆 OBU 发布区域或者整体道路的静态高精度地图信息，包括路口信息、路段信息、车道信息、道路连接关系等。

② 动态地图消息

由路侧通信单元（RSU）或者区域云平台 Uu 接口向车辆传递的由高精地图云平台

生成的半固态高精度地图信息，包括交通事件信息、安全信息、施工信息等弱实时性消息。

（2）交通事件信息

由路侧感知设备采集以及第三方平台（如区域级监控平台）汇聚，通过路侧通信单元（RSU）或者区域云平台Uu接口、道路可变信息情报板发布的交通事件信息，包括交通事故（车辆故障信息、人—车事故信息、车—车事故信息、道路设施相关信息）、交通灾害（火灾类信息、地质灾害类信息、水灾类信息）、交通气象、路面状况、道路施工（占道施工、断路施工）、交通拥堵信息、重大事件、阻断事件等信息。

（3）交通标志等静态信息

结合高精度地图采集数据，由区域平台分析后，根据路侧场景拓扑结构关系以及车辆位置，通过路侧通信单元（RSU）或者区域云平台Uu接口向网联车辆发布交通标志信息，事故多发路段提醒信息，长下坡、急转弯等危险类提醒信息，前方收费站、服务区等道路服务设施提醒信息及违法抓拍、区间测试、行道标线提示信息。

（4）管控信息

由区域云平台结合路侧感知设备采集、第三方平台汇聚、部级中心云支持等多源数据分析形成交通管控辅助决策信息，经交通管理部门等确认后，将管控信息通过路侧通信单元（RSU）或者区域云平台Uu接口向网联车辆发布，主要包括路径诱导信息、限速信息等。

6.2.5　路侧车路协同系统

针对高速公路车路协同系统的安全、高效、信息服务等应用场景，提出车路协同系统需具备高精度的交通信息感知能力，高效率的数据处理能力，低延时、高可靠的车路信息交互能力，并采用融合感知技术，对多传感器信息进行融合分析，获得精确的路况信息。采用边缘计算技术，可有效降低端到端的数据传输时延，减轻因大容量数据回传所造成的网络负载，减轻云计算和存储压力，实现具有本地特色的低延迟、高品质的服务。

路侧计算子系统主要通过边缘计算节点管理雷达、摄像头等设备，对雷达、摄像头采集的信息进行融合分析，提供路侧传感器数据接入、路网数字化服务事件识别、通信转发等边缘侧实时业务处理服务，实时分析接入的数据，动态感知路况信息并提醒周边车辆，上报车路协同平台。路侧通信子系统由路侧通信设备（RSU）通过LTE-V5.9GHz方式实现与智能车载终端（OBU）的通信。RSU向网联汽车实时广播场景功能信息，汽车接收到这些信息后，智能车载终端通过对道路感知信息的处理，对其进行运算，以实现车路协同的应用。

根据《工业和信息化部无线电管理局关于智能交通领域路测毫米波雷达有关事宜的函》的相关规定，76～79 GHz频段规划应用于汽车雷达，同时为避免汽车雷达与邻近相似场景其他类型雷达之间的相互干扰，原则上79～81 GHz频段也不考虑规划用于路侧等相关雷达设备，计划将92～95 GHz频段用于路侧雷达设备。

（1）高清摄像机纯视频感知方案

通过安装在路侧的400万像素以上的高清摄像机，完成对100～200 m区域内原始视频的采集，并将码流数据实时传输给边缘计算设备。边缘计算设备基于融合感知算法进行数据解析处理，并将处理后数据传输到后端车路协同平台。

可实现对车身属性的识别，例如车牌号码、车身颜色、车辆类型等。

可以对停车事件、逆行事件、交通事件、施工事件、违规变道等进行快速、准确的检测。

可实现对交通参数的检测，如车流量、车流平均速度、车道占有率、拥堵等。

（2）红外双光谱视频感知方案

在路侧安装红外双光谱摄像机，通过近远焦方式完成对 200~400 m 区域内的视频采集，并将码流数据实时传输给边缘计算设备，边缘计算设备通过融合感知算法实现全天候的路侧视频融合分析。

（3）80 G/90 GHz 毫米波雷达雷视拟合感知方案

80 G/90 GHz 毫米波雷达可对道路上的车辆进行定位追踪，可检测目标车辆的车速，还可对其进行连续的轨迹追踪，根据交通异常事件做出判定。毫米波雷达不受光线和雨、雪、雾等天气因素的影响，可实现全天候工作，实现车道的拥堵信息判断。

（4）激光雷达雷视拟合感知方案

高清摄像机可以实现对事件类信息以及交通参数的识别，通过激光雷达实现对上述信息更为精准的识别以及具备准全天候工作的能力。激光雷达分为定向激光雷达和全向激光雷达。

① 定向激光雷达：至少可检测半径 150~200 m 范围内的事件信息以及交通参数信息，可与视频进行雷视拟合，实现对信息更精准的感知。可识别车辆型号、颜色等车身属性；也可通过对范围内目标的追踪和定位，追踪车辆轨迹，实现车道级别的事件检测；也可识别流量、密度等交通参数。

② 全向激光雷达：至少可检测半径 100 m 范围内的事件信息以及交通参数信息，其他功能同定向激光雷达。

以上感知方案优缺点对比见表 6-4。

表 6-4 感知方案优缺点对比列表

方案	优点	缺点
高清摄像机纯视频感知方案	① 节约资金； ② 可实现对主要交通事件、交通参数的识别	① 事件检测准确度较低，对车辆轨迹追踪精度较低； ② 夜间、恶劣天气无法正常检测
红外双光谱视频感知方案	① 可实现对主要交通事件、交通参数的识别； ② 可实现在夜间、雨天、雾天的事件检测，支持准全天候	事件检测精度与雷视拟合方案相比较低
80 G/90 GHz 毫米波雷达雷视拟合感知方案	① 可实现对主要交通事件、交通参数的识别； ② 可实现在夜间、雨天、雾天的事件检测，支持准全天候； ③ 支持车辆轨迹的追踪	角分辨率、距离分辨率较低，检测距离 150~200 m，对静止车辆识别精度较低

续表

方案	优点	缺点
激光雷达雷视拟合感知方案	① 可实现对主要交通事件、交通参数的识别，准确度高； ② 可实现在夜间的事件检测	① 价格较高； ② 在雨天、雾天工作受限

6.3 应用

可选取典型路段的典型场景，搭建车路协同的应用场景，主要分为分合流安全预警及引诱、准全天候辅助通行、车道级差异化服务。

（1）在分合流安全预警及引诱方面，在部署分合流场景时，应选择交通流量大、事故多发、货车比例高的路段。

（2）在准全天候辅助通行方面，根据路段承担的功能、重要程度，同时兼顾交通事故频率以及交通事故的成因等方面进行部署。

（3）在车道级差异化服务方面，主要基于准全天候辅助通行的基础设施，结合高精度地图、车载终端，为特种车辆提供车道级行车诱导。下面对这些场景分别做一个简要介绍。

在匝道分合流安全预警方面，主要是针对主线和匝道之间车速差异大、变道行为多、变道时间短、驾驶员视野受限等问题，构建了8类41个应用场景，这些场景可以对区域内行驶的车辆展开预警和提醒，防止主线车辆与匝道车辆发生碰撞。

围绕准全天候通行的情况，主要针对特殊天气，构建了7类36个应用场景，针对小气候区域实现特定恶劣气候条件下车辆的安全通行。

对于车道级差异化服务的应用场景，主要针对各种重点车辆，包括货运物流等围绕路径引导、车速引导、位置引导等8类场景进行了构建，为特殊车辆提供车道级差异化服务。

6.3.1 分合流安全预警及引诱

高速公路分合流区是车流发生改变的区域，它包含了三个典型的场景：匝道互通、枢纽互通和服务区分合流。在分合流区，主线与匝道间车速差异大，变道行为多，变道时间短，驾驶员视线受限，极易发生违章驾驶，导致事故频发，影响通行效率。通过建立分合流安全预警及引诱系统，可以对分合流区域内的过往车辆发出预警，尽可能地防止主线和匝道中的车辆发生碰撞。架构见图6-5。

1. 技术实现

分合流安全预警及引诱系统由路侧感知子系统、路侧计算子系统、路侧通信子系统构成。

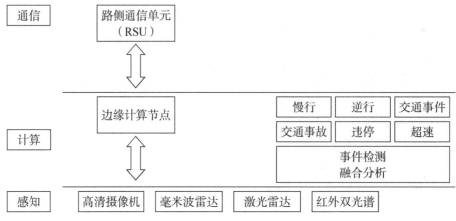

图 6-5 分合流安全预警及引诱系统架构图

（1）路侧感知子系统

通过高清摄像机、红外双光谱摄像机、激光雷达、80 GHz/90 GHz 毫米波雷达多种融合感知方案，采集路侧道路状况，进行事件检测。

（2）路侧计算子系统

边缘计算节点是部署在路侧的计算服务器，管理雷达、摄像头等设备，对雷达、摄像头采集的信息进行融合分析。路侧计算子系统提供路侧传感器数据接入、路网数字化服务事件识别、通信转发等边缘侧实时业务处理服务，还可以对路侧传感器汇聚的数据进行实时分析，动态感知全量路况信息，并将其广播给周边车辆，上报车路协同平台。

根据实际场景需求，将边缘计算节点组网，实现边缘网络自治，实现对组网区域设备逻辑拓扑管理，及时发现设备异常状况，实现边缘网络区域内的设备管理自闭环。当组网区域发生事故时，根据拓扑结构和事件处理策略推送给本区域的相关 RSU 进行相应处理，同时将事件上传区域云平台进行统一处理及备份。MEC 软件功能包括设备接入、雷视融合（目标识别、事件识别）、事件处理生成及发布、数据传输、数据存储、高精度地图分发、算法部署、安全证书下发。

① 设备接入

支持接入摄像机、雷达等路侧设备，支持通过 485 协议、网络协议等方式来满足符合技术要求的雷达接入，支持通过标准《公共安全视频监控联网系统信息传输、交换、控制技术要求》(GB/T 28181—2022)、SDK 方式对接摄像机来满足各厂家摄像机接入的场景要求。

② 雷视融合

支持雷达数据和摄像机视频实时逐帧分析和拟合，生成符合要求的高精度定位对象数据和物体轨迹数据，提供精准的检测服务。

③ 事件处理生成及发布

能够实时基于摄像机、雷达等路侧传感器设备的融合识别数据，实时分析生成应用场景需要的事件，满足行业标准要求的端到端时延。边缘实时分析生成的事件，本地通过 RSU 进行广播，实时通知到周边车辆；同时上报事件至区域平台进行全局融合分析，并进行远距离精准推送。支持将静态交通事件和交通标志标牌等信息通过车路协同子系统设备发布给车端或其他联网终端。

④ 数据传输

支持将边缘感知识别的V2X事件和交通数据上报到云端，也可接收云端下发的事件及交通数据。

⑤ 数据存储

支持边缘感知识别生成的交通事件等结构化数据以及视频数据、图片数据等非结构化数据按周期存储。

⑥ 高精度地图分发

接收平台下发的高精度地图信息，并将动态数据（包括交通事件和道路动态信息）和静态数据动静融合，实现动态信息上传，广播给周边车辆，为车辆提供完整的高精度地图信息。

⑦ 算法部署

支持通过云端将算法加载部署至边缘感知计算节点，支持算法应用的容器化形式部署管理，可配合完成升级、运维管理，并提供第三方算法的部署与管理的接口。

⑧ 安全证书下发

路侧边缘计算节点可接收区域中心下发的安全证书，扩展增强MEC的身份证书派发、身份核实、车辆识别AI的可信安全服务能力，支撑RSU与车辆多场景交互与证书派发功能。

（3）路侧通信子系统

由路侧通信设备（RSU）通过LTE-V 5.9GHz方式实现与智能车载终端（OBU）的通信。RSU向网联汽车实时广播场景功能信息，汽车接收这些信息后，智能车载终端通过对道路感知信息的处理，对其进行运算，以实现车路协同的应用。

（4）其他系统

完善必要的网络传输系统、防雷和接地保护系统。设置北斗授时设备，实现外场设备均接收北斗时钟授时功能。

2. 应用场景

选取重点枢纽立交、重点互通立交建设匝道分合流安全预警及引诱场景，实现匝道分合流区域的事件检测、事件发布及预警。

在主线分合流区域部署路侧感知以及边缘计算设备。

① 分流区

a. 以分流鼻顶点为基准点，主线上游125 m左右新增立杆。该点位配置感知设备，感知监测分流鼻顶点前后各100 m范围内的交通状况及交通事件。详见表6-5。

表 6-5　分流区感知设备布设表

方案	部署设备	示意图
高清摄像机纯视频感知方案	部署 2 个高清摄像机，边缘计算节点按 1 个 MEC 接 12 路视频部署	
红外双光谱视频感知方案	部署 1 个红外双光谱摄像机。边缘计算节点按 1 个 MEC 接 4 个设备（即 8 路视频）部署	
80 GHz/90 GHz 毫米波雷达雷视拟合感知方案	部署 1 个毫米波雷达和 2 个高清摄像机。边缘计算节点按 1 个 MEC 接 4 路雷达、8 路视频部署	
定向激光雷达雷视拟合感知方案	部署 1 个激光雷达和 2 个高清摄像机。边缘计算节点按 1 个 MEC 接 1 路激光雷达、2 路视频部署	
全向激光雷达雷视拟合感知方案	部署 1 个激光雷达和 3 个高清摄像机。边缘计算节点按 1 个 MEC 接 1 路激光雷达、3 路视频部署	

b. 可利旧交安互通 0 m 预告标志龙门架。该点位配置 1 个 RSU，向半径 400 m 范围内的网联车辆发布交通状况及交通事件。

c. 复用分流点处行车反方向处距离分流鼻端最近的 2 个传统监控杆，各安装 2 个 RSU。

② 合流区

以合流鼻顶点为基准点，主线上游 125 m 左右新增立杆。感知监测分流鼻顶点前后各 100 m 范围内的交通状况及交通事件。

配置 1 个 RSU，向半径 400 m 范围内的网联车辆发布交通状况及交通事件。匝道分合流新立杆件高度均为 8 m，悬臂高度为 6 m 或者 8 m。在无跨线桥遮挡的互通区域选择 6 m 的悬臂高度，在有跨线桥等遮挡物的互通区域选择 8 m 的悬臂高度，同一互通应统一悬臂高度。详见表 6-6。

表 6-6 匝道河流区感知设备布设表

方案	部署设备	示意图
高清摄像机纯视频感知方案	部署 2 个高清摄像，边缘计算节点按 1 个 MEC 接 12 路视频部署	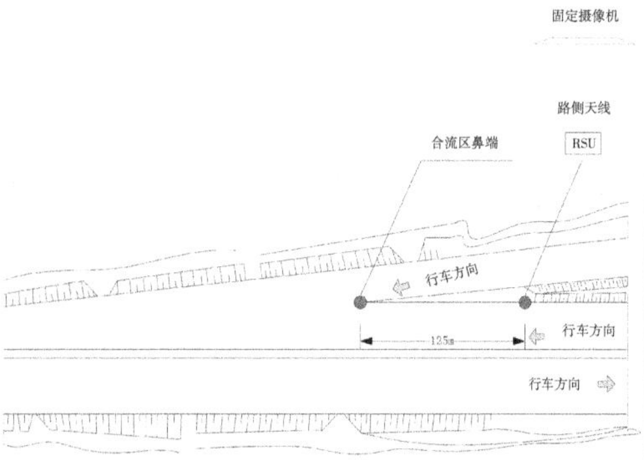
红外双光谱视频感知方案	部署 1 个红外双光谱摄像机。边缘计算节点按 1 个 MEC 接 4 个设备（即 8 路视频）部署	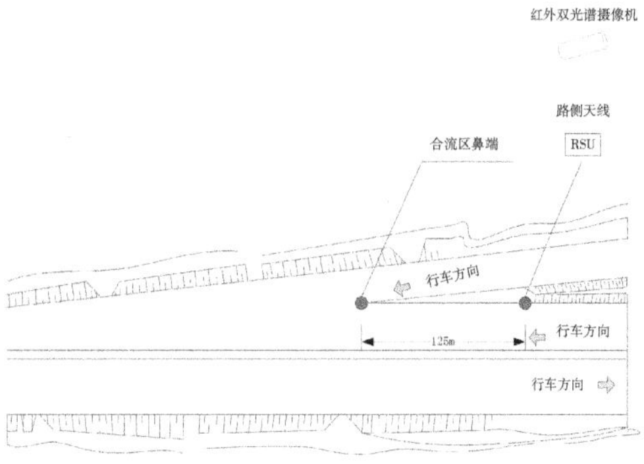
80 GHz/90 GHz 毫米波雷达雷视拟合感知方案	部署 1 个毫米波雷达和 2 个高清摄像机。边缘计算节点按 1 个 MEC 接 4 路雷达、8 路视频部署	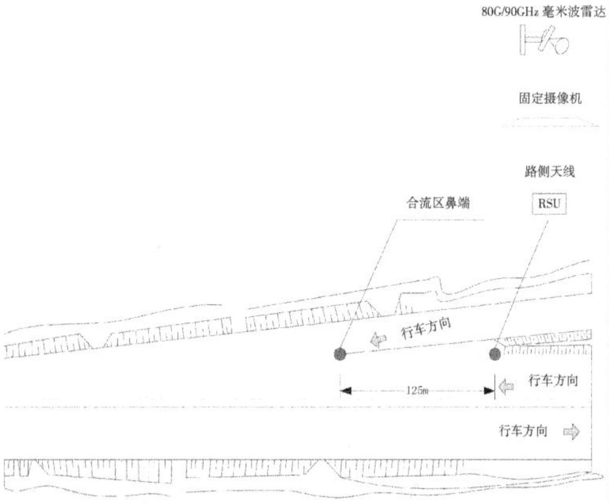

续表

方案	部署设备	示意图
定向激光雷达雷视拟合感知方案	部署1个激光雷达和2个高清摄像机。边缘计算节点按1个MEC接1路激光雷达、2路视频部署	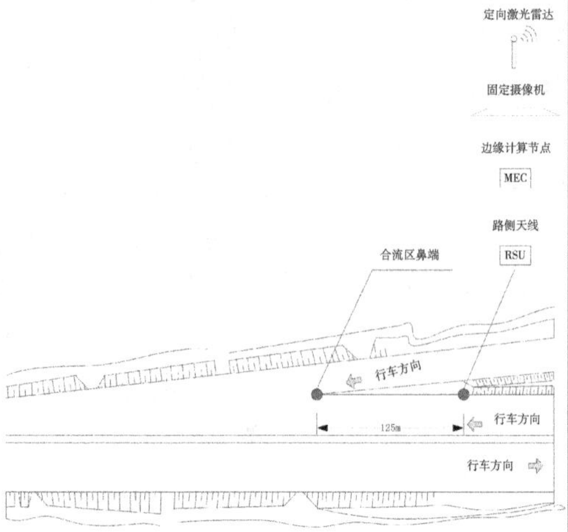
全向激光雷达雷视拟合感知方案	部署1个激光雷达和3个高清摄像机。边缘计算节点按1个MEC接1路激光雷达、3路视频部署	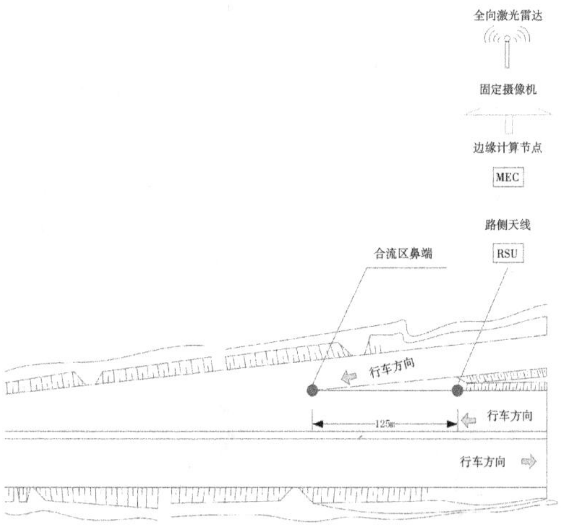

6.3.2 准全天候辅助通行

团雾等恶劣气象、积雪凝冰等路面异常均会对车辆通行安全及效率产生重大影响,导致高速公路无法实现全天候通行。综合运用交通信息监控、车路协同、边缘计算等技术与管理手段,开展车路协同预警与诱导服务,为特殊天气状况下的车辆安全通行提供保障。

1. 技术实现

准全天候辅助通行系统由气象监测子系统、雾区诱导子系统、车路协同子系统、智能信息发布子系统及其他系统构成。

(1) 气象监测子系统

通过在试验路段布设能见度检测仪、路面监测仪等设备,实现全路段气象感知,基于气象预报模型,自动智能识别团雾、结冰、雨雪等天气状况。

① 能见度传感器可以实时监测所在区域的能见度,在准全天候辅助通行路段沿线

设置能见度检测器。

② 路面状态传感器分为遥感式路面传感器和埋入式路面传感器，可以采集路面温度、冰点温度、路面状况（干、潮、湿、冰、雪、霜）、摩擦系数、含冰比例等信息。在准全天候辅助通行路段采用遥感式路面传感器。

（2）雾区诱导子系统

在道路两侧对智能诱导灯进行设置，通过智能诱导灯发出的红、黄光信号，来实现驾驶员对前方道路状况和前方车辆状况的判断，从而实现安全诱导、警示和防止追尾预警等智能诱导功能，提供高可靠性的智能诱导视觉导航服务，降低一次事故率，避免追尾等二次事故的发生。

雾区诱导子系统由智能雾灯模块、控制主机模块、控制平台模块构成。

① 智能雾灯模块可通过无线网络接收控制主机的策略，按策略对车辆进行诱导。

② 控制主机模块为雾区诱导系统的控制单元，与智能雾灯之间采用无线通信，根据安全策略控制设备节点的工作状态，也可接受控制平台的控制。

③ 控制平台模块为雾区诱导系统的中心控制系统，可与外部系统进行数据联动、安全行车诱导策略配置以及控制。

雾区诱导子系统具备以下引导模式：

① 被动式道路轮廓描述模式：系统关闭智能雾灯的 LED 主动发光功能，通过反光膜对灯光的逆反射进行被动道路轮廓描述。

② 同步闪烁道路轮廓强化模式：道路两侧智能雾灯统一同步闪烁黄灯，同步闪烁频率可调。根据频率不同主动提示事件。

③ 逆向流水闪烁速度控制模式：道路两侧智能雾灯采用逆向流水方式进行闪烁，流水速度可调。根据流水速度使驾驶员主动降速。

④ 防止追尾警示模式：道路两侧智能雾灯集成的车辆检测模块检测到车辆行驶后，雾灯颜色由黄色变为红色，车辆驶离后，雾灯颜色由红色变为黄色。

（3）车路协同子系统

路侧感知子系统、路侧计算子系统与分合流安全预警及引诱系统基本一致。通过感知采集信息，通过边缘计算节点融合处理交通状况数据、气象数据等信息，最后通过 RSU 实现车—路通信，车辆接收到信息之后判断是否提醒驾驶员，并触发预警。

① RSU 广播事件至网联车辆：通过沿线布置的 RSU，将融合节点生成预警的信息通过 PC5 广播至网联车的车载终端，同时也可将平台下发的广播信息广播至网联车辆。

② 高精地图推送事件至网联车辆：网联车辆车载终端实时显示高精地图信息，前方道路感知及融合节点生成的预警信息通过网络推送给车载终端。

（4）智能信息发布子系统

通过多样化、智能化的手段，将准全天候辅助通行信息及时发布给非网联车辆，实现准全天候路段事件及气象预警，提供精准可靠的信息服务。

智能信息发布服务方式主要包括普通公路、高速公路沿线可变信息标志，服务出行网站，交通服务热线，电台广播，手机短信，手机 App，微信小程序，微信公众号，车载终端等。

具体要求如下：

① 普通公路、高速公路沿线可变信息标志：以文字、图像等形式提供信息服务。
② 服务出行网站：采用图形化界面，以文字、图像等形式提供广播式信息服务。
③ 交通服务热线：能够接受交通参与者的电话咨询，提供有针对性的个性化信息服务。
④ 电台广播：与广播电视局合作，以语音的形式提供信息服务。
⑤ 手机短信：与移动运营商等合作，以文字形式提供信息服务。
⑥ 手机 App、微信小程序、微信公众号等：使用信息服务系统和蜂窝数据网络，以文字、语音、图像的形式向用户提供广播式的个性化信息服务。

（5）其他系统

完善必要的网络传输系统、防雷和接地保护系统。设置北斗授时设备，实现外场设备均接收北斗时钟授时功能。

2. 应用场景

对路段所承担的功能、重要程度进行重点分析，考量交通事故率、交通事故成因、交通流量、交通特性等因素，选取试点路段建设准全天候辅助通行场景。尽量选取对居民或物流运输有着重要作用的、可替代性低的路段，充分保障居民通行或物流运输。

（1）车路协同子系统部署设计

① 感知设备部署：采用 80 GHz/90 GHz 毫米波雷达与雷视拟合感知方案、高清摄像机纯视频感知方案。采用 80 GHz/90 GHz 毫米波雷达与雷视拟合感知方案，沿道路两侧分别部署点位，单侧间距 200~250 m，每处点位设置 2 个摄像机、1 个毫米波雷达。采用高清摄像机纯视频感知方案，摄像机沿道路双侧对等部署，点位单侧间距 400~500 m，每处点位设置 2 个固定摄像机（见图 6-6）。

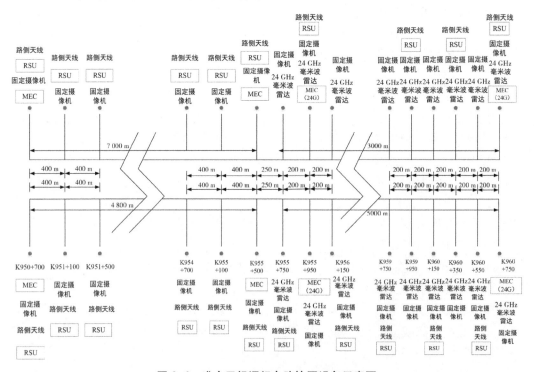

图 6-6　准全天候通行车路协同设备示意图

② 通信设备部署：双侧按"之"字形部署，点位单侧间距 400~500 m，每处点位设置 1 个 RSU；RSU 沿道路双侧对等部署，点位单侧间距 400~500 m。

（2）雾区诱导子系统部署设计

① 智能雾灯部署：在准全天候辅助通行路段的全线主线路段进行部署，部署方式为双向双侧部署，即每一方向道路两侧护栏均部署诱导灯设备。智能雾灯按 32 m 间距进行部署。准全天候辅助通行路段长约 10 km，实现路段内准全天候通行路段全覆盖。

② 能见度检测设备部署：在准全天候通行路段起终点各部署 1 个能见度检测器，共 2 个。

③ 路面状态检测设备部署：在准全天候通行路段起终点各部署 1 个遥感式路面状态检测器，与车路协同设备共杆，共计 2 个。

④ 现场控制主机部署：连续的雾区诱导路段布置 1 处控制主机，超过 2 000 m 的路段每隔 2 000 m 加设一个中继器或者主机对智能雾灯进行控制。

（3）智能信息发布子系统部署设计

① 对联网车辆的信息发布：由车路协同子系统中 RSU 发布信息至联网车辆。

② 对非联网车辆的信息发布：通过可变信息情报板及可变信息标志，为准全天候辅助通行路段的非联网车辆提供信息服务。在准全天候辅助通行路段上下行的起点、中点部署可变信息情报板，共布设门架式可变信息情报板（含基础）1 套，可变限速标志 3 套，依托现有 ETC 门架设置可变信息情报板 1 套。

准全天候辅助通行路段右幅：路段起点处复用 ETC 门架安装可变信息情报板，路段中部复用改扩建工程安装的可变信息情报板，并安装 1 套可变信息标志。

准全天候辅助通行路段左幅：路段起点处复用门架式可变信息情报板，并安装 1 套可变信息标志；路段中部新增门架式可变信息情报板与可变限速标志各 1 套。

准全天候辅助通行路段复用改扩建工程在道路两侧敷设的光缆，采用光纤自愈环网传输方案，形成多个以 MEC 为节点、连接多个智慧杆上设备的小的光纤自愈环网，再将各 MEC 串联成环，形成一个大的光纤自愈环网汇聚到收费站，然后复用通信系统将数据汇聚到路段中心，通过运营商专线汇聚到区域云。

6.3.3 车道级差异化服务

高速公路的用户主体包括小汽车、客车、货车、紧急车辆（急救车、消防车等）、重点车辆等，不同类型用户主体的行驶特点以及对道路的使用功能需求具有较大差异，通过建设车道级差异化服务系统，在准全天候通行路段为特殊车辆提供差异化精准规划与诱导服务。

车道级差异化服务系统由车路协同子系统、特殊车辆车道级管控子系统及其他系统构成。

1. 车路协同子系统

与准全天候辅助通行中的车路协同子系统部署方案一致。

2. 特殊车辆车道级管控子系统

为特殊车辆（如干线物流车辆、120 急救车、119 消防车、"两客一危"重点车辆、行业车辆等）提供车道级差异化服务。根据拥堵高发易发路网、车道、时段、费用、货车服务条件，实时动态调整 C-V2X 货车行驶路径，提供连续覆盖、精准到车道级的识别能力，实时提供车辆车道行驶建议，通过 RSU 和云平台，实时向驾驶员发布交通事件预警信息和提供车道级路径诱导，提升路网运营效率。

3. 其他系统

复用准全天候辅助通行的网络传输系统、防雷和接地保护系统等。

参考文献

［1］崔雪薇.智慧高速 乘风破浪：聚焦数字化浪潮下智慧高速的建设与发展［J］.中国交通信息化，2021（8）：18-26.

［2］张猛威，王丹.高速公路车路协同云业务系统方案探究［J］.中国交通信息化，2022（S1）：333-334，343.

［3］葛雨明，余冰雁.车联网与智能交通协同发展的思考［J］.建设科技，2022（1）：67-70，76.

［4］林琳，李璐，葛雨明.车联网通信标准化与产业发展分析［J］.电信科学，2020，36（4）：15-26.

［5］户利华.协同之下 待破有题：探寻车路协同应用落地之路［J］.中国交通信息化，2021（9）：18-25.

［6］褚宏靖，杨扬.车路协同在智慧高速领域的应用探索［J］.运输经理世界，2020（13）：28-29.

［7］贾沛源.智慧高速建设方案探究［J］.中国交通信息化，2022（4）：108-112.

附录 缩略语

缩略语	中文全称	英文全称
3GPP	第三代合作伙伴计划	The 3rd Generation Partnership Project
ADAS	先进辅助驾驶系统	Advanced Driving Assistance Systems
AR-HUD	增强现实的抬头显示	Augmented Reality-Head Up Display
ASIL	汽车安全完整性等级	Automotive Safety Integrity Level
ACD	自动驾驶和网联驾驶	Automated and Connected Driving
AVP	自动代客泊车	Automated Valet Parking
CA	有条件的自动驾驶	Conditional Automation
CALM	陆地移动通信接入	Communication Access for Land Mobiles
CCSA	中国通信标准化协会	China Communications Standards Association
C-ITS	中国智能交通产业联盟	China ITS Industry Alliance
C-ITS	合作式智能交通系统平台	Cooperative-Intelligent Transport Systems Platform
China SAE	中国汽车工程学会	China Society of Automotive Engineers
C-V2X	蜂窝基于车联网	Cellular Vehicle to Everything
ERTRAC	欧洲道路交通研究咨询委员会	European Road Transport Research Advisory Council
HMI	人机接口	Human Machine Interface
LHI	危险信息提示	Local Hazard Information
LHW	危险信息警告	Local Hazard Warning
LTE-V2X	基于4G长期演进技术的车联网	Long Term Evolution Vehicle to Everything
MaaS	出行即服务	Mobility-as-a-Service
NR	新空口	New Radio
NR-V2X	基于5G新空口的车联网	New Radio Vehicle to Everything
OBU	车载单元	On-Board Unit
PKI	公钥基础设施	Public Key Infrastructure

续表

缩略语	中文全称	英文全称
RSU	路侧单元	Road Side Unit
RTAF	自动驾驶圆桌会议	Automated Driving Round Table
TC-ITS	全国智能运输系统标准化技术委员会	Technical Committee of Intelligent Transport Systems
TLC	交通灯控制	Traffic Light Control
TL	交通灯信息	Traffic Light Information
TTC	碰撞时间	Time to Collision
V2I	车与基础设施	Vehicle to Infrastructure
V2N	车与网络	Vehicle to Network
V2P	车与行人	Vehicle to Pedestrian
V2V	车与车	Vehicle to Vehicle
V2X	车与其他设备	Vehicle to Everything